筑摩書房版

文学国語

教科書ガイド

協学出版

目次

第二部

はじめに——この本の構成と使い方——

高等学校の「文学国語」は、「主として『思考力、判断力、表現力等』の感性・情緒の側面の力を育成する科目として、深く共感したり豊かに想像したりして、書いたり読んだりする資質・能力」を育成することを目標にしている。この本は、こうした目標に沿って、みなさんが「現代文」を学習するときの手助けになるよう、次のような構成・配慮のもとに編集した。

❖**学習の視点**　各教材の初めに、その教材の特色、位置づけ、学習の目標を示した。

❖**筆者（作者）解説**　筆者（作者）について、略歴・業績・著作物などを簡潔にまとめた。

❖**出典解説**　その教材（作品）の成立、発表について解説し、教材の原典を示した。

❖**語句・表現の解説**　教材について、あくまで文脈に沿って、重要語句や表現上注意すべき点を解説し、さらに語彙学習の充実のために類（類義語）対（対義語）用例（使い方）などを付け加えた。なお、教科書に注を付してある語句についても、必要と思われるものには解説を補った。

❖**発問の解説**　教科書脚注の問いについての解答例を示した。

❖**構成・要旨（主題）**　小説・随想・評論・論説など、散文については段落構成を、詩については全体の構成を示した。小説・詩については〈主題〉を、随想・評論・論説については〈要旨〉を示した。

❖**鑑賞**　詩・短歌・俳句については、鑑賞のポイントを示した。

❖**理解・表現の解説**　教科書の「理解・表現」については、すべてに解答例あるいは解説を示した。これによって、考えるための観点、留意点を確認し、あくまで自分でまとめていくようにしたい。

❖**参考**　学習を発展させて幅広い読書を促すために、関連のある文献・資料の抜粋やリストを示した。

第一部

第1章　ことばから広がる世界　随想・評論（一）

プラスチック膜を破って

梨《なし》木《き》香《か》歩《ほ》

❖学習の視点

1　『プラスチック膜』とその役割とは何かを読み取る。
2　『プラスチック膜』が『破れる』のはどのようなときか、また、そのことが人の心にどのような影響をもたらすかを読み取る。
3　『プラスチック膜』が破れるときの作者の表現法を味わう。
4　自分自身『プラスチック膜』を感じたことがあるかを思い出し、文章にまとめる。

❖筆者解説

梨木香歩（なしき・かほ）　一九五九年鹿児島県に生まれる。児童文学者・小説家。イギリスに留学し、児童文学者ベティ・モーガン・ボーエンに師事。一九九五年『西の魔女が死んだ』で日本児童文学者協会新人賞受賞、新見南吉児童文学賞などを受賞。その他、主な著作に『裏庭』（一九九五年児童文学ファンタジー大賞受賞）『家守奇譚』（二〇〇四年・新潮社）『沼地のある森を抜けて』（二〇〇五年・新潮社）『渡りの足跡』（二〇一〇年・新潮社）『春になったら苺を摘みに』（随想）などがある。

❖出典解説

この文章は、『不思議な羅針盤』（二〇一〇年・文化出版局）に収められており、本文はその文庫版によった。

❖語句・表現の解説

一二ページ

郊外　都市に隣接した地域。東京郊外と言うと、一般的に二十三区外の場所。
思《おぼ》しき　～と思われる。～と見える。

郷愁　故郷を懐かしく思う気持ち。
口上を述べる　口頭で挨拶など、決まり文句を言うこと。
出所　ここでは、「ああ！」という叫び声が発せられたところ。

一三ページ

先客　先に来ていた客。ここでは、入ってきた電車にすでに乗っていた客のこと。
上気した　のぼせて顔を赤くした様子。用例 少年は嬉しくて顔を少し上気させていた。
暴漢　乱暴をする人。
類《たぐい》**の**　～ような、
構内　建物や敷地の中。
はた目には　外からは。他人の目には。

一四ページ

切実感　心に強く感じるさま。
期せずして　予想していなかった。
不特定多数　傾向や性質などを一つにしない個々の多数のあつまり。公衆。大衆。
不慮の事故　思いがけず起こった悪い出来事や事故。
行《ゆ》**きずりの**　通りすがりの。道ですれちがっただけの。その場限りの。用例 私は行きずりの旅人です。
利害関係　仕事などでお互いに損得のある人間関係。
効用　ききめ。

一五ページ

消耗　体力や気力を使い果たすこと。
人酔い　人混みで気分が悪くなること。
若干　それほど多くない。少しばかり。
嘲笑　あざけり笑うこと。
高揚　気分が高まること。
連帯感　仲間意識。他人と繋がっているという感情。

一六ページ

目が泳ぐ　目の動きが不安定な状態。緊張していたり、装用しているとき、相手と目を合わせられず、目の焦点が定まらずきょろきょろすること。用例 知られたくないことを指摘され、彼の目が泳いだ。

一七ページ

醸《かも》**し出される**　ある雰囲気や気分が作り出されること。
逃げおおせる　最後まで逃げ切ること。

一八ページ

志を継ぐ　他の人が目標としたことを同じ考えを持って行動すること。
無念を晴らす　心の中の悔しさや残念な思いを消して、気持ちをすっきりさせること。
応じる　状況や変化に合うように行動する。

一九ページ

喜怒哀楽　喜び、怒り、悲しみ、楽しみなど、人間のさまざまな感情。

常時　いつでも。
傍らで　近くで
すかさず　すぐに。

❖発問の解説

1「公然と許された独り言のように」とはどのようなようすを表しているか。
（一三ページ）

解答例　通常、通りがかりの誰かが独り言を呟いたら、その理由が分からず、少し奇異に思うこともあるが、この場合は、突然アナウンスで流れてきた「ああ！」という声を聞いたという共通の経験に基づいたものだと皆が認識しているので、誰かがそのことで笑ったり、独り言を呟いていても変に思われないようすを表している。

2「疲れた時に飴玉を口に入れたような作用」とはどのような作用か。
（一五ページ）

解答例　ほのぼのとした出来事に、ふっと緊張感がゆるみ、少し幸せな気分になるような作用。

3「パチン」は何を表しているか。
（一六ページ）

解答例　電車内に入ってきた蚊を取ろうとして拍手する音であると共に、その人のプラスチック膜が破れたことを表している音でもある。

4「プラスチック膜など、使わずにすむものならそうしたいのだ」とはどのようなことか。
（一八ページ）

解答例　不特定多数の見知らぬ人々の中では、自分を守るために人は少し緊張気味に自分の世界に入っているが、できることなら、本当は、他人との間に心の壁を作ったり感じたりすることなくそこにいたいのだということ。

❖構成・要旨

〈構成〉

この文章は、四つに分けることができる。

(1)（初め～一四・4）**東京郊外の駅での出来事**

東京郊外の駅のプラットホームでのアナウンスで突然入ってきた職員の「ああ！」という叫び声と共に途切れたアナウンスは、そこにいた人々の心を明るく、一つにした。

(2)（一四・5～一六・1）**プラスチック膜が破れたとき**

普段、不特定多数の人々が行きかう場所では、誰もが自分を守るために少し緊張気味に自分の世界に入っている。それを筆者は「プラスチック膜カプセル」と名付けている。その日の駅のアナウンスの「ああ！」という叫びで、駅員のプラスチック膜が破れ、同時にそれを聞いていた人々のプラスチック膜も破れて、好意的な笑いの渦になったと言える。

(3)（一六・2〜一八・11）**関西の電車内での出来事と、連帯感**

関西の郊外へ向かう電車内でのこと。一匹の蚊を取ろうと、向いの席の乗客たちが次々に「あ。」と声をだして「パチン。」と拍手をしていくが、結局、蚊は逃げてしまって皆が大笑い。行きずりの人々の間になんとなく連帯感が生まれたという出来事があった。これも「プラスチック膜カプセル」を破る機会があれば、人はいつでもそれに応じる用意があるということを表した例であろう。

(4)（一八・12〜終わり）**群れの生き物としてのカプセルと筆者の思い**

プラスチック膜もうまくコントロールすれば、生き易くなるだろうが、いつも膜を張り続けているような人もいる。そういう人々のことも何かのタイミングでプラスチック膜が破れた時に、すかさず応じる用意をしておきたい。

〈要旨〉

東京の駅構内でのアナウンスの叫び声に対する人々の反応。また、大阪の電車内で目の前の蚊を取ろうとして次々に声をあげて手を叩いていった乗客の反応から、筆者は人がいつもは大衆のなかで自分を守るためにプラスチック膜のカプセルを張っていることと、それが破れたときの爽快感や連帯感を感じた。そして、プラスチック膜のコントロールも群れの生き物として上手く生きていくためのスキルであること。それが、うまく使えていない人のことも温かく見守っていきたいことを提言している。

❖理解・表現の解説

〈理解〉

(1) **「そしてそれは期せずして、バラバラだった人々の心をそのとき一つにした。」（一四・1）とあるが、それはなぜか、説明しなさい。**

解答例　不特定多数の人が行きかう駅の構内で、アナウンスで流れた突然の「ああ！」という駅員がうっかり発してしまった叫び声に彼の人間らしさが垣間見えたことで、人々の緊張がゆるみ、場が和んだから。

(2) **「プラスチック膜カプセル」（一四・6）とはどのようなものか、わかりやすく説明しなさい。**

解答例　見知らぬ人々が行きかう場所で、不慮の事故や変な人とのかかわりなどから自分を守るために、各個人が少し緊張気味に自分の世界に入っていることを「個人の周りをプラスチック膜のカプセルで閉ざしている」と表現している。

(3) **「『プラスチック膜』が破れた」（一五・8）とは、ここではどのようなことを言っているのか、説明しなさい。**

解答例　駅員がマニュアル通りにアナウンスできず、思わず「ああ！」と私的な感情の入った声で叫んでしまったこと。

(4) **「結局、蚊は逃げおおせてみんな大笑い。」（一七・15）とあるが、それはなぜか、説明しなさい。**

解答例　目の前を飛んでいく蚊を乗客が次々に取ろうとして、声をあげながら手を叩いていったが逃げられた。その時、同時に彼らのプラスチック膜も破れ、つかの間の連帯感が生まれたから。

(5)　「もしも何かの……すかさず笑顔で迎えたい。」（一九・4）という一文に込められた筆者の思いを説明しなさい。

解答例　常時プラスチック膜カプセルを張り続けなければならなくなってしまったような無表情な人も、きっとそれが破れることがあると見守っていきたいという温かい思い。

〈表現〉

(1)　「あ。」（一六・15～一七・1）や「パチン。」（一七・3～5）の繰り返しと改行がもたらす効果について、話し合ってみよう。

解　説　「あ。」「パチン。」が蚊を見つけ、それを手で叩く音であると共に、その人のプラスチック膜が破れたことをも表わしていることを押さえよう。そして、繰り返し発せられた声や音を具体的に書くことで、その場の臨場感が伝わること、また、改行することによって、それが向かいの席で横並びに座っている乗客が次々に発したものであるという情景が想像しやすくなるという効果があることなどについても考えながら、話し合ってみよう。

(2)　「プラスチック膜」の存在や、それが破れたことを感じた自分自身の経験について、四〇〇字以内でまとめてみよう。

解　説　学校生活や課外の活動、または、地域の出来事など思い出してみよう。例えば、入学して新しいクラスが決まり、初めて登校した日は、周りにはほとんどが知らない生徒ばかりで、緊張感が漂っていたことだろう。そのときに感じた「プラスチック膜」の存在、それがどのようなきっかけで「破れた」と感じたか。例えば、思い切って隣の席の同級生に話しかけてみたら、ニコっと微笑んで応えてくれて、緊張が緩んだといったといったことなど、自分なりにまとめてみてもよいだろう。

情報の彫刻

原《はら》　研《けん》　哉《や》

❖学習の視点

1　情報テクノロジーが激しく進化している中、紙メディアの今後について、筆者はどのような考えを持っているかを読み取る。
2　論の展開に着目して、内容をまとまりごとに整理する。
3　文章を読み、紙がメディアに果たした歴史を学ぶとともに、電子メディアと書籍とのこれからはどうあるべきか、それぞれの考えを深める。

❖筆者解説

原　研哉（はら・けんや）　グラフィック・デザイナー。一九五八（昭和三三）年、岡山県生まれ。武蔵野美術大学大学院デザイン専攻終了後、日本デザインセンター入社。長野冬季オリンピックの開会式・閉会式のプログラム、EXPO2005愛知公式ポスター、NTTらくらくホーンベーシックなど多くのデザインを手がける。

❖出典解説

この文章は、『デザインのデザイン』（二〇〇三年・岩波書店）に収められており、本文は同書によった。

❖語句・表現の解説

二二ページ

もはや　今となっては。もうすでに。用例もはや打つ手がない。
ついえ去る　（役割・役目が）なくなり終わる。
捨象　いくつかの事物が持っている共通の性質を取り上げるため、個々の特殊な性質を考慮の対象からはずすこと。必要でない要素を捨て去ること。ここでは、紙が本来持っている重さ、風合い、微妙な色の違いなどを除外すること。

二三ページ

大袈裟《おおげさ》　実際より誇張したようすを表現したことば。普通より程度が超えているようす。用例大袈裟な物言いにあきれる。
風化　体験や記憶などがしだいにうすれていくこと。用例震災の体験が風化する。

格納　しまい入れること。ここでは、「ストック」の同義。

希薄　少なく薄いこと。用例 人間関係が希薄だ。

一二三ページ

膨大　非常に大きいようす。用例 膨大な資料を用意する。

優雅　上品で、ゆったりしているようす。類 みやび。

面倒　手数がかかってわずらわしい。

一二四ページ

減退　減りおとろえること。減って少なくなること。対 増進。

雰囲気を醸し出す　その場の気分や感じなどを自然に作り出す。用例 和やかな雰囲気を醸し出す。

慈しむ　大事にしてかわいがる。大切にする。

一二五ページ

実質的な道具　「実質的」の意味は、実際の内容が備わっているさま。「実質的な道具」とは、電子メディアが、より多くの情報をコンパクトに収めることできる道具であることをいう。

評価にさらされる　周囲から妥当かどうかの判断をされること。用例 常に他人からの評価にさらされている。

❖発問の解説

（一二三ページ）

1 どのような点で「似ている」のか。

解答例 人間が食物をおいしく味わうには、食物を大量に調理したり保存したりする方法よりも、その素材を上手に生かすレシピや調理器具などが重要になる。それと同じように人間が電子メディアでなく本という情報を選択することには、情報の多い少ないではなく、紙という素材を生かした本の良さを楽しみ、味わうことに意味を見出している点が似ている。

（一二四ページ）

2 「それ」は何をさすか。

解答例 紙の性質や特徴

3 「はっきりとした意志を持ってこれと向き合いたい」のはなぜか。

解答例 電子メディアと人間が深い関係にある現在、私たち人間が紙メディアを選ぶ場合、紙本来の素材としての魅力を意識して紙メディアを利用できるようになったから。

（一二五ページ）

4 なぜ「幸福な課題」なのか。

解答例 書籍が、紙の性質や特徴をいかに生かしているかによって評価されるようになると、本来持っている紙のよさが今まで以上に大切にされるようになるから。

❖構成・要旨

〈構成〉

この文章は、三つに分けることができる。

(1)（初め〜一二一・8）書籍の現状

情報テクノロジーが加速度的に進化した今日、「書籍とは何か」ということを再確認する必要がある。

(2)（二一・9〜二四・2）紙と書籍の魅力

紙がメディアの主役を降りた今日、本来の「物質」として魅力的にふるまうことが許されるようになった。書籍の魅力は、紙の素材の性質や特徴を生かし、たしなみ、味わう点にある。

(3)（二四・3〜終わり）書籍の未来

現在でも情報を慈しむ観点で書籍に魅力を感じ、紙メディアに意志を持って向き合いたいと思う。これからの書籍は、いかに紙の物性が生かされているかという評価にさらされることだろう。当分の間、電子メディアと書籍は、互いに影響し合い、それぞれの道を深めて行くだろう。

〈要旨〉

情報テクノロジーが進化し、書籍はメディアの主役を降りた結果、紙は本来の物質として魅力的にふるまうことができるようになった。書籍は「情報の彫刻」であり、いかに紙の物性を生かしているかが書籍への評価となる。これは、紙にとって幸福な課題である。当分の間、電子メディアと書籍は、互いに影響し合い、それぞれの道を深めて行くだろう。

❖理解・表現の解説

〈理解〉

(1)「紙はマテリアルである前に『無意識の平面』であった」（二一・10）とはどのようなことか、説明しなさい。

解答例　紙の素材としての性質や特徴を考慮することなく、文字や画像を写し出す白い平面として認識されていたこと。

(2)「そういう観点」（二二・6）とはどのような観点か、説明しなさい。

解答例　三大発明以来、紙は情報を写し出す白い画面として評価されてきたが、その素材としての性質や魅力は考慮されることがないまま、「ペーパーレス」と言われるような存在になってしまったという観点。

(3)「再び本来の『物質』として魅力的にふるまうことが許されるようになったのではないか」（二二・7）とあるが、紙の「物質」としての魅力はどのようなところにあるのか、説明しなさい。

解説　書道の和紙の手触り・風合い、新書の香り、辞書の紙の薄さ・手触り、写真誌や画集の光沢など各自の経験から説明しよう。

(4)「書籍は『情報の彫刻』である」（二五・3）とあるが、「情報の彫刻」とはどのようなことか、説明しなさい。

解答例　書籍が、紙の性質や特徴を生かして、彫刻のように物性としての魅力を味わえる存在になること。

〈表現〉

(1)「電子メディアと書籍は、互いに影響を与えあい、並列にそれぞれの道を深めあっていくことになるだろう」（二五・7）

とあるが、電子メディアの普及により、文学作品を読む行為にどのような変化が生じてくるだろうか。同じ一つの作品を、紙の書籍と電子メディアとで読み比べ、話し合ってみよう。

解説　実際に読み比べて、自分の感覚で確認しよう。ここでは特に「文学作品」と限定されているので、知識を得るために読むものではない。小説や詩を電子メディアで読んでみると、横書きのものも多く、一般的な活字と字間・行間で画面上に現れる。同じ電子媒体でも、電子書籍では、その点少し作品への配慮があるので違いがある。

一方紙の書籍では、作品が載っている紙面だけでなく、本一冊の重み、表紙や扉のデザイン、作品の並べ方、紙の色や厚さなどが工夫されていて、すべてで作品を支えていることがわかる。感じたことを話し合おう。

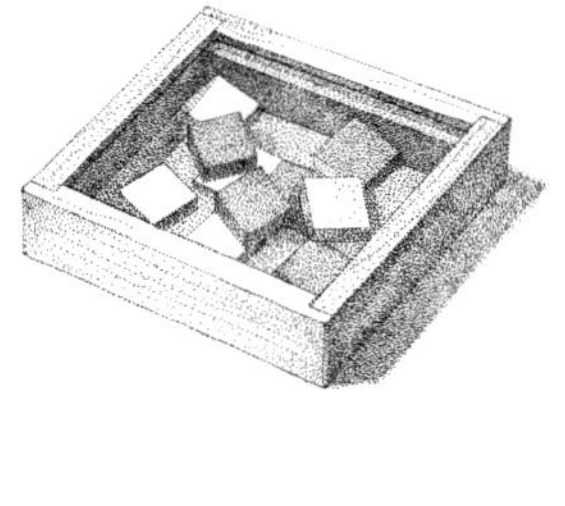

バイリンガリズムの政治学

今《いま》福《ふく》龍太《りゅうた》

❖学習の視点

1　話題となっている道路標識の背後にあるものを理解する。
2　筆者の分析と読み替えによる視点の反転に着目する。
3　文化の境界線上にある物事について理解を深める。

❖筆者解説

今福龍太（いまふく・りゅうた）文化人類学者。一九五五（昭和三〇）年、東京都生まれ。東京大学法学部卒業。人類学的調査のフィールドワークを重ねて独自の世界を構築している。著書に『遠い神話』『身体としての書物』などがある。

❖出典解説

この文章は『増補版　クレオール主義』（二〇〇三年・筑摩書房刊）に収められており、本文は同書によった。

❖語句・表現の解説

二七ページ

一見して　ちょっと見て。用例 あの山は一見して富士山だと分かった。

尋常　①普通。あたり前。②目だったところがなく、品のよいようす。ここでは①の意。

ただならぬ気配　普通ではない気配。

シルエット　人物を黒く塗りつぶした絵。

特定　特別に指定すること。特に決められていること。ここでは、標識に描かれているものが人間であると気づいたというような意。

一気に認識の不条理へと突き落とされるような感覚　「不条理」は、すじ道が通らないこと。道理に合わないこと。ここでは、道路標識に表されている内容を「私たち」が理解できたとき、標識が表している現実の不条理さに「私たち」の認識がひどく混乱させられてしまうというような意。

二八ページ

制度的　社会的に定められている仕組みやきまりにのっとっているようす。ここでは道路標識が社会の仕組みやきまりを物語っていることを表している。
即物的リアリティ　事物が実体に即していて現実感や真実味があるようす。ここでは道路標識に描かれていることがリアルな現実に即していることを表している。
乖離《かいり》　そむき離れること。離れ離れになること。道路標識が制度的・即物的に示している現実と、道路標識が示していることの背後に想定される社会的現実の意味とがかけ離れていることを示している。
不法　行いなどが法律や規則にはずれていること。
侵犯　ほかの国の領土や権利などをおかすこと。権限をこえて他人の領域に立ち入ること。
密入国　正規の法手続きをとらずに入国すること。

二九ページ

荒涼　景色などが荒れ果てて寂しいようす。
優に　ある数量や程度に達してさらに余裕があるようす。用例 雪が優に二メートルは積もっている。
証明書類　ここでは、アメリカ合衆国の領土へ入るために必要となる書類のこと。
逃避行　事情があって、世間の目を避けて、各地を移り歩いたりすること。ここでは、メキシコ人たちが命がけでアメリカ合衆国の領土へ入ることをさしている。
悲惨な最期　悲しくいたましい死にぎわ。
頻発　事故などがたびたび起こること。
告知する　ある情報を正式に告げ知らせる。
要因　中心となる原因。
早合点　最後まで聞いたり読んだりしないで、勝手に分かったつもりになること。

三〇ページ

想定　条件や状況を考えてそれに基づいて決めること。
恒常的　いつも一定で変わらないようす。
解さない　物事やことばの意味が分からない。
国家権力の網目をくぐり抜ける　国家権力によって定められた法のすきまから侵入する。
違法行為　法律に反した行為。
明示　はっきりと分かるように示すこと。対 暗示。
一つの標識が、二つの異なった言語によって修飾される　一つの標識に二つの異なった言語が表示されているということ。
順法者　法律に従ってそむかない者。
弁別　違いを明らかにして区別すること。
所在　①ものがある場所。ありか。②人がいるところ。ここでは①の意。
規律　①人の行いをきちんとしたものにするためのきまり。②秩序正しくきちんと行われること。ここでは①②を合わせたような意。

充満　いっぱいに満ちること。用例ガスが充満する。

不均衡な亀裂　二つのものごとのつり合いがとれていなくて、ひびが入って裂けているようなようす。

現出させる　あらわれ出させる。

惰性　①今まで続けてきた習慣をだらだらと引きつぐこと。②「慣性」のこと。ここでは①の意。

特性　特別の性質。類特質。

三二ページ

轢死《れきし》　電車や自動車などにひかれて死ぬこと。

対照　ここでは、「高速運転、惰性、速度違反、不注意といった加害者側の特性」と「不法入国、逃避、無理な横断、轢死という被害者側の物語」とが比較されている。

文化的抑圧　文化的に無理やり抑えつけられていること。

疎外　のけものにして近づけないこと。

凝縮　①ばらばらだったものがまとまること。②気体が液体になること。ここでは①の意。

精確　細かいところまで確かなこと。

とっぴな連想がそこから離陸してゆく　思いもよらないような連想がそこから生じ始める。

根本的な疑問が次々と点滅しはじめる　疑問が次々に生じてくるようすを「点滅しはじめる」と表している。

主体　①ほかのものに対して自分の意志で行動をしかけるもの。②組織を運営したりするときに中心となるもの。ここでは①の意。

その言語的亀裂の不条理　「これはいったい誰のための標識なのか?」「誰に語りかけているのか?」「語る主体はどこにいるのか?」というような疑問が次々に湧いてくる。それらの疑問が通常の道理には合わないさまを「その言語的亀裂の不条理」と表している。

機知　その場に応じてすばやく働く知恵。

無人称　高速道路脇にポツンと立つ道路標識が「誰のための標識なのか?」「誰に語りかけているのか?」「語る主体はどこにいるのか?」という点が明白ではないことから、文法での話し手（一人称）、聞き手（二人称）、その他の人（三人称）と分ける区別ができないために「無人称」と表している。

その意味論をまったく逆転させて考える解釈可能性　標識に描かれている「注意！」と「禁止！」の文字が意味することを、通常の理解とは逆転させた解釈の可能性があるということ。

正反対の二者関係　現在の標識が表しているアメリカ人とメキシコ人の関係が英語とスペイン語の表記を入れ替えることで正反対になるということ。

三三ページ

逆説的　普通とは逆の方向から真実を述べる様子。

越境者　決められた境界を越える者。ここでは、国境線を越えて密入国しようとするメキシコ人や中米人のこと。

制度的に対処しようとする権力者　ここでは、国境線を越えて密入国しようとするメキシコ人や中米人に、権力者側の社会的なきまりによって対処しようとするアメリカの国家権力のこと。
生起しつつある　問題や事件が起きつつある。
二項対立的　二つの概念が対立や矛盾の関係にあるようす。
突破口　困難な問題を解決するための糸口。
示唆　それとなく教えること。ほのめかすこと。
はざま　①物と物との間の狭いすきま。②谷間。ここでは①の意。
象徴的　抽象的なことなどを具体的な事例などで表現する様子。
激烈　非常に激しいこと。
錯綜《さくそう》　複雑に入りまじること。
特権的　特別に権利が与えられるようなさま。

❖発問の解説

（二八ページ）

1　「背後に想定されている社会的現実」とはどのようなことか。

（解答例）　フリーウェイの国境線上をメキシコ人が密入国しようとして不法に横断し、その途上に猛スピードで夜の闇を走ってくる車に轢かれて即死しているということ。

（解　説）　道路標識のシルエットと文字はどんな事実に対して向けられているのかを考える。

（二九ページ）

2　「奇妙に矛盾したもの」であるのはなぜか。

（解答例）　交通標識は普通は一つのメッセージを伝えるものであるはずなのに、フリーウェイ上にあるこの交通標識は運転者と横断者との双方にたいして、同時に別々のメッセージを異なった言語によって伝えようとしているから。

（三二ページ）

3　「政治的テリトリーの越境者」とは誰のことか。

（解答例）　フリーウェイ上の国境線を不法に侵犯しようとするメキシコ人や中米人。

（解　説）　アメリカの権力者側に属する「政治的テリトリー」を越境しようとしているのは誰かを考える。

❖構成・要旨

〈構成〉

この文章は、次の三つに分けることができる。

(1)　（初め～二八・4）**奇妙な道路標識**

サンディエゴからほぼ六〇マイル手前のフリーウェイ上に奇妙な道路標識が突然現れる。その標識のシルエットからは、どこか尋常でない緊迫感が漂ってくる。シルエットの人物たちの上にある英語の Caution（注意！）から、道路を横断するものに気をつけようという警告であることはただちに理解できる。だが、その標識が示す現実に気づいたとき、私たちは道路標識が示すリアリティとその背後に想定されている社会的現実の意味との乖離に直面し、一気に認識の不条理へと突き落とされるような感覚を味わう。

(2)（二八・5～三一・4）**標識の意味と現実**

この標識は国境線を不法に侵犯して密入国するメキシコ人が深夜にこのあたりを横断するという現実に対応して設置された。メキシコ人たちの決死の逃避行と、その悲惨な事故の頻発の事実は私たちを驚かせるに充分だ。密入国者の道路横断という現実に対応してドライヴァーの速度厳守を告知するという点で、道路交通の論理と倫理にかなった標識であるように思える。

標識のスペイン語のProhibido《プロイビード》（禁止！）ということばは横断者にその横断行為を禁じる警告だ。運転者と横断者との双方に同時に別々のメッセージを異なった言語によって伝える交通標識は、きわめて例外的で奇妙に矛盾したものだ。さらに重要なのは、メッセージが向けられる対象がそれぞれ特定の民族的・文化的実態を具えた集団として想定されている点だ。英語で「注意！」と呼びかけられる運転者は基本的にアングロ系のアメリカ人であり、スペイン語で「禁止！」と警告されているのは、密入国のメキシコ人や中米人であって、彼らのフリーウェイの横断行為がアメリカの国家権力にたいする違法行為であると告示する。二つの異なった言語による一つの標識は、二者のあいだの暴力的な社会関係を鋭く照らしだす。この道路標識が示す加害者側の特性と被害者側の物語の対照は、アメリカ人とメキシコ人の社会条件の非連続と差異をきわだたせる。

(3)（三一・5～終わり）**標識から生じる文化批判**

英語とスペイン語のあまりにみごとな転換のレトリックに違和感を感じることで、次々に湧いてくる疑問を突き詰めるうちに、機知をともなった文化批判がうまれてくる。英語とスペイン語の表記を入れ替えるだけで、標識のメッセージは正反対の二者の関係を逆説的に示すことができるかもしれない。

この標識は文化の境界線上に生起しつつあるあらゆる対抗関係をさししめすとともに、二項対立的な諸関係の隙間を突き崩すことで、新たな表現にむけての突破口をひらくための言語のありかを示唆している。この標識＝記号は、激烈な文化移動のモードをめぐる錯綜したあらゆる諸関係をあらわす、特権的なしるしであると考えることができる。

〈要旨〉

筆者が目にした道路標識は、運転者と横断者に同時に別々のメッセージを異なった言語で伝えようとするものであり、そこには暴力的な社会関係が対照的に示されている。しかし、標識の言語表記を入れ替えるだけで、標識のメッセージは二者の関係を逆説的に示すことが可能になる。すなわち、この標識＝記号は、激烈な文化移動のモードをめぐる錯綜したあらゆる関係をあらわす特権的なしるしと考えることができるのである。

❖理解・表現の解説

〈理解〉

(1)「私たちを不条理な混乱へと突き落とす真の要因」（二九・

9）とは何か、説明しなさい。

解答例　道路標識が運転者と横断者との双方にたいして、同時に別々のメッセージを異なった言語によって伝えようとしており、そのメッセージが向けられる複数の対象が、それぞれ特定の民族的・文化的実体を具えた集団として想定されていたから。

解説　「この標識の下に掲げられている、もう一つの言葉」に着目することと、少しあとの「さらに重要なのは」以下に示されている内容に着目すること。

(2)　**「あまりにみごとな転換のレトリック」（三一・7）とはどのようなことか、説明しなさい。**

解答例　道路標識の英語でCaution（注意！）と書かれた文字は密入国者の道路横断という現実へのドライヴァーの注意と制限速度厳守を告知していることにたいして、その下にスペイン語でProhibido（禁止！）と書かれた文字は横断者にたいしてその横断行為を禁じる警告となっていること。

解説　道路標識に書かれている英語とスペイン語の内容に着目すること。

(3)　**「標識＝記号」（三二・5）としているのはなぜか。「記号」という語の意味を踏まえて、その理由を考えなさい。**

解答例　「記号」とは、広義には言語・文字などコミュニケーションいっさいのものをさす。標識と記号が＝で結ばれていることは、筆者が標識と記号を同じ意味で用いていることを示し、標識に、記号と同様にコミュニケーションいっさいのものをさしているという意味をもたせたいと思ったからだと考えられる。

解説　同じ内容であるという意味で＝を用いていることに着目。

(4)　**「二項対立的な諸関係」（三二・3）の「隙間を突き崩す」（同・4）ことによって筆者が目指している「新たな表現」（同・4）とはどのようなものか、考えなさい。**

解説　フリーウェイ上の道路標識は、運転者と横断者への呼びかけとは逆の表記に入れ替えると、正反対の二者関係を明確にする。このような暴力的で不条理な社会関係は、両者の存在をはっきりさせることで問題点もあらわになり、関係を変更させることもできるだろう。「新たな表現」とは、加害者・被害者の両者に同じことばで呼びかけることばかもしれないし、まったく違った視点のことばであるかもしれない。可能性を考えてみよう。

(5)　**この「奇妙な道路標識」が「特権的なしるし」（三二・8）だといえるのはなぜか、説明しなさい。**

解答例　文化の境界線上に生じつつあるあらゆる二項対立的な諸関係をしめすと同時に、その関係の隙間を突き崩す可能性のある言語的な方法のありかをも暗示しているというように、激烈な文化移動によって生じる現代世界の錯綜したあらゆる関係を象徴するものだから。

解説　奇妙な道路標識が現代世界の「激烈な文化移動のモードをめぐる錯綜したあらゆる関係をあらわす」ものとして、「特権的なしるし」になっていることを読み取る。

〈表現〉

(1)　日常で「境界」の存在を感じる場面を挙げ、その境界を動かしたり、崩したりすることでどのようなことが見えてくるか、話し合ってみよう。

解説　本文にあるような国籍の違いがつくる境界でなくても、年代による境界、性別による境界、出身地の違いからくる慣習による境界など、身近に存在する境界について考えてみよう。

(2)　よその土地や外国への旅で直面する困難について、具体的に想定しながら八〇〇字程度のエッセイを書いてみよう。

解説　よその土地や外国で直面する困難は、ことばの違いだけではない。それまで当然と思っていたことが、当然ではなかったと知ることもあるだろう。人との関わり、慣習、感じ方の違い、こだわりの違い、社会の違い、環境の違いなどなどが考えられる。小さなことから敷衍させて文化の違いをまとめてもよい。

第２章　物語との出会い　小説（一）

山月記

中《なか》島《じま》敦《あつし》

❖学習の視点

1　非現実的な虚構の世界を描いた小説を読み、小説の一つの型を理解する。

2　漢文体を主調とした表現の特色を味わいながら読む。

3　虎《とら》になった主人公に託して、作者が語りたかったことは何かを話し合う。

❖作者解説

中島　敦（なかじま・あつし）　小説家。一九〇九（明治四二）年、東京都に生まれる。父も母も教師で、父方の祖父は漢学者中島撫山《ぶざん》。幼時から父の指導を受け、漢学の素養を身につけた。東京大学国文学科卒業。私立横浜高等女学校、パラオ島の南洋庁に勤務したが、病のため帰京、持病のぜんそくのため、一九四二（昭和一七）年没。一九三〇年代から小説を書き始めてはいたが、作品の大部分は死後に発表された。その豊かな古典的教養、知識人の不安の表現、格調の高い文体などが、しだいに高く評価されるようになった。作品には、『山月記』のほか、『光と風と夢』『李陵《りりょう》』『弟子』『名人伝』などがある。

❖出典解説

中国唐代の伝奇小説『人虎《じんこ》伝』（李景亮《りけいりょう》選）を素材にし、一九四二年、雑誌「文学界」二月号に、『文学禍』と二編で『古譚《こたん》』として発表された。『李陵』と並ぶ作者の代表作である。本文は「中島敦全集」第一巻（一九七六年・筑摩書房）によった。

❖語句・表現の解説

三四ページ

博学《はくがく》　広く学問に通じていること。

補《ほ》せられ　任務を命ぜられ。
自ら恃《たの》む　自分の才能に自信を持つ。「恃む」はたよりにする、自負するの意。
賤吏《せんり》　身分の低い役人。「吏」は官吏。対 高官。
甘《あま》んずる　満足する。
潔《いさぎよ》しとしなかった　よしと認めなかった。
いくばくもなく　間もなく。
故山《こざん》　ふるさと。「故郷」の漢語的表現。
帰臥《きが》　職務をやめて故郷に帰って休息すること。
膝《ひざ》を俗悪な大官の前に屈する　低級な高官の権力に従う。
詩家　詩人。
文名　すぐれた文学者という評判。
容易　たやすい。
焦燥《しょうそう》に駆《か》られて　あせりの気持ちが強くなって。
肉落ち骨秀《ひい》で　やせて骨がとがって見え。
いたずらに　むなしく。無意味に。用例 友人はなかなか来ず、いたずらに時間ばかりが過ぎてゆく。
炯々《けいけい》　眼光の鋭い様子。
豊頬《ほうきょう》　肉づきのいい美しいほお。
節《せつ》を屈《くっ》して　意志や信念を曲げて。ここでは、詩人になることをやめ、再び官吏の道にもどったことをさす。
詩業　詩を作る仕事。
同輩《どうはい》　年齢・経歴のほぼ同じくらいの仲間。ここでは進士に共に合格したときの仲間をさす。
鈍物《どんぶつ》　才知のにぶい者。対 才物。
歯牙《しが》にもかけない　問題にもしない。相手にもしない。
下命《かめい》を拝さねばならぬ　命令をつつしんで受けなければならない。
往年《おうねん》　過ぎ去った年。昔。用例 往年の名監督。
自尊心　自分はたいした人物だと思う心。自分に誇りを持つこと。プライド。
想像に難《かた》くない　たやすく想像できる。

三五ページ

ほとり　あたり。そば。
勅命《ちょくめい》を奉《ほう》じて　皇帝の命令に従って。
道に　途中。
白昼《はくちゅう》　まひる。ひるま。
供回《ともまわ》り　お供の人々。

三六ページ

残月　明け方まで残っている月。ありあけの月。
あわや　「もう少しであぶなく……するところ」の意味で副詞的に使う。用例 あわや乗りおくれるかと思ったが、やっと間に合った。
身を翻《ひるがえ》す　体の向きを急に変える。
李徴子《りちょうし》　「子」は男子の敬称。
第に登り　試験に合格すること。「登第」（三四ページ7行目）に同じ。

温和　性質がおだやかでおとなしい様子。
性情　性質と心情。類気質。性分。
しのび泣き　人目をはばかり、声を立てずに泣くこと。
ややあって　しばらくして。
久闊《きゅうかつ》を叙《じょ》した　久しく会わなかったあいさつを述べた。「闊」は、ここでは長く会わないの意。
異類《いるい》の身　人間ではない獣。
おめおめと　ふつうの人なら恥ずかしいと思うのに、そうも感じない様子。用例そんなことで、おめおめと引き下がれるか。
故人《とも》　古い友人。「故人《こじん》」に和語の読み方を当てたもの。
あさましい　情けない。
さらせようか　見せられようか、見せられない。「さらす」は、①日光に当てて干す。②布などを白くする。③人々の目にふれるようにする。ここでは③。
畏怖嫌厭《いふけんえん》の情　恐れていやがる気持ち。
図《はか》らずも　思いがけず。
愧赧《きたん》の念　恥じて赤面するような思い。ここでは、虎の身となったのを恥ずかしく思うこと。
外形をいとわず　外形を気にせずに。

三七ページ

超自然《ちょうしぜん》の怪異《かいい》　現実にあり得ないふしぎなこと。人間が虎になり、その虎が口をきくことをさしている。
見えざる声　声は聞こえても、姿は見えないこと。
隔《へだ》てのない　遠慮や気がねのない。
叢中《そうちゅう》の声　草むらの中の声。虎＝李徴の声をさす。
一睡《いっすい》　ひとねむり。
声に応じて　声にこたえて。
覚えず　思わず。
無我夢中《むがむちゅう》　何かに心を奪われて、我を忘れること。
左右の手で地をつかんで　手が足になり、四本の足で走っていることを示す。
谷川に臨んで　谷川を前にして。
茫然《ぼうぜん》　気ぬけがしてぼんやりしている様子。

三八ページ

理由も分からずに押しつけられたものをおとなしく受け取って、理由も分からずに生きていくのが、我々生きもののさだめだ　理由も分からずに虎に変えられたのに、それをおとなしく受け入れ、理由も分からずに生きてゆくように、我々生きものは運命づけられている。「さだめ」は運命。ここには、作者の運命観が出ている。
自分の中の人間　虎となった自分の中に残る「人間」の部分。
所行《しょぎょう》　おこない。ふるまい。

三九ページ

語るに忍びない　つらくて語ることができない。
人語を操《あやつ》る　人間のことばを話す。
そらんずる　暗唱する。

残虐《ざんぎゃく》　むごたらしいこと。類 残酷。残忍。

憤《いきどお》**ろしい**　腹立たしい。

日を経る　日がたつ。

礎《いしずえ》　建物の柱の下に置く土台石。

そのほうが、俺はしあわせになれるだろう　人間の心がすっかり消えて虎になりきってしまえば、自分の所行を恥じることもなくなるから、かえってしあわせになれるだろう。（しかし、残っている「人間」にとって、それは恐ろしいことなのだ。）

四〇ページ

一行《いっこう》　一同。連れ立っている人々。

息をのんで　はっと息をとめて。用例 戦争の記録映画を見たとき、むごたらしさに息をのんだ。

元来《がんらい》　もとから。

名を成す　りっぱな人物として世間に知られる。

業いまだ成らざるに　仕事が思うところまで成就しないのに。

この運命　突然虎に変身したことをさす。

世に行われておらぬ　広く世間に知られていない。

遺稿《いこう》　死んだ人ののこした原稿。ここでは、李徴が人間であったころ書いた原稿。

所在　あり場所。用例 この辺に古い寺があると聞いたが、所在が分からない。

伝録《でんろく》　記録して伝えること。

巧拙《こうせつ》　じょうずへた。

産を破り　財産をなくし。

執着《しゅうじゃく》　ある物事に強くひかれ、深く思いこんで忘れられないこと。ここでは、李徴が詩に対して持っている気持ちをさす。

朗々《ろうろう》　声が大きく、高くすきとおるさま。

格調高雅《かくちょうこうが》　詩の品格、調子が上品でみやびやかなこと。

意趣卓逸《いしゅたくいつ》　作品のねらい、趣が非常にすぐれていること。

作者の才の非凡を思わせる　作者の才能が人並でないことを感じさせる。

感嘆　他人の行動に感心すること。

素質　生まれつき持っている性格・能力の基になるもの。類 資質。

四一ページ

旧詩《きゅうし》　昔作った詩。

風流人士　風流を解し、詩や文を愛する人。

自嘲癖《じちょうへき》　自分で自分をあざ笑うくせ。

お笑い草《ぐさ》　笑い話のたね。用例 お笑い草に、わたしの踊りをお目にかけましょう。

即席《そくせき》　その場ですぐに作ること。

偶〻《たまたま》**因**《よツテ》**二狂疾**《ニ》**一成**《ル》**二殊類**《ト》**一**　〈訓読〉偶《たまたま》狂疾《きょうしつ》に因《よ》つて殊類《しゅるい》と成《な》る　「狂疾」は気が狂うこと。「殊類」は獣。ふとしたことから気が狂って獣となった。

災患相仍《あいよツテ》**不**《ず》**レ可**《ベカラ》**レ逃**《のがル》　〈訓読〉災患相仍《さいかんあいよ》つて逃《のが》るべからず　「仍」はかさねる。かさねがさね。災難が重なってこの不幸な運命から逃れられなくなった。

今日《ハ》爪牙《そうが》誰《たれカ》敢《あえテ》敵《センヤ》　〈訓読〉今日《こんにち》は爪牙《そうが》誰《たれ》か敢《あえ》て敵《てき》せんや　「爪牙」は猛虎のたとえ。虎となった今日、その爪牙に敵するものはない。

当時《ハ》声跡共《ニ》相高《カリキ》　〈訓読〉当時《とうじ》は声跡共《せいせきとも》に相高《あいたか》かりき　「声跡」は世間の評判。「当時」は前の「今日」と対句になっている。かつてわたしも君も秀才として相並んで世間からもてはやされたものであった。

我《ハ》為《なリテ》㆓異物《ト》㆒蓬茅《ほうぼうノ》下《もとニアレドモ》　〈訓読〉我《われ》は異物《いぶつ》と為《な》りて蓬茅《ほうぼう》の下《もと》にあれども　「異物」は「殊類」に同じ。わたしは獣となって雑草の下に寝起きする身となったが。

君已《ハすでニ》乗《リテ》㆑軺《ように》気勢豪《ナリ》　〈訓読〉君《きみ》は已《すで》に軺《よう》に乗《の》りて気勢豪《きせいごう》なり　君（袁傪）は高位に上り、軺に乗って勢い盛んなありさまである。「軺」は伝令の使者の乗る車。下図参照。

此《こノ》夕《ゆうべ》渓山対《シ》㆓明月《ニ》㆒　〈訓読〉此《こ》の夕《ゆうべ》渓山明月《けいざんめいげつ》に対《たい》し　「渓」は谷。この夜の野で、谷や山を照らす明月に向き合って。

不《シテ》㆑成《サ》㆓長嘯《ちょうしょうヲ》㆒但《ただダ》成《ス》㆑嘷《ノミこうヲ》　〈訓読〉長嘯《ちょうしょう》を成《な》さずして但《た》だ嘷《こう》を成《な》すのみ　「長嘯」は声を長くして歌うこと。胸の思いを歌おうとしても、それは歌にはならず、ただ短くほえる動物の声にしかならないのだ。

四二ページ

白露《はくろ》　しらつゆ。

地にしげく　（露が）いちめんにおりて。

奇異《きい》　ふしぎなこと。類奇怪。異様。

粛然《しゅくぜん》　おごそかで静かな様子。

薄幸《はっこう》　ふしあわせ。類不幸。

嘆じた　嘆き悲しんだ。

尊大《そんだい》　いばって、いかにも偉そうな態度をする様子。すぐ前の「倨傲」と同じ意。

羞恥心《しゅうちしん》　恥ずかしく思う心情。

郷党《きょうとう》　郷土の人々。

鬼才《きさい》　人間とは思われないほど、すぐれた才能がある人。類奇才。天才。

臆病《おくびょう》な自尊心　才能がないのではないかとあやぶみながらも、自信をすてない心。

求めて　自分から進んで。わざわざ。用例求めてきびしい修練をする。

切磋琢磨《せっさたくま》　同志と励まし合って、欠点なども直し合い、互いに向上することをはかること。

俗物《ぞくぶつ》の間に伍《ご》する　俗世間のつまらない人たちの仲間入りをする。

尊大な羞恥《しゅうち》心　「臆病な自尊心」を裏返せばこうなる。

己の珠《たま》にあらざることを惧《おそ》れる　自分に詩人としてのすぐれた資

質がないことをおそれる。「珠」は宝石や真珠から転じて、美しいもの、大切なものをさす。

刻苦《こっく》 非常に骨を折ること。用例 刻苦勉励。

碌々《ろくろく》として瓦《かわら》に伍《ご》する むだにつまらぬ人とつきあう。「瓦」は「珠」と対にして使っている。平凡な人のこと。

飼いふとらせる 養い育てる。ここでは、臆病な自尊心を養い育てるのだから、否定的な意味である。

猛獣《もうじゅう》使い 性質の荒々しい獣を飼いならして、芸などを教えこむ人。ここでは、自分自身の性質や気持ちを制御する意味。

四三ページ

これ（1行目） 尊大な羞恥心をさす。

俺を損《そこ》ない 俺という人間をだめにし。

果ては しまいには。

かくのごとく このように。

空費《くうひ》 むだづかい。類 浪費。

警句《けいく》 短いことばで真理や人生の機微などを鋭くついたもの。

弄《ろう》する もてあそぶ。

暴露《ばくろ》 さらけだすこと。

危惧《きぐ》 結果が悪くなるのではないかと心配すること。用例 弟が無理をして体をこわさないかと危惧している。

専一《せんいつ》 一つのことだけに心を集中する様子。用例 御自愛専一に。

胸を焼かれるような悔い 愚かな生き方をしたことへの後悔でいっぱいな思いを「胸を焼かれる」と形容したのである。

手段 何かを実現させるための方法。対 目的。

ひれ伏す 頭を地につけるようにしてかがむ。拝んだり降参したりするときの動作。

哮《たけ》っている 「哮る」はすごい声でほえること。

天に躍り地に伏して 空に飛び上がり、地にのたうったりして。

四四ページ

俺の毛皮のぬれたのは、夜露のためばかりではない 毛皮が夜露のためにぬれることはもちろんあるが、そのためだけでなく、涙のためにもぬれるのだ、の意。苦しみをだれにも分かってもらえないことが悔しく、ひそかに涙を流すのである。

酔わねばならぬ時 人間としての理性を捨てなければならぬ時。

厚かましい ずうずうしい。

孤弱《こじゃく》 たよる人がなく心細いこと。

飢《き》凍《とう》 飢え凍える。

慟哭《どうこく》 声をあげて激しく嘆き泣くこと。

恩幸、これに過ぎたるはない これ以上の恩恵はない。

意にそいたい 考えのとおりにしたい。

このこと（14行目） 郷里にいる我が妻子の孤弱を哀れんで、道ばたで飢え凍えないように取り計らってもらうこと。

四五ページ

勇に誇ろう 自分の勇ましい姿を自慢しよう。

もって そのことによって。

ねんごろに ていねいに。用例 客人をねんごろにもてなす。

堪《た》え得ざるがごとき悲泣《ひきゅう》の声　がまんできないような悲しみ嘆く声。

白く光を失った月　朝になって白っぽく光を失った月。時間の経過したことが分かる。

咆哮《ほうこう》　けものなどが、ほえたけること。

❖発問の解説

1「しばらく返事がなかった」のはなぜか。（三六ページ）

解答例　久しぶりに再会した友が、自分の声に気づき話しかけてきた。友と話をしたい、しかし、自分は虎の姿になっているので見られたくない、という気持ちのせめぎ合い、葛藤が、しばしの沈黙となって表れているのである。

2「古い宮殿の礎」と「土砂」はそれぞれ何をたとえたものか。（三九ページ）

解答例　「古い宮殿の礎」は、「俺の中の人間の心」、「土砂」は、「獣としての習慣」のたとえ。

3「俺はしあわせになれるだろう」とはどのようなことか。

解答例　自分のなかの人間の心がすっかり消えてしまえば、人間の心や過去を失うという恐怖も、自分がした獣の所業を見て、情けなく、恐ろしい気持ちになることもなくなるから「しあわせ」になるということ。「しあわせ」に傍点が付いているのは、本来のしあわせの意味とは違うということ。

（四四ページ）

4「俺の毛皮のぬれたのは、夜露のためばかりではない。」とはどのようなことか。

解答例　外で寝ているのだから、当然夜露にぬれるわけである。しかし、それだけではなく、誰にも理解されぬ苦しみを背負って、虎である自分も涙を流すこともあるということを暗に言っている。きざな言い方だが、これも李徴の特徴を表している。

❖構成・要旨

〈構成〉

(1)（初め〜三五・５）**物語の発端**

主人公李徴《りちょう》は、自負心が強く、賤吏になるよりは詩人になろうとして帰郷して詩作にはげむが文名揚がらず、再び官吏となるが、まもなく発狂して姿を消した。

(2)（三五・６〜三七・７）**袁傪《えんさん》、虎となった李徴に会う**

李徴のかつての友袁傪が公用で旅の途中、林中で猛虎におそわれたが、それは李徴の変わり果てた姿であった。袁傪は姿の見えない李徴の声と懐かしく語り合う。

(3)（三七・８〜四〇・２）**李徴の告白**

李徴は虎と化したいきさつ、自分の中の人間がしだいになくなっていく過程を語り、悲しく、恐ろしい気持ちを吐露した。

(4)（四〇・３〜四一・16）**李徴の詩への執着**

虎の身となっても、今なお暗記している自作の詩の伝録を頼み、現在の心境を即席の詩に作った。

(5)（四二・1～四四・1）**李徴の悔い**

李徴は、かつての自分の生き方を省みて、虎になった原因を分析し、悔い悲しむ心を述べる。

(6)（四四・2～四五・8）**李徴の頼み**

李徴は、妻子のことを袁傪に頼み、別れを告げる。

(7)（四五・9～終わり）**結び——虎＝李徴との別れ**

丘の上で袁傪の一行は、白い月に向かってほえる虎の姿を見る。

〈主題〉

詩業に執着し、その「尊大な羞恥心」のために虎になり果てて身を滅ぼした李徴の運命と心情に託して、〝芸術〟にとりつかれた人間の苦悩と悲劇を描いている。

❖理解・表現の解説

〈理解〉

(1)　**李徴が失踪《しっそう》するまでの経緯をまとめなさい。**

解答例　博学才穎の李徴は、天保の末年に、若くして進士に合格し、江南尉になった。しかし、他人と相いれず、自信家であったので、格の低い官吏についていることを嫌がり、まもなく官を退いた。その後虢略で休んでいた。そして、人との交わりを絶って、詩作をしていた。しかし、詩は世に認められず、生活が苦しくなる。焦燥に駆られた李徴は、容貌が険しくなり、数年後に詩をあきらめ、信念を曲げて一地方官になった。しかし昔の同輩はすでに高位にあり、昔あなどっていた者たちの命令を受けなければならず、李徴の自尊心は傷つき、さらに性格は常軌を逸したものになった。一年後、公用で汝水のあたりに泊まった時、ついに発狂し、夜半に顔色を変えて寝床から起き上がると、そのまま闇の中に駆け出し、二度と戻ってこなかった。

(2)　**李徴は、自分が「虎」になった理由をどのように考えているか、まとめなさい。**

解答例　李徴は自分が虎になった理由を不条理な運命と自分自身の性格にあるとしている。次の部分からそのことがわかる。

①「理由も分からずに押しつけられたものをおとなしく受け取って、理由も分からずに生きていくのが、我々生きもののさだめだ。」（三八・4）

②「なぜこんな運命になったか分からぬと、先刻は言ったが、しかし、考えようによれば、思い当たることが全然ないでもない。……俺はしだいに世と離れ、人と遠ざかり、憤悶と慙恚とによってますます己の内なる臆病な自尊心を飼いふとらせる結果になった。人間は誰でも猛獣使いであり、その猛獣に当たるのが、各人の性情だという。俺の場合、この尊大な羞恥心が猛獣だった。虎だったのだ。」（四二・4～四三・1）

③「飢え凍えようとする妻子のことよりも、己の乏しい詩業のほうを気にかけているような男だから、こんな獣に身を堕とすのだ」（四四・15）

①は、「なぜこんなことになったのだろう。分からぬ。まったく何事も我々には分からぬ。」とあり、それに「理由も分からずに……」と続く。この段階では、李徴は自分が虎になった理由が分からず、さらに理由の分からないことを甘受しながら生きていくのが生きものの運命として、分からないことを分からないままに認めようとしている。人間の存在を不条理なものととらえていると考えられる。

②は、この作品の中心的な部分である。「人間は誰でも猛獣使いであり」というのは、どうにもならない心情、性情をもっていても、それを飼いならしていくのが人間である、という意味であろう。李徴の場合は、「尊大な羞恥心」と「臆病な自尊心」という、裏腹の関係にあるどうにもならぬ性情を、飼いならすことができなかった、と考えている。この部分では、過去の自分を分析して、才能を空費したことを悔いている。つまり、①で「分からぬ」と言ったことを、ここで明らかにしているのである。

③は、妻子より詩を優先し、人間性に欠けていることを、李徴が自己批判している場面である。ここで、虎になった理由に、不条理と自己の性情に加えて、詩への強い執着が加わっていることに注目しよう。

(3)　自分のことを「俺」（三九・6）と呼ぶようになったのはなぜか、説明しなさい。

解答例　友人に会って話に夢中になり、相手に対する遠慮が薄れ、自分の心情を率直に語るようになったから。

(4)　「臆病な自尊心と、尊大な羞恥心」（四二・11）が具体的な行動として描かれている部分を抜き出しなさい。

解答例　「俺は詩によって名を成そうと思いながら、進んで師に就いたり、求めて詩友と交わって切磋琢磨に努めたりすることをしなかった。かといって、また、俺は俗物の間に伍することも潔しとしなかった。」（四二・9）

(5)　「人間は誰でも猛獣使いであり、その猛獣に当たるのが、各人の性情だ」（四二・15）とはどのようなことか、説明しなさい。

解答例　人間は、自分の中に制御できないほど強い性質を持ち、それを制御して、なんとか自分の思いを遂げようとしているのだということ。

〈表現〉

(1)　月を描いた場面を本文中から抜き出し、それぞれがどのような効果をあげているか、話し合ってみよう。

解説　月が描かれている場面には、次のようなものがある。

・「残月の光をたよりに林中の草地を通っていった時、はたして一匹の猛虎が叢の中から躍り出た。」（三六・1）

・「時に、残月、光冷ややかに、白露は地にしげく、樹間を渡

る冷風はすでに暁の近きを告げていた。」（四二・1）

・「この胸を焼く悲しみを誰かに訴えたいのだ。俺は昨夕も、あそこで月に向かってほえた。……山も木も月も露も、一匹の虎が怒り狂って、哮っているとしか考えない。」（四三・12）

・「虎は、すでに白く光を失った月を仰いで、二声三声咆哮したかと思うと、また、元の叢に躍り入って、再びその姿を見なかった。」（四五・10）

袁傪と李徴が出会っている時の月の描写から、夜が明けてくる時間の経過がわかるが、月が意味していることはそれだけではない。神秘的で奇怪な雰囲気を場面に与える役割も果たし、また、漢文調のことばで表現することによって、文章を格調高くもしている。そして「残月」とは、しだいに光を失っていく月であるから、人間の心を失って、虎に変わりつつある李徴の象徴にもなっている。

李徴にとっては、胸を焼く悲しみを吐き出す唯一の相手であるが、それが「月」であるところに、いっそう李徴の孤独感を強調しているようである。

(2)　この作品と同じように、変身を題材とした「変身譚《たん》」を探し、その内容をノートにまとめてみよう。

解説　変身を扱った文学作品には、ほかにガーネットの『狐になった夫人』、プロイスラーの『クラバート』などもある。また、神話にもよく登場する題材である。

❖参　考

●『山月記』の執筆上のねらいについてこの作品のよりどころとなったのは、中国唐代の伝奇小説『人虎伝』（李景亮撰）である。しかし、これと『山月記』を比較すると、虎になった理由、詩への執着の度合いなどの点で違っている。特に、虎になった理由として李徴が告白する「臆病な自尊心」「尊大な羞恥心」は『人虎伝』にはない。つまり、素材を古い怪奇譚《たん》に求めてはいるが、単に変身の不思議さを描こうとしたものでないことは明らかである。

では、この作品の主題はどこにあるのか。いくつかの観点をあげておこう。

●この作品が発表された一九四二（昭和一七）年は、太平洋戦争勃発の翌年で、文学も芸術も軍国主義一色に塗りつぶされようとしていた。この年の五月には、軍部の指示で文学者を集めて「日本文学報国会」が結成されている。作者は、この年十二月に亡くなるのだが、文学者・芸術家にとっての時代の息苦しさを強く感じていたにちがいない。その中で、日々人々を追いつめてゆく大きな力に対する人間の無力さ、存在の不条理というようなものを描こうとしたと言える。

●「臆病な自尊心」「尊大な羞恥心」――これは、近代人の自意識の典型的な表れといえるもので、作者は、李徴という狷《けん》介《かい》な人物に託して、おのれの心に根を張る始末の悪い自意識をえぐり出そうとした、とも考えられる。

●獣になっても、なお捨てることのできない李徴の詩＝芸術への執着は、結局作者自身の心情であろう。ひとたびそれにとらえられれば抜け出すことのできない芸術の〝業《ごう》〟を、作者自身、痛感していたのであろう。特に、創作に専念しようと決心するまで、教師、官吏の職にあり、その意味でも李徴の境遇に共通点を見いだしていたにちがいない。世俗の職業と創作への意欲の間で引き裂かれていた状況が、この作品を生んだとも言えよう。

神様

川《かわ》上《かみ》弘《ひろ》美《み》

❖学習の視点

1　「神様」を読んで、「わたし」と「くま」の微妙な心理のやりとりを読み取る。

2　「くま」の人間社会で暮らすうえでの思いを、その行動やことばから読み取る。

3　散歩を終えた「くま」と「わたし」の心を満たしたものは何であったのかを考え、人の心に触れるものを思い起こしてみよう。

❖作者解説

川上弘美（かわかみ・ひろみ）小説家。一九五八（昭和三三）年、東京都に生まれる。お茶の水女子大学理学部生物学科卒業。一九八二（昭和五七）年から一九八六（昭和六一）年まで田園調布雙《ふた》葉《ば》中学高等学校教諭を務める。一九九四（平成六）年に「神様」で第一回パスカル短篇文学新人賞を受賞。一九九五年に「婆」で第一一三回芥川《あくたがわ》賞の候補となり、一九九六年に「蛇を踏む」で第一一五回芥川賞を受賞。二〇〇一年、谷崎潤一郎《たにざきじゅんいちろう》賞を受賞した『センセイの鞄《かばん》』はベストセラーとなる。小説として刊行されたものに『蛇を踏む』（文藝《ぶんげい》春秋）、『物語が、始まる』（中央公論新社）、『いとしい』（幻冬舎）などがある。エッセイ集としては『あるようなないような』（中央公論新社）、『ゆっくりとさよならをとなえる』（新潮社）などがある。

❖出典解説

この文章は『神様』（一九九八年・中央公論社刊）に収められており、本文も同書によった。なお、同書にはほかに八編の作品が収められており、全九編の作品を通して“神様”ということばが表す一つのテーマが表されている。

❖語句・表現の解説

四七ページ

ハイキング　hiking　野山を歩いて自然を楽しむこと。

引っ越し蕎麦《そば》　引っ越した先の近隣に、「そば」（＝近く）の意味からあいさつにかえて配るそば。
ふるまう　①動作をする。行動する。②もてなす。ごちそうする。ここでは②の意。
葉書を十枚ずつ渡してまわっていた　引っ越した先に対するあいさつが、引っ越し蕎麦にとどまらないことから、「くま」がまわりに対してひどく気を遣っていることが分かる。
配慮　心づかい。心配り。
いろいろとまわりに対する配慮が必要なのだろう　「くまであるから」とあるように、人間から異類と思われることに対して配慮していると考えられる。「ちかごろの引っ越しには珍しく」とあることからも、「わたし」はこのように思ったのだろう。
まんざら　下に打消の語を伴って「～とも限らない」という意味を表す。必ずしも。
赤の他人　何のかかわりもない他人。「赤」ということばは「まったくの」「はっきりとした」などの意味を表し、付いたことばを強調する。用例まっ赤なうそ。
某町　「某」は、名前を表さずにそれをさすときに使う。次行の「某君」でも同じ。
叔父《おじ》　父か母の弟。「伯父」なら、父か母の兄。
四八ページ
たいそう感慨深げに「縁《えにし》」というような種類の言葉を駆使していろいろと述べた。どうも引っ越しの挨拶の仕方といい、この喋《しゃべ》り方といい、昔気質《かたぎ》のくまらしいのではあった　「縁」を感じることに感慨深い思いになるところや、「もしや……では」といった喋り方をするところに、昔気質を感じたのである。この「縁」は「以前くまがたいへん世話になった某君の叔父」が「わたしの父のまたいとこ」に当たるという遠い縁である。そうした縁でも心に留め、深く感じ取る「くま」である。
感慨　身にしみて感じること。しみじみと感じること。用例感慨にふける。
縁《えにし》　えん。つながり。ゆかり。縁故。
昔気質　昔ふうの気質《きしつ》。「気質（かたぎ）」は、その身分、職業などに特有の気風、性格。用例職人気質《かたぎ》。
そのくまと、散歩のようなハイキングのようなことをしている　「している」という表現が、気づいてみたらそうしているといった意味合いを出している。まだなじみの深くない相手であり、くまでもあるため、自分でもおどろいている様子がうかがえる。
ツキノワグマなのか、ヒグマなのか、はたまたマレーグマなのか　ツキノワグマとヒグマは日本にも生息している。
面と向かって尋ねるのも失礼である気がする　人に対する時と同じ礼節をもった「わたし」の心情を表している。
近隣　となり近所。
今後　今から後。この後。以後。
呼びかけの言葉としては、貴方《あなた》、が好きですが、ええ、漢字の貴方です　「あなた」は軽い尊敬を込めて相手を呼ぶことば。「くま」と「わたし」はこれまでに親しい関係であったわけではないので、「あなた」はふさわしくないわけではないが、自分で「あなた」と呼ばれることを好きだと思うところ、また特に「貴方」という漢字で表されるのが好きであるところに、「くま」の何がしかの思いが表れている。

どうもやはり少々大時代なくまである。大時代なうえに理屈を好むとみた　「大時代」はひどく古風であること。「理屈を好む」とは、漢字で表された「貴方」を思い浮かべてほしいと考えるようなところとつながっているようでもあり、こだわりをもっているといった意味ともとれる。「理屈」は、筋道立った理由づけ。

舗装　道路の表面を、アスファルトやコンクリート、れんがなどで固めること。

どの車もわたしたちの手前でスピードを落とし、徐行しながら大きくよけていく　くまと人間の二人連れを何であろうかとスピードを落として見、しかし関わらないようにという気持ちで大きくよけていくのであろう。

四九ページ

たいへん暑い。田で働く人も見えない　厳しい暑さであることが分かる描写である。

くまの足がアスファルトを踏む、かすかなしゃりしゃりという音だけが規則正しく響く　二人がものも言わず歩き、近くをだれも通らない様子。ひたすらに歩き続ける「くま」の気持ちまでが伝わってくるような描写である。川原での「くま」の様子からこの場面に返って考えると、この時「くま」は自分を大きくよけていく車の中の人の気持ちを気にしないように、このようにしていたのかともとれる。

また、「しゃりしゃりという音」は、「くま」がはだしで歩いているため爪がアスファルトをかいている音である。「わたし」と共に歩いている「くま」が熊であるという、野性が感じられる部分でもある。

暑くないけれど長くアスファルトの道を歩くと少し疲れます　「くま」のこれまでの話し方や人への礼節をふり返ると、「少し」は「わたし」を心配させないようにという気遣いだとも思える。

「もしあなたが暑いのなら国道に出てレストハウスにでも入りますか。」などと、細かく気を配ってくれる　「暑くない？」と「わたし」に気遣われたのに、「くま」は逆に「わたし」への気遣いを見せている。「気を配ってくれる」とあることから、「わたし」が「くま」の気遣いを好意的に受け止めていることが分かる。

もしかするとくま自身が一服したかったのかもしれない　「くま」と一緒にいる「わたし」の、「くま」の心中を察しようとする様子をよく表す部分である。「暑くない？」と声をかけるだけでなく「くま」の本心はどうなのだろうと考えている。互いに相手を気遣いながら、パートナー（連れ）となって歩いていることがこの場面から読み取れる。

遠くに聞こえはじめた水の音がやがて高くなり　音が「高くなり」とは音が近くなり大きくはっきりしてくる様子。川原に近づいたことが分かる。

くまは舌を出して少しあえいでいる　暑いときにする、熊らしい様子。「あえぐ」は苦しそうに息をきらすこと。やはり「くま」は、暑く、疲れていたのではないかと思われる。

男性二人子供一人の三人連れが、そばに寄ってきた　路上で徐行しながら大きくよけていった車と同じく、好奇の目によるものである。

「お父さん、くまだよ。」／子供が大きな声で言った。／「そうだ、よくわかったな。」／シュノーケルが答える。／「くまだよ。」／「そうだ、くまだ。」／「ねえねえくまだよ。」／何回かこれが繰り返された　「くま」がいるよと騒ぎ立てる子供と、異類な「くま」の出現に気を取られ、生返事を繰り返す父親「シュノーケル」（シュノーケルをさげているところをさす）の様子。

五〇ページ

シュノーケルはわたしの表情をちらりとうかがったが、くまの顔を正面から見ようとはしない。サングラスの方は何も言わずにただ立っている　「わたし」と「くま」に面と向かってことばをかけるわけでもなく、ただ、ちらちらと好奇の視線を送るだけなのである。サングラスをかけた男性の方も、サングラスをかけているのをいいことに、黙ってレンズの向こうから無遠慮な視線を投げかけているにちがいない。

「いやはや。」／しばらくしてからくまが言った。／「小さい人は邪気がないですなあ。」／わたしは無言でいた。／「そりゃいろいろな人間がいますから。でも、子供さんはみんな無邪気ですよ。」／そう言うと、わたしが答える前に急いで川のふちへ歩いていってしまった　三人の失礼な態度を受けてのことばである。「しばらくしてから」言ったところに、「くま」の気持ちの軽くないことがうかがえる。心ない振る舞いに少なからず傷ついているにもかかわらず、何も言えないでいる「わたし」を気遣い、ことばを継いで場の雰囲気を好転させようとしているのである。「わたしが答える前に急いで……いってしまった」という部分からは、何も言ってくれなくてよいのですよという「わたし」への心遣いとともに、「くま」の孤独な悲しみや寂しさがうかがえる。

邪気がない　ねじけた気持ちや性質がない。「邪気」は「邪気を払う」の例のように、病気などを起こす悪い気の意味のこともある。ここでは子供の無邪気のこと。

五一ページ

縄張り　自分の勢力範囲、行動範囲。

くまも、じっと水の中を見ている。何を見ているのか。くまの目にも水の中は人間と同じに見えているのであろうか　人間に対するように「くま」と向き合っている「わたし」は、同時に「くま」を熊としても見ている。その二つの見方が繊細な一つの目となって「くま」の内面を見つめようとしているようにも見える場面である。「同じに見えているのであろうか」とは、視覚によることだけでなく、感じ方やとらえ方のことも含んで言っているのだろう。また、「水の中」とあるが、「水の中」だけにとどまらず、世の中にまで考えが及んでいるとみてもよいだろう。

おことわりしてから行けばよかったのですが、つい足が先に出てしまいまして 熊の習性として魚を捕りたくなり、つい足がそれへと向かったことを言っている。

釣りをしている人たちがこちらを指さして何か話している 「こちら」とは、「くま」と「わたし」のいる方。「くま」が川の魚をとったのを見て何か話しているのであろう。これもまた、先の車の人々や三人の視線によるものであると想像できる。

何回か引っくり返せば、帰る頃にはちょうどいい干物になっています 「広げた葉の上に魚を置いた」とあり、このようにしてこの暑い日に干しておけば干物になるということ。

何から何まで行き届いたくまである 捕った魚を「さしあげましょう」というだけでなく、それを干物にするための道具や材料までも準備しているのである。

行き届く 心配りがすみずみにまで及ぶ。

五二ページ

わたしに背を向けて、いそいで皮を食べた 「わたし」に食べるところを見せないようにして食べている。人間がオレンジの皮を食べないことは分かってはいるが、熊としての食べたい欲求に動かされての行動であり、それは魚を手で捕ることと同じである。そうした行動は「くま」の自然な欲求・行動ではあるのだが、それは熊としてのものなので、人間の「わたし」は違和感を抱くかもしれないと心配してこのようにしていると考えられる。

歌ってさしあげましょうか 「……てさしあげる」は「…てやる」の敬語。「…てあげる」よりもさらに丁寧な気持ちが感じられる表現。このほかにも「くま」は、「もしよろしければ」「もしよかったら」などという抑制された表現で、「わたし」に対する丁重な姿勢を貫いている。

真面目 何かについて正面から努力し、取り組む様子。

タオルはかけていない 「昼寝をするときにお使いください」とタオルを手渡してくれた「くま」だが、「くま」自身はタオルなしで眠っていることに「わたし」は気づく。「くま」の細やかな心配りに、二行あとで「わたし」も「くまにタオルをかけ」るという態度で応じている。「わたし」と「くま」の温かい心の交流が感じられる。

干し魚を引っくり返しにいくと、魚は三匹に増えていた 「わたし」は「くま」が寝ているあいだに、「くま」が作ってくれている干し魚を気づかい引っくり返しにいく。干し魚が増えていたことから、「くま」は「わたし」が寝ているあいだにさらに魚を捕ってきてくれたらしいことが分かる。お互いが眠っているあいだにも、相手のことを気づかい合っている。ここからも「わたし」と「くま」の心の交流が感じられる。

五三ページ

いい散歩でした　二人が家に帰ってきた場面である。「またこのような機会を持ちたいものですな。」とともに、今日の「散歩」への満足感を表し、同時にその相手への感謝の気持ちを表すものと言える。

機会を持つ　「機会」は、事を行うのによい時機、折、チャンス。

用例 機会があったら、また行く。

わたしも頷《うなず》いた　「わたし」も「くま」と同じ気持ちでいることが分かる。最後の「悪くない一日だった。」につながる表現。

喉の奥で「ウルル。」というような音をたてながら　二行あとに「くま本来の発声」とあるように、獣としての野性が表れている部分。魚を捕ったり、オレンジの皮を食べたりするのと同じ、熊本来の姿である。

抱擁　だきかかえること。だきかかえて愛撫すること。

わたしは承知した　「くま」としても、言い出しにくく頼みにくかった抱擁を承知したのは、「わたし」も「くま」と同じ心境でいたためである。またその抱擁の際、「くまのにおいがする」「思ったよりもくまの体は冷たかった」などとあることから、「わたし」が「くま」を動物としてとらえ、野性を感じていることがうかがえる。

五四ページ

遠くへ旅行して帰ってきたような気持ちです　一日を、充実した長い時間に感じることができたという意味である。また直後で「熊の神様のお恵みがあなたの上にも降り注ぎますように。」と謝意を表しており、「くま」は「わたし」の存在によって、今日のこの一日が得られたと思っていることが分かる。

悪くない一日だった　「今日はほんとうに楽しかったです。」という「くま」のことばに対する、「わたし」の思いである。「悪くない」という二重否定の表現であるが、むしろ「楽しかった」という肯定的な意味が感じられる。「くま」に誘われて出かけ、お互いに気遣い合って過ごした一日は、「わたし」にとっても、有意義でとても楽しいものだったのである。

❖発問の解説

1 **「まわりに対する配慮が必要」なのはなぜか。**

（四七ページ）

解答例　人間とは違い、「くま」なので、周囲に警戒心を抱かれず、まわりの人間とうまくやっていくため。

解説　引っ越し蕎麦や葉書を近所に配るのは、一世代前の人々がよくおこなっていた風習。引っ越してきた土地の人々との人間関係を円滑にする効果があった。「ちかごろの引っ越しには珍しく」とか、「ずいぶんな気の遣いよう」などのことばから、「くまであるから」が強調される。

（四八ページ）

2　**「徐行しながら大きくよけていく」のはなぜか。**

解答例　「くま」への好奇心から、よく見ようとして「徐行し」、関わり合いになりたくないので「大きくよけて」いっている。

（五〇ページ）

3　**「そうだ、よくわかったな。」とはどのような口調か。**

解答例　「くま」に対する驚きと好奇心を隠そうともしないで無遠慮に話している口調。「くま」への軽蔑の気持ちも表れている。

4　**「いやはや。」には、どのような気持ちが込められているか。**

解答例　迷惑なことをされても、怒るわけにもいかず、我慢して切りぬけ、ほっとして出たことば。くやしさや寂しさが込められている。

（五一ページ）

5　**「話している」内容を想像しなさい。**

解説　「くま」が素手で魚を捕っている光景に驚いて、「見てみろよ、くまが魚なんかとってるぞ。」「驚いたなあ、どこから来たんだろう。」「あのくま、危なくないか。」などの内容を話していることが想像できる。

（五二ページ）

6　**「わたしに背を向けて、いそいで皮を食べた」のはなぜか。**

解答例　「くま」は好物の皮を食べたくなったのだが、気を遣う性格上、見苦しくないように、わたしに背を向け、しかも、いそいで食べたのだ。

（五三ページ）

7　**「承知した」のはなぜか。**

解答例　今日一日「くま」といっしょに過ごし、「くま」から優しい心遣いをうけ、「くま」と同じ心境になっていたから。

❖構成・主題

〈構成〉

この文章は、次の五つに分けることができる。

(1)　（初め〜四八・4）**「くま」との出会い**

三つ隣の部屋に引っ越してきた「くま」と出会った「わたし」は、「くま」に誘われて川原に散歩に出ることになる。

(2)　（四八・5〜14）**「大時代」で理屈を好むような「くま」**

「貴方」と呼ばれるのが好きだと「くま」は考えている。

(3)　（四八・15〜四九・11）**川原までの道**

「わたし」は「くま」を気遣い、「くま」は「わたし」に細かく気を配る。

(4)　（四九・12〜五二・17）**川原での様子**

川原にいる人々は「くま」を好奇の目で見る。「くま」はそれを意識しないように振る舞い、熊本来の行動として魚を捕り、「わたし」のために干物を作る。「くま」の細やかな気遣いのもとで「わたし」は昼寝をする。

(5)（五三・1〜終わり）**一日の終わり**
「くま」は、いい散歩だったと述べ、「わたし」に抱擁を求める。「わたし」はそれを承知し、「わたし」もまた、悪くない一日だったと思う。

〈主題〉
人間である「わたし」が動物である「くま」に誘われて散歩に出かけ、悪くない一日だったと思えるまでの心の交流を描いている。

❖理解・表現の解説

〈理解〉

(1)「くまの顔を正面から見ようとはしない」（五〇・8）とあるが、それはなぜか、説明しなさい。

解答例　くまに対して同等の者として見ていないから。しかも、そのことに少し負い目と恐れも感じているから。

(2)「いい散歩でした。」（五三・1）とあるが、「くま」はこの散歩に向けてどのような準備をしていたか、整理しなさい。

解答例　「袋」の中に干物を作るための、布の包みに入れた小さなナイフとまな板、そのほかに粗塩、弁当、コップ、昼寝用の大きなタオルなどを入れてきた。

(3)「遠くへ旅行して帰ってきたような気持ちです。」（五四・4）ということばから、「くま」がこれまでどのような気持ちで生活してきたか、考えなさい。

解答例　それまで周囲の人間に受け入れられず、孤独な生活を送ってきた。また、このような満足できる日をなかなか送れなかったという気持ち。

(4)「わたし」が「悪くない一日だった。」（五四・8）と思ったのはなぜか、説明しなさい。

解答例　人への配慮を怠らない、知的で紳士的な「くま」とともに、「わたし」はパートナー（連れ）として一日を過ごし、「くま」に劣らず「わたし」も心が満たされたから。

〈表現〉

(1)「眠る前に少し日記を書いた」（五四・7）とあるが、どのような日記か。「わたし」になったつもりで二〇〇字以内で書いてみよう。

解答例　今日は朝からよく晴れて、暑かった。３０５号室のくまに誘われて、川原まで散歩に行った。くまは川で魚を捕り、それで干物を作っていた。作るためのナイフやまな板まで持ってきていた。川原で二人で弁当を食べた。食事はおいしかった。食後は、草の上で昼寝もした。くまは昼寝用の大きなタオルも貸してくれた。夕方帰ってきた。くまに干し魚をもらった。今日は楽しい散歩ができた。

(2)　参考「神様２０１１（抜粋）」（五六ページ）を読み、元の「神様」との相違点を抜き出して、物語の印象がどのように変わったか、話し合ってみよう。

解説　「神様２０１１」は、あきらかに東日本大震災の後という設定である。文中に出てくる「あのこと」は、大震災を指すと同時に、東京電力福島第一原子力発電所のメルトダウンを指している。しかも「ゼロ地点にずいぶん近いこのあたり」とあるので、場所もその発電所の近くだと分かる。「防護服」「防塵マスク」「被曝量」「累積被曝量貯金」「ＳＰＥＥＤＩ」「飛散塵堆積値」などの語句が、物語に緊張感を与えている。「神様」を読んで感じることのできるほのぼのとした散歩の様子は全く感じられない。これらから受ける印象をまとめてみよう。

第3章　背後にあるメッセージ　随想・評論（二）

実体の美と状況の美

高《たか》階《しな》秀《しゅう》爾《じ》

❖学習の視点

1　「実体の美」と「状況の美」を対比しながら読み取る。
2　挙げられている例と、筆者の主張とのつながりを捉える。
3　筆者は、現代の日本人も「状況の美」という美意識を持つと考えている。ここから自分は何を美しいと感じるのかを考える。

❖筆者解説

高階秀爾（たかしな・しゅうじ）　美術評論家。一九三二（昭和七）年、東京都の生まれ。東京大学教養学部卒。一九五四〜一九五九年にはフランス政府招聘留学生としてフランスに渡る。専門はルネサンス以降の西洋美術史であるが、日本美術にも造詣が深い。著書『ルネッサンスの光と闇』（中公文庫）で芸術選奨文部大臣賞を受賞。ほか、『日本近代美術史論』（講談社）、『ピカソ——剽窃の論理』（筑摩書房）など多くの著作がある。

❖出典解説

この文章は『日本人にとって美しさとは何か』（二〇一五年・筑摩書房）に収められており、本文は同書によった。

❖語句・表現の解説

六六ページ

日米比較文化論　日本とアメリカの、文化や習慣、社会のありかたなどさまざまな違いを比較しながら、相対的に考察した論。

歯切れが悪い　ものをいう時の発音や調子がはっきりしないさま。きっぱり言い切らず、じれったい様子。用例なんとも歯切れの悪い説明だった。

六七ページ

美意識　美しさを感じ取る感覚。美しさを受容したり創造したりするときの心の働き。

秩序　物事の正しいあり方や順序、きまり。対混乱。

部分と全体との比例関係　本文のあとの部分で取り上げている「八頭身の美学」では、人間の頭部（部分）と身長（全体）が一対八の比例関係にあるときが最も美しいとされた。このような理想的な人体の比例関係を示したものとしては、古代ローマの建築家ウィトルウィウスが提唱した説が有名である。そこでは「肩幅は身長の四分の一」「耳の長さは頭の三分の一」など、多くの比例関係が示されている。

基本的な幾何学形態との類縁性　「類縁性」は、形などが似ていて近い関係にある性質のこと。前項で触れたウィトルウィウスは「人間が両手両脚を広げて横たわり、へそを中心に円を描くと手の指先と足のつま先が円に内接する」「身長と腕を真横に広げた長さは等しく、正方形を描ける」と唱えており、「円」「正方形」などの「基本的な幾何学形態」と人体との類縁性を指摘している。

原理　物事のもととなる法則や理論。類原則、対例外・応用。

カノン（規準）　①キリスト教の信仰や行為についての規則。規範。②音楽で、一つの旋律を次々追いかけていく楽曲の形式。③美術用語で、基準・標準の意味。特に古代ギリシャの理想的な人体の標準比例をいう。ここでは③の意味。

優美　上品で美しいこと。

荘重　厳かで重々しい様子。

何かある原理が美を生み出すという思想　「八頭身の美学」でいえば、頭部と身長を一対八の比例関係にすれば美しい人体が創作できるというように、ある原理にのっとった造形こそが美しいとする思想。

六八ページ

摸刻　もとになるものをそっくり引き写して彫刻をすること。類コピー。

「実体の美」に対して、「状況の美」　「実体の美」は、「実体物として美を捉えるという考え方」のことで、西欧人の美意識のこと。「状況の美」は、日本人の美意識のこと。

妙音　きわめて美しい音声、または音楽。

静寂　しんと静まり返り、ひっそりとしていること。

そこには何の実体物もなく、あるのはただ状況だけ　芭蕉《ばしょう》は「古池」「蛙《かはず》」「水の音」などの実体物ではなく、「古池に蛙が飛びこんだその一瞬」という状況に美を見いだしているということ。

鋭敏　①感覚などが鋭い様子。②頭の働きが鋭い様子。ここでは①の意味。

六九ページ

あの現代人の美意識　「夕焼けの空に小鳥たちがぱあっと飛び立っているところ」は、「一番美しい動物は」という質問に対する日本人の答えとして挙げられたもの。

美とは万古不易のものではなく　「万古不易」は、いつまでも変わらないことという意味。美が万古不易のもの、という考え方は「状況がどう変わろうと、いつでも、どこでも『美』であり得る」（六九・9）とする西欧の美意識である。

うつろう　「移る」の未然形に継続の助動詞「ふ」がついた「うつらふ」が転じた語。ここでは、移り変わる、物事が次第に衰えるの意味。

七一ページ

揃物《そろいもの》　複数の浮世絵を一つのセットとして販売したもの。葛飾《かつしか》北斎《ほくさい》の『富嶽《ふがく》三十六景』などが有名。

年中行事　本文で取り上げられている「花見」「月見」をはじめ、正月や七夕祭りなど毎年一定の時期に行われる行事。

代表的なモニュメントをそのまま捉えたもの　筆者は『日本人にとって美しさとは何か』に収められている「名所絵葉書」という文章の中で、西欧の絵葉書は対象の建築物を正面から画面いっぱいに捉えるという手法で撮られており、一方日本の絵葉書は周囲の自然と一体となった建築物をモティーフとしたものが多い、と指摘している。

❖発問の解説

1　「このような原理」とはどのような原理か。
（六七ページ）

解答例　紀元前四世紀のギリシャにおいて成立した、人間の頭部と身長が一対八の比例関係にあるとき最も美しいというような、美を生み出す原理。

（六八ページ）
2　「このような美意識」とはどのような美意識か。

解答例　実体物として美を捉えるのではなく、どのような場合に美が生まれるかという「状況の美」に感性を働かせる美意識。

（七〇ページ）
3　「繰り返している」のはなぜか。

解答例　日本人は、春の桜や秋の月という季節ごとの美はうつろいやすいものであるがゆえにいっそう貴重で愛すべきものだと感じ、特に好んでいるから。

❖構成・要旨

〈構成〉

この文章は五つの意味段落に分かれる。

(1)（初め～六七・3）

ある先生から、アメリカで「一番美しい動物は」ときくと具体的な答えが返ってくるが、日本では答えがはっきりしない、という話を聞いた。これは日本人とアメリカ人の美意識の違いを示すものと思われ、興味深い。

(2)（六七・4～六八・4）

アメリカも含め西欧世界では、客観的な原理に基づく秩序が美を生み出すという考え方が強い。ギリシャ彫刻では、「カノン（規準）」と呼ばれる原理に基づいて制作された彫刻作品そのものが「美」を表すものとなる。

(3)　(六八・5～六九・8)

日本人は、昔から「実体の美」より「状況の美」を重視してきた。例えば「古池や蛙飛びこむ水の音」という句で芭蕉は、古い池に蛙が飛びこんだ一瞬の状況に美を見出した。また、『枕草子《まくらのそうし》』冒頭は模範的な「状況の美」の世界であり、その感性は今も変わらず生き続けている。

(4)　(六九・9～七〇・10)

「実体の美」は万古不易のものであるが、「状況の美」はうつろいやすい。

(5)　(七〇・11～終わり)

実際名所絵に見られるように、日本人にとっての美は季節など自然の営みと密接に結びついている。日本の観光写真が、モニュメントをそのまま捉えた西洋のものと異なり、建築と自然の変化を組み合わせているのも、日本人の美意識の表れだろう。

〈要旨〉

アメリカも含め西欧世界では、客観的な原理に基づく秩序が美を生み出すという考え方が強く、実体物として美を捉えている。しかし日本人は昔からそのような「実体の美」より「状況の美」を重視してきた。「実体の美」は万古不易のものであるが、「状況の美」はうつろいやすい。実際、日本人にとっての美は、季節などの自然の営みと密接に結びついているのだ。

❖理解・表現の解説

〈理解〉

(1)　**「これがどうもうまく行かない」(六六・8)とあるが、その理由を筆者はどのように考えているか、説明しなさい。**

解答例　日本人とアメリカ人には美意識の違いがあり、同じ質問をしても日本人からはアメリカ人とは異質な答えが返ってきてしまい、単純に比較することができないから。

(2)　**「自然の営みと密接に結びついている」(七〇・9)とあるが、その理由を説明しなさい。**

解答例　状況の美に敏感に反応する日本人は、自然の営みはうつろいやすいものであり、うつろいゆく状況それぞれに美を見い出す、という感覚を持っているから。

(3)　**「単なる場所ではない」(七〇・12)とあるが、筆者は「名所絵」をどのようなものと考えているか、説明しなさい。**

解答例　それぞれの土地を、季節ごとの風物や年中行事と結びついた情景として描き出したもの。

(4)　**「代表的なモニュメントをそのまま捉えたものである」(七一・9)とあるが、その理由を説明しなさい。**

解答例　パリやローマなどの西欧世界では、実体物(建築そのもの)が美を表しているという美意識が強いから。

〈表現〉

(1)　**筆者は日本人の美意識を「状況の美」に見いだしているが、日本の代表的な美術作品を参考にしながら、筆者の見解につい**

て話し合ってみよう。

解答例　葛飾北斎の『富嶽三十六景　神奈川沖浪裏《なみうら》』は、富士山をモティーフとした「揃物」の一つだが、富士山そのものは後方に小さく描かれており、前景にはうねる浪とそこに浮かぶ二隻の船が大きく描かれている。この絵において北斎は、富士山そのものではなく、浪や船でもなく、荒れ狂う海の向こうに富士が静かにたたずむ、という「状況」に美を見いだしているのだと思う。筆者のいうように、日本人は「実体の美」よりも「状況の美」に感性を働かせてきたのだ、と考える。

(2)　**「日本の美」だと言われている伝統文化や風俗、建造物などを挙げ、その起源を調べてみよう。**

解説　本文にも出てくる俳句・浮世絵・清水寺や金閣寺などの寺社建築が考えられる。また、和歌・漆器・相撲・生け花・茶道・能・狂言・日本画・着物などもある。特に気になるものを選んで、その起源を調べよう。

メディアと倫理

和《わ》田《だ》伸《しん》一《いち》郎《ろう》

❖学習の視点

1　メディアについての筆者の考えを整理する。
2　「倫理」について考察する。
3　メディアの違いは受け手に何をもたらすかを捉える。
4　「写真」と「テレビ」に表れる構造的な相違を読み取る。

❖筆者解説

和田伸一郎（わだ・しんいちろう）哲学者、メディア研究者。一九六九（昭和四四）年、兵庫県生まれ。京都大学大学院人間・環境学研究科卒業。専攻はメディア論、哲学。名古屋テレビ放送番組審議会委員（二〇〇九～二〇一二）を務める。著書に『国家とインターネット』、論文に「メディアの存在論と自由」（北田暁大責任編集「自由への闘い4　コミュニケーション」）「これは『戦争』か」「『新しい戦争』と私たちの関与」（野上元・福間良明編著『戦争社会学ブックガイド』）などがある。

❖出典解説

この文章は、『メディアと倫理――画面は慈悲なき世界を救済できるか』（二〇〇六年・ＮＴＴ出版）に収められており、本文は同書によった。

❖語句・表現の解説

七三ページ

端的　わかりやすく、はっきりしているようす。

喚起　注意や自覚、ある行動などを呼び起こすこと。

起爆剤　あるものに刺激をあたえ、活性化させるきっかけとなる事柄。

想像するに難《かた》くない　想像することは難しくない。用例 両国の対立の背景には大国の思惑があったことは想像に難くない。

七四ページ

派生　源となる物・事柄から、分かれて生ずること。用例 あるアニメ映画から派生した様々なサブ・ストーリーが評判だ。

切迫　事態が非常に差し迫って、緊張した状態になること。

七五ページ

後ろめたい　自分の行動を反省して恥じる点がある。

転嫁　自分の罪・責任などを他人に移しておしつけること。なすりつけること。

七六ページ

挫折《ざせつ》　計画・事業などが途中でだめになること。そのためにやり遂げようとする気力を失うこと。**類** 蹉跌《さてつ》・頓挫《とんざ》

七七ページ

歯がゆい　思い通りにならなくて心がいらだつ気持ちである。

形式的次元　仕組みとして現れている面。

他ならない　まさにそのものである。

❖発問の解説

（七四ページ）

1 **「写真に固有の時間性」とは何か。**

解答例　写真という映像の形式が表現するものは常に過去の時間であること。

（七六ページ）

2 **「〈遠く離れたまま繫がっている〉」とはどのようなことか。**

解答例　対象として在るものと空間的には距離がありながら、時間的には同時的な近さで結ばれていること。

❖構成・要旨

〈構成〉

この文章は、次の三つに分けることができる（(1)をさらに二つに分け、全体を四段落とすることもできる）。

(1)（初め～七五・5）**写真に固有の時間性**

写真の時間の遅延という性質は、映像中の光景に対する見る者の関与の仕方を左右する。それは、「それはかつてあった」という写真に固有の時間性というある種の質を規定している。ヴェトナム戦争の少女の写真の差し迫ってくる〈近さ〉の衝撃力は、写真という映像の形式が持っているある限界の内に留まっていたのである。つまり、過去のある時間の場面なのだから、「ヴェトナム戦争」全体に対する批判意識を喚起させるとしても、少女に対しての〈責任〉を見る者は感じずに済む。

(2)（七五・6～七六・16）**ライブ中継放送視聴者の倫理的ジレンマ**

写真の光景がライヴ中継放送される場合、見る者は彼女を助けなければならないという責任を負うことになる。しかし、空間的には遠いがゆえに少女を助けることは不可能であり、〈遠く離れたまま繫《つな》がっている〉という奇妙な近さの状況の中に生じる倫理的ジレンマが始まる。テレビ視聴者が感じる歯がゆさは、自己の《存在》が、いま世界で起こっていることに対して何もできないというジレンマの中で生じる「挫折感」、自分を責める感覚である。

(3)（七七・1〜終わり）テレビ固有のメディア性

後ろめたさのような苦痛の感覚は、映し出されている視覚像への視覚からだけでなく、画面の形式的次元から来る感覚である。いわば、向こうの出来事が同時的に「お茶の間」へ現れて親密な空間を揺さぶるところからやって来る。ここに、テレビ固有のメディア性が見出されるべきなのである。

〈要旨〉

写真の時間の遅延という性質は過去の「ヴェトナム戦争」全体に対する批判意識を喚起させても、やけどの少女に対しての〈責任〉を見る者は感じずに済む。ライヴ中継放送では空間的には遠いがゆえに少女を助けることは不可能であり、〈遠く離れたまま繋がっている〉という奇妙な近さの状況の中で倫理的ジレンマが始まって「挫折感」を生じさせる。画面の形式的次元から来る感覚に、テレビ固有のメディア性が見出されるべきである。

❖理解・表現の解説

〈理解〉

(1)　次の表現は、それぞれどのようなことか、説明しなさい。

ⓐ「〈近さ〉の衝撃力」（七四・11）ⓑ「倫理的ジレンマ」（七六・4）ⓒ「テレビ固有のメディア性」（七七・12）

解答例　ⓐ示されている事態について、自分も関与すべき問題だという責任意識を強く喚起する力。

〈近さ〉とは、ヴェトナム戦争の恐怖を捉えた少女の写真が、見る者に「自分の問題だ」として差し迫ってくる〈近さ〉である。その責任意識を強く喚起する衝撃力である。

ⓑ倫理的に求められていることをしなければいけないと思うが、物理的に不可能な状況に置かれていることで感じる心理的な葛藤。

倫理的には少女を助けなければいけないと思うが、空間的には遠いので現実的には不可能である。そのことで感じる、助けなければいけないのに助けられない板挟みの状態（＝ジレンマ）である。

ⓒ自分とは空間的に遠い向こうで起きていることが同じ瞬間に画面を通じて「お茶の間」へ現れている同時性によって見る者の倫理観を強く喚起して、苦痛の感覚をもたらすという作用を見る者に及ぼすこと。

テレビの画面は、その同時性ゆえに「『お茶の間』の親密な空間を揺さぶる（『お前はこれを見て何も感じないのか。』とでも言うかのような揺さぶり）ところ」（七七・8）に特性がある。その揺さぶり（＝倫理観への強い喚起作用）によって、写真を見るときには感じなかった「苦痛の感覚」を、見る者に及ぼすのである。

(2)　写真では「少女に対しての〈責任〉を見る者は感じずに済む」（七五・2）のに、ライブ中継放送では「彼女を助けなければならない責任を負うことになる」（同・11）のはなぜか、説明しなさい。

解答例　写真は時間的な距離を有するので自分が関与する余地がなく、責任を軽く感じさせるが、ライブ中継放送は同時性を有するので自分の関与を強く促されるから。

　写真とライブ中継放送が有する時間の性質の違いを捉える。時間的に距離があれば自分にはどうすることもできないし、また、その後状況が好転した可能性も考えられるので自分の責任は感じずに済む。一方、ライブ中継放送は、いま同時的に起きていることなので、ただ傍観していてよいのか、自分も関わるべきではないのかという感情を刺激する。

〈表現〉

(1)　小川洋子「死者の声を運ぶ小舟」（一五〇ページ）で取り上げられている広島で被爆した「折免滋君の弁当箱と水筒」の写真（前見返し）に「『今日は大豆ご飯だから、昼飯が楽しみだ。』と言って出かけたという。」（一五七・5）というキャプションが付されていたら、受け止め方はどう変わるか、考えてみよう。

解説　写真にキャプションが付されていたら、弁当箱と水筒はもうただの弁当箱と水筒ではなくなる。それを持っていた折免君と母親の気持ちを伝え、人々の心に迫る写真になる。そのようなキャプションは、「つまり文学の言葉」になると言えるだろう。

(2)　原民喜の詩『コレガ人間ナノデス』（一五五・5）を読み、文学の描写が与える衝撃などについて、写真やテレビの特徴と比較しながら話し合ってみよう。

解説　写真もテレビも、撮影し、取材する者の主観が入るとはいえ、その時見えている、あるいは聞こえている現実を、撮影者、取材者として客観的に切り取ったものであると言える。原民喜の詩は、広島の原爆投下の正にその現場で、自身も燃え盛る町を逃げまどいながら、「怒りや恨みを超え、人間とは思えない姿になってしまった人のか細い声を、ただそっと抱き留める」詩に表したものである。言葉にできない言葉。「無言のまま去っていかなければならない人々が、確かにここに存在した証となる痕跡」なのである。そこには、写真やテレビのライブ中継放送では表せない、人間の心に深く切り込んでくる「文学の言葉」がある。そのようなことも参考に、比較し、話し合ってみよう。

ラムネ氏のこと

坂《さか》口《ぐち》安《あん》吾《ご》

❖学習の視点

1　評論文を読み、論旨の展開を捉える。
2　筆者の特有の発想と主張を読み取り、訴えようとしているものは何かをつかむ。
3　表現の面白さ、レトリックの巧みさを味わいながら読む。
4　この文章が書かれた時代の背景を考え、批評あるいは批評精神について話し合う。

❖筆者解説

坂口安吾（さかぐち・あんご）　本名、炳五《へいご》。小説家。一九〇六（明治三九）年、新潟県に生まれる。東洋大学印度《インド》哲学科卒業。当初、牧野《まきの》信一《しんいち》主宰の雑誌「文科」に参加、独特の饒舌《じょうぜつ》な文体で虚無的な作風の作品を書いていたが、一九四六年に発表した『堕落論』が、敗戦の虚脱感の中で新しい方向を求めていた戦後の文壇・思想界に熱狂的に受け入れられ、花形作家となった。虚無的な、あるいは逆説的な発想と、強い合理精神に裏づけられた作品は、現在でも若い読者の共感を得ている。『吹雪物語』『白痴』『道鏡』などの小説、『日本文化私観』『青春論』などの評論がある。晩年は健康を害し、作品も少なかった。一九五五（昭和三〇）年没。五十歳。

❖出典解説

この文章は、一九四一年十一月二十、二十一、二十二日の「都新聞」に発表されたものである。本文は「坂口安吾全集」第三巻（一九九九年・筑摩書房刊）によった。

❖語句・表現の解説

七九ページ

鮎《あゆ》　アユ科の淡水魚。四、五月ごろ川をさかのぼって急流にすむ。肉には香気があり、美味である。
肴《さかな》　「酒菜」、つまり酒を飲むときの食べ物。
談たまたま　話が偶然に。

ラムネ　清涼飲料水の一種。甘味・香料などで色づけした水に炭酸ガスを溶かしたもの。厚手のガラスびんにつめ、ガラス玉を用いて密栓《みっせん》してある。最近は少なくなったが、以前はサイダーよりも値段が安く、庶民的な飲み物だった。

往生《おうじょう》を遂《と》げてしまった　死んでしまった。本来は極楽浄土に生まれ変わること。わざと大げさな言い回しをしている。

居ずまいを正す　すわっている姿勢をきちんとする。

発明に及ぶ　発明するにいたる。

八〇ページ

自信満々　自信にあふれている様子。用例 十分な練習を積んだわがチームは、自信満々で試合に臨んだ。

断言《だんげん》　まちがいなくこうだと言い切ること。類 明言。

ありあわせ　ちょうどその場にあること（もの）。

話がうますぎる　話のつじつまがぴったり合いすぎて、おかしい。

憤然《ふんぜん》　ひどく怒った様子。用例 自らの提案が否決され、憤然として席を立った。

うちの字引き　三好家にあった字引きのこと。

決戦を後日に残して　自分の言うことが正しいかどうか、確かめることをのちの日にゆずって。

いきまいている　いきり立っている。

登場していなかった　ここでは、ラムネ氏の名は辞書に載っていなかった、の意。

おかしな話だが　この部分は、前後に「――」を付けて表現すべき、挿入の句である。

永眠《えいみん》　死ぬこと。

絢爛《けんらん》　はなやかで美しい様子。用例 絢爛豪華《ごうか》。

強壮《きょうそう》　強く丈夫なこと。対 虚弱。

思索《しさく》　道理をたどって考えをめぐらすこと。類 思考。

ますますもって　いよいよ。「もって」は接尾語。意味を強める。

愛嬌《あいきょう》のある品物　いかめしい哲学者と庶民的な飲み物であるラムネの玉の対照が面白く、哲学者の余技から生まれたものと考えると、ユーモラスだ、という意味。

天然自然《てんねんしぜん》　人工の加わらない自然のままの状態。

今あるごとく　現在そこにそうして存在しているように。

事もなく　平気で。

フグ料理に酔いしれる　フグ料理を夢中になって食べる。フグには猛毒のテトロドトキシンを含む部分があり、誤って食べると死ぬことがある。

あれ（16行目）　フグをさす。

暗黒時代《あんこくじだい》　フグの毒を除く方法が分からず、多くの犠牲者を出した時代。

斯道《しどう》　この道。この領域。

殉教者《じゅんきょうしゃ》　宗教や道・主義のために命を落とす人。

血に血をついだ　次々に犠牲を重ねること。

八一ページ

食べてくれよう　食べてやろう。「くれる」は、他に対して不利益をもたらすときの表現。「やっつけてくれる」など。

十字架にかけられて　はりつけの十字架にかけられて。ここではフグ中毒で死ぬことをたとえた。

枕頭《ちんとう》　「まくらもと」の意の漢語的表現。「枕頭に集める」で、病床に話をするため、人を集める意。

爾来《じらい》　それから後。類以後。以来。

血をしぼる　フグを食べる地方では、毒は血液中にある、と伝えられており、料理のとき、骨の中の血をしぼり捨てるようにしている。

ゆめゆめ　決して決して。「ゆめ」を強調した表現。用例ゆめゆめ人を疑うなかれ。

臓物《ぞうもつ》　内臓。特に食用にする魚・鳥・牛・豚の内臓をいう。

訓戒《くんかい》　いましめ。

果てた　死んだ。

幾百十　幾百幾十。

鉱泉《こうせん》　鉱物質を多く含むわき水。狭義では冷泉、広義では湯泉も含む。

密林《みつりん》　すきまなく木が茂った林。

八二ページ

長逗留《とうりゅう》　長期間の滞在。

尋常一様《じんじょういちよう》**の味ではない**　宿で出してくれる食物が今まで食べたことのないような物で、したがって味も普通とは全く違う、なじみのない味だ、というのである。「一様」は、どれもほとんど変わりがない様子。

悲鳴《ひめい》**をあげた**　閉口した、まいった、の意。

終日　朝から晩まで。一日中。

寧日《ねいじつ》**ない**　のんびりする日がない。つまり、休みなくあることをし続ける様子。ここでは、手紙を書き続けている意。

泊まられぬ　泊まることができない。

まれにしか　たまにしか。

素性《すじょう》**ある茸**《きのこ》　「素性ある」は、きちんとした家柄、血筋を持った、の意。ここでは、はっきり名前の分かった茸、くらいの意。

植物辞典があるならば箸《はし》**より先にそれを執ろうという気持ち**　植物辞典で毒茸でないかどうかを調べてからでないと食べられない、というのである。

八三ページ

朴訥《ぼくとつ》　飾りけがなく無口なこと。

好々爺《こうこうや》　人のよい年寄り。

太鼓判《たいこばん》**を押している**　絶対保証している。用例あの店の品物のよさは、太鼓判を押してもいい。

植物辞典にふれないうちは　植物辞典で調べないうちは。前の「箸をふれる」と対応させて「ふれる」と表現したのである。

現《げん》**に**　実際に。

それとなく　遠まわしに。用例A君の沈んでいる原因を、周囲の人にそれとなく聞いてみよう。

臨終《りんじゅう》　死にぎわ。

ラムネ氏　実際にいたラムネー氏ではなく、ラムネの発明家と思われる人。しかし、その中に、「絢爛《けんらん》にして強壮な思索の持ち主」であったラムネー氏、フグを食って死んだ「幾百十の頓兵《とんべ》衛《え》」のイメージを重ね合わせている。以下に使われる「ラムネ氏」も同様である。

いたずらに　むなしく。

一人のラムネ氏　一人のラムネ氏に相当する追求、思索。

私のように恐れて食わぬ者の中には、けっしてラムネ氏がひそんでいない　なんらかの犠牲を覚悟しなければ発明もありえない。毒を恐れて茸を食おうとしない私は、茸についてラムネ氏にはなれない。

八四ページ

来朝《らいちょう》　外国人が日本にやって来ること。類 来日《らいにち》。

対訳本　原文と訳文を比べ合わせられるようにした本。

ほとほと　すっかり。本当に。用例 雪が降り出したうえに、電車が止まったのにはほとほと困った。

困却《こんきゃく》　困りはてること。

不義《ふぎ》**はお家**《いえ》**の御法度**《ごはっと》　男女間の密通は厳禁、ということ。近世、特に武士の家での戒めとした。「不義」は本来道に合わぬ行為の意。ここでは恋愛のこと。

不文律《ふぶんりつ》　文章の形をとっていないきまり。

終わりを全《まっと》**うする**　ここでは、恋を最後まで貫くこと。

天《てん》**の網島**《あみじま》**や鳥辺山**《とりべやま》**へ駆けつけるより道がない**　心中して死ぬより方法がない。

せめてもの道だ　いっしょに死ぬことで、愛を貫いたと思えるのがせめてもの方法だ、という意。

墓碑銘《ぼひめい》　墓石に死者の経歴や業績などを刻んだ文句。

喜怒哀楽《きどあいらく》　喜び、怒り、悲しみ、楽しみなどの、さまざまな感情。

生存というものにもっとも激しく裏打ちされているべきもの　生きるということを基盤にし、生きることと強く結びついていなければならないもの。

よこしま　正しくないこと。不正。

愛撫《あいぶ》　なでさすってかわいがること。

邪悪《じゃあく》　心がねじけていて悪いこと。類 凶悪《きょうあく》。

けだし　考えてみるのに。思うに。文語的な語で、推定するときに使う。

八五ページ

デウス　神。天王。造物主。キリシタン用語。

勧善懲悪《かんぜんちょうあく》　善を勧め、悪をこらすこと。「不義はお家の御法度」というような戒めも、勧善懲悪の考え方から出ている。

公式　おおやけに定められた方式。原則的な方式。

不当　道理にはずれていること。対 正当《せいとう》。

八六ページ

ざれごと　①ふざけて言うことば。冗談。②ふざけてすること。ここでは②。

男子一生の業《わざ》　男が一生をかけて取り組む事業。

フグに徹しラムネに徹する者のみが、とにかく、物のありかたを変えてきた　フグでもラムネでも、新しい発見や発明に挑戦し、追求することに命を賭《か》けてきた者だけが、人間の生活を変えてきた。同じように、戯作者もまた、ある意味で「物のありかた」を変えてきたのだ、というのである。

それ（7行目）　戯作者の道が、結果を問わず、「色恋のざれごと」を通じて人間生活の変革を志すものであること。

❖発問の解説

1　「愛嬌」があると言えるのはなぜか。（八〇ページ）

解答例　「愛嬌」とは、人に親しみをもたれ、人を喜ばせ、楽しませるような人の性格や物のこと。もしラムネの玉という「チョロチョロと吹きあげられてふたになる」という庶民的な発明が、眼光鋭い、絢爛にして強壮な思索の持ち主の哲学者によってなされたとすると、それはおもわず笑ってしまうようなアンバランスを感じて、「愛嬌」があると思ったから。

2　「この村には、ラムネ氏がいなかった」とはどのようなことか。（八三ページ）

解答例　この村の茸とりの名人は、「こういうこともあるかもしれぬということを思い当たった様子で、素直な往生であった」のであり、「ただいたずらに、静かな往生を遂げてしまった」のである。八一ページの「おい、俺は今ここにこうして死ぬけれども、この肉の甘味だけは子々孫々忘れてはならぬ。俺は不幸にして血をしぼるのを忘れたようだが、お前たちは忘れず血をしぼって食うがいい。ゆめゆめ勇気をくじいてはならぬ」と言い残した「頓兵衛」ではなく、後世につながるものを残す「ラムネ氏」ではなかったということ。

3　「勧善懲悪という公式」とはどのようなことか。（八五ページ）

解答例　「勧善懲悪」とは、善を勧め、悪を懲らすこと。「勧善懲悪という公式」とは、人間の行動を善悪のような単純な色分けをして判断すること。

八四ページ4行目に「不義はお家の御法度という不文律が、しかし、その実際の力においては、いかなる法律も及びがたき威力を示していたのである。愛はただちに不義を意味した。」とある。「愛情」という、人間の持っている自然な心情を、「悪」と決めつけられる時代があったのだ。

❖構成・要旨

〈構成〉

三回にわたって新聞記事として書かれたものなので、形式的には、上・中・下の三つに分けられる。

(1)　上（初め〜八一・12）**ラムネ玉の話**

①　（初め〜八〇・13）友人たちと話し合っていて、ラムネ玉

を発明した人のことが問題になる。

② （八〇・14～八一・12） ラムネ玉といい、フグ料理といい、われわれの周囲にあるものは天然自然のままにあるのではなく、だれかが発明し、開拓したものである。

(2) 中（八一・13～八三・15） **茸《きのこ》の話**

① （八一・13～八二・14） 信州の山村の鉱泉宿で、素性の知れない茸ばかり食卓に出てきて困った。

② （八二・15～八三・15） 部落にいた茸採りの名人が、自分の茸にあたって死んだことから、暗黒な長い時代に生きるラムネ氏について考える。

(3) 下（八四・1～終わり） **「愛」と戯作者の話**

① （八四・1～八五・6） 伴天連《バテレン》は三百年の昔、「愛」の翻訳に困って、「御大切《ごたいせつ》」という単語をあみだした。

② （八五・7～終わり） 今日もなお、「恋」や「愛」を邪悪なものと見る日本で、色恋のざれごとを書く戯作者は、ラムネ氏に劣らず滑稽かもしれないが、物のありかたを変えようとする精神において共通している。したがって、男子一生の業とするに足りる。

〈要旨〉

ラムネ玉を発明した人、フグを食って死んだ人々、たあいもないと思われるこれらの人々――ラムネ氏だけが物のありかたを変えてきた。「愛」が邪悪なものとみなされる時代に反抗を試みた戯作者もまた、精神においてラムネ氏であったのだ。自分も不自由なこの時代に、戯作者の道に徹しようと思う。暗黒の時代に抗して、文学に生きようとする決意を、レトリックを駆使して語り、それが同時に、時代思想への痛烈な批判となっている。

❖理解・表現の解説

〈理解〉

(1) **この文章が書かれた一九四一年頃の時代背景について、調べなさい。**

解説　この文章が書かれた一九四一年当時は、太平洋戦争勃発の直前、軍国主義体制の下に、国家への批判は封じられ、自由主義的なものはすべて弾圧の対象となった時代である。筆者は、その重苦しい時代とラムネ氏の出ない暗黒の時代を重ね合わせているのである。

(2) **「太郎兵衛」「頓兵衛」（八一・2）の特徴を整理し、両者の相違点を説明しなさい。**

解答例　二人は、死にぎわに子孫を枕頭に集めて遺言した内容が違う。

「太郎兵衛」――「爾来《じらい》この怪物を食ってはならぬ」（八一・5）

「頓兵衛」――「俺は今ここにこうして死ぬけれども、この肉の甘味《うまみ》だけは子々孫々忘れてはならぬ。俺は不幸にして血をしぼるのを忘れたようだが、お前たちは忘れず血をしぼって食うがいい。ゆめゆめ勇気をくじいてはならぬ。」（同・6）

つまり、「頓兵衛」の方が、未来につながるものを残したのである。

(3)　**「こういう暗黒な長い時代」(八三・12)とはどのような時代か、説明しなさい。**

解説　ここで言う「こういう暗黒な長い時代」に当てはまるのは、ラムネ氏がいなくて、「ただいたずらに」茸採りの名人が亡くなってしまうような「時代」である。しかし、茸について何か新しく開拓した(フグの血をしぼることを子孫に伝えた頓兵衛のような)ラムネ氏はいなかったが、一人一人自覚していなくても、開拓者の精神を持ち続けていることがあると思い至るのである。

(4)　**「戯作者もまた、一人のラムネ氏ではあった」(八六・3)といえるのはなぜか、説明しなさい。**

解答例　「下」の前半で、筆者は「愛」という語の翻訳に困却した伴天連たちの話に仮託して、かつての日本で、「恋」という、本来最も人間的なものに裏打ちされているべき情熱が邪悪なものとみなされてきたことを述べている。そして、そうした思想的な暗黒時代において、少数の戯作者は、色恋のざれごとを書いて、時代の風潮に反抗した。その生き方に、筆者は、一見たあいなく滑稽であっても、物のありかたを変えてきたラムネ氏の精神を見いだしたからである。

(5)　**「フグに徹しラムネに徹する者のみが、とにかく、物のありかたを変えてきた。」(八六・6)には、筆者のどのような思いが込められているか、説明しなさい。**

解答例　フグの毒にあたっても、死に際に数々の訓戒を残していった者たちがいて、今、あたりまえのようにフグが食べられるようになった。愛に邪悪しかない今の時代に、不当な公式に反抗を試み、色恋のざれごとを書く戯作者がいた。自分もまた、人間の本質を描いて、この時代を変革する一人でありたい。そんな筆者の強い思いが込められている。

〈表現〉

(1)　**筆者の考える「一生の業」(八六・8)とはどのようなものか、話し合ってみよう。**

解説　この文章は、先にも書いた通り、太平洋戦争勃発の直前、軍国主義体制の下に、国家への批判は封じられ、自由主義的なものはすべて弾圧の対象となった時代に書かれた。「私はしかし、昔話をするつもりではない……」(八五・4〜)以下は、暗にそのことを指摘している。

そうした時代状況の中で、何かを主張するには、周到な注意とレトリックを必要とした。「ラムネ氏のこと」は、その典型として、後年「奴隷の言葉で語られた抵抗文学」の一つとして評価された。したがって、一読、真意をつかみがたいのがこの文章の特徴である。上・中と一見たあいもないような話題を展開しながら、筆者の焦点は、最後の部分(八六・3〜終わり)にぴたりときまっている。

つまり、筆者坂口安吾が考える「男子一生の業」とは、「人間の立場から不当な公式に反抗を試み」（八五・14）る業であり、「人間の文学」（同・8）なのである。

(2)　筆者はこのエッセイを通して何を伝えようとしているか、四〇〇字程度にまとめてみよう。

解答例　このエッセイが発表されたのは、一九四一年、太平洋戦争勃発の直前であり、軍国主義政権の下、国への批判や自由な言論は弾圧される時代だった。そんな中で筆者は、一見軽妙と思われるエピソードを連ね、そこに自分の主張を巧みに織り込んだのである。ラムネの玉を発明したラムネ氏もフグの毒にあたっても訓戒を残して死んだ頓兵衛たちも、自分の発明や発見を信じ、追求に人生を賭けることでもののありかたを変えてきたのだ。江戸時代、愛は邪悪とされていた時代に反抗を試み、人間の本質を語ろうとした少数の戯作者もその生き方はラムネ氏に通じるものがある。筆者も、この自由にもの言えぬ時代に屈することなく、ラムネ氏やフグの美味しさを伝えた頓兵衛、戯作者たちにならい、本当の人間の文学を書いていこう、そしてこの時代を変革していこうという決意を伝えようとしている。

第4章　現実を揺さぶる想像力　随想・評論（三）

異なり記念日

齋《さい》藤《とう》陽《はる》道《みち》

❖学習の視点

1　多様な背景を持つ他者とどのように出会い、触れ合うか。筆者の経験を追体験しながら、社会のあり方について考える。

❖筆者解説

齋藤陽道（さいとう・はるみち）　写真家、エッセイスト、障害者プロレスラー。一九八三年、東京生まれ。先天性の感音性難聴を持つ。二〇一〇年、写真新世紀優秀賞受賞。二〇一四年、日本写真協会新人賞受賞。聾《ろう》者である自身の体験をつづった随想も発表している。主な著作として、写真集『感動』『写訳　春と修羅』『宝箱』、随想『声めぐり』などがある。

❖出典解説

この文章は『異なり記念日』（二〇一八年・医学書院）に収められており、本文は同書によった。

❖語句・表現の解説

八八ページ

最寄り駅　出発地（自宅など）や目的地から一番近い駅。

挙動不審　立ち居振る舞いに落ち着きがなく、不自然な様子。

野次馬根性　なんでも珍しがって、見たいと思う性質。類好奇心旺盛

八九ページ

遠巻きに　近づくことなく、遠くのほうから

盲者《もうしゃ》　目の見えない人。視覚障害者。

下衆の勘ぐり《げすのかんぐり》　品性が劣って心のいやしい人（下衆）は、変に気をまわして、物事を悪く推測するものだということわざ。

用例彼が犯人だなんて、下衆の勘ぐりはやめてください。

障壁　隔てるもの。仕切りのための壁。
不明瞭　はっきりしないこと。あいまいな部分があること。
不穏　おだやかでないこと。危険をはらんでいること。対平穏
身じろぎ　からだをちょっと動かすこと。用例身じろぎもせず話に聞き入った。

九〇ページ

誘導する　人やものを、ある地点や状態にみちびいてゆくこと。
言葉を尽くす　自分のなかにある言葉をありったけ用いて表現すること。一生懸命にいろいろ語ること。
カタコトの単語を…　「カタコト」とは、不完全、不正確なため、よく伝わらない言葉。筆者は、感音性難聴のため、うまく言葉を発することができなかったことを想像しよう。
不審そうに　疑わしく思っているようす。

九一ページ

快諾《かいだく》　気持ちよく、相手の頼みを聞き入れること。
都営住宅　東京都が管理する公営の賃貸集合住宅（賃貸アパート）。所得の低い方で、住宅に困っている方を対象としている。
同じ棟　都営住宅は、通常いくつかの建物（棟）で構成されているが、そのなかの同じ建物という意味。

九二ページ

盲者ガイド　視覚障害者に付き添って、歩行の手伝いをすること。
まざまざと　目の前に見えるように、はっきりと。

九三ページ

胸にわだかまる　思い悩むことがあて、気分がすっきりしない。
追憶　過ぎ去ったことを懐かしく思い出すこと。
ろう者　聴覚障害者。
爽快感　さわやかで気持ちが良いこと。
聴者《ちょうしゃ》　ここでは、聴くことに障害の無い人のこと。聴覚障害者との対比で使われる表現。
引け目を感じる　自分が他人より劣っていると感じる。劣等感、気おくれを感じる。用例留学経験のある彼女に引け目を感じて、英語がすぐに口から出せなかった。
卑屈《ひくつ》　必要以上に自分を卑しめて、いじけたり、意気地のない態度をとること。

九四ページ

地盤　物事が成り立つ基礎となるもの。
いびつ　形がゆがんでいること。
悲観　この世や人生は、悪と苦に満ちた悲しむべきものだと考え、気を落とすこと。対楽観
無類　比べるものがないほど優れていること。

❖発問の解説

1　「杖は、白かった。」とはどのようなことか。
（八九ページ）

解答例　白い杖（白杖）は、視覚障害者など、道路の通行に著しく支障のある人が使用する杖である。筆者が杖の色を確認

したことで、その人が視覚障害者だと分かったということ。

2「声が伝わっていない」とはどのようなことか。（九〇ページ）

解答例　発音の不明瞭な自分の言っていることを相手が理解できていないということ。

3「初めての異なり記念日になった」とはどのようなことか。（九三ページ）

解答例　聴覚障害を持つ自分が、健常者のOLの助けもありながら、視覚障害者の老人を家まで送るという、異なった立場の者同士の交流をした記念すべき日になったということ。

4「いびつながらも奇妙な感動が残る」とはどのようなことか。（九四ページ）

解答例　これまで、盲者とろう者は直接のコミュニケーションは不可能だと思っていたし、聴者には引け目を感じていたが、この日は、迷子の老人に対して一生懸命だったため、そんな気持ちを感じる余裕もなく、不器用ながらもなんとか彼を家まで無事に送りとどけることができた。そのことを痛みと喜びの入り混じった気持ちで思い出すということ。

❖構成・要旨

〈構成〉

(1)（初め〜九二・3）思いがけず盲者ガイドの体験

感音性難聴を持つぼくが、迷子になっている盲者の老人を見つける。声をかけたがうまく伝わらず、通りかかったOLに助けを求め、ぼくひとりで老人をなんとか家まで送り届けた。それは、ろう者のぼくによる初めての盲者ガイド体験となった。

(2)（九二・4〜九三・4）「異なり記念日」を追憶

今でもあのときのことを痛みと甘さの入り混じったような感情でリアルに思い出すことができる。それは、初めての「異なり記念日」になったといえる。

(3)（九三・5〜終わり）異なることがうれしい

当時のぼくは、盲者とろう者は、第三者を介在しないとコミュニケーションがとれないと思っていた。聴者に対しては引け目を感じていた。でも、あの日はそんなことを考える余裕もない偶然の関わりによって、盲者と聴者それぞれに対する新しいやりとりの方法が開かれた。社会的マイノリティとして、冷たい「異なり」も常時感ぜざるを得ないが、「異なることが嬉しい」という無類の喜びの存在も信じていたい。

〈要旨〉

迷子になっている視覚障害の老人と遭遇した聴覚障害の筆者が、通りかかったOLの力も借りて老人の住所を知り、家まで案内する。それは筆者にとっては初めての盲者ガイドであり、ろう者である筆者と盲者と聴者との間に新しい関わり方が開かれるという「異なり記念日」になった。これまで、社会的マイノリティとして、常に感じていた冷たい「異なり」だが、その日は「異なることがうれしい」こともありうるのだと知った体験だった。

❖理解・表現の解説

〈理解〉

(1)　「じいちゃんの手」（九〇・4）についての記述を本文中から抜き出し、それぞれどのようなことを表しているのか、説明しなさい。

解答例　「じいちゃんの手が、おそるおそるぼくの肩にとまった。」（九〇・4）…見ず知らずの、発音が不明瞭な筆者が声をかけてくれたが、うまく誘導してくれるか不安で心もとない老人の様子を表している。「家が近づくにつれて、腕をつかむ手から緊張感も溶けてきたような感じがあった。」（九一・13）…老人が筆者の誘導にも慣れ、家も近づいてきた安心感を表している。「使いこまれた、骨ばった手だった。力強かった。」（九二・1）…最後に家まで誘導してくれた筆者に握手で感謝を伝える老人の気持ちが伝わってきたことを表している。

(2)　「当たり前の爽快感があった」（九三・11）とあるが、それはなぜか、説明しなさい。

解答例　人としてその場でできることをただやっただけで、障害があるとかないとかという気持ちはそこにはなかったから。

(3)　「世界は、より伸びやかになった。」（九四・2）と筆者が感じた理由を説明しなさい。

解答例　今まで真逆な立場にいてコミュニケーションは成り立たないと思っていた盲者や、引け目を感じて卑屈な気持ちを抱えていた聴者に対してそれぞれ新しい関わり方を知り、思い込みがほどかれたから。

(4)　「まずはそう言い切ってしまってから物事を始めようと思っている、ぼくは」（九四・12）という一文に使われている表現技法を挙げ、その効果について説明しなさい。

解答例　倒置法。語順を入れ替えて、主語を最後にもってきたことで、筆者の思いの強さを際立たせ、読み手の心により残りやすくなる効果がある。

〈表現〉

(1)　視覚や聴覚に障害がある人はどのような情報伝達手段を用いているのか、調べて発表してみよう。

解説　視覚障害者の「点字」、聴覚障害者の「手話」がすぐに挙げられると思うが、他にも多様な伝達手段があることを調べて確かめよう。障害の程度によっても使われる手段が変わってくることや、パソコンや携帯電話の機能にも注目したい。そのうえで、非常時などに、うまく情報がつかめず困っている障害者をサポートする場面も想像してみよう。

(2)　あなたが「異なることがうれしい」（九四・6）と感じた経験について、八〇〇字程度でまとめてみよう。

解説　自分とは立場の違う、さまざまな障害を持つ社会的マイノリティと呼ばれる人、言語の異なる人、また、今まで接したことのない職種や年齢の人との交流の体験はあるだろうか。一瞬の出会いでもそこに感じた「嬉しさ」を思い出してみよう。

記号論と生のリアリティ

立《たつ》川《かわ》健《けん》二《じ》

❖学習の視点

1 記号とはどういうものであるかを読み取る。
2 記号の体系にはどのようなものがあるか、考える。
3 記号と意味の生成・解体とはどういうことかを理解する。

❖筆者解説

立川健二（たつかわ・けんじ） 評論家。本名立川健志。一九五八（昭和三三）年、埼玉県生まれ。東京外国語大学フランス語学科卒業。東京大学大学院人文科学研究科中退。フランスへ留学。記号論・言語思想史専攻。大阪市立大学、東北学院大学助教授、文教大学教授などを経て、著述業。著書に『〈力〉の思想家ソシュール』『誘惑論』『ポストナショナリズムの精神』などがある。

❖出典解説

この文章は、山田《やまだ》広昭《ひろあき》との共著『現代言語論』（一九九〇年・新曜社刊）に収められており、本文も同書によった。

❖語句・表現の解説

九六ページ

記号 その社会で意思伝達のために使われる、一定の内容を持ったしるし。一般に、言語、文字、符号など。ここではもっと広い意味で使われている。

たったいま目にした「か」という文字 一行目、「記号とはなにか。」の「か」という文字。

インクの染み 紙にインクで印刷してあるもの。

音節 一続きの発話において、それ自身の中には切れ目が認められず、その前後に切れ目が認められる音の連続からなる単位。日本語の「ストライク」は五音節、英語の strike は一音節からなる。

体系 何らかの原理によって組織された知識の統一的な全体。システム。用例 文字体系。音韻体系。

システム 組織。体系。系統。ここでは直前の「体系」のこと。

ブランド・マーク 商標。銘柄《めいがら》を表すしるし。

あなたが目にし耳にするもののすべて、……あなたにとって〈意味〉をもつすべてのものが記号なのだ　これは、普通に使われている「記号」の意味とは違うので、注意する。後から出てくるように、「自転車の音」や人物のような、およそ意味をもった存在すべてを筆者は「記号」としている。

九七ページ

根底　物事を成り立たせている土台の部分。

意味という病にとりつかれた存在　「世界のすべての事象に〈意味〉を与え、それを記号化せずには、安心して生きていけない」（九七・9）ような存在。

強靭さ《きょうじん》　強くて弾力性のある様子。

われわれ人間は、「事物そのもの」を見つめることのできる精神的・身体的な強靭さをもっていない　人間は、それを記号化し、分類し、意味を与える前に、そのもの自体をそのままで見つめることができない、そうするだけの力がないと言っている。もし「事物そのもの」を見つめる機会に遭遇するとどうなるかは、教科書一〇〇～一〇一ページに書かれている。

事物　あらゆる物事。

還元　ある状態になったものを逆の経過によって元に戻すこと。

〈意味〉へと還元する　知覚したものに意味を与え、「……であるもの」としてもう一度知覚する。

秩序づけられる　整った状態に保たれる。

……にほかならない　まさに……そのものだ。……以外のものではない。**用例**　戦争は国家による大量殺人にほかならない。

われわれが「世界」とか「現実」とか呼んでいるのは、このような記号システムにほかならない　一般に「世界」とか「現実」とか言っているのは、すべての事象のそのものの総体ではなく、事象に人間が意味を与え、記号化し、それが組織されたものである、というのだ。

生のリアリティ　記号のシステムの中に生きているという、人間の生の現実性。

記号学　広く記号として扱いうるものを対象に、その本質や機能を研究する学問。記号論とも言う。アメリカのパース（一八三九―一九一四）と、スイスのソシュール（後述）が別個に構想した理論を出発点とする。「現代の」とあるのは、現代とは異なる意味の「記号学」というものが古くからあったため。たとえば、医学で「兆候学」とも呼ばれたものなど。

創設　初めて設けること。

フェルディナン・ド・ソシュール　スイスの言語学者。教科書脚注参照。ジュネーブの、科学者を多く出した名門の家に生まれ、二一歳の時『インド・ヨーロッパ語における母音の体系についての覚え書き』を発表して注目された。一九〇七年から一九一一年の間に、三回にわたってジュネーブ大学で一般言語学の連続講義を行ったが、彼の没後一九一六年に、弟子たちが講義ノートとソシュールの残した数少ない資料をもとに、『一般言語学講義』を出版した。言語を記号の体系としてとらえ、構造言語学の礎を築いたソシュールは、近代言語学の父と言われている。

ネットワーク　網の目のように互いにつながって組織されているもの。網状組織。

九八ページ

記号とは、実体ではなく、関係的・相対的な存在である　記号は、個々に独立して存在としての意味を持っているのではなく、他の記号との関係で、あるいは比較することによって存在する、ということ。

構築　基礎から順に組み立てて、しっかりと築くこと。

凝視する　一点を目を凝らしてじっと見つめること。

立ち現れる　現れる。「立ち」は、「現れる」を強調する接頭語。

「物そのもの」　意味を持たない、何であるか認識できないもの。

九九ページ

なまの手ざわり　頭での理解よりも、触感に近いような体に感じる感覚。

あなたは自分自身の顔を……できるだろうか。　他人の顔は、それが誰であるか識別するために、記号として見る習慣があるが、自分の顔についてはそのような対象として見ることがないために、どんな顔であると「定義」することが難しいことを指摘している。

一〇〇ページ

定義する　ある物事について、こういうものであるとはっきり説明すること。

曖昧　態度や言動が不明確な様子。

サルトル　ジャン＝ポール・サルトル。フランスの哲学者・作家。教科書脚注参照。「実存は本質に先行する。」という、実存主義の考えによる思想・文学を発表した。第二次世界大戦中はレジスタンス運動に参加し、戦後も社会的、政治的運動を積極的に行った。

サルトルの小説　一九三八年に出版された長編小説『嘔吐』をさす。『偶然性に関する弁駁書《べんばく》』と題する思想的エッセーを小説化したもので、初期の代表的作品である。内容は、歴史に関する研究のために図書館へ通っているロカンタンという主人公が、ある日突然「吐き気」に襲われ、意識の錯乱や、知覚の異常に悩まされるようになり、この得体の知れない「吐き気」の正体を突き止めようとしてつづり始めた日記の形をとっている。結局ロカンタンは、自分を含め、すべての物が存在するのは偶然によるものであり、そのことを感覚的にとらえた時、「吐き気」となって自分を襲うのだということに気が付く。なお、作品の初めの方で、主人公が鏡に見入って「他人の顔は意味をもっているが自分の顔にはそれがなく、美しいか醜いかも判断することができない。」という内容のことを述べている。「鏡は罠《わな》である。」という表現や、幼いころ叔母さんに「そんなに長いこと……猿になってしまうよ。」と言われた話も、この部分にある。

……ときたら　「……」を問題として取り上げる言い方。用例

今年の夏の暑さときたら去年とは比べものにならない。

どろどろと溶けだしてくる　（顔だと）認識できるような形を失って、混沌《こんとん》としたものに見えてくる。

いみじくも　ぴったりした表現を使って。表現が適切である様子を言う副詞。

……ってやつは　「……というものは」の、くだけた言い方。

付与する　与える。

一〇一ページ

確固たるもの　しっかりしていて、壊れたり変化したりしないもの。

必然的に　必ずそうあるべきものとして。

うす気味わるい　何となく気味がわるい。

うす気味わるい〈無意味〉の世界　教科書九七ページの「事物そのもの」の世界、ものを記号としてとらえられない世界のこと。

露呈　むき出しにすること。隠していたものをさらけ出すこと。

遭遇　思いがけず出会うこと。

先鋭　先進的で、古い体制を鋭く批判すること。急進的なこと。

自明性　証明するまでもなく、分かり切っていると思われること。

生成　ものができること。

解体　形をなしていたものが、ばらばらになること。

❖発問の解説

（九六ページ）

1 「その」は何をさすか。

解答例　「か」が、日本語の文字体系あるいは日本語の文法体系といった、なんらかのシステムに属するメンバーであり、そのような存在として意味をになっていること。

2 「意味という病」とはどのようなことか。

解答例　人間は、「『事物そのもの』を見つめることのできる精神的・身体的な強靭さをもっていない」ので、「あらゆる事物をなんらかの〈意味〉へと還元せずにはいられない」。また、「世界のすべての事象に〈意味〉を与え、それを記号化せずには、安心して生きていけない」（九七・9）。このような「…せずにはいられない」「…しなくては安心して生きていけない」といった人間のもつ性質を「病気」のようなものであると表現している。

（九七ページ）

3 「彼が明らかにしたこと」とは何か。

解答例　記号とは、実体ではなく、関係的・相対的な存在だということ。本文中から抜き出すと次の二つになる。

「われわれ人間は『意味をになったもの』、すなわち記号しか認識することができないということ」と「記号とはそれ自身のなかに意味をもっているのではなく、それをとりまく他の記号たちとの〈関係のネットワーク〉、すなわちシステムのなかで

しか意味をもちえないということ」。

（九九ページ）

4「そう」は何をさすか。

解答例　「記号であることをやめて、『物そのもの』とでも言いたくなるような、なまの手ざわりをもち始めて」（九八・15）しまうこと。

（一〇〇ページ）

5「わからなくなってくる」のはなぜか。

解答例　他人の顔は明確な意味づけができるが、自分自身の顔は、はっきりと「定義」することができない。そのため、じっと凝視していると、〈記号〉であることを停止し、顔であるのかさえ曖昧になってくるから。

❖構成・要旨

〈構成〉

記号とは〈意味〉を持つすべてのものであること、しかしそれは不変不動のものではなく、生まれたり壊れたりするものであることを例を示しながら説明している。

(1)（初め～九七・4）
　記号とは何か。

(2)（九七・5～九八・3）
　人間はすべての事象に〈意味〉を与え記号化し、そのような記号のシステムからなる世界に生きている。記号論についての説明。

(3)（九八・4～一〇一・1）
　記号が記号でなくなり、なまの手ざわりをもつことの例。「か」という字や、あなたの顔。

(4)（一〇一・2～終わり）
　〈記号〉は不変不動ではなく、生成・解体するものである。

〈要旨〉

記号とは、何らかのシステムのメンバーとして意味をになっているすべてのものである。人間は「事物そのもの」を見つめることができないので、世界のすべての事象に〈意味〉を与え、記号化する。そして多種多様な記号のシステムからなる世界に住んでいるのだ。このような記号について研究する科学として、ソシュールによって創設された〈記号学〉がある。

しかし記号は確固たるものとして必然的に存在しているのではない。ふとしたはずみに〈意味〉を持った〈記号〉が、意味を持たないうす気味わるい「物そのもの」になってしまうことがある。現代の先鋭的な記号学者たちは、このような記号と意味の生成・解体のプロセスを解明しようとしているのである。

❖理解・表現の解説

〈理解〉

(1)「こうした生のリアリティ」（九七・13）とはどのようなことか、説明しなさい。

解答例　人間はすべての事物に〈意味〉を与え、記号化させて生きているので、その記号のシステムの中でしか安心して生きていけないという、人間の生の現実性のこと。

(2)　「関係的・相対的な存在」（九八・1）とはどのようなことか、説明しなさい。

解答例　それ自身で意味をもつものでなく、他のもの（記号）との関係があり、その関係において、あるいはそれと比較されることにおいて意味をもつものということ。

(3)　「なにか気味のわるい線の踊り、あるいは幽霊の大群のようなもの」（九八・13）とあるが、このように感じるのはなぜか、説明しなさい。

解答例　「か」という文字が文章中に出てくれば、文の流れの中で自然に読めるし、一個の字であっても一瞬で文字として認識できればなんということではない。しかし、こうやって「か」の大群をじっと見つめていると、その活字の線のカーブの具合や形のバランスなどが目について、意味を持たない図形として見えるようになり、文字として読めなくなってしまう。記号としての安定が崩れた物そのものを、わたしたちは見つめることができる精神的・身体的な強靭さをもっていないから。

(4)　「記号学」の考え方を踏まえて、本文に示されている漫画や小説の主人公の心情について解釈し、説明しなさい。

解説　「記号学」の考え方は、人間は意味をになったもの、つまり記号しか認識できない、また記号はそれ自身のなかに意味をもっているのではなく、それをとりまく他の記号たちとの〈関係のネットワーク〉、システムのなかでしか意味をもちえないということである。九九ページの漫画では、「からす」という記号が、他の記号とのネットワークが切れて、それ自身の意味が不明確になってしまい、主人公は混乱している。サルトルの小説では、主人公が「鏡ってやつは、罠なのだ。」と言い、自分の顔を長いこと見るという話が出てくる。これも、自分の顔という記号が、他とのネットワークが切れて、意味を喪失し、主人公が困惑する話である。まとめてみよう。

〈表現〉

(1)　単にことばを表すにとどまらない手法で文字を用いた文学作品について、その表現が読み手にもたらす効果を考えてみよう。

解説　「遠景」では、「駱駝。」ということばが少しずつ上下しながら何行も並び、中に一行「人間。」ということばが入る。砂漠のゆるやかな丘をらくだの隊商が歩いていく姿が目に浮かぶ詩である。

「風景　純銀もざいく」では、「いちめんのなのはな」ということばが並ぶ。同じことばを並べることで、目の前に一面の菜の花が広がる風景を思い浮かべることができる。

(2)　本文の「か」を並べた例示（九八・8）を凝視し、何を連想したか話し合ってみよう。

解説　教科書本文に書かれていることに気を取られず、自分が何を感じ、何を連想したかに意識を集中してみよう。

金繕《きんつくろ》いの景色

藤《ふじ》原《はら》辰《たつ》史《し》

❖学習の視点

1　金繕いの歴史やその手法に触れ、金繕いの魅力の奥深さを読み取る。

2　壊れたものを繕いながら使っていくことについて考える。

3　金繕いと日本の古典芸能などとの共通点、相違点を考える。

❖筆者解説

藤原辰史（ふじはら・たつし）　一九七六年北海道に生まれる。農業史研究者。二〇世紀の食と農の歴史や思想について研究する。京都大学人文科学研究所准教授。二〇一三年、「ナチスのキッチン」で第一回河合隼雄文芸賞、二〇一九年、日本学術振興会賞、「分解の哲学―腐敗と発酵をめぐる思考」でサントリー学芸賞受賞。主な著作に『ナチス・ドイツの有機農業』『給食の歴史』『緑食論』などがある。

❖出典解説

この文章は、『分解の哲学　腐敗と発酵をめぐる思考』（二〇一九年・青土社）に収められており、本文は同書によった。

❖語句・表現の解説

一〇三ページ

繕《つくろ》う　壊れたりしているところをなおす。修理する。

愛着　慣れ親しんだものに深く心をひかれること。用例 小学生のときから使っているご飯茶碗に愛着を感じる。

亀裂　かたい物にできた割れ目、裂け目、ひび割れ。

一〇四ページ

驚きを禁じえない　驚きを抑えることができない。

金継《きんつ》ぎ　割れたり欠けたりした陶磁器を漆で接着し、金などの金属粉で直す技法。

取り繕う　不都合なことをごまかす。見た目をよくする。

治癒　病気やけがなどが治ること。

一〇五ページ

修繕　壊れたり悪くなったりしたところを繕い直し、見た目を整えること。用例 古くなったかばんを修繕してもらった。
類例　似たような実例。
喫茶道　「喫茶」は茶を飲むこと。
破損　壊れたり、傷ついたりすること。用例 この塀はかなり破損している。
技術的ギャップ　技術の開き、隔たり。
遺物　人が生活で残したもので、持ち運びできるものをいう。
出土する　過去の遺跡や遺物が土の中から出てくること。

一〇六ページ

japan　西洋では十四世紀に明との貿易で、中国の陶器が高く評価されていたので、英語で陶器のことをchinaと呼ぶようになった。同様に十四世紀の南蛮貿易のころから日本の漆器が高い評価を呼び、japanが「漆・漆器」という意味で使われるようになったという。尚、この場合のjは小文字表記になる。
落葉高木　高木は大体三メートル以上になる木。一定の季節になると葉を落とす木のことを総称して言う。
塗料　物の表面に塗って対象物を保護、着色、装飾、または独自の機能を付与するための材料のこと。漆・ペンキ・ワニスなど。
痕跡　過去に何かがあったことを示すしるし。形跡。
廃《すた》れる　広く使われたり行われていた物事が、時間の経過とともに使われなくなったり、行われなくなること。

一〇七ページ

剥離《はくり》　塗装や皮など外側の部分がはがれて取れること。
複合的　複数のものが集まって一つの物事を形成していること。
周知のとおり　広く知れ渡っているとおり。多くの人が知っているとおり。

一〇八ページ

生気を帯びる　生き生きとした感じが漂うこと。
同一性　ある物が異なった状況においても同じであり続けること。「矛盾的同一性」とは、「消える」「生きる」といった相反する二つの事柄がその対立をのこしたままで同時に存在すること。
負けず劣らず　お互いに優劣がつけづらい様子。互角。用例 この店のラーメンは有名なお店のラーメンに負けず劣らずいい味だ。
筋繊維　筋肉組織をつくっている繊維状の細胞。
砥石《といし》　石材などを磨いたり、刃物を研ぐための道具。
研どろ　砥石で包丁を研いでいるうちに、砥石表面に出てくるネバネバしたどろ状のもののこと。包丁は砥石の表面で研ぐわけでは無く、この研どろで研磨する。なので、洗い流したりせず、研どろの上に水を少しずつ加えながら研いでいく。
凝視　目をこらしてじっと見つめること。
過剰　適当な分量や程度を超えていること。
等価交換　等しい価値があるものを相互に交換すること。

一〇九ページ

内包する　内部にもっていること。
玉に瑕《きず》　優れていて立派だが、ほんの少し欠点があること。
用例 あの人は、遅刻が多いのが玉に瑕だ。
完全無欠　不足や欠点が全く無いこと。
均整美　全体につり合いが取れて整っていること。
分母が増えた　対象者や対象物の数が増えること。本文では、「若い陶芸家が増え」たので、作られる陶芸品の数も増えた＝「陶芸品の分母が増えた」と言える。
泰然　落ち着いていて、物事に動じないさま。

一一〇ページ

謙虚　ひかえめでつつましいこと。
逆説的　普通とは逆の方向から考えを進めていくさま。
前景　前方に見える景色。最も強調して表される。
遠景　画面の遠方、背景となる部分。
絶対的矛盾の合一《ごういつ》　相反する二つの対立したものが、その対立をそのまま残した状態で同一化すること。

一一一ページ

廃棄　不要なものとして捨てること。
前提　ある物事が成り立つためのもととなる条件。
歴史を紐解く　歴史について、文献などを調べること。昔は書類や文献を巻物にしてひもで縛って保管していたので、巻物の紐をほどいて読んだことからこの言葉が生まれた。
往還　行き来すること。
継ぎはがれる　「継ぐ」も「接《は》ぐ」もつなぎ合わせる意。用例 継ぎはぎだらけの靴下。

一一二ページ

和解　争いをやめて仲直りすること。
蘇生　生き返ること。よみがえること。
現在性　今存在しているということ。目の前にあるものごと。
有機体　生物。対 無機体
液化　固体が液体に変わる現象。

❖発問の解説

（一〇三ページ）
1 「答えは明らかであろう。」とあるが、筆者はどのように考えているのか。
解答例　一部だけ取り替えればまだ使えるのに、修理費用がかえって高くついてしまうからと、新しいヴァージョンのものに買い替えてしまうのは、愛着も湧かず合理的とも論理的ともいえない、と筆者は考えている。

（一〇四ページ）
2 「異様な魅力」とはどのようなものか。
解答例　落として割れた硯が接着剤で繋ぎ合わされ、継ぎ目がボコボコしているが、もとの欠けのない硯と比べると、かえって迫力があって魅力的に見えたことを言っている。

（一〇七ページ）

3「描かれるべき表現の舞台」とはどのようなことか。

解答例　金繕いは、器の壊れた部分の修復であるだけでなく、その壊れた部分こそが、金継ぎをする者の創意工夫を発揮するところでもあるということ。その意味で、器の「割れ」や「欠け」「ひび」といった欠損部分は、「埋められるべき空白」であるだけでなく「描かれるべき表現の舞台」であるともいえる、と言っているのである。

（一一一ページ）

4「過去と現在の往還の技法」とはどのようなことか。

解答例　金継ぎによる巧みな継ぎはぎの繕いが、過去に欠損した跡（過去）と、修理して再生、復活した姿（現在）を行き来しているように思えるということ。

❖構成・要旨

〈構成〉

この文章は、五つに分けることができる。

(1)（初め〜一〇五・4）**メンテナンスしながら使い続けることで生まれるものへの愛着と、繕われたものの魅力**

現在は、物の一部が壊れただけでも高い費用を払って修理するより、新しいヴァージョンのものが店に並ぶ時代である。ものや道具は、壊れたら直す「つくろう」ということを繰り返していくことで、愛着が湧いてくる。「つくろう」ことは、美的なものが滲みでるものでもある。小学校の書道の時間の接着剤で復活させた友だちの落として割れた硯や、とある民芸館でみた金継ぎの入った器にそれを感じた。そこには、割れた歴史がきちんと刻まれて、新しい時代を生きているという魅力が感じられるのである。

(2)（一〇五・5〜一〇七・2）**金継ぎ（金繕い）の歴史と漆を使った作業工程。**

「金継ぎ」（正式には「金繕い」）は茶の文化と深く関わっている。鎌倉時代、中国から茶の器を船で運んでくるときに、破損したものを漆の技術で修繕した。古くから漆は、日本列島の文化に深く根ざしていて、英語で漆のことは、japanとも表記される。漆を使った金繕いの作業は多くの道具と時間、根気のいる手法であるにもかかわらず、なぜか廃れるどころか人々の心を捉えているのである。

(3)（一〇七・3〜一〇九・5）**金繕いによる「矛盾的同一性」と「瑕の美」。**

壊れた器は、その破損の仕方によって漆の種類や修理の方法が異なる。その欠損部分は、あくまで主でなく副でありながらも破損の痕跡の主張を許す、表現の舞台ともいえる。日本の古典芸能である文楽の、主である人形と副である傀儡師の関係とも似ている。教育学者のフレーベルが、積み上げた積み木の崩れたあとに想像と創造の糸口を探すことが子供の教育の重点としたこと、負荷をかけた筋繊維が修繕で前より太くなることなど、修復や治癒という行為には、単に傷との等価交換でなく、治癒後の新たな展開さえ感じられる。

　また、傷の状態をよく観察し、修繕することは、傷を分析して癒す医者のふるまいとも言える。　義足や義手などは、体との継ぎ目に負担をかけるが、いつの間にか継ぎ目もろともその人に欠かせないものとなって溶け込んでいく。同様に、金繕いも器の「瑕」を熟した美にしうるものである。

(4)（二〇九・6～二一一・10）**金繕いへの関心の高まり。サヴァイバルと共存の技法。**

　漆職人の堀氏によると、人々の金継ぎへの関心は東日本大震災後に急速に広まった。人に対する「かわいそう」「いとおしむ」などの気持ちがたくさんの壊れた器にも向かったことが注目される。堀氏の金継ぎの作品を見ると、もっとも輝きを放つ色である金色の継ぎ目が目立つがゆえに目立たなくなるという絶対的矛盾の合一を感じ、そこにこそ金繕いの魅力が隠されているのうに思う。

　プラスチックの食器のように割れないことが前提となっている商品世界は、人間が壊れないことを前提として動く社会、優生学の歴史とも通じている。欠けやひびを人間の前提として、それを日々少しずつ修繕し、やりくりしていると考えると、金繕いの技法はサヴァイバルと共存の技法に似ている。

(5)（二一一・11～終わり）**過去と現在の往還の技法としての金繕い。使い捨ての時代への提言。**

　藤田省三も「新品文化」の中で、「綻びが巧みに継ぎはがれた時そこに現れる『再生』と『復活』の新しさも又新品の世界にはない」と述べている。現在性に覆われた今の世界は、新品こそが万物の王であり、割れやひびは死を意味する。しかし、他方で現在と過去が対立しつつも不器用に織り重なる王国では、繕われたものにこそ王冠が捧げられるべきである。

〈要旨〉

　現在は新品が尊ばれる世界だが、ものは繕いながら使うことで愛着も湧いてくるものである。金継ぎは日本に古くから伝わる漆を使った技法で、茶の文化とも深くかかわりがある。多くの道具と時間、根気のいる手法でありながら、廃れず人々の心を捉えてきた。金継ぎの器には、繕うことで壊れた歴史を刻みながら、新しい世界を生きているという「矛盾的同一性」による美的な魅力もある。それは日本の古典芸能の文楽やフレーベルの教育論などとも通ずるところがある。

　東日本大震災後に人々の金継ぎへの関心は急速に高まった。割れないことが前提の商品世界、人が壊れないことが前提の社会だが、欠けやひびを人間の前提としたサヴァイバルと共存の技法は、金繕いと共通する。新品こそが万物の王である現在、繕われたものの価値を再認識する必要がある。

❖理解・表現の解説

〈理解〉

(1)「『瑕』は熟した美になりうる」（一〇九・3）とはどのようなことか、説明しなさい。

解答例　手術後の縫い目や、やけどのあと移植した皮膚などは、独特の艶っぽさを内包して残り続ける。また、片腕の欠けたヴィーナスや色の禿げた宗教画には、瑕のない完璧な作品にはない時間の経過を告げる美しさがある。これらと同様に、『瑕』（ひびや割れ）を持った器も金繕いによって、瑕のない器とは違った熟した美しさを内包するものになりうるということ。

(2)「絶対的矛盾の合一」（一一〇・15）とはどのようなことか、説明しなさい。

解答例　金色で目立つはずの継ぎ目部分が、器においては慎み深く、全体の後景に退いているように見えたり、また、継ぎ目をじっと見ていると、それが器の模様かのような主張を感じたりもする。このような「金継ぎ」の部分が目立ったり目立たなくなったりする有様を相反する二つの事象がそのまま存在するという意味合いで、筆者は「絶対的矛盾の合一」と呼び、その魅力を言い表しているのである。

(3)「部分的でありながら関係的全体の蘇生」（一一二・2）とはどのようなことか、説明しなさい。

解答例　金継ぎによって修理されるのは器の一部分だが、繕いの部分が器全体と調和して、「再生」と「復活」の新しさを生み出すということ。

(4)「その王冠にはすでに修繕が施されている」（一一二・9）と筆者が考えるのはなぜか、説明しなさい。

解答例　新品であることに価値が置かれている現在に対し、金繕いされた器のように再生と復活の美を重んじる国があるとしたら、繕われたものにこそ価値があり、その王冠にも価値ある繕いが施されているはずであるから。

〈表現〉

(1)「日本の古典芸能にも類似の傾向がみられる」（一〇七・14）とあるが、筆者が挙げている「文楽」以外にも、日本にはさまざまな古典文学や芸能がある。『徒然草』の「花は盛りに」（一三七段）などを例に、「金繕い」との共通点と相違点について話し合ってみよう。

解説　次は『徒然草』の一三七段の冒頭の部分である。

「花は盛りに月は隈なきをみるものかは。雨にむかひて月を戀ひ、たれこめて春のゆくへ知らぬもなほあはれに情ふかし。咲きぬべきほどの梢、散りしをれたる庭などこそ、見どころ多けれ。」

（花は満開だけを月は満月だけを見るものだろうか、いや、そうではない。雨の日に月を恋しく思い、簾を垂れて部屋にこもり、春の行方を知らないでいるのも情趣が深い。）この後、うまくいかなかった恋を描き、来ぬ人を一晩中待つわびしさの中にも人生の意味がある、と書いている。満開だけが桜ではない。

花開くことのない人生の苦しみや辛さを知りつつ生きていく人のほうが、より豊かに人生を生きている人なのではないか、といったことが主題の一三七段であるが、「金繕い」の、新品の欠けのないものだけが良いのではない、「瑕」にこそ愛着と熟した美を感じることができるという価値観においては共通する点だといえる。しかし、「繕われたもの」がもつ再生と復活の新しさという点では、徒然草の中では語られていないようである。そのような観点を参考にして「徒然草」一三七段を読み、考えてみよう。

第5章　自己と向き合う小説（二）

こころ

夏目《なつめ》漱石《そうせき》

❖学習の視点

1　『こころ』における友情と恋愛の問題を考え、作品の主題を捉える。

2　『こころ』の文章表現でとくに優れていると思われる箇所を取り出して、味わってみる。

❖作者解説

夏目漱石（なつめ・そうせき）　小説家・英文学者。本名、金之助《きんのすけ》。一八六七（慶応三）年、東京都に生まれた。四歳の時、塩原という家に養子にやられた。漱石はこの養家をきらい、十歳の時、逃げ出して実家に帰ったが、この養子問題がこじれて、以後十二年間は塩原金之助として実家の夏目家で暮らした。東京府立一中に入学したが中退、二松学舎や成立学舎などに学び、十八歳で大学予備門（のちの第一高等学校）に入学、ここで正岡子規と親交を結んだ。一八九〇（明治二三）年、東京帝国大学英文科に入学、明治二十六年、同校卒業。この間、漱石は、ある女性に激しく恋愛したが失恋し、苦しんだ末、一種の厭世主義に陥ったという。この失恋は彼のその後の作品に大きな影響を与えている。

松山中学での一年間の教師生活ののち、熊本《くまもと》の第五高等学校に転任したが、このころ、漱石は見合結婚によって中根鏡子を妻とした。しかし妻との大きな性格の相違から、この結婚生活には常に苦悩がつきまとっていた。この結婚もまた、漱石の女性観に大きな影響を与えている。一九〇〇（明治三三）年、イギリスに留学、帰国後は第一高等学校、東京大学の教授として英文学を講じるかたわら、『吾輩《わがはい》は猫である』『坊《ぼ》っちゃん』『草枕《くさまくら》』などを発表し、確固とした文名を獲得した。一九〇七（明治四〇）年には、四十一歳で朝日新聞社に入社、その第一回連載小説として『虞美《ぐび》人草《じんそう》』を書き、以後、『三四郎』『それから』『門』などの名作を発表し、当時の自然主義文学に対抗して、鋭い文明批評精神と高次の個人主義思想によって、高踏派と呼ばれる独自の文学を確立した。一九一〇（明治四三）年、胃潰瘍《いかいよう》で伊豆の修善寺に転地したが、何度も吐血をくり返し、一時は危篤に陥った。この死と直面するほどの大病は、以後の彼の作品にいっそうの深みを与えることになり、『彼岸過迄《ひがんすぎまで》』を転機として、『行人』『こころ』『道草』など、一作ごとに人間のエゴイズムと闘う人生苦を心理的に掘り下げていくこととなったが、一九一六（大正五）年十二月九日、胃潰瘍の再三の吐血のため、漱石最大の長編といわれる『明暗』執筆途上で、未完のまま永眠した。

❖出典解説

一九一四年四月から八月にわたって、朝日新聞に連載され、同年、岩波書店から出版された。本文は「漱石全集」第六巻（一九七五年・岩波書店）によったもので、「先生と遺書」一～五十六のうち、三十六から四十八の部分を採っている。

❖語句・表現の解説

一一四ページ

素人下宿《しろうとげしゆく》　普通の家庭で人を下宿させること。また、その家。

意向　考え。思惑。

自活《じかつ》　自分ひとりの力で生活すること。

窮状《きゆうじよう》　困り果てている状態。

折から　ちょうどその時。

一一五ページ

私も答えられないような立ち入ったこと　Kは以前、奥さんやお嬢さんのことを問題にもせず、私が話題にすると軽蔑《けいべつ》したような態度をとっていた。この章のすぐ前に「Kはいつもに似合わない話を始めました。奥さんとお嬢さんは市が谷のどこへ行ったのだろうと言うのです。私はおおかた叔母さんの所だろうと答えました。Kはその叔母さんはなんだとまた聞きます。私はやはり軍人の細君だと教えてやりました。すると女の年始はたいてい十五日過ぎだのに、なぜそんなに早く出かけたのだろうと質問するのです。私はなぜだか知らないと挨拶《あいさつ》するよりほかにしかたがありませんでした。」とある。

私はめんどうよりも不思議の感に打たれました　「不思議の感に打たれる」は、とても不思議だと驚くこと。「私」にはKが今日に限って、なぜ奥さんとお嬢さんのことを話題にするのか、この時はまだ分からなかったのである。だからそんなことを聞くKが不思議に思われたのである。

注視　関心をもって、じっと見ること。

平生《へいぜい》　ふだん。常日ごろ。いつも。

口を破る　黙っていた口を開いて話をし出すこと。

予覚　予感。この時まで、「私」はKがお嬢さんを恋していると は、全く考えもしなかったのである。むしろ、「私」は神経衰弱でまいっているKを慰めるために、なるべくKと話をするようにと、奥さんやお嬢さんに陰で頼んでいたくらいだった。また、Kのほうはお嬢さんを全く問題にしていないような素振りをいつも「私」に示していたのである。

切ない恋　つらい恋。苦しい恋。

一度に化石されたような　思いもしていなかったKの恋を告白され、そのショックで体がすくむようになった状態を「化石」にたとえた表現。以下「呼吸をする弾力性さえ失われたくらいに堅くなったのです。」まで、口を利くことも、ものを考えることもできなくなってしまった「私」の状態を述べている。

しまったと思いました　「先《せん》を越され」たことを「しまった」と思ったのである。つまり、Kより先に「私」のほうがお嬢さんへの恋を告白すべきだったというのである。

その先をどうしようという分別《ふんべつ》　しまった、先を越された、とは思ったが、それではどうしようという考え。「分別」はある事がらに対してどうすべきか考慮・判断をすること。

一一六ページ

その苦しさは……貼り付けられてあった　苦しさが顔にはっきりと出ている様子を比喩した表現。自分がお嬢さんを恋しているのに、Kの告白を聞かなければならない苦しさである。

そこに　（上8）「私」の苦しさの表情をさす。

胸に響く　心に響く。人の心を動かす。感動させる。

同じ意味の自白　お嬢さんを「私」も恋しているのだという告白。

得策《とくさく》　有利な方法。うまい策略。

また言う気にもならなかったのです　ただ、どうしようと混乱するばかりで、利害など考える余裕が「私」にはなかったのである。

昼飯の時、Kと私は向かい合わせに席を占め　いつも「私」とKと奥さんとお嬢さんの四人でいっしょに食事をしていたのであるが、この日は奥さんとお嬢さんは出かけていて留守だった。

各自《めいめい》の部屋に引き取ったぎり　「私」は八畳と四畳の二間続きの部屋を借りていたのである。そのうちの四畳のほうにKが入っていた。したがって二人はふすまをへだてて暮らしていたことになり、「私」が自分の部屋へ入るには、Kのいる四畳を通り抜けなければならなかった。

時機　なにかをするのにちょうどいい時。類好機。チャンス。「時期」と混同しないようにする。

逆襲　具体的には「彼の前に同じ意味の自白を」（一一六・下18）することをさしている。

手抜かり　仕事などで不完全なところ。類手落ち。

一一七ページ

一段落　物語の一区切りがつくこと。Kの告白がひととおり終わったことを指す。

悔恨《かいこん》　後悔の気持ち。Kの告白に対して逆襲したり、自分も同じようにお嬢さんを恋していることを自白しなかったことについての後悔。

下心《したごころ》　表現に表さず、ひそかに心の中で考えていること。本心。

用例 親切にしてくれたのは、そんな下心があったからか。

縁側《えんがわ》　座敷の外側にある細長い板敷《いたじ》き。座敷とは障子などで区切られている。

鉄瓶《てつびん》　湯をわかす鉄製の容器。近ごろはあまり使う家庭がなくなったが、やかんに似たようなもの。下図参照。

Kの部屋を回避する　いつもはKの部屋を通り抜けるのだが、気まずい思いの「私」は、Kの部屋を通らずに縁側から茶の間を通って玄関へ出たのである。

一一八ページ

Kを振るい落とす　Kのことを考えまいとする。

咀嚼《そしゃく》　①よくかみくだくこと。②物事や文章などの意味をよく考えて理解すること。ここでは②。「私」は気になっている彼の言ったこと、したことを、頭の中で考え直し、その意味を知ろうとしている。

解しがたい　理解しにくい。

あんなこと　お嬢さんを恋しているということ。

募《つの》って　「募る」は、①激しくなる。高まる。②広く招き集める。募集する。ここでは①。

平生《へいぜい》の彼　剛直果断で禁欲的な勉強家であり、恋愛などはむしろ軽蔑《けいべつ》していた彼。

容貌《ようぼう》　顔かたち

彼の部屋は依然として人気《ひとけ》のないように静かでした　この時も「私」は彼の部屋を通ることを避けて、縁側から自分の部屋へ入ったのである。「人気」は人のいる気配《けはい》。

護謨輪《ゴムわ》　人力車の車輪のふちにはめこんであるゴムの輪。タイヤの役割を果たす。これがあるために、すべりもよく、音も響かなくなっている。人力車は明治時代の初めに考案され作られたものだが、初期の車輪には、ゴム輪がなかった。

奥さんの親切は…同じことでした　私もKも奥さんたちに対してそっけなく、無口だったので、せっかくの奥さんの親切も何のかいもなかった、というのである。

寡言《かげん》　口数が少ないこと。無口。

一一九ページ

追窮《ついきゅう》　ここでは、問いつめる意。

蕎麦湯《そばゆ》　①そば粉を湯でとかしたもの。②そばをゆでた湯。ここは①で、寒いときなどに体があたたまる飲み物。

やむを得ず　しかたなく。用例 ほかに行ける人がいなかったので、やむを得ず私が行くことにした。

床を延べる　布団を敷く。

手に取るように　直接見たり聞いたりしたように、はっきりと分かること。

一二〇ページ

談話　話をすること。話。

即座　ためらわずに、すぐにすること。その場で、すぐすること。

生返事《なまへんじ》　気分の乗らない時などにする、いい加減な返事。

気色《けしき》　①態度や顔の表情に現れる心の動き。②物事の様子。気配。
ここでは①。

暗《あん》**に**　それとなく。

折《おり》**があったら**　機会があったら。

口を切ろう　言い出そう。

挙動《きょどう》　動作。立《た》ち居《い》振《ふ》る舞《ま》い。

肝心の本人　お嬢さんをさす。

手を着ける　とりかかる。着手する。

一二一ページ

二人の心がはたしてそこに現れているとおりなのだろうか　「彼の自白は単に私だけに限られた自白で、肝心の本人にも、またその監督者たる奥さんにも、まだ通じていない」と思われたが、はたしてそうか、と疑ったのである。

……したあげく　何かをした、その最後に。

往来《おうらい》　人や車などの通る所。通り。道路。

肉薄《にくはく》　身をもって相手に迫ること。「肉迫」とも書く。ここでは、Kに迫って問いただしたこと。

明言　はっきり言うこと。類断言。

横着《おうちゃく》　ずうずうしく構えて怠けること。怠け者。

度胸《どきょう》　困難なことに立ち向かう意志力。用例度胸がつく。

それがために（下12）　Kが養家を三年も欺いていたために。
「私」は、Kの、信条のためには養家を欺くという、その信念を貫こうとする性格を信用していた。

一二二ページ

実際的の効果　お嬢さんと結婚すること。

隠し立て　わざと包み隠すこと。

新着《しんちゃく》　（品物などが）着いたばかりのこと。また、その品物。ここでは、輸入されたばかり、の意。

所作《しょさ》　ふるまい。動作。

一種変な心持ち　Kの所作は普通のことであったが、Kのことが気になってしかたない「私」にとっては、その普通の動作まで何か意味があるように思えて、変な気持ちになったのである。

胸に一物《いちもつ》**があって**　心の中に一つのたくらみがあって。「胸に一物ある」で慣用表現となる。

談判《だんぱん》　物事の結着をつけるために相手方と話し合うこと。

一二三ページ

まだ実際的の方面へ向かってちっとも進んでいませんでした　一二一〜一二二ページに、Kははたして「私」にした自白を奥さんやお嬢さんにもしたのかどうか、「私」が思い悩む叙述があり、とうとうこらえきれずに、そのことをKに聞くと、Kは、まだほかの人には打ち明けていないと答え、では、これからどうするつもりかと尋ねると、それにはKは何も答えなかった、とある。二人の話し合いは、こうした中途半端のまま、しばらく時がたっていたのである。「実際的の方面」とは奥さんやお嬢さんに、Kが自分の気持ちを打ち明けること。

漠然《ばくぜん》　はっきりとせず、内容が具体的に分からない様子。〔用例〕漠然とした話で分からない。漠然とした印象しかない。

恋愛の淵《ふち》　「淵」は流れのよどんだ所。比喩的にそこから浮かび上がりにくい境遇や心境をいう。〔用例〕絶望の淵に沈む。

現在の自分　お嬢さんに恋をして、どうしたらよいか分からなくなってしまった自分。

天性　もって生まれた性質。生まれつき。

他《ひと》の思《おも》わくをはばかる　他人がどう思うかと気にすること。

養家事件　Kが医者の家に養子にやられ、医者になることを命じられながら、何年も養家をあざむき通し、ついに養家からも実家からも義絶されたできごと。この時、彼は学資の途を絶たれながらも、自分の道を貫き通したのである。

悄然《しょうぜん》　元気のない、うちしおれた様子。〔用例〕先生にしかられて、悄然として家に帰った。

私に公平な批評を求めるより他にしかたがない　Kはまだ「私」もお嬢さんを恋していることに気がついておらず、自分の親友として「私」こそ、自分の悩みを理解してくれる人間であると信じ切っていたのである。したがって、のちに「私」はこの彼の信頼を手ひどく裏切ることになるのである。

退《しりぞ》こうと思えば退けるのか　（お嬢さんへの恋を）あきらめようと思えばあきらめられるのか。

一二四ページ

もし相手がお嬢さんでなかったならば、私はどんなに彼に都合のいい返事を　「私」も彼に劣らずお嬢さんに恋しているのである。だから「私」にはKの失恋が望ましいので、到底この問題で第三者の立場に立つことはできなかったのである。「彼に都合のいい返事」とは、恋の進展を応援するような返事。

渇き切った顔の上に慈雨《じう》のごとく　「彼」が悩み、苦しんでいる様子を「渇ききった」とたとえ、その関連で、慰めのことばを、「慈雨」と言ったのである。

他流試合　他の流儀の者と試合をすること。同門同士の稽古《けいこ》試合ではなく真剣勝負である。

罪のないK　「私」はKに対してすっかり身構えているのに、Kのほうは、「私」の心中を少しも知らないので、こう言った。

私は彼自身の手から、……眺めることができたも同じでした　Kはこれまで、「道」を求めること以外に関心がなかった。だから恋愛については子供と同じように無邪気で、自分の心を隠す方法など少しも知らず「明け放し」であった。したがって「私」にとってはKの手の内は、その心の動きまで手に取るように分かるのである。そのことを、これから攻める要塞《ようさい》の地図を手に入れて、相手の前でゆっくり眺めるのと同じだとたとえたのである。

理想と現実の間に彷徨《ほうこう》して　「彷徨」は、さまようこと。さすらい。「理想」は、ここでは道のために精進すること。「現実」は、お嬢さんに恋していること。

虚《きょ》につけ込む　ゆだんにつけ込む。

急に厳粛《げんしゅく》な改まった態度を示し出しました　直接には、教科書一二四ページ下段４行目の「精神的に向上心のないものは馬鹿だ。」と言い放ったことをさす。この「私」の態度は、見方によれば滑稽《こっけい》で恥ずべき態度であるが、自分にはそう思う心のゆとりがなかったのである。

滑稽《こっけい》　ふざけていておもしろくおかしいこと。常識はずれでばかばかしくおかしいこと。

精神的に向上心のないものは馬鹿だ　Ｋと「私」の二人は、前に房州を旅行して、日蓮《にちれん》の生まれた誕生寺を訪れたが、先生の遺書には、次のように書かれている。

「たしかそのあくる晩の事だと思いますが、二人は宿へ着いて飯を食って、もう寝ようという少し前になってから、急にむずかしい問題を論じ合いだしました。Ｋはきのう自分のほうから話しかけた日蓮の事について、私が取り合わなかったのを、快く思っていなかったのです。精神的に向上心がないものは馬鹿だと言って、なんだか私をさも軽薄なもののようにやり込めるのです。ところが私の胸にはお嬢さんの事がわだかまっていますから、彼の侮蔑《ぶべつ》に近い言葉をただ笑って受け取る訳に行きません。私は私で弁解を始めたのです。」

復讐《ふくしゅう》以上に残酷《ざんこく》な意味　すぐ次の行の「その一言でＫの前に横たわる恋の行く手を塞ごうとした」ことをさす。

行《ゆ》く手を塞ぐ　前進を妨げること。妨害すること。類 行く手を阻《はば》む。行く手を遮《さえぎ》る。

宗旨《しゅうし》　①宗教の分派である宗派の、重点的に説くこと。②その人の宗派。③その人の主義、考え。ここでは①。

教義　宗教上の教え。

男女《なんにょ》に関係した点についてのみ　「男女に関係した点についてのみ」言えば、Ｋの生家の真宗では、僧の妻帯を認めていたが、Ｋの考えている宗教は禁欲主義で、恋は道の妨げになるとするものであった。だから、この点から言えば、先のＫのことば、つまり、今「私」がＫに投げ返したことばは、「恋愛などするものは、馬鹿だ」ということになる。

精進　①（仏教で）雑念を去り、一心に修行すること。②身をきよめ行いを慎むこと。③肉類を食わず菜食すること。④そのことに打ち込んで努力を続けること。ここでは①をさす。

一二五ページ

勢い　自然の成り行きで。当然の結果として。

侮蔑《ぶべつ》　人をあなどり、軽く見ること。

私はこの一言で、……今までどおり積み重ねてゆかせようとしたのです　つまり、Ｋが依然として、道のためにすべてを犠牲にしていくことは、お嬢さんへの恋を押し殺してしまうことを意味するわけである。ＫがもしこのＫの第一信条を捨てるようなことがあれば、それはＫがお嬢さんへの恋に、まっしぐらに突き進むことを意味し、「私」には困ることになる。

一二六ページ

私は思わずぎょっとしました　ところがＫは「僕は馬鹿だ」と、

お嬢さんに恋する自分を肯定してしまったのである。このことは「私」が最も恐れていたことであるから、「ぎょっとし」たのである。

刹那《せつな》　瞬間。きわめて短い時間。

居直《いなお》り強盗　空巣《あきす》ねらいやこそ泥が、家人に見つけられて、急に態度を変えて強盗になってすごむこと。今まで悄然としていたKが、急に「僕は馬鹿だ」と開き直ったことをたとえて、こう言ったのである。

彼の目づかいを参考に　「私」は、Kの目を見て、彼の気持ちをさぐろうとしたのである。

待ち伏せと言ったほうがまだ適当かもしれません　「待ち受けました」は、相手が言い出すのを単に待っていることだが、「待ち伏せ」となると、相手が言い出すのを予期して、準備して待っていることになる。

だまし打ち　油断させておいて、不意に殺すこと。ここでは打撃を与えること。普通は「だまし討ち」と書く。

卑怯《ひきょう》　勇気がなく、物事に正面から取り組もうとしないこと。

赤面《せきめん》　恥ずかしさで顔を赤らめること。

目のくらんだ　何かに強く心を奪われ、正常な判断力を失うこと。ここは、（恋に）目がくらんだのである。

そこに（下5、6）　どちらも、Kの正直さ、単純さ、人格の善良さをさす。

敬意を払う　相手に尊敬の気持ちを持ち、応対する。相手の尊敬すべき点に対して、それに十分な配慮をする。

狼《おおかみ》のごとき心を罪のない羊に　策略を用いてまずKの恋を押しつぶしてしまおうとしている残忍な「私」と、「私」がそんなことを考えているとは夢にも知らず、恋仇《こいがたき》とも知らずに相談をかけてきたKとを、それぞれ狼と羊にたとえた表現。

咽喉笛《のどぶえ》　のどの気管。のどの、息の通り道。

一二七ページ

君の平生《へいぜい》の主張　一二四ページ下段・19行目の「道のためにはすべてを犠牲にすべきものだ」という主張をさす。

萎縮《いしゅく》　気力が衰えてちぢまること。

卒然《そつぜん》　だしぬけに。急に。「率然」とも書く。

覚悟、――覚悟ならないこともない　このKのことばが、のちの彼の自殺の伏線になっていることに注意。

霜に打たれる　寒い夜に、空気中の水分が地面や物に触れて氷となって付くこと。

寒さが背中へかじりついたような　「寒さ」を主語とした擬人法の表現。

一二八ページ

覚醒《かくせい》とか新しい生活とかいう文字《もんじ》のまだない時分　「私」やKの大学生のころは、まだ日本における近代自我が確立途上にあったころなので、近代自我を端的に表現する「覚醒」とか「新しい生活」とかいうことばは、まだ生まれていなかった、というのである。「覚醒」は、迷いからさめること。

古い自分　具体的には恋愛を道のために犠牲にする自分。

一意　ただ一つのことに心を注ぐこと。「一意に」で、ひたすら、まっすぐに、の意。

新しい方角　この恋愛を成就して新しい生き方をしようとする自分。

尊《たっと》い過去　養家や実家から義絶されても、なお志を曲げなかったKの、道を求める真摯《しんし》なこれまでの生き方、つまり「古い自分」の生き方。Kは「古い自分」と「新しい方角」との矛盾に苦しみ抜いていたのである。

愛の目的物　この場合、お嬢さんをさす。

熾烈《しれつ》　勢いが盛んで激しいさま。

前後を忘れる　思慮を失う。正しい判断力を失う。

衝動《しょうどう》　目的を意識せず、ただ一途《いちず》に行動に走ろうとする心の動き。

用例　むやみに本を読みたいという衝動にかられる。彼は衝動的な人間だ。

現代人の持たない強情と我慢　人間性に忠実に生きること、これが現代人の自我である。それをむりやりに殺してしまう強情や我慢、つまり禁欲主義が、Kの生活信条であった。

この双方の点　「自分の過去を振り返って、今までの道を今までどおりに歩く」点と「現代人の持たない強情と我慢」がある点、という二つの点。「私」は、Kは結局最後には恋を捨てるであろうと考えたのである。

比較的安静な夜《よ》　Kと話してみて、「私」は結局、Kがお嬢さんをあきらめることになるだろうと思ったからである。

急に世界の変わった私　眠りから目が覚めたことをいう。

二二九ページ

普段よりもかえって落ち着いていた　Kは上野で言った「覚悟」について考え続けていたのであろう。このKの姿も、のちの自殺の伏線になっている。

暗闇《くらやみ》　部屋が暗くなり、まったく見えない、という物理的な現象を言っているが、「心の闇」という意味合いもうかがえる。

そこに（下12）　Kが鋭い自尊心を持った男だということに。

その二字が妙な力で私の頭を抑え始めた　Kはお嬢さんをあきらめるに違いないと思って安心して、今まで気にもとめなかった、Kの言った「覚悟」の意味を考えて、もしかしたらこの「覚悟」とは、どんなことをしてもお嬢さんとの恋を成就しよう、という決心ではないかと疑いはじめたのである。

二三〇ページ

果断《かだん》　ためらわずに行動すること。「果断に富む」は、すぐれた決断力がある、ということ。

一般を心得た上で　果断に富んだKは、普通の状態であれば、自分の信じた道を貫き続ける。それが分かった上で。

例外の場合　お嬢さんとの恋は、彼の一般とは違い、自信もなく揺れ動いている。つまり例外だ、ということ。

色を失う　普通は、意外なことに出会って、顔が青くなること。ここでは、得意の気持ちが生彩を失って、自信度を失うこと。

がなくなる様子を表している。

この場合もあるいは彼にとって例外でない　この恋の場合もKの性格の例外ではなく、自分の思ったことを貫き通し、お嬢さんとの恋をとるかもしれないと思い直したのである。こうなると、「私」の今までの得意も安心もいっぺんにくつがえされてしまうことになる。

懊悩《おうのう》　悩みもだえること。前の「煩悶《はんもん》」とほぼ同義。

最後の手段　Kがお嬢さんとの結婚に向かって積極的に行動すること。

覚悟の内容を公平に見回したらば、まだよかったかもしれません　そうすれば、Kの言う「覚悟」の本当の意味に気づいたかもしれない、というのである。このことはKの自殺によって受ける「私」の打撃の伏線になっている。

めっかち　片方の目が見えないこと。お嬢さんへの恋に夢中だった「私」は〝恋は盲目〟のことばどおり、目が見えなかった、つまりKの本当の気持ちが分からなかったというのである。

私にも最後の決断が必要だという声　Kがお嬢さんへの恋に行動を起こす覚悟でいる以上、「私」もぐずぐずしておくれをとってはいけない、というのである。

事を運ばなくては　ここでは、お嬢さんや奥さんに「私」の恋を打ち明けること。

催促《さいそく》　早くするようにせきたてること。

二三一ページ

長火鉢《ながひばち》　茶の間や居間に置く、長方形の箱型の火鉢。引き出し、猫板（テーブルを兼ねた板）・銅壺《どうこ》（湯沸かし）などが付いている。江戸時代ころから使われていたもので現在ではほとんど用いられていないが、テレビの時代劇などでは、しばしば小道具として使われる。下図参照。

屈託《くったく》して　「屈託」は、あることが気にかかってくよくよすること。ここでは、お嬢さんとの結婚をどのように奥さんに切り出そうか、ということで屈託していたのである。

言葉の上で、いい加減にうろつき回った末　言いたいことがあるのだが、言い出しにくくて、無意味なことをあれこれとしゃべっていたのである。

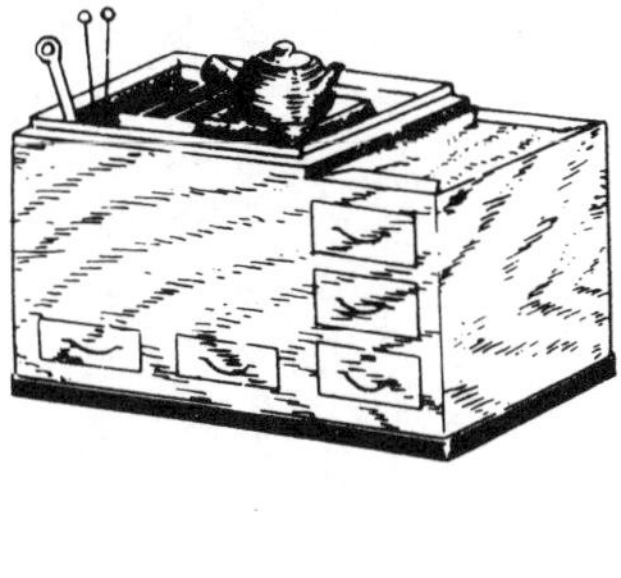

奥さんは私の予期してかかったほど驚いた様子も見せません　前のほうに、奥さんは「私」を気に入っていて、娘の婿にしてもよいと思っているらしいことを暗示している表現がある。だから「私」の突然の結婚申し込みにも、それほどびっくりしなかったのである。

予期してかかる　予想して、決めてかかる。

頓着《とんじゃく》　気にすること。「とんちゃく」とも読む。

よござんす　「ようございます」のつまった形。よろしゅうございます。

二三二ページ

いばった口のきける境遇ではありません　奥さんは軍人の未亡人で、夫に死に別れたのち、娘と二人でひっそりと暮らしていたのである。そんなことから言ったことばである。「境遇」は、ある人間の生活を決定づけるような状況。

拘泥《こうでい》**する**　こだわる。ここでは、「当人にはあらかじめ話して承諾を得るのが順序」だろうと、こだわること。一方奥さんはあとのことばから分かるように、娘の気持ちが、あらかじめ分かっていて承諾したのだ。

二三三ページ

男みたようなので　男みたいなようなので。

稽古《けいこ》**から帰ってきたら**　お嬢さんは活花《いけばな》のけいこに通っていた。

二人のこそこそ話　奥さんがお嬢さんに「私」の結婚申し込みの話をしている様子を想像したのである。「私」には気になる話だし、そっと聞き耳を立てているのも恥ずかしいので、落ち着けなかったのである。

界隈《かいわい》　あたり近所。用例 銀座界隈。

古本屋をひやかす　特に買うつもりもないのに、本を開いたり、値段を聞いたりして時間つぶしをすること。昔の学生たちは、よく古本屋をひやかしてまわったものである。

手ずれのした　何遍も読まれたために傷んだ。「手ずれ」は、手で擦れて傷むこと。

二三四ページ

この二つのもので歩かせられていた　奥さんが「私」の結婚申し込みを請け合ってくれた様子、現在そのことをお嬢さんに話しているであろう様子、この二つのことだけに「私」の頭の中は占められていたのである。ほかには何もなく、ただこの二つのことだけを思って「私」は歩いていたというのである。

我知らず　自分では意識せず。無意識に。

時分　その時。

私の良心がまたそれを許すべきはずはなかった　「私」のしたことは、「私」を信じているKを完全に裏切った行為であり、その行為は良心的に許されるべきことではないのであった。にもかかわらず、「私」の心はお嬢さんのことでいっぱいだったので、Kのことを忘れていたのである。

書見《しょけん》　書物を読むこと。

手を突く　謝るために、正座をした姿勢で両手を前に突くこと。正座の姿勢でお辞儀をする前の姿勢。

曠野《こうや》　ひろびろとした野原。荒れた野原。

私の自然　Kに謝りたいという強い衝動。私の自然の衝動。「良心が復活」したために起こった。

なんにも知らない奥さん　奥さんは「私」とKとの間にあったことを知らない。また、Kは「私」と奥さんとの間にあったことを知らない。全部知っているのは「私」だけなのである。

鉛《なまり》のような飯　「私」は夕飯を食べても味も分からず、のども通らない思いでいたのである。

一三五ページ

ただいまと答えるだけ　「私」の気持ちを知らされたお嬢さんは、若い娘のことでもあり、「私」と顔を合わせるのが恥ずかしかったのである。

奥さんの顔つきで、事の成り行きをほぼ推察していました　「奥さんはいつもよりうれしそうでした」（一三四・下18）、「奥さんは微笑しながら」（一三五・上8）などから、「私」の結婚申し込みがうまくいったことが推察できる。

そのくらいのことを平気でする女　奥さんは男のように物事をはきはき言う人だったからである。

私の恐れを抱いている点　「私」がひそかに結婚申し込みをしたということ。

始終私を突っつくように刺激する　奥さんもお嬢さんも、Kがお嬢さんを恋していることを知らない、また「私」の結婚申し込みはKへの重大な裏切り行為だということも知らない。そんな中で、奥さんやお嬢さんが「私」に特別な態度をとるようになったので、「私」はKにいつ気づかれるかと、ビクビクしているのである。

すっぱぬく　他人の隠しごとをあばいて明るみに出すこと。「素っ破抜く」と書く。[用例]選挙のからくりをすっぱぬく。

一三六ページ

挙止《きょし》動作《どうさ》　立ち居ふるまい。

不審《ふしん》の種《たね》　疑惑の原因。

私とこの家族との間に成り立った新しい関係　近い将来、「私」とお嬢さんが結婚することを約束した婚約の関係。

倫理的《りんりてき》に弱点を持っている　「私」はKを出し抜いて結婚申し込みをしたことによって、道義的にKを裏切ったのである。だからそのことはKに対する「私」の負い目となったのである。

面目《めんぼく》　世間の人に合わせる顔。「めんもく」とも読む。

詰問《きつもん》される　相手に責められながら質問される。

私の未来の信用に関する　「私」のKに対する行為は、卑劣な裏切りである。もしそのことが奥さんやお嬢さんに知られたら、「私」は、卑劣な人間として信用を失ってしまうというのである。

一分一厘《いちぶいちりん》　ほんのわずか、の意。

足を滑《すべ》らした馬鹿もの　Kに対する残酷で卑劣な裏切り行為をした自分を自責していることば。

狡猾《こうかつ》　わるがしこいこと。

窮境《きゅうきょう》　追いつめられた状況。

この間に挟まって　Kへの裏切り行為を自責する心と、そのことを告白すべきであるとする心の間で、「私」はすくんでしまったのである。

なじる　悪い点、不審な点を責めること。[類]詰問する。

道理で　なるほど。前から不思議に思っていたことなどの理由が分かった時に使う。

一二七ページ

この最後の打撃　Kが完全に「私」に裏切られたことをさす。最初の打撃は教科書一二四ページ下段4行目以下の「精神的に向上心のないものは馬鹿だ。」と「私」が言った時、次の打撃は、一二七ページ上段5行目以下で、「いったい君は君の平生の主張をどうするつもりなのか。」と「私」に言われた時。

胸が塞《ふさ》がる　動揺して、胸が息苦しいような気持ちになる。

超然とした態度　物事にこだわらず、そこから抜け出して平気でいる態度。あれほどまでにお嬢さんを深く恋し悩んでいたのが、お嬢さんを「私」に奪われたことを知りながら、その怒りや絶望を態度に出さず、「私」を責めようともしない様子をさしている。

さぞKが軽蔑《けいべつ》していることだろう　Kを裏切った「私」の卑劣さ、自分のことは隠していて、Kをえらそうなことを言って責めてきた「私」の人間的な下劣さを「私」自身よく知っているのである。

顔を赤らめる　恥ずかしくて、顔が自然に赤くなること。

明くる日まで待とう　明るく日、Kに話をしよう、ということ。「私」はこうして謝罪を先のばしにしたのである。

一三八ページ

東枕《ひがしまくら》　東側を枕にして寝ること。どちら側を枕にするかは、いろいろな因習があり、たとえば死者を寝かせる時には北枕にするなどがある。因習でなくても、多くの人は寝る時の枕の位置を自分流に決めているのが普通で、ここでは、「私」はいつも東枕で寝ていたのである。「西」は「西方浄土《さいほうじょうど》」といって、仏のいる向きとされるので、「西枕」を縁起が悪いと、嫌う人もいる。「私」もこの夜に限って西枕にしたので、何かそのことにこだわりを感じたものであろう。

因縁《いんねん》　仏教の、すべてのことは直接の原因である「因」と、間接の原因である「縁」とで起こるという考え方から出たことば。宿命によって動かせない関係、の意。

この間の晩　Kといっしょに上野を歩いたその晩。教科書一七四ページ参照。

きっと　「私」がなんとなく不吉な予感で、けわしい表情になったことを表している。

Kから突然恋の自白を聞かされた時のそれ　教科書一一五ページ下段から一一六ページ参照。「私は彼の魔法棒のために一度に化石されたようなものです。」とある。

……や否《いな》や　……とただちに。用例 授業が終わるや否や、教室から駆けだした。

あたかもガラスで作った義眼のように、動く能力を失いました　「私」の目が、突っ伏したKに注がれて、くぎづけになってしまった状態を「義眼のように」と比喩《ひゆ》を使って表現している。

もう取り返しがつかないという黒い光が……全生涯をものすごく

照らしました　「私」はKの自殺をはっきりと知ったのである。Kの死が、これからのちに私にどのような影響をもたらすか、「私」（先生）の生涯を決定する大事件であることを、「私」はこの時予感したのである。

私はついに私を忘れることができませんでした　この二番目の「私」は、自分を守ろうとする自分、つまりエゴイズム。こんな状態であってさえ、自分を守ることを忘れなかった、ということ。

私の予期したようなこと　つまり私の裏切りと卑劣さ、不徳義漢であることを激しくなじることばが書かれているに違いないと「私」は予想していたのである。

まず助かったと思いました　この時は「私」の卑劣さが人々に知られずに済んだということで助かったと思ったのであるが、このKの死は、ついに私を最後まで苦しめ続け、とうとう「私」に自殺への道を選ばせるという結果をもたらすことになるのである。

世間体《せけんてい》　世間の人々に対するみえ。

一三九ページ

薄志弱行《はくしじゃっこう》　意志が弱くて、物事を断行する力に欠けること。

お嬢さんの名前だけはどこにも見えません　このことに、かえってKのお嬢さんに対する思いの深さが感じられる表現。また、「私」に迷惑をかけまいとする配慮もあっただろう。Kの高潔な性格が、ここでも明らかになる。

もっと早く死ぬべきだのに　Kは「私」に「覚悟、――覚悟ならないこともない。」（一一七・上14）とつぶやいた時、すでに自分を現在の苦しさから救うためには自殺することしかないと予感していたのかもしれない。それが、「最後の打撃」（一三七・上7）を与えられたことによって、はっきりした決心となったのであろう。彼の「超然とした態度」（同・下6）も、こうした決意があってのことだったのであろう。

❖発問の解説

1 （一一五ページ）

「不思議の感に打たれ」たのはなぜか。

解答例　日頃、勉学に一途で女性への興味も無いように見えたKが、今日に限ってなぜ奥さんとお嬢さんの話をやめようとしないのかわからなかったから。

2 （一一七ページ）

「仕切りの襖」の描写にはどのような効果があるか。

解答例　襖を見て、「私」はKの気持ちをあれこれ推測して、落ち着かない気持ちになっている。なかなか心の内を見せないKの状態を閉められた襖が示す効果がある。

3 （一一八ページ）

「魔物のように思えた」のはなぜか。

解答例　今までの、勉学の道をまじめに進むKと、お嬢さんへの恋心を打ち明けるKの姿があまりにも違っていて、その心の中が想像できず不気味に思えたから。また、同じ女性に恋心を抱いている「私」には、Kが今後どうふるまうのか、自分がどうKと接していくべきがわからず、不安を感じたのである。「魔物」は、恐ろしい、正体が分からないという意味に加えて、自分より遥かに強く、太刀打ちできないものというニュアンスがある。

（二二〇ページ）

4　「はっと思わせられ」たのはなぜか。

解答例　Kの、今までに無いような、返事を渋っている様子が私には意外で、Kがもしかしたらお嬢さんに気持ちを打ち明けるなど、この恋愛問題を解決するために行動を起こそうとしているのではないか、と思ったから。

（二二一ページ）

5　「盤上の数字を指し得るものだろうか」とはどのようなことか。

解答例　時計の針が何時とはっきりわかるように、人間の心が言語動作の上にはっきりと表れるものだろうか、ということ。

（二二二ページ）

6　「思ったとおりを話してくれと頼」んだのはなぜか。

解答例　Kがお嬢さんへの思いをどう自分の中で捉え、これからどういう行動をしていくつもりか、ということをすべて分かったうえで、「私」は自分の対応を決めたいと思ったから。

7　「一種変な心持ちがし」たのはなぜか。

解説　「語句・表現の解説」参照。

（二二四ページ）

8　「要塞の地図」ということばから、「私」のどのような気持ちがうかがえるか。

解答例　「要塞の地図」とは、Kのこころの中。Kと恋敵の関係にある「私」が、どうやって彼の恋を妨害し、自分が優位に立てるかと常に考えをめぐらしている気持ちがうかがえる。

（二二七ページ）

9　「平生の主張」とはどのようなものか。

解答例　精進のためにはすべてを犠牲にすべきである。摂欲や禁欲は無論、欲を離れた恋そのものでも道の妨げになる、ということ。

（二二八ページ）

10　「この双方の点」とは何をさすか。

解説　「語句・表現の解説」参照。

（二二九ページ）

11　「妙な力で私の頭を抑え始めた」とはどのようなことか。

解答例　Kの「覚悟」という言葉を、恋をあきらめたという意味だと受け取り、安心した「私」だったが、昨夕のKの不可解な行動に関連して、「覚悟」の意味についてさまざまに悩み始めたということ。

（一三一ページ）

12 「Kが近頃何か言いはしなかったか」と聞いたのはなぜか。

解答例 Kから打ち明け話を聞いている「私」は、結婚の申し込みをKが奥さんにしたかどうか、気になってしかたがなかったから。

（一三三ページ）

13 「本人が不承知のところへ、私があの子をやるはずがありませんから。」という発言から何が想像できるか。

解答例 奥さんとお嬢さんの間で、「私」との結婚の話がもう出ていて、お嬢さんはすでに承知しているか、お嬢さんが「私」にひかれていることを奥さんがわかっているということ。

（一三四ページ）

14 「私の自然」とは何か。

解答例 Kに謝りたいという強い衝動。Kから、「病気はもういいのか。」と声をかけられた時、「私」の「良心が復活」したために起こった。

（一三六ページ）

15 「倫理的に弱点を持っている」とはどのようなことか。

解答例 「倫理」とは、道徳や善悪の規準。「私」はKを出し抜いて結婚の申し込みをしたことによって、道義的にKを裏切ったのである。だから、そのことはKに対する「私」の負い目となったのである。

（一三八ページ）

16 「私はついに私を忘れることができませんでした」とはどのようなことか。

解答例 二番目の「私」は、自分を守ろうとする自分のこと。親友の死を前にしても、自分がKを裏切ったということを絶対に他人に知られたくないというエゴイズムがはたらいたこと。つまり、こんな状態であっても、自分を守ることを忘れなかったということ。

❖構成・主題

〈構成〉

(1)（初め〜一一四・15）

『先生と遺書』の教科書本文に入る前の部分のあらすじ。

(2)（一一五・上1〜一一六・下11）**Kの告白を聞く**

下宿のお嬢さんを恋していた「私」は、友人のKから、Kもお嬢さんを恋していると告白されて悩む。

(3)（一一六・下12〜一一八・下2）**Kが分からなくなる**

Kから先に打ち明けられてしまった「私」は、Kの心理をいろいろと考えてみるが、ますます分からなくなって苦しむ。

(4)（一一八・下3〜一二〇・上13）**Kと私の気まずい一夜**

Kも私も、奥さん・お嬢さんの前でぎこちない態度に終始し、「私」はKに話し合いをしたいと呼びかける。

(5)（一二〇・上14〜一二二・上9）**Kに問いかける「私」**

Kともとのようにつきあいながら、「私」はKがその気持ちを「私」以外に話していないことを突き止める。

(6)（一二二・上10〜一二四・上6）**Kと話し合う(1)**

ある日、Kは「私」を図書館から誘い出して上野公園を歩きながら、自分で自分が分からなくなったと、「私」に批評を求める。

(7)（一二四・上7〜一二六・上12）**Kと話し合う(2)**

「私」は、お嬢さんをKに奪われたくない一心から、Kを痛烈にやっつける。

(8)（一二六・上13〜一二八・上5）**Kと話し合う(3)**

「私」は、Kの平生の主張をたてにとって、Kを攻撃する。そして萎縮したKの様子を見て、Kは結局は恋をあきらめるであろうと、安心する。

(9)（一二八・上6〜一二九・下15）**上野から帰った晩と、その翌朝のこと**

Kがお嬢さんをあきらめるものと思って「私」は安心するがその晩のKの様子が気になり出す。

(10)（一三〇・上1〜一三一・下7）**「私」は再び不安になる**

「私」の安心は思い違いではないか、Kはその恋の直接行動に出るのではないか、と思って「私」はいたたまれなくなる。

(11)（一三一・下8〜一三三・下13）**「私」の結婚申し込み**

不安になった「私」は、Kの信頼を裏切って、奥さんに、お嬢さんをくれと、結婚を申し込む。

(12)（一三三・下14〜一三五・下7）**「私」の希望がかなう**

「私」の結婚申し込みは受け入れられたが、Kを裏切ったことで「私」の良心が痛み出す。

(13)（一三五・下8〜一三七・下2）**Kに告白できずにいる「私」**

Kに告白することができず、苦しんでいるうちに、Kは奥さんから結婚のことを知らされる。その時のKの態度は、ますます「私」を苦しくする。

(14)（一三七・下3〜終わり）**Kの自殺**

Kの自殺に打撃を受ける「私」。Kは「私」に不利なことは何も言わずに死んだが、この出来事が「私」の今後に取り返しのできない黒い影を落とすことを予感する。

〈主題〉

絶えず自由と自我の拡充を求めている人間は、同時に、そのために人を傷つけ、それによって自分自身も傷つけられていくという悲劇的運命を担わされている。小説『こころ』における先生（教科書本文中の「私」）は近代知識人の個人主義思想とその倫理観の一つの限界を明らかにしているものということができる。

『こころ』の先生は、「多くの善人がいざという場合に、突然に悪人になるのだから油断ならない」といっているが、金に目がくらんだ叔父の人間としての醜悪さに怒りをいだいた先生自身が恋に目がくらんで親友を裏切るという恥ずべき行為を犯し、親友の自殺という厳粛な事実を突きつけられた時、自己の卑劣な行為は、先生の一生を支配する抜きがたい罪の意識となって、先生を脅迫《きょうはく》し続けることになるのである。先生にとっては、自己存在の倫理的価値を自ら認めえなくなった時、徹底的な自己否定＝自殺の道以外に残されていなかったのである。

❖理解・表現の解説

〈理解〉

(1)「精神的に向上心のないものは馬鹿だ。」（一二四・下4）という発言には「私」の「K」に対するどのような思いが表れているか、説明しなさい。

解答例　「私」とKとは、以前から互いに議論し合い、影響し合ってやってきていることがうかがえる。

また同時に、このことばが「K」に対してどれ程の力を持つかということがわかっていたという点で、「私」がKのことをいかによく知っていたか、ということもわかる。

この「精神的に向上心のないものは馬鹿だ。」ということばについては、一二四ページの下段5行目に「これは二人で房州を旅行している際、Kが私に向かって使った言葉です。」と出てくる。その部分については、「語句・表現の解説」を参照。

(2)「覚悟、——覚悟ならないこともない。」（一二七・上14）という発言をめぐって、「私」の考えがどのように変化していったか、まとめなさい。

解答例　①「彼の調子は独り言のようでした。また夢の中の言葉のようでした。」（一二七・上15）

②「Kはそういう点にかけて鋭い自尊心を持った男なのです。ふとそこに気のついた私は突然彼の用いた『覚悟』という言葉を連想し出しました。すると今までまるで気にならなかったその二字が妙な力で私の頭を抑え始めたのです。」（一二九・下11）

③「彼のこの事件についてのみ優柔なわけも私にはちゃんと飲み込めていたのです。つまり私は一般を心得た上で、例外の場合をしっかりつらまえたつもりで得意だったのです。ところが『覚悟』という彼の言葉を、頭の中で何遍も咀嚼しているうちに、私の得意はだんだん色を失って、しまいにはぐらぐら動き始めるようになりました。私はこの場合もあるいは彼にとって例外でないのかもしれないと思い出したのです。すべての疑惑、煩悶、懊悩、を一度に解決する最後の手段を、彼は胸の中に畳み込んでいるのではなかろうかとうたぐり始めたのです。」（一三〇・上1）

④「私はただKがお嬢さんに対して進んでゆくという意味にその言葉を解釈しました。果断に富んだ彼の性格が、恋の方面に発揮されるのがすなわち彼の覚悟だろうといちずに思い込んでしまったのです。」（一三〇・上15）

①初めに彼の口から「覚悟」ということばを聞いた時には、それほど重大なことばだと思わずに聞き逃していたことがわかる。②Kの気持ちが気になる「私」は、もう一度Kの言ったことばを考え直してみて、それで頭を悩ませることになる。③ここで「一般」と言っているのは、Kの普段の性格、つまり自

分の信条を貫き通す性格のことで、「例外」と言っているのは、恋について苦悩するにえきらない態度である。「私」は、このにえきらない態度は、「例外」で、いつかは本来のKの性格に戻って、恋をあきらめ精進の道に戻ると思っていた。しかし「覚悟」ということばを考えると、恋の場合も、K本来の性格で貫き通す覚悟を決めたのではないか、と不安になったのである。④疑いはやがて確信に変わり、Kは恋を貫き通すつもりだと「私」は思い込んでしまう。

(3)　**「近頃は熟睡ができるのか」（一二九・上16）と問われて、「なんだか変に感じ」（同・下1）たのはなぜか、説明しなさい。**

解答例　Kが「近頃は熟睡できるのか」と聞いたのは、K自身が熟睡できていないからだ。またそのことばから、揺れ動いているKの心情を察し、いつものKらしくない感じだったので、「私」はなんだか変な感じだと思ったのである。

(4)　**「黒い光」（一三八・下6）が暗示するものを説明しなさい。**

解答例　これからの「私」の人生に落とされたKの影、決して消えない「私」の罪。

未来は本来明るいものだが、それが「黒い光」に貫かれてしまったのである。前には、「Kの黒い影」（一二八・下15）、直前には「Kの黒い姿」（一三八・上7）、「ランプが暗くともっている」（同・上10）、「暗いランプの光」（同・上18）と「黒い」「暗い」というイメージを重ねてきて、クライマックスに「黒い光」と表現している。「黒」という色で表された「私」の罪の意識、それが、「私の未来」「私の全生涯」を照らす、ということで、その後の「私」の生活、「私」の自殺を暗示していると言えよう。主題と結びつけて言えば、「私」の「こころ」の象徴ともとれる表現で、キーワードと言えよう。

(5)　**「もっと早く死ぬべきだのになぜ今まで生きていたのだろう」（一三九・下4）ということばには、「K」のどのような気持ちが込められているか、また、それを「私」はなぜ「痛切に感じた」（同・下3）のか、説明しなさい。**

解答例　Kはお嬢さんに恋をした時点ですでに「道のためにはすべてを犠牲にすべきものだ」（一二四・下19）という自分の第一信条にそむいたのである。その上、それが原因となって、自分の親友に裏切られる事態をまねいてしまった。その責任についてもKは、「私」ではなく、自分自身にあると考えているのだろう。それは遺書に「私」の裏切りについての言及がないことからわかる。

つまり、このことばは、そのような事態を引き起こす前に死んでいれば、というKの思いが書かれている。

一方「私」が、この最後の文句を「最も痛切に感じた」のは、ここだけが自殺したKの本心が表れているからである。

「私」は、自分を責めることばが書かれていないので、「まず助かった」（一三八・下17）と思ったわけだが、自分に責任があることは、誰よりも自分自身が知っている。そしてこのことばは、具体的には書かれていなくても、「私」が裏切るような行為にはしる前に自分が死んでいれば、というKの後悔のことばだということも「私」にわかったのである。

Kの遺書は、「私」を責めることばが書かれていなかったという点で、Kの高潔さをさらにはっきりと印象づけるが、その一方、対照的に「私」の卑劣さを際立たせることになり、「私」のその後の負い目ともなっていく。

〈表現〉

(1)「こころ」全編を読み、八〇〇字程度の感想文を書いてみよう。

解説　「こころ」は「上　先生と私」「中　両親と私」「下　先生と遺書」の三章で成っている。

この上・中・下の章タイトルの「私」というのは、「先生」を慕っている書生のことで、この「先生」が教科書本文の「私」である。

「こころ」の章ごとの内容は以下の通りである。

・「上　先生と私」……鎌倉の海水浴場で「私」は「先生」と初めて出会い、知り合いになる。東京に戻ってから、学生の「私」は、しばしば「先生」の家に遊びに行くようになる。「先生」は奥さんと住んでいて、たいへん二人は仲が良さそうだったが、「先生」は奥さんに隠し事をしている様子で、奥さんはそのことを悲しんでいるようだった。ある日奥さんは「私」と二人でいる時に、「先生」は昔友人を亡くしてから人が変わったようだ、と話した。

そのうち「私」の父が病気になり、「先生」は父親の遺産からもらえるものは早くもらっておけ、と忠告する。また、いつか自分の過去を残らず話してあげよう、と「私」に約束する。

「私」は大学を卒業し、田舎に帰る。

・「中　両親と私」……田舎の「父」の病状は一進一退だった。「私」が東京へ戻る準備をととのえていると、その最中に「父」がまた倒れた。「父」の病状が日増しに悪くなり、ついに今日、明日にも危ないという病状になった時、「先生」から「私」に宛てて分厚い手紙が届いた。その手紙の終わりの方に「この手紙があなたの手に落ちるころには、私はもうこの世にはいないでしょう。とくに（とっくに）死んでいるでしょう。」とあるのを見て、「私」はとるものもとりあえず家を飛び出し、東京に向かう汽車に飛び乗って、この手紙を読み始めた。

・「下　先生と遺書」……「先生」の遺書（手紙）の全文。「私」（この章では「先生」のこと）は、以前約束していた通り、「私」の過去を遺書として書き送ったのだった。

このうち、教科書本文は「下　先生と遺書」の中の、Kの恋の告白の場面から採られている。

この教科書本文の冒頭部分は、Kの恋心を知った「私」が大変な衝撃を受ける場面から始まるが、この時の「私」の激しい心の動きは、その前の部分を読んでいないと理解しづらい。それは以下のような内容である。

下宿に住むようになってほどなく、「私」はそこのお嬢さんが好きになり、そこの奥さんも「私」のそのような気持ちをぼんやりと察知して、それを歓迎しているような雰囲気が生まれる。そこへ「私」がKを連れてくる。「私」は初め、Kの世話を奥さんやお嬢さんに頼み、無愛想なKと二人が打ち解けられるように、間に入って尽力したりもした。

しかし、Kが打ち解けるにつれ、Kとお嬢さんの関係は変化する。「私」は、奥さんがいない時に、お嬢さんとKが二人だけで部屋にいるところを目撃したり、二人が外を連れ立って歩いているのに偶然出会ったりするようになる。そのようなことが重なり、「私」は次第に、「もしかするとお嬢さんがKの方に意があるのではなかろうか」と思うようになり、嫉妬《しっと》を感じるようになり、疑心暗鬼にかられていく。

本文の冒頭、Kが「私」にお嬢さんへの思いを告白する場面は、そのようなことを「私」が思い悩んでいた、ちょうどその時だったのである。このような「私」の心情を理解した上で全体を読むと、教科書本文を読んだだけの印象とはまた違った作品の見方ができるようになるだろう。

第6章　過去との対話　随想・評論（四）

死者の声を運ぶ小舟

小《お》川《がわ》洋《よう》子《こ》

❖学習の視点

1　広島・長崎の原爆の日、そして終戦の日について認識を深め、現代の課題について知る。

2　文学にはどのような「力」があるのか、筆者の主張を読み取る。

3　例に挙がった作品を実際に読んで「記憶をつないでいくための文学の力」を確かめる。

4　本文が英語で発表された意義について考える。

❖筆者解説

小川洋子（おがわ・ようこ）　小説家。一九六十二年、岡山県に生まれる。一九九〇年『妊娠カレンダー』で芥川賞、二〇〇四年『博士の愛した数式』で読売文学賞・本屋大賞受賞。同じく二〇〇四年『ブラフマンの埋葬』で泉鏡花文学賞を受賞。二〇〇五年には『薬指の標本』がフランスで映画化される。二〇〇六年『ミーナの行進』で谷崎潤一郎賞、二〇一三年『ことり』で芸術選奨文部科学大臣賞を受賞する。芥川賞、野間文芸新人賞など、数々の文学賞の選考委員も務めている。日本の現役女性作家では、作品が世界で最も多く翻訳されている作家である。

❖出典解説

この作品は『The New York Times Magazine』（二〇二〇年発行）に掲載され、本文はその日本語版によった。

❖語句・表現の解説

一五〇ページ

広島の原爆の日は八月六日。長崎は八月九日。　第二次世界大戦末期の一九四五年（昭和二〇年）八月六日の午前八時一五分、広島市に、八月九日午前十一時二分には長崎市に、連合国側のアメリカ合衆国によって原子爆弾が投下された。この人類史上初の都市に対する核攻撃により、一瞬に多くの犠牲者が出た。投下直後を含め、その年の年末までの死者は、広島では十余万人、長崎では七万人を超した。また、その後も多くの残された被爆者たちが原爆の後遺症に苦しんでいる。二〇二一年八月時点で両市の原爆死没者名簿に記載されている犠牲者は五〇万人を超えている。

終戦の日　一九四五年（昭和二十年）八月十五日。日本における第二次世界大戦終結の日。

蔓延《まんえん》　病気や悪習などがいっぱいに広がること。つる草が伸び広がることを指すこともある。

黙祷《もくとう》を捧《ささ》げる　何かに対して（主に亡くなった人や神様）祈りを捧げること。式典など普通一分間行われ、目をつぶり、無言で死者（犠牲者など）の冥福を祈ることが多い。

無名　世間一般に名前が知られていないこと。対 有名。

投下　高いところから物を落とすこと。

生を受ける　生まれる。

均整がとれる　全体につりあいがとれて整っていること。

祭典　祭りの儀式。大規模で華やかな行事。

一五一ページ

政治的な意図　国家などが、特定の思想や行動に誘導しようとしている事柄。ここでは、日本が敗戦と原爆被害から復興した証として、生命力に溢れた一九歳の青年に聖火最終ランナーを務めさせたこと。また、戦争で関わった国々へのアピール。

核兵器廃絶の理想　「核兵器廃絶」は、これまでも世界中で様々な取り組みがなされてきているが、「核兵器による抑止力」という政策の現実によって、実現を阻まれ続けている。

復興の証《あかし》　いったん衰えた（破壊された）ものが、再び元の盛んな状態にもどったことを証明するもの。

世界で唯一の被爆国　日本は、戦争で原子爆弾を落とされた唯一の国という意味で使われる言葉であるが、原爆実験で被害にあっている人々が世界中にいることも知っておきたい。

非人道性　人間が行ったり受けたりする行為とは思えないほど、ひどい、残酷な性質。

忘却の壁　「忘却」は忘れ去ること。被爆した人が高齢になり亡くなり、体験を語り継ぐ人がいなくなることで、原爆被害の記憶もどんどん薄れていってしまうこと。

記憶の継承　他者の記憶が心に深く根付き、自分の生き方や行動にまでかかわってくること。個人の記憶ではなく、地域や民族、国家といった集団の記憶のことをいう場合が多い。

一五二ページ

非論理的　理屈に合わないこと。筋道がとおっていないこと。

足掻《あが》き　苦しまぎれにじたばたすること。

心を寄せる　思いをかける。好意をいだく。関心をもつ。

用例 僕はとなりのクラスの女子にひそかに心を寄せている。

幾度となく　何回も何回も繰り返したさま。

新たな地平が拓《ひら》ける　物事を考えたり判断する際の思考の及ぶ範囲があらたに広がっていく。切りひらかれていく。

一五三ページ

後遺症　怪我や病気の治療を続けたが、完治することなく症状が残ってしまうこと。原子爆弾による放射線は、被爆直後の急性障害（発熱、はきけ、下痢など）だけでなく、その後も長期にわたってさまざまな障害を引き起こし、被爆者の健康を現在もなお脅かし続けている。

無残さ　いたましいさま。

威厳　近寄りがたいほど堂々として立派なこと。

一五四ページ

惨劇　悲惨な出来事。むごたらしい事件。

合掌　左右の手のひらを胸の前で合わせて拝むときの所作。インド古来の礼法で仏教によって日本に伝わった。

死臭　死体が腐って発せられる悪臭。

虚無　何も存在しないこと。すべての物事に意味を感じることができずむなしいこと。

屍体《したい》　死体。死んだ人間や動物のからだ。

精密巧緻《こうち》　「精密」も「巧緻」も非常に細やかで細部まで正確に作られていること。

証　証拠。しるし。

痕跡　過去にあるものごとがあったことを示すしるし。

礎　物事の基礎となるもの。

一五五ページ

滅茶苦茶　ひどく壊れた、混乱したさま。

強制収容所　軍事的、政治的理由または隔離、処罰、労働力確保などの目的で、ほとんど裁判によることなく、大量に人々を収容するための施設。

一五六ページ

生還　危険な状態を乗り越えて、生きて帰ってくること。

冒頭　文章や談話のはじめの部分。

一五七ページ

呼応　一方が呼び、または話しかけ、相手がそれに答えること。

収蔵品　所有物として保管されている品物。

動員学徒　日本の戦争中に国内の労働力不足を補うために工場や農村などで強制的に労働させられた中等学校以上の生徒や学生のこと。

爆心地　原子爆弾などの爆発の中心地。

❖発問の解説

（一五一ページ）

1　「何のごまかしもなかった」とはどのようなことか。

解答例　政治的には、原爆投下の当日に広島で誕生した若き青年が、オリンピック聖火の最終ランナーを務めることで日本の敗戦からの完全復活をアピールしたかったのだろうが、その青年の放つ生命力は、そんな政治の思惑をいっさい感じさせないほど輝いていたということ。

2 なぜ「同じ死という言葉におさまりきら」ないのか。

（一五三ページ）

解答例　病床で静かに看取ったであろう最愛の妻の死と、原子爆弾で燃え盛る町の中で出会った数えきれないほどの人々の凄惨な死にざまがとても比べられるものでなく、同じ人間の死の姿とは思えなかったから。

3「言葉も燃えつきてしまった」という表現にはどのような効果があるか。

解答例　原子爆弾によって想像を絶するような焼き尽くされた町、人々が言葉を発することもできず焼け死んでいく様子を表現している。

4「呼応し合っている」とはどのようなことか。

解答例　ナチスの強制収容所から生還したイタリアの化学者人プリーモ・レーヴィの小説の「これが人間か」という問いかけに、日本の広島で原爆を体験した原民喜の「コレガ人間ナノデス」という詩が答えているように響きあっていることを言っている。

❖構成・要旨

〈構成〉

この文章は次の四つに分けることができる。

(1)（初め〜一五一・9）**世界で唯一の被爆国日本と忘却の壁**

広島・長崎の原爆の日と終戦記念日のある八月は、日本にとって死者を思う季節だ。敗戦からわずか十九年で日本は東京オリンピックを開催したが、世界で唯一の被爆国としての核兵器廃絶の理想はいまだ実現していない。二〇一五年の原爆意識調査で、広島原爆投下の年月日を正確に答えられた割合は、広島市で六九%、長崎市五〇%、全国では三〇%だった。そう遠くない未来、被爆者から直接話を聴ける時代は終わる。

(2)（一五一・10〜一五三・5）**体験していない者が、人類の重大な過ちをどうやって受け継いでゆくか**

数々の戦争、ホロコースト、チェルノブイリ、フクシマ、ヒロシマ、ナガサキ…。単に知識としてだけでなく、直接体験したかのように自らに刻み込み、記憶の小舟に載せて次世代へつなげてゆく難しさを乗り越えるには、文学の力が求められる。文学の言葉を借りて、やっと名も知らぬ誰かの痛みに共感でき、人間の愚かさの影にじっと目を凝らすことができる。私自身、ナチス時代の文学を何度か読み返し、今の自分とその時代の人々の時間がつながった時、人生に新たな地平が拓けるのを実感した。日本文学でも原爆を描いたものはあらゆるジャンルで特別な場所を占めている。

(3)（一五三・6〜一五七・1）**『これが人間か』（プリーモ・レーヴィの本の冒頭の問い）と『コレガ人間ナノデス』（『夏の花』原民喜の詩）の呼応**

『夏の花』（原民喜）という小説は、妻と死別した後、故郷の広島に帰郷した原が被爆したときの惨状が描かれている。原は常に言葉を奪われた被爆者たちの声なき声を言葉にするという矛盾を作品に投影する作家、詩人だった。原の『コレガ人間ナノデス』という詩と、ナチスの強制収容所から生還したイタリア人、プリーモ・レーヴィの『これが人間か』という作品の冒頭の言葉は、互いに（二人は知らぬ者同士だが）呼応し合って重なり合い、未来へ届く思いを響かせているように感じられる。文学の助けによって、死者の言葉が小舟にすくい上げられ、真実の川を流れてゆくのだ。

(4)（二五七・2～終わり）**「死者の声を運ぶ小舟」＝「文学の言葉」が記憶をつないでゆく**

　広島平和記念資料館の収蔵品を撮影した写真集の中に、爆心地から五〇〇メートルで被爆した弁当箱と水筒の写真がある。大豆ご飯を息子のために作った母の愛情とそれを楽しみにしていた中学一年生の息子。そこに潜む声を聴きとろうとする者がいる限り、記憶は途絶えない。人間は、「死者の声を運ぶための小舟」＝「文学の言葉」を持っているのだ。

〈要旨〉

　日本にとって八月は、広島、長崎の原爆の日、終戦の日と、死者を思う季節である。戦後七五年たった二〇二〇年を迎えても、核兵器廃絶は実現しないまま、日本は、世界で唯一の被爆国として、核兵器の非人道性を訴えてゆくことの難しさに直面し続けている。そして、戦争体験者は減少し、記憶の継承は困難になっている。

　だが、そんなときこそ文学が必要になる。文学の言葉を借りて、ようやく名も知らぬ誰かの痛みに共感できるのだ。筆者自身『アンネの日記』や『夜と霧』『これが人間か』を何度も読み返すことで、ナチスドイツ時代の人々の苦悩と今の自分がつながっていくことを実感した。日本文学にも原爆を描いた作品はたくさんあるが、中でも原民喜の『夏の花』は、妻を看取った後、帰郷した広島で直面した、壮絶な被爆の風景を原は冷静に細やかに描写している。原の書いた『コレガ人間ナノデス』とナチス時代の強制収容所から生還したプリーモ・レーヴィの『これが人間か』という問いかけが、時空を超えて呼応し合っているように感じられる。

　また、広島平和記念資料館の写真集にある被爆した弁当箱と水筒の写真から、その弁当を息子に作った母の愛情と、楽しみにしていた少年の無邪気さが感じられる。このように、残された写真や文学に潜む声を聴き取ろうとする者がいる限り、戦争の記憶は途絶えることがないだろう。人間は死者の声を運ぶための小舟＝文学の言葉をもっているのだから。

❖理解・表現の解説

〈理解〉

(1) **広島・長崎の原爆の日、終戦記念日に関する新聞や雑誌などの記事を調べ、現代の課題についてまとめなさい。**

解説　新聞記事は、図書館により、過去に遡って縮刷版を閲覧できる場合もあるので確かめてみよう。広島市、長崎市のホームページでは、原爆、平和に関するページがあるので、開いてみよう。原爆の日は、「犠牲者の追悼」と「核兵器のない世界の実現への祈り」が行われる。本文でも語られていた戦争の記憶の伝承ができる人が減少しているというところでは、全国の被爆者はピークの時から六割減って、約十三万六千人、平均年齢が八三歳に達している（二〇二〇年八月調べ）。また、「核兵器のない世界の実現へ」という面では、一九七一年に核兵器を持たず、作らず、持ち込ませずという「比較三原則」が国会で決議されているが、昨今の世界情勢、日米同盟によるアメリカの核兵器の傘のもとに日本の安全保障が保たれているという現実から、国連で採択されている「核兵器禁止条約」に、日本は不参加を表明している。日本の米軍基地の七割を占める沖縄の問題もある。戦後に交付された日本国憲法第九条では、「戦争をしないこと。戦争をするための軍隊を作らないことを誓う」と明文化されているが、近年、憲法改正案も議論を呼んでいる。このような状況も参考にしながら、資料を調べてまとめてみよう。

(2)　**「そう遠くない未来に、被爆した人から直接話を聴ける時代は終わりを迎える。」（一五一・8）とはどのようなことか、説明しなさい。**

解答例　二〇二〇年（令和二年）が七五年目の原爆の日ということは、被爆している人たちはすでに高齢に達していて、亡くなった人もかなり多く、直接被爆の体験を語ることのできる人はどんどん少なくなっているということ。

(3)　**「非論理的な足掻き」（一五二・1）とはどのようなことか、説明しなさい。**

解答例　数々の戦争などの記憶を、体験していない者が、単なる知識としてではなく、あたかも直接体験したかのように実感をもって次の世代に伝えていくなどということは、理屈で考えたらとても無理な努力であるということ。

(4)　**「折免滋君の弁当箱と水筒の写真」（一五七・3）から著者はどのようなことを感じ取ったのか、説明しなさい。**

解答例　大豆ご飯のお弁当を楽しみにしていた「少年の無邪気さ」と、お弁当を作った「息子を思う母の愛情」、そして、それらを一瞬にして奪いとった原爆の残酷さ。

(5)　**「死者の声は永遠であり、人間はそれを運ぶための小舟」（一五七・11）とはどのようなことか、説明しなさい。**

解答例　原爆の体験者が亡くなって一人もいなくなったとしても、原爆体験を描いた詩や小説、残された弁当箱と水筒の写真のような遺物を見て、被爆者の気持ちを推し量ること。それは、人間が持っている『文学の言葉』であり、それが、死者の声を小舟に乗せて永遠に運んでいくように残していくだろうということ。

〈表現〉

(1) 本文中に例として挙がっている文学作品の中から一冊を選んで読み、感想を八〇〇字程度でまとめてみよう。

解説　本文中に出てきた文学作品は、以下のものである。『アンネの日記』（アンネ・フランク）・『夜と霧』（V・E・フランクル）・『これが人間か』（プリーモ・レーヴィ）・『ふたりのイーダ』（松谷みよ子）・『黒い雨』（井伏鱒二）・『ヒロシマ・ノート』（大江健三郎）・『夏の花』（原民喜）

図書館などで、これらの作品から一冊選び、読んでみよう。

(2) 本文は「The New York Times Magazine」紙に英語で発表された。本文を英語で語る意義について話し合ってみよう。

解説　この文章が発表されたのは、第二次世界大戦の戦勝国であり、まさに日本に原爆を落としたアメリカの雑誌である。唯一の被爆国である日本の作家が、被爆当日の様子が詳細に描かれた『夏の花』を紹介した後、プリーモ・レーヴィのナチスの強制収容所の体験から出た言葉を引用しながら、言葉の呼応として語っていることなどから、作者自身が『文学の言葉』として、戦争や原爆の記憶をアメリカの読者に伝えようとしていることを考えよう。

論語——私の古典

高《たか》橋《はし》和《かず》巳《み》

❖学習の視点

1　筆者がどのように『論語』と出会いどのように読んできたか、『論語』がいかにして内部から筆者を励ます「私の古典」となったのかを読み取る。

2　論語の文章を背景を想像しながら読む。

❖筆者解説

高橋和巳（たかはし・かずみ）　一九三一年（昭和六年）—一九七一年（昭和四六年）。大阪府出身。小説家・中国文学者。一九六二年『悲の器』で第一回文藝賞受賞。以後作品を通し、知識人の運命と責任・倫理を追究した。主な著作に小説『憂鬱なる党派』『邪宗門』、随想・評論に『わが解体』『孤立無援の思想』などがある。

❖出典解説

この文章は一九六七年に発表されたもので、本文は『さわやかな朝がゆの味』（一九九六年・河出書房新社）によった。

❖語句・表現の解説

一五九ページ

韋編三絶《いへんさんぜつ》　書物を熱心に繰り返し読むことをたとえた故事成語。孔子が易を何度も読み、竹簡の紐が三度も切れたという故事による。書物を繰り返し読むこと。熱心に本を読むこと、熱心に学問することのたとえ。用例 彼は韋編三絶して、希望の大学に合格した。

なめし皮　動物から剥いだ皮を薬剤などを使って加工した革のこと。動物の皮はそのまま使うと腐敗が進んで乾燥、硬化してしまうためこういった処理をする。

注釈書　研究者が専門分野の研究成果に基づいて語句の意味や用法、人物の解説をしたり、補足的な説明や現代語訳を付けた本のこと。『論語』の注釈書は世界的に見ても最も多い部類に入る。中国をはじめ日本や韓国でも多くの注釈書が作られ、それぞれの時代、社会を反映してきた。

装幀　本の表紙、とびら、カバーなどのこと。またはそれらのデザインを整えること。

熟読　文章をよく味わいながら、十分に内容を読み取ること。

鬱屈《うっくつ》　不満や心配事でゆううつな気持ちになること。心が晴れ晴れとせず、ふさぎ込むこと。

自己抑制　自分の欲望や衝動を意思で抑えること。我慢すること。

儒教文化圏　紀元前の中国で孔子を始祖とする儒教は、東アジア各国で二〇〇〇年以上にわたり、強い影響力をもった。日本、中国、韓国、ベトナムなど、生活や文化の中にそれぞれの形で儒教の影響がみられる。

経典　聖人、賢人の教えを記した書。

むろん　言うまでもない。論じる必要がない。もちろん

紙片　紙切れ

指針　進むべき方向を示す方針。

コトダマ　一般的には日本において言葉が持つとされる霊力。

一六〇ページ

策を弄《ろう》**する**　物事をうまく進めるためにはかりごとをする。あれこれと策略をねる。用例 監督やチームのメンバーと策を弄して強豪チームに勝つことができた。

およそ〜ない　ほとんど〜ない。

机辺《きへん》　机の近く。机のあたり。

稿をつづる　原稿を書く。

感慨にふける　あることを心に深く感じ、ずっとその余韻にひたっていたいという気持ちになること。用例 生まれた街を訪れ、昔と変わらない街並みを歩いた僕は、幼かった日々を思い、感慨にふけっていた。

脳裡《のうり》　頭の中。心の中。

言行《げんこう》　口で言うことと実際のおこない。「言行一致」は、言葉で主張していることが実際の行動と一致していること。

感得　感じ取ること。物事の深遠な道理などをさとること。

一六一ページ

章句　文章の大きなまとまりと小さなまとまり

懸隔　両者の間に気持ちのうえで距離があること。本文の場合は、二〇〇〇年以上昔の孔子とその弟子たちの述べていることが現代人にはしっくりとこないところもあることを言っている。

「子曰はく異端を攻《おさ》**むるは、斯**《こ》**れ害あるのみ」**　「孔子がおっしゃるには、正統派でない学問によって治めることは、弊害になるばかりだ。」という解釈もあるが、「異端」とは、「孔子の教え以外」という意味ではなく、「君子となるべき道を離れた学問」という捉え方もある。筆者の若い頃は前者、「孔子の教え以外の学問」という意味で捉え、それに腹を立てたと考えられる。

「有子曰く、其《そ》**の人と為り孝弟**《こうてい》**にして、上**《かみ》**を犯すことを好む者は鮮**《すくな》**し。」**　有子は孔子の弟子。「有子がおっしゃいました。親思いの者が、目上のものに逆らうようなことは少ないでしょう。」

という意味。この後、「目上の人に逆らわないで反乱を起こした者はいません。君子というものは、物事の根本を大切にしている人です。親思いで目上の人を敬えるということは「仁」を得るための根本と言えるでしょう。」と続く。

反逆精神　権威や権力に簡単に従わない気持ちを持っていること。

「三日思ひて益なし、学ぶに如《し》かざるなり。」（三日間）ただ自分の頭で考えているだけでは、得るところがない。読書や師に問うことによる学びには及ばない。

なんくせをつける　ささいなミスや欠点などを大げさに取り上げ、とがめること。

伴侶　一緒に連れだっていくもの。なかま。配偶者。

生き身の人間関係　生きている人間同士の関係。

叱責　しかりとがめること。

睨《にら》みすえる　視線を動かさずじっとにらむ。

一六二ページ

愛憎共存　愛と憎しみが同時に存在すること。

別段　特別に、とりわけ

素読　漢文の学習法のひとつ。日本語に読みくだした訓読で、意味や内容は二の次として、文章を暗唱するように読むこと。

劈頭《へきとう》　最初。

「子曰はく、学びて時に之《これ》を習ふ。亦説《またよろこ》ばしからずや。朋《とも》有り遠方より来たる。亦楽しからずや。人知らずして慍《うらみ》ず。亦君子ならずや。」　孔子はおっしゃいました。習ったことを機会があるごとに復習し身につけていくことは、なんと喜ばしいことでしょうか。友人が遠方からわざわざ私のために訪ねてきてくれることは、なんと嬉しいことでしょうか。他人が自分を認めてくれないからといって不平不満を言うことはありません。なんと徳のある人ではないでしょうか。

享受　自分のものとして受け入れ、味わい楽しむこと。

一六三ページ

回顧　過去を振り返ってみること。

誘因　ある事柄を誘い出す原因。

思念　思い考えること。常に心に深く思っていること。

滋養　育て養うこと。体の栄養となること。

回顧　過ぎ去ったことを思い返すこと。

幾何学的公理　図形や空間の性質に関して一般に広く通用する心理。人生に対する態度にかかわる論説は、数学の公式のようにすっきりひとつに答えが出るものではないことを示している。

葛藤的思弁　心の中で相反する考えや感情が存在し、迷いながらあれこれ思い悩むこと。

有価的　価値があること。

能動的参与　積極的に関わること。

名を冠す　本来の名称の頭にその名称が付いていること。

ひとしなみ　「等し並」とも書く。一律に。同じように扱うこと。

風潮　世の中の傾向。

一六四ページ

機縁　動機、機会、きっかけ。
道学　道徳を説く学問。儒学。
硬質の文体　中島敦は漢文古典への素養が深く、その文体も漢文調の美しく整った文体であった。
知慧　「智慧」とも書く。仏教用語で煩悩を消して、真理を悟精神のはたらき。物事をありのままに把握し、真理を見極める認識力のこと。
開眼する　物事の本質を悟ること。
悲哀　悲しく哀れなこと。
剛毅《ごうき》　意志が強く、物事に屈しないこと。
いとまはない　余裕がない。［用例］とても忙しくて、映画を見にいくいとまはなかった。
緻密　細かく詳しいこと。
眼前　目の前。まのあたり。
絶対的　他の何ものとも比べようもない存在。
崇敬　あがめうやまうこと。
道徳訓　社会の中で、人々がそれによって善悪を判断し、正しく行為するための教え。
喚起する　呼び起こす
処世訓　生きていく上で役立つ教え

一六五ページ

言説《げんせつ》　話されたことば。
徳行　徳の高いおこないのこと。「とっこう」または「とくぎょう」
悪疾《あくしつ》　たちが悪く、治りにくい病気のこと。
肝要　とても重要で大切なこと。
片鱗《へんりん》　ほんのわずかな部分。
官位　国政を担当するための職務（官職）の位。
所要　用事。

一六六ページ

つき従う　後についてゆく。お供をする。
いかんともしがたい　どうすることもできない。どうにもならない。
不条理　筋道が通らないこと。道理に合わないこと。
歎息《たんそく》　悩み、悲しみ、苦しみがあるとき、がっかりしたときにため息をつくこと。

一六七ページ

充塡《じゅうてん》　足りていないものを充たし、埋めること。
爾来《じらい》　それからのち、それ以来。
意気銷沈《いきしょうちん》　気持ちが落ち込んで、元気がない様子。
矯激《きょうげき》**な**　過激な。すさまじい。
つまびらかにする　物事の細かいところまではっきりさせる。細部まで明らかにする。［用例］その殺人事件の真相をつまびらかにする。
いささか　ほんの少し。わずかに。自分の事柄については謙遜を、他者の事柄については婉曲を表し、「かなり」の意で使われることもある。用例 わたしにはいささかの蓄えがあります。その知らせにはいささか驚きました。

❖発問の解説

1（一六一ページ）

「『論語』という書物に腹を立てていた」とあるが、なぜか。

解答例 『論語』の中にある「子曰はく異端を攻むるは、斯れ害あるのみ」や「有子曰く、其の人と為り孝弟にして、上を犯すことを好む者は鮮し。」などの言葉に、現代にはそぐわない道徳的で説教じみたものを感じたので、青春時代の反逆精神を持て余していた筆者はやたらと反発と怒りを感じたのである。

2（一六二ページ）

「それがよかったのである。」とはどのようなことか。

解答例 幼少のころから漢文の素読をさずかったわけでもなく、中学のときも、漢文を丸暗記したりする気にはならなかったことで、『論語』への批判的精神を失わず、その言葉を自立的な思念の滋養とすることができたこと。

3（一六五ページ）

「肝要なことは言葉そのものにはない」とはどのようなことか。

解答例 重要なことは、一見簡単に聞こえる言葉の背後に織りなす複雑な人間関係や言葉には出ない感情のなかにあるということ。それを読み手が想像して補うことで解ってくると言っている。

4（一六七ページ）

「私は『論語』を机辺におき」とあるが、その目的はどのようなものか。

解答例 日々の生活の中で虚しさや苛立ち、鬱々としたものを感じるとき、それによって自分を内部から励ますために、『論語』を身近なところに置いている。

❖構成・要旨

〈構成〉

(1)（初め～一六二・1）青春時代の『論語』との出会い

大学時代、私は『論語』の注釈の文庫本を初めて買ったが、青春特有の反逆精神をもてあましていた為か、孔子とその弟子たちの言行に腹を立て、壁に何度か投げつけたりしていた。しかし、強い反撥が同時に魅力となり、いつしか『論語』は私の古典となっていった。

(2)（一六二・2～一六七・1）『論語』への開眼とその経緯

書物によって自立的思念を育てるには、『論語』のような論説の場合、暗記的享受よりも葛藤的思弁「自分ならばどうするか？」と思いながら読むことが、より必要であろう。そのために、古い断片的な言行録の場合、想像力によって、その発言者の背景や人と為りをありありと思い浮かべてみること、それによって読み手が能動的に書物に参与できるようになるのである。

中国文学を専攻した大学時代、中島敦の小説『李陵』で中国文学に接近し、『弟子』で『論語』に開眼した。孔子とその弟子たちの緻密な人間関係と彼らの強烈な個性がありありと浮かぶ作品に触れ、断片的な箴言としてではない『論語』の読み方を無意識に学んだのだ。

また、『史記』の「孔子世家」「孔子弟子列伝」または『論語』自体の中に、美的感動があった。たとえば、らい病をわずらった弟子に関する孔子の短い言説。言葉そのものよりも、その発言の背後に横たわる沈黙の世界がある。そこに孔子という存在の偉大さを感じ、人と人との交わりの姿が時空を超えてよみがえった。こうして私は、ある時期『論語』がわかったのであった。そして、こちらの社会経験や知慧の深まりとともに読むたびにその受け取り方も進歩の余地を残している。

(3) **（一六七・2～終わり）今、『論語』は内部から私を励ます書物に**

かつて壁に投げつけるというような過激な振る舞いをした時期もあったが、今はいつも自分の傍らに置き、内側から私を励ます書物になっている。

〈要旨〉

中国文学を専攻した私は、初めは『論語』の注釈本を読み、反撥して壁に投げつけたりもするという愛憎共存の状態だった。その後、中島敦の小説との出会いにより、中国文学への接近、『論語』への開眼、数々の書物から美的感動を伴った読み方に至り、孔子という存在の偉大さを知ったのだった。それ以来、『論語』は常に私の傍らで、内側から私を励ます書物となっている。

❖理解・表現の解説

〈理解〉

(1) **「韋編三絶」（一五九・1）ということばを冒頭に置くことにどのような効果があるか、説明しなさい。**

解答例 孔子が『易』を竹簡の紐がぼろぼろになるまで愛読した逸話による故事成語と、筆者が若い頃、その孔子の書である『論語』を何度も壁に投げつけてぼろぼろにした話を並べることで、「ぼろぼろ」になった理由の違いを読者に印象づける効果。

(2) **「そうだったのがむしろよかったという気がする」（一六一・10）とあるが、それはなぜか、説明しなさい。**

解答例 『論語』の一節に腹を立て、壁に投げつけるなど、一見異様であるが、強い反撥を感じながら、それが同時に魅力となり、いつしか生涯の伴侶となっていったから。

(3) **「それを手にした機縁」（一六四・2）について、当時の状況を踏まえ、簡潔に説明しなさい。**

解答例 筆者が大学に入学したころは、ちょうど戦後の解放期に重なっていて、「封建的」と名のつくもの、儒教的倫理や制度も否定される風潮にあり、「論語」を読む機会もなくなっていた。そんな中で、中島敦の『李陵』が中国文学へ接近させ、

『弟子』が『論語』に開眼させた。

(4)　「断片的な道徳的箴言として読むのではない『論語』の読み方」（一六四・9）とはどのような読み方か、説明しなさい。

解答例　孔子の道徳的な言葉をただありがたく読むのではなく、想像力をはたらかせ、孔子と弟子たちの緻密な人間関係と彼らの強烈な個性のやりとりから発せられる言葉として感じ、美的感動を伴った読み方。

(5)　「はっと『論語』がわかったのだった」（一六六・14）とあるが、どう「わかった」のか、説明しなさい。

解答例　孔子の簡潔なことばの背後にある沈黙の世界を自分の想像力で補うことで、孔子という存在や人間と人間の交わりの姿が時空を超えてよみがえり、美的感動を味わうことができる書物だということ。

〈表現〉

(1)　次の『論語』の文章について、意味を調べ、記された背景を想像しながら物語としてまとめてみよう。

司馬牛憂へて曰はく、「人皆兄弟あり。我独り亡し。」と。子夏曰はく、「商之を聞く、『死生、命有り、富貴、天に在り。』と。君子は敬して失ふこと無く、人と恭しくして礼有らば、四海の内、皆兄弟たり。君子何ぞ兄弟無きを患へんや。」と。

〈顔淵〉

解説　（現代語訳）司馬牛は思い悩みながら言った。「人は皆、兄弟がいます。でも、私だけは、ひとりぼっちです。」子夏が言った。「私はこのように聞いています。『死ぬことも生きることも、天によって定められた運命であり、富むも栄えるも、また天によって定められた運命である。』君子は慎み深い態度を取り、間違いを犯さず、人と交際するのにも慎み深くし、礼を失わなければ、世界のすべての人々が皆兄弟なのです。君子であるものがどうして兄弟がないことを気に病むでしょうか。」

司馬牛には、桓魋《かんたい》という兄がいたが、他の地域で勢力をもち、孔子の存在を疎ましく思い、暗殺を試みたりもした。孔子の弟子の司馬牛は、そんな兄を憂えて、「私には兄弟がいない…」と嘆き、子夏がそれを慰めたという話である。血縁を重んじていた儒教の中では、子夏の「四海皆兄弟」という思想は、自由な考え方とも言える。そのようなことを参考にしながら、自分でも意味や背景を調べ、物語としてまとめてみよう。

空と風と星と詩

茨木《いばらぎ》のり子《こ》

❖学習の視点

1 韓国の詩人、尹東柱《ユンドンジュ》――植民地時代に日本に留学し、逮捕され獄死した――の足跡を読み取る。

2 尹東柱の詩を日本の詩と比較しながら味わい、独自の叙情性と、そこに込められた心情を読み取る。

3 日本の植民地支配を背景にした韓国の悲劇について、筆者の歴史意識を手がかりに理解し、現代につながる問題として考えを深める。

❖筆者解説

茨木のり子（いばらぎ・のりこ） 詩人。本名、三浦《みうら》のり子。一九二六（大正一五）年、大阪府《おおさか》に生まれる。帝国女子薬学専門学校（現在の東邦大学薬学部）卒業。詩誌「櫂《かい》」を川崎洋《かわさきひろし》とともに創刊した。戦後の女流詩人の中で、明晰《めいせき》な批評精神を持った一人である。女性らしい細やかな感覚と言葉で、生活に根ざしたテーマを歌い、分かりやすく率直な詩風に特徴がある。詩集に、『見えない配達夫』『鎮魂歌』『人名詩集』『倚《よ》りかからず』などがあり、随筆集に『言の葉さやげ』などがある。二〇〇六年没。

❖出典解説

この文章は、『ハングルへの旅』（一九八六年・朝日新聞社）の中に収められており、本文はその文庫版によった。

❖語句・表現の解説

一六九ページ

韓国《かんこく》 朝鮮半島の北緯三十八度線以南の部分。正式には大韓民国と言う。南朝鮮。三十八度線以北の通称、北朝鮮の正式国名は、朝鮮民主主義人民共和国。

序詩《じょし》 前置きとして添えた詩。

空を仰《あお》ぎ／一点の恥辱《はじ》なきことを、 「恥辱」（ちじょく）は、「恥」も「辱」も「はじ」の意。空を仰いで何一つ天にはじることがないように。孟子に「仰不レ愧レ天」（仰ぎて天にはじず）とある。一般に「俯仰不レ愧二天地一」（ふぎよう天地にはじず）。

葉あいにそよぐ風　木の葉の間を静かにとおってくる風。かすかに木の葉を動かして流れてくる風。

星をうたう心で　星をうたう心をもって。「星をうたう心」とは、夢をうたう心、あるいは美しく清らかなものをうたう心、ということになろうか。厳しく残酷な時代のなかでは、現代より特別な意味をもったことばだろう。

生きとし生けるものを　生あるすべてのものを。

いとおしまねば　大切なものとして愛さねば（ならない）。

そしてわたしに与えられた道を／歩みゆかねば。　詩人の、誠実に生きようとする決意、使命感が感じられる。

一七〇ページ

吹き晒《さ》らされる　かこいも防ぐものもなく吹きつける風が当たっているさま。

今宵《こよい》も星が風に吹き晒らされる。　清らかさ、美しさを表す「星」が「風」に「吹き晒らされる」のは、象徴的である。「星」からイメージされるようなものは、その時代、強い風に晒らされていたのである。

清冽《せいれつ》　清く澄んでいるさま。

詩風《しふう》　詩作にあらわれている特徴。

長生きするほど恥多き人生となり　このことばは、尹東柱の「死ぬ日まで空を仰ぎ／一点の恥辱《はじ》なきことを」の詩句を受けている。長く生きていると若き日の理想どおりには生き抜けずに、思い出すと恥ずかしいようなことをいくつもやってきている、そういう人生になっていて。自省の気持ちが込められている。

こんなふうに　前項と同じく「死ぬ日まで空を仰ぎ／一点の恥辱なきことを」をはじめとする尹東柱の詩句の世界をさす。

夭折《ようせつ》　早死に。若くして亡くなること。

特権《とっけん》　特定の人・身分・階級に与えられた、他に優越した権利。

純潔《じゅんけつ》　心身にけがれなく、清らかなこと。

凍結《とうけつ》　①こおりつくこと。氷結。②ある物事を動かしたり変化させたりせずに、その状態のままにしておくこと。ここは②。

後世《こうせい》　後《のち》の世。

〜せずにはおかない　自然に〜の感情が起こる。自然に〜という行為をしてしまう。用例 増税は国民を不安にさせずにはおかないだろう。

薫《かお》り立つ　いい匂《にお》いが立ちのぼる。

逝《い》った　死んだ。亡くなった。

敗戦の日をさかのぼることわずか半年前　日本の敗戦（無条件降伏）の日は一九四五年八月一五日、尹東柱が死んだのは、一九四五年二月一六日である。「さかのぼることわずか」は、時をさかのぼること少し。用例 さかのぼることわずか半年、彼はその家を訪ねた。

獄死《ごくし》　監獄の中で死亡すること。

独立運動　一九一〇（明治四三）年、「日韓併合」によって朝鮮は植民地にされ、さらに朝鮮の人々は朝鮮語を奪われ、氏姓も変えさせられた人が多かった。当然、これに抵抗する朝鮮独立運動が始まる。一九一九（大正八）年の三・一独立運動などがその最初のものとして名高い。以後、一九四五年、日本の敗戦によって独立が達成されるまで、絶えまなく、その運動は朝鮮の民衆、知識人の間で続けられた。

嫌疑《けんぎ》　悪事をしたのではないかという疑い。

母国語　自分の国の言葉。ここでは、韓国（朝鮮）語。

看守《かんしゅ》　刑務所で囚人の監視や使役、その他の事務の役人。

一七一ページ

絶命《ぜつめい》　命がたえること。死ぬこと。

痛恨の思い　とりかえしがつかないという、深いくやみ、痛いような無念さ。

全貌《ぜんぼう》　物事の全体のありさま。類全容。

完訳《かんやく》　外国語文の全文の翻訳。類全訳。

私の気勢はそがれた　私の意気ごんでいた気持ちは減らされた。一七一ページ5行目の「その存在を知ってから私も少しずつ尹東柱の詩を訳しはじめていた」に対応する。翻訳に対する筆者の意気ごみが、完訳が出たことでしぼんだことを言う。用例急にテストが中止になり、必死に勉強していた私は気勢をそがれた。

脱帽《だつぼう》　（敬意を表すために）帽子を脱ぐこと。比喩《ひゆ》的に、相手に降参すること。ここでは、翻訳のみごとさに対して言った。

可憐な《かれん》　かわいらしい。いじらしい。

童謡《どうよう》　①子供の気持ちを表現した、子供のための歌。②わらべうた。ここでは①。

原詩《げんし》　翻訳する前の、もとの詩。ここでは、韓国語で書かれた尹東柱の詩のこと。

なみなみならぬ　ひととおりでない。

労作《ろうさく》　骨を折って作ったもの。苦労した作品。類力作。

八十代《はちじゅうだい》**の**　年齢が八十歳をこえている。

特高《とっこう》　特別高等警察の略。戦前の高等警察の一部署で内務省の直轄下におかれ、思想犯罪に対処するとの名目で、社会運動の弾圧に当たった。

あたうかぎりの　できるだけの。可能なかぎりの。用例あたうかぎりの愛情を注ぐ。

獄死の真相を突きとめられない　どうして獄中で死亡することになったか、その真実のありさまをさがし当てることができない。

その実証精神　伊吹郷氏の示している、なにごとをも事実をつきつめてそれによって解明しようとする心構え。

動かぬ証拠　くつがえしようのないたしかな証拠。もはや揺らぐことのない証拠。

お目にかかった　お会いした。

検察関係《けんさつ》　検察官は、検察庁の行政官（検事など）であるが、ここでは、警察官なども含めた意で使われている、と思われる。

壁の厚さ　真相をおおいかくしてしまう壁の厚さ、という意。

つぶさに　くわしく、ことこまかに。あますところなく完全に。

一七二ページ

なぜそんなに秘密主義、隠蔽《いんぺい》主義なのだろうか　どうしてそんなに物事を秘密にしておいかくしてしまうやり方を方針としてとっているのだろうか。

真摯《しんし》　まじめで、ひたむきなさま。

公開《こうかい》　公衆に開放すること。

下宿先《げしゅくさき》　やや長期に部屋を借りて住むことを「下宿」といい、その部屋、または部屋を貸している家を指して「下宿先」という。

ゆかりの地　つながり、縁のある土地。

ありふれて　どこにでもあるような。

りりしい　きりりとひきしまっていて雄々しい。

大学生らしい知的な雰囲気、……あるなつかしみの感情　筆者は尹東柱の写真の印象を語りながら、当時の大学生のなかにあった共通の雰囲気を示しているが、それがこんにちの大学生の大方にはみられなくなっていることを言外に語っている。

鮮烈《せんれつ》　強くあざやかな印象。

だれの記憶にもとどまっていなかった　だれひとり覚えていて思い出すものがなかった。

演習《えんしゅう》　①物事に習熟するためにする練習。②軍隊・艦隊が実際の戦闘を想定しておこなう訓練。③大学などで担当教師をかこんでおこなう研究学習。ゼミナール。ここでは、③。

魯迅《ろじん》における藤野《ふじの》先生のような存在　中国の近代文学の父ともいうべき魯迅は、若き日、医学生として日本の仙台の医学専門学校（現在の東北大学医学部）に学んだが、その折の教師の一人、藤野厳九郎先生が遠く異国に学ぶ留学生にたいして、特に親身に接して指導に当たったことをさす。

一人だに　たった一人さえも。

一七三ページ

たやすく書かれた詩　「たやすく」には作者の反語的な思いがこめられている。読めばわかるように、ここには作者のつらく深い思いがこめられている。

雨がささやき　しとしとと、ささやくように雨が降り。

六畳部屋　下宿の六畳間のこと。

他人《ひと》の国　朝鮮人の尹東柱にとって日本は、「他人の国」。

天命《てんめい》　①天の命令。②天から与えられた人の宿命。天運。③天から定められた寿命。ここでは②の意。

汗の匂《にお》いと愛の香りふくよかに漂う／送られてきた学費封筒　朝鮮のふるさとから、おそらく母親の手で送られてきた学費の入った郵便封筒、それにはこの学費をかせぎだすために働いた父親らの家郷の人々の汗の匂いと、これを自分に送ってくれる母の愛情の香りとがあふれるように流れている。

大学ノート　大学生が講義のとき筆記に使ったのでこの名がある。B5判で左開き、各ページに横けいの入ったノート。

小脇《こわき》に　「小」は「ちょっと」「軽く」などの意を表す接頭語。脇の下に（かかえて）。

一七四ページ

人生は生きがたいものなのに／詩がこう たやすく書けるのは／恥ずかしいことだ。 「生きがたい」は、生きるのが難しい。人生は生きるのが難しいものなのに、自分が生きている思いを詩にたやすく書けるというのは、恥ずかしいことだ。前の連に「わたしはなにを願い／ただひとり思いしずむのか？」とあるように、作者は大きな迷いを抱えている。しかもただでさえ生きていくのが簡単ではない時代である。そのなかで、自分の書いた詩に、どこまで真実があるのか、どこまで価値があるのか、苦い思いを抱いていたのだろう。

灯火をつけて 暗闇をすこし追いやり、 さして広くはない六畳間だが、灯火をともしても明るさが少なく、光は灯下を照らすのみ。それを「暗闇をすこし追いやり」と表現している。また、この「暗闇」は、次につづく詩句が示すように「時代」の暗さ、作者尹東柱の心の中の暗さである。

時代のように 訪れる朝を待つ最後のわたし 「朝を待つ」のは、「わたし」でもあり、また、「時代」でもある。「最後のわたし」は、次の連の「最初の握手」と対応している。

涙と慰めで握る最初の握手 孤独の涙と、夜の時代も明けるという慰めが作者の心の中に混然としているのであろう。

抵抗詩人《ていこうしじん》 第二次大戦中にナチス・ドイツに侵略・占領された地域で、ナチスの支配からの解放を求めるレジスタンス（抵抗）運動が広がった。この運動と結びついた文学がレジスタンス文学と呼ばれたが、「抵抗詩人」もそこからきたことば。ここでは、朝鮮の日本の植民地支配にたいする闘いをうたう詩人の意。

朝鮮語弾圧《だんあつ》 朝鮮を植民地にした日本政府は、朝鮮人に朝鮮語を使うことを禁じ、日本語を強制したことを指す。いわゆる「皇民化」政策の一環である。

一七五ページ

敢然《かんぜん》と 思い切って。断固として。ひるむことなく。

ハングル 朝鮮語で「大いなる文字」の意。朝鮮固有の文字。母音・子音二八文字からなる音標文字。今は一〇の母音文字と一四の子音文字を用いる。一五世紀に李朝の世宗が「訓民正音」の名で公布。（下図参照）

햇헉헌

官憲《かんけん》 ①官のおきて。②当局。その筋。③官吏、とくに警官。ここでは③の意。

押収《おうしゅう》 犯罪の証拠物として、あるいは没収すべき物件として、警察が刑事上の処分扱いで取得すること。取得するにあたって、強制力をもってする差し押さえと、任意に提出させた領置などがある。

あと行方《ゆくえ》知れず その後どこへいってしまったかわからない。

あと半年生きのびたら あと半年したら、一九四五年八月一五日、日本帝国が敗戦によって戦争終結、朝鮮は独立。秋には、ほとんどの政治犯・思想犯は釈放されたのだから、尹東柱も生きて解放されたろうに、という筆者の思い。

第一線の活動　人々の先頭に立っての活動。

実弟《じってい》　実の弟。父母を同じくする弟。

客員教授《かくいんきょうじゅ》　正規の成員ではないが、特に迎えられて教授として加わっている人。「きゃくいん教授」とも読む。

「弟の印象画」　弟についての印象を描いた絵。ここでは、それを詩のことばで描いてある。

ひとしお　「一入」と書く。ひときわ。一層。［用例］小学校の友人に再会できて喜びもひとしおだった。

一七六ページ

感触《かんしょく》　手で触れる感じ。

意表《いひょう》**をついた答え**　思いがけない答え。まったく考えてもいなかった答え。「意表をつく」は、相手の予想していなかったことをする。［用例］相手チームの意表をつく作戦。

犬も犬たらんとし、猫も猫たらんとするのだろうか？　犬や猫が犬・猫になろうと意志する、ということばがあるのだろうか。（ない、という意味をこめた反語の形である。）すぐあとの「人は……」と対照させている。

一七七ページ

志向《しこう》　こころざし。こころざしてむかうこと。［類］指向。

返事に打たれ　返事に心を打たれ。返事に感動し。

この弟が成長するころ、今のままの母国では正当な人間にもなれないのではないか、という暗澹《あんたん》**たる思い**　尹東柱の抱いた、植民地とされ、母国語や氏姓さえも奪われてしまうような抑圧のもとで、人間らしい生き方ができない、という鬱屈した悲しみと憤りの思いを、筆者が思いやっている表現。

暗澹《あんたん》　①うす暗く、すさまじいさま。②将来への希望を失って暗い気持ちでいるさま。ここでは②。

行《ぎょう》　ここでは、詩の一行のこと。詩は何行かが一かたまりとなって「連《れん》」となり、その何連かで、一つの詩を構成する。連と連との間には、ふつう一行分の空（あき）がおかれている。

あどけない　無邪気で愛らしい。

予言《よげん》　未来を予測していうこと、そのことば。

まさしく　間違いなく。まさにそのとおりに。

問答《もんどう》　問いと答え。話し合い。会話。

篤実《とくじつ》　情が厚く誠実なこと。

陰翳《いんえい》**深いお人柄**《ひとがら》　含蓄があり深みのある人柄。

そこはかとない　「其処（そこ）は彼（か）と」ない、からきた連語。それはこれこれだとはっきり指定できない、という意。何とは知れず。

茶目《ちゃめ》**っ気**《け》　子供っぽいいたずら心。［用例］彼女は茶目っ気があってにくめない。

後始末《あとしまつ》　「跡始末」とも書く。物事が済んだあとのかたづけ・整理。

散逸《さんいつ》**したまま残された**　ちりぢりになって失われた状態で方々に残されていた。

詩稿《しこう》　詩の原稿。まだ印刷されず原稿に書かれたままの詩。

整然《せいぜん》と　正しくきちんと整った。
詩碑《しひ》　詩を彫りこんだ石碑《せきひ》（いしぶみ）。「碑」とは、後世に永く伝えるために、石に文字を彫って記念として建てたもの。
労力《ろうりょく》　骨折り。

一七八ページ

伯父《おじ》　父母の兄にあたる人。類叔父《おじ》（父母の弟にあたる人）。
はにかみながら　恥ずかしそうな表情で。恥ずかしがりながら。
淡々《たんたん》と　こだわりのないさっぱりとした調子で。
忿懣《ふんまん》　「憤懣」とも書く。はけ口がなくもだえるような憤り。
やるかたない　（怒りや無念さなどの）気持ちを晴らしようもない。
弾劾《だんがい》　罪悪や不正を調べ上げて公開し、責任を問うこと。
ぐさりとこちらの胸を刺した　筆者は、戦前の日本帝国の他国への侵略、植民地とした朝鮮の人々への苛酷《かこく》なしうちにたいして、日本人の一人として辛い思いをもったのである。
尋常ではない息子《むすこ》の死　自分の子供の異常な死。
虐殺《ぎゃくさつ》　むごたらしいやり方で殺すこと。
世間ばなし　世の中のいろいろな事柄や出来事についての雑談。世間の出来事などについての気楽なおしゃべり。
メカニズム　mechanism 仕組み。機関。組織。機構。
思いを致す　そこまで考えていく。
出航《しゅっこう》　船が目的地へ向けて港を出ること。
藍壺《あいつぼ》のように濃《こ》くなり　藍壺のなかの藍汁のような濃い青色となり。「藍壺」は教科書の脚注を参照のこと。
六千トンの船　貨客船として小さくはない大きさの船である。
一枚の木の葉のようにたよりなく　「波間にただよう木の葉」はたよりない状況の形容によく使われる。
よるべなく　「寄る辺なく」と書く。たよりとして身を寄せる所とてなく。用例見知らぬ土地で、よるべなく日々が過ぎてゆく。

一七九ページ

刻々《こっこく》　時を追って。刻一刻と。
漆黒《しっこく》の闇《やみ》　真っ暗闇。「漆黒」は黒うるしを塗ったような黒。黒にも薄墨色からいろいろな段階があり、「漆黒」は、いまふうにいえば窮極の黒さである。
満天《まんてん》　空いっぱい。空一面。
見まがう　見まちがえる。用例その湖は広大で、海とみまがうほどだった。
いかつり船　いか漁をする船。夜、海上に灯をともし、灯をしたって集まるいかを釣り上げる。この船が沖合いに集まっていかつりをすると、その灯が点々とつらなる。
甲板《かんぱん》　船のデッキ。
濃密《のうみつ》　濃くてこまやかなさま。
霊気《れいき》　神秘的な気配。
あえて言えば　「なんともいえない哀しみの気」（6行）なのだが、しいて言うならば、の意。

悲愁《ひしゅう》　悲しみとうれい。

海の道　海路。ある地点からある地点へ海上を船で往く航路。海流や風向き、地形などによって古代よりおのずから海の上にも道ができた。ここでは朝鮮と日本をつなぐ玄海灘の航路をさす。

往還《おうかん》　往（ゆ）き還（かえ）り。ゆきき。類往来。

あまた　「数多」と書く。数多く。多数。たくさん。

霊感《れいかん》　心にぴんとくる不思議な感応力。

骨壺《こつつぼ》　火葬にした遺骨を集めて収める壺。

骨灰《こっかい》　動物の骨から脂やにかわを取って焼いて得た白色粉末。ここでは、骨壺に収容したあとの小片。粉末状の遺骨のこと。

脳裡《のうり》　頭の中。

一八〇ページ

覚醒《かくせい》　①目がさめること。②迷いからさめること。ここでは、ぼやっとしていたものが、はっきりと自覚されてくること、の意。

いきおい　自然のなり行きで。その当然の行き先として。用例映画に感動して、いきおい友人にも勧めたくなった。

丹念　丁寧に仕事をする様子。

❖発問の解説

（一七〇ページ）

1　**「夭折の特権」とはどのようなことか。**

解答例　長く生きていれば自分の思いを曲げ、妥協することも出てきて、恥多き人生となり、清らかな詩は恥ずかしくて書けなくなる。清らかな詩が書けるのは、恥ずかしい思いをする前に死んだ者だけの権利だと言うこと。

（一七一ページ）

2　**「私の気勢はそがれた」のはなぜか。**

解答例　自分で少しずつ尹東柱の詩を訳していたのに、ほかの人が先に完訳をつくってしまったから。

（一七三ページ）

3　**「汗の匂いと愛の香り」とはどのようなことか。**

解説　「語句・表現の解説」参照。

（一七五ページ）

4　**「甕に入れ地下深く隠して保存した」のはなぜか。**

解答例　当時禁じられたハングルで書かれたものを持っていては、日本の官憲に捕まってしまうから。

（一七六ページ）

5　**どのような点が「意表をついた」のか。**

解答例　「大きくなったらなんになる」と問われて、ふつうなら職業を答えるところだが、「人になるの」という思いもかけない答えが返ってきたので、驚いたのである。

（一七七ページ）

6　**「幼いころのあどけない予言」とは、「弟の印象画」の詩ではどのようなことばのことか。**

解答例　「人になるの」ということば。

（一七八ページ）

7「尋常ではない息子の死」とはどのような死のことか。

解答例 独立運動の嫌疑をかけられ、警察につかまり、中身のよくわからない注射をくり返し打たれて獄中で亡くなった死。

（一七九ページ）

8「波の上にも波の下にも」と表現したのはなぜか。

解答例 海の道を通って互いに行き来した思いや、船が沈んでたどり着けなかった人々の思いも漂っているから。

（一八〇ページ）

9「こういう人」とはどのような人か。

解答例「もの静かで、あたたかく、底知れぬ深さを感じさせる人格」の持ち主。

❖構成・要旨

〈構成〉

大きく四つの段落に分けられる。

(1)（初め～一七一・3）

韓国の若者の心をとらえている詩人、尹東柱は、一九四五年、日本検察の手によって捕らえられ、獄死した人で、痛恨の思いなくしてこの詩人に触れられない。

(2)（一七一・4～一七五・6）

尹東柱の全詩集が完訳され、来日から獄死までを調べたが真相はつきとめられない。日本人に記憶されなかった彼の深い孤独を思う。彼は詩をハングルで書き、生前は無名だった。

(3)（一七六・7～一七八・3）

尹東柱の弟尹一柱に会った筆者の体験と、兄の「後始末」のために多くの時間と労力を費やした弟を知って、改めて尹東柱の弟を歌った詩の心を実感する。

(4)（一七八・4～終わり）

弟一柱の口から、虐殺された息子の遺骨を抱いて帰った父の話を聞き、日本と朝鮮の間の「歴史の悲愁」を思う。

〈要旨〉

植民地時代、日本で獄死した朝鮮の詩人尹東柱の詩に出会い、その清冽な詩風に心ひかれて味わい、実弟と会うことで改めて詩人の不幸な生涯をしのび、痛みの思いを述べている。

❖理解・表現の解説

〈理解〉

(1)「人は生まれた時は動物にすぎないが、長い間かかっておそらくは死ぬ寸前まで人間たらんとする志向を持続するふしぎないきものだ。」（一七六・13）には、筆者のどのような気持ちが込められているか、説明しなさい。

解答例 尹東柱の詩「弟の印象画」の中の弟の言葉、「人になるの」を説明し、またそこから考えたものと言えよう。人間は、生物学的には「ヒト」という動物として生まれるが、決してそれにとどまることはない。言語と文化を持つ人間は、完全な「人間」をめざして精神的向上を続けようとする。それが犬や猫と違うふしぎないきものだ、ということである。

(2) **「私の脳裡に『人間の質』という言葉がゆらめき出て、ぴたりと止まった。」（一七九・15）とあるが、筆者のいう「人間の質」とはどのようなものか、説明しなさい。**

解説　すぐあとの一文「あまり意識してこなかったけれど……という覚醒《かくせい》が不意にきた。」（一七九・16）からわかるだろう。つまり、「人間の質とは何か？　どのように決定されるのか」という疑問が、一柱さんと東柱（想像にすぎないが）が重なったイメージで、ぴたりとわかった気持ちになった、ということであろう。

(3) **「ともあれ尹東柱・一柱兄弟に出会えたことは、最近の私の大きな喜びである。」（一八〇・10）とあるが、筆者はこの二人の兄弟をどのような思いで見ているか、説明しなさい。**

解答例　筆者は若いころからずっと「人間の質とは何か？　どのように決定されるのか？」ということを考えつづけてきて、二人の兄弟を知り、その答えを得たように感じたのである。また、詩人として、尹東柱の清らかな詩に触れ、感動したことも、大きな影響を与えられたと捉えたにちがいない。

〈表現〉

(1) **「人間の質」（一七九・16）について、自分の考えを四〇〇字程度にまとめてみよう。**

解説　本文に書かれている尹一柱さんの「人間の質」は、「もの静かで、あたたかく、底知れぬ深さを感じさせる人格」であった。つまり、人格というものについて、自分の考えをまとめてみよう。

(2) **本文に引用された尹東柱の詩を一編選び、鑑賞文を書いて、発表してみよう。**

解説　ここに挙げられた詩は、尹東柱の詩が三編――「序詩」「たやすく書かれた詩」「弟の印象画」――である。それぞれ、その前後に筆者の印象・感想が書かれているので、それを頭に入れたうえで、自分はどう受けとったかを考えよう。

「序詩」……風に吹きさらされる寒天の澄んだ星を仰いで歌っているのであろう。生きているものすべてに愛情をそそぎ、死ぬ日まで恥じることのない清らかな生き方をしたい。そうした青春の決意を感じさせる。筆者の言葉「二十代でなければ絶対に書けないその清冽《せいれつ》な詩風」「若さや純潔をそのまま凍結してしまったような清らかさ」「ひらけば常に水仙のようないい匂《にお》いが薫り立つ」は、尹東柱の詩全体への印象であると同時に、「序詩」の感想でもあろう。

「たやすく書かれた詩」……「他人《ひと》の国」、しかも自分の国がその支配下におかれている日本に留学し、心に生きがたい暗い思いを抱いている。「日本人のだれの記憶にもとどまっていなかった」「尹東柱の深い孤独」というのが筆者の感想である。「語句・表現の解説」参照。

「弟の印象画」……不幸な状態におかれた母国で、これから大きくなろうとする弟への愛とあわれみ。「十歳違いの幼い弟の、手の感触まで伝わってくるようだ。」～「噴き出しているような気がする。」に筆者の感想が述べられている。

文章全体から受けた感想をまとめるにあたって、見のがしてならないのは、筆者の心情の底にある朝鮮および朝鮮人への痛みである。太平洋戦争下に青春時代を送った筆者にその思いが強いことは当然とも言えるが、日本が一方的に朝鮮を三十五年間植民地として支配してきたこと、そのために朝鮮の人々が言葉を奪われ名も変えさせられるという屈辱を受けてきたこと、その歴史は、戦争体験のない世代でも知っていなくてはならない。ここに描かれている尹東柱はまさにその歴史の犠牲者の一人であり、筆者は日本人としての重荷を感じつづけている。その思いを自分の問題として考えてみたい。

❖参　考

1　尹東柱《ユンドンジュ》と尹一柱《ユンイルジュ》

尹東柱は、一九一七年、現在の中国吉林省で生まれる。ピョンヤンで通っていた中学が日本の神社参拝強制に抵抗して廃校になった後、ソウルの専門学校に通った。一家がクリスチャンであったため、ソウルの専門学校を出たあと、ミッションスクールである日本の立教大学と同志社大学に通う。

一九四三年、同志社大学在学中、いとこととともに京都左京区の下宿にいるところを下鴨警察に検挙される。当時は朝鮮語で書くこと自体が罪になったので、母国語の詩を書いたために逮捕されたと言われるが、積極的に抗日運動に参加しているわけではなかった。逮捕当時は帰省するため、荷物も母国に送ってあったという。逮捕後、治安維持法により懲役二年の判決を受け、福岡刑務所に服役していたが、一九四五年に亡くなった。

現在、韓国の延世大学には、尹東柱の詩碑と記念室がある。また、在籍していた同志社大学にも詩碑があり、今でも追悼集会などが開かれている。

尹一柱は、一九二七年生まれ。教科書本文にあるように建築学が専門の教授だったが、詩人としても活躍していた。尹東柱の初期の作品に似た穏やかな童詩を書いている。また、兄をよんだ詩も作っている。

2　尹東柱の生きた時代

尹東柱の生きた時代は、朝鮮が日本の植民地となっていた過酷な時代であった。

大韓帝国は、一九一〇年に日本に併合されて廃滅し、日本によって朝鮮総督府が置かれ、植民地となった。

一九一九年には、朝鮮全土にわたる反日独立運動、三・一独立運動が起き、多くの犠牲を出して鎮圧されるが、その後独立まで、これを出発点としてさまざまな独立運動が展開された。

一方、日本の朝鮮支配の基本方針は、皇民化政策と呼ばれる同化政策だった。これは、植民地統治下の人々を戦時動員体制に組み入れるためにとられた政策だったが、これにより、朝鮮の人々を亜日本人化することがはかられた。朝鮮語の新聞や雑誌の発行が制限されたり、神社参拝が強要されたりした。一九三八年には、志願兵制度が公布されるが、それにともなって兵員のすそ野を広げるため、学校では、朝鮮語が正課からなくなり、日本と同じ教科書を使い、日本語を使うように強要され、生徒は互いに監視しあい、朝鮮語を使う生徒を摘発するようにさせられた。また、翌年の三九年には、創氏改名を目的とした法が公布された。この創氏改名は、一つは、それまで夫婦別姓であったものを戸主を中心に一つの家としてまとめる。もう一つは、家の姓を一つにするにあたって、日本人式の名前に改めることができる、というものだった。日本人式の名前にするか、しないかは、任意とされていたが、実際はさまざまな強制が行われ、朝鮮の人々の80パーセントが日本式に改名した。

　このような状況下で、朝鮮の人たちによる独立闘争が国の内外で続けられていたのである。

第7章　世界観を築く　随想・評論（五）

未来をつくる言葉

ドミニク・チェン

❖学習の視点

1　コミュニケーションと翻訳についての筆者の考えを理解する。
2　SNS上での危機感とは何かを読み取る。
3　筆者は「わかりあえなさ」に対してどう考えているかを捉える。
4　海外の文学作品の翻訳が翻訳者によってどのように違っているか、くらべる。

❖筆者解説

ドミニク・チェン　情報学研究者・起業家。一九八一年（昭和五六年、東京都に生まれた。日本人の母と、ベトナム出身の台湾人で後にフランス国籍を取得した父のもとに育つ。日本語、英語、フランス語を使用する。NPO法人クリエイティブ・コモンズ・ジャパン（現コモンスフィア）を設立し、理事を務める。株式会社ディヴィジュアル共同創業者を経て、早稲田大学文化構想学部准教授。一貫してテクノロジーと人間の関係性を研究している。主な著書に『フリーカルチャーをつくるためのガイドブック』（二〇一二年・フィルムアート社）『謎床』（松岡正剛との共著二〇一七年・晶文社）『電脳のレリギオ』（二〇一五年・NTT出版）『コモンズとしての日本近代文学』（二〇二一年・イースト・プレス）など多数。

❖出典解説

この文章は『未来をつくる言葉』（二〇二〇年・新潮社）に収められており、本文は同書によった。

❖語句・表現の解説

一八二ページ

身悶えする　痛みや苦しみ、いらだちなどのために、体を震わせたり、ねじったりすること。用例 私は悔しさに身悶えした。
些細（な）　ちょっとした。あまり重要ではない。
任意　思うままにまかせること。
情緒　その物に接したときに起こるさまざまな心の動き。

一八三ページ

数多《あまた》　たくさん。数が多いさま。
紐解く　書物を読む。書物などで、分からない物事を調べる。用例 あの作家の人生を紐解いてみよう。
試行錯誤　試みと失敗を繰り返しながら、物事の解決策や適切な方法を見出していくこと。
嗜好性　物事や事象に対する好みの度合い。何を好むかという指標。
皮膜　皮膚と粘膜。外側と内側を区別する薄い膜。ここでは「それぞれの価値感」（16行）に閉じ込められることの比喩として使われている。
許容　許せる範囲と認めて許すこと。
フィルターバブル　インターネットの検索サイトが提供するアルゴリズム（コンピューターで計算を行うときの計算方法）が、各ユーザーが見たくないような情報を遮断する機能のせいで、まるで「泡」の中に包まれたように自分が見たい情報しか見えなくなること。

一八四ページ

原初　物事の一番初めのこと。
越境　境界線を越えること。
共在　二つ以上の事物や事物の性質が同時に存在すること。

一八五ページ

共話　日本語の会話では、話し手の言葉が終わるのを待たずに、聞き手が相手の語句の切れ目ごとに「ええ」「はあ」「はい」などの相槌をはさんで話を進めること、また、未完成の話し手の文を聞き手が引き取って言葉を加えたり完成させたりして、相手と共同で会話を進めていくことが多いが、日本語教育学者の水谷信子がそれを「共話」と名付けた。「対話」では、話し手と聞き手の二者が、それぞれ自分の発言を完成させるので、二本の話の流れが見られるが、「共話」では、話し手と聞き手が対立せず、一体となって一本の流れを作る。
牽引　物事をある方向に引っぱっていくこと。
露呈　隠れていた事柄が表面に現れること。
架橋　何かと何かをつなぐ役割を果たすもの。

一八六ページ

抗う　抵抗する。逆らう。
意思の疎通　互いに考えていることを伝え、理解を得ること。
生起する　ある事実や現象などが現れ起こること。

❖発問の解説

1 （一八二ページ）「その隙間」とは何と何の間の隙間か。

解答例　翻訳で「自分の体験を通じて感じたこと」が相手のわかる言葉に置き換えられるものと、置き換えられないものとの間の隙間。

2 「人間社会にもとより存在する傾向」とは何か。

解答例　人間が互いに「わかりあえる」集団と「わかりあえない」集団に区別されるという傾向。

❖構成・要旨

〈構成〉

(1)（初め～一八三・7）**コミュニケーションは翻訳行為。「わかりあえなさをつなぐため」の試行錯誤。**

複数の言語間で育ったわたしは、ある時から、何気ないコミュニケーションのひとつひとつが「翻訳行為」なのだと思えるようになった。学んできた多くの言葉は、自分や他者の感覚を表現し、相互に伝えようとする「翻訳」の技法なのだ。この情報社会でますます接する機会の増える異質な個人同士の「わかりあえなさ」をつなぐために、過去の人々が発見し、試行錯誤してきた翻訳の知識と経験を受けついでいきたい。

(2)（一八三・8～一八五・15）**異なる価値観を持つ者同士の分断と、わかりあえなさを受け止め、他者との間に得る共在感覚**

今日のインターネット上では、他者と接する機会は増えているが、互いに「わかりあえる」集団と「わかりあえない」集団の分断が、情報技術によるフィルターバブルによってますます強化されている。それでも、言葉の持つ力によって多種多様さをつなぎとめ、それらの間を行き来することができると、複数の文化に接してきた経験上、わたしは思う。コミュニケーションとは、わかりあうためのものではなく、わかりあえなさをつなぐための技法であり、その結び目から、新たな意味と価値が生まれてくるのだ。

現代の情報環境では、「わかりあえなさ」を静かに共有するための場、見知らぬ他者との共在感覚を得るために、理性だけでなく身体にも訴える「言語」が必要となる。そのためのヒントは、例えば、友人、恋人、親子、仲間といった関係性のなかで、わたしたちは、共に在ると感じられる場をつくりあげていること。また、自他の境界を融かす「共話」によって、関係性の結び方を選ぶこともできる。民主主義的で合理的な議論を牽引するとされる「対話」が十分にその役割を発揮できていない状況においては、異質な他者と自分をつなぐための心理的土台を築くことが、まずは重要だと思う。

(3)（一八五・16～終わり）**多様な関係性における「わかりあえなさ」とそこから生まれる可能性**

わたしのこれまでの研究は多岐にわたるが、いずれも表現とコミュニケーションの関係について考え続けながら、家族、社会、自然環境との関係性における固有の「わかりあえなさ」に抗うための方法を探ろうとしてきた。どの関係性に起こる「わかりあえなさ」も、それは、埋められるべき隙間ではなく、新しい意味が生じる余白である。そこにじっと耳を傾けていれば、そこからお互いをつなげる未知の言葉を紡いでいけるのである。

〈要旨〉

　複数の文化と複数の言語のなかで育ったわたしは、何気ないコミュニケーションのひとつひとつが「翻訳行為」だと思えるようになった。情報化社会のなか、インターネット上では、「わかりあえる」集団と「わかりあえない」集団の分断が強化されているが、わたしが思うコミュニケーションとは、「わかりあえなさ」をつなぐものであり、その結びめから、新たな意味と価値が生まれてくると感じる。「わかりあえなさ」をつなぐための心理的土台として、友達、恋人、親子といった関係性から、共に在ると感じられる場を築くことも重要である。わたしの研究は多岐にわたるが、いずれも表現とコミュニケーションの関係について考えながら、それぞれの「わかりあえなさ」に抗う方法を探ってきた。「わかりあえなさ」にじっと耳を傾け、見つめていくことで、そこから互いをつなげる未知の言葉を紡いでいけるのだ。

❖理解・表現の解説

〈理解〉

(1)　「『翻訳』」（一八二・１）と「翻訳行為」（同・５）における、「翻訳」ということばが持つ意味の違いを、説明しなさい。

解答例　『翻訳』は、学校や家庭で話される複数の言語を相手にわかる言葉に置き換えて伝えること。『翻訳行為』は、言葉を吐くという何気ない些細なコミュニケーションのひとつひとつだということ。

(2)　「ある種の危機感」（一八三・６）とは何か、説明しなさい。

解答例　情報社会でますます多くつながっていく異質な個人同士が「わかりあえなさ」によって分断されること。

(3)　「今日のSNS上では、……明確に浮き上がってきている」（一八三・13）とあるが、それはなぜか、説明しなさい。

解答例　インターネット上の検索や閲覧の履歴データを基に利用者の嗜好性を捕捉する情報技術により、フィルターバブルと呼ばれる価値観の皮膜に各人が閉じ込められ、異なる価値観を許容できなくなっているから。

(4)　「自らの生のプロセスを託す相手を見つけながら生きている」（一八五・３）とはどのようなことか、説明しなさい。

解答例　親子の関係はもちろんのこと、それがなかったとしても、友人や恋人、仕事仲間、師弟といった関係性のなかで、自分と等しく生命的なプロセスを生きるものが存在している、共に在ると感じられる場を作りながら生きているということ。

(5)　「埋められるべき隙間ではなく、新しい意味が生じる余白である。」（一八六・７）とはどのようなことか、説明しなさい。

解答例　筆者は表現とコミュニケーションの関係について考

えながら、多岐にわたる研究を行ってきたが、いずれの研究でも、その関係性において生起する「わかりあえなさ」がある。それを自己と他者のコミュニケーションにおける翻訳などによって解決すべきものではなく、そこに心を向けることで互いをつなげる未知の言葉が見つかっていく、ということ。

〈表現〉

(1) 筆者の主張を踏まえ、「神様」（四七ページ）における「わかりあえなさ」について話し合ってみよう。

解説　「神様」の主な登場人物は「わたし」と近くの部屋に越してきた少し古風だが一生懸命人間社会に馴染もうとしている「くま」である。もともとくまと人間は普通にコミュニケーションをとることができない「わかりあえない」者同士である。「わたし」が「くま」に誘われて川原に散歩に行ったときに出会った人間の親子の反応でもその「わかりあえなさ」が象徴的に表されている。「くま」は川原の散歩でも、細かい気遣いを見せる。わたしは、そんな「くま」の気遣いやときに野性的な面を感じながらも、たんたんと「くま」と接し、最後は「別れの抱擁」も受け入れる。「未来をつくる言葉」の筆者の言葉を借りれば、異質な個人同士である「くま」と「わたし」は、「わかりあえなさ」を互いに受け止めながらも、コミュニケーションによって共に在ると感じられる場をつくったと言えるのだろう。そんな視点で「神様」の場面をいくつかとりあげながら、話し合ってみよう。

(2) 海外の文学作品には多くの翻訳者によってさまざまに翻訳されてきたものがある。「星の王子さま」（サン・テグジュペリ）を例に、「翻訳する人に固有の面白さ」（一八二・11）が具体的にどのように現れているか、話し合ってみよう。

解説　「星の王子さま」は、フランスの飛行士・小説家のサン＝テグジュペリによって書かれ、一九四三年に出版された。砂漠に不時着した操縦士が一人の少年と出会い、話していくうちに、彼が宇宙のどこかの星からやってきた小さな王子さまだということを知る、という子供向けに書かれた童話だが、生命や愛とは何かといった人生の重要な課題が詰まった作品である。二〇〇以上の国と地域の言葉で翻訳され、日本でも一九五三年の内藤濯《あろう》をはじめ、一〇〇冊以上の翻訳本が出版されている。

翻訳の違いの一例として、一人称（自分のこと）の表記も「ぼく」「おれ」、二人称は「きみ」だったり、「あなた」だったりする。王子さまへの呼びかけも「星の王子さま」「ちび王子」「小さな王子さま」「王子さま」とそれぞれである。そのほか訳者による翻訳の違いの面白さを楽しみながら見つけてみよう。最後に、翻訳者と出版社のいくつかを挙げておくので、図書館などで読み比べてみよう。

・翻訳者（出版社）
内藤濯《あろう》（岩波書店）・河野真理子（新潮社）・小島俊明（中央公論社）・池澤夏樹（集英社）・管 啓次郎（角川文庫）・三田誠広（講談社）など。

建築論ノート

松《まつ》山《やま》巖《いわお》

❖学習の視点

1　建物を建てては壊す時代とはどのような時代か、筆者の考えを読み取る。

2　比喩などを用いて表現している部分に注目し、論理の構成の上でどのような効果を上げているか確認する。

3　ハーディの詩、夏目漱石の日記、正岡子規の随筆などの引用とその背景にある時代を読み取り、近・現代の建築の問題点について考える。

❖筆者解説

松山　巖（まつやま・いわお）評論家。小説家。一九四五（昭和二〇）年、東京都の生まれ。東京芸術大学を卒業後、建築設計事務所を開設。そのかたわら、建築雑誌に翻訳や記事を執筆する。都市や建築の面から、社会や文学について独特の切り口で論じる。小説も執筆。評論・エッセイに、『乱歩と東京――一九二〇都市の貌』（日本推理作家協会賞）、『うわさの遠近法』（サントリー学芸賞）、『銀ヤンマ、匂いガラス』など。小説に『闇のなかの石』（伊藤整賞）、『日光』『くるーりくるくる』などがある。また、垣芝折多（書きしは俺《おれ》だ）の変名による『偽書百選』という痛快な著書もある。

❖出典解説

この文章は、『住み家殺人事件』（二〇〇四年・みすず書房刊）に収録されており、本文は同書によった。

❖語句・表現の解説

一八八ページ

粗末にする　いい加減に扱う。ないがしろにする。

諭《さと》す　目下や年下の相手に、物事の正しいすじみちをよくわかるように話して聞かせる。用例我が子に、命の大切さを繰り返し諭す。

わきまえている　心得ている。物事の道理を知っている。用例彼女は食事のマナーをわきまえている。

かたわらに　そばに。すぐ近くに。

一八九ページ

踏み入れたものだ　この「〜ものだ」は、昔よくしたことを回想して、懐かしんで言うときの表現。用例 若いときは、よく山に登ったものだ。

夢見心地　楽しい夢を見ているようなうっとりとした気持ち。

至福　この上もない幸せ。

てんでに　めいめいに。それぞれに。用例 てんでに勝手な意見を述べる。

あらぬ方　間違った方向。別の方向。用例 そのボールはあらぬ方に飛んでいった。

初頭　ある時代の初めの頃。

架空の故郷　実際にはないが想像によって作りあげた故郷。ここではトマス・ハーディが作品のために設けた想像上の土地、ウエセックス地方のこと。

一九〇ページ

眼を子どもの眼に戻すことによって　子どもだった頃の自分の目を通して見ることで。

慈しむ　愛する。かわいがる。大切にする。

進捗　物事が進み、はかどること。用例 工事の進捗状況を確認する。

煤煙《ばいえん》　石油・石炭などの不完全燃焼で生じるすすや煙。

倫敦《ろんどん》　イギリスの首都ロンドン。「倫敦」は外国の地名を漢字の音に宛てて表記した宛て字。日本は遣隋使以降、中国経由で外国の情報を得ていたため、中国で用いられていた外国名の漢字表記が日本でも使われた。イギリスは「英吉利」。略して「英国」。

出るに　出ることに。文語的言い回し。

塵埃《じんあい》　ちりとほこり。

なにも…かぎったことではない　別段…かぎらない。とりたてて…だけというわけではない。

盟友　固い約束を結んだ共。同志。

一九一ページ

早世　若くして世を去ること。若死に。

結核　結核菌の感染症。結核菌はほとんどの臓器を冒すが、飛沫《ひまつ》感染による肺結核が最も多い。有史以来の人類の難病の一つであったが、社会の病気として顕在化したのは産業革命前後の流行によってである。「白いペスト」「不治の病」とも呼ばれた。

建屋　機器・設備を一定の場所に収め入れた建物。用例 原子力発電所には原子炉建屋が並ぶ。

維持　物事の状態をそのまま保ち続けること。

色彩　物事に現れている、ある様子や傾向。

立ち向かえない　難しい物事に向かって、まっこうから取り組んで、事の処理に当たることができない。対抗できない。

たちどころに　その場ですぐ結果が現れるさま。たちまち。即刻。

用例 薬を飲むとたちどころに痛みが消えた。

一九二ページ

この殺人事件　一つの建物が壊されることを人の死にたとえて、殺人事件と表現したもの。

従事　仕事にたずさわること。

加担　力を添えて助けること。

無惨　むごたらしいこと。いたましいこと。

幾重《いくえ》にも　数多く重なっていること。

平面図とは別の記憶の地図　住まいとは、設計図や間取り図のように表面的なものではなく、その住まいに出入りした人の様子や、日差しや音や匂いまでもが記憶として残されるものだということ。「記憶の地図」は暗喩表現。

一九三ページ

摩滅　すりへること。用例 摩滅したタイヤがスリップの原因だ。

巻頭　書物の初め。

乳母　母親に代わって自分の母乳を乳児に与えて養育する女性。

隠れた教師　表面には現れないが、自分を密かに導いてくれる教師のような存在。ローレン・アイズリーの表現。行きづまった考えを変える新しい認識や発見に導いてくれた点で、一匹のくも、一粒の植物の種、乳母の昔話、眠っているとき見た悪夢などを、「隠れた教師」にたとえた。

なにごとであれ　どのような事柄であっても。用例 なにごとであれ、自分にうそをつかないことが一番重要だ。

正当化　自分の言動などについて、すじみちにかなっているように理屈をつけること。用例 自分の行為を正当化する。

一九四ページ

底の（が）浅い　内容や力量が見通せる程度のもので、大して深みがない。用例 この感想文はテーマの解釈の底が浅い。

連続殺人の時代　建物をつくっては壊し、壊してはつくる時代は、多くの建物の破壊と同時に、文化と生活と人間関係も失われてゆく時代である。そのことを殺人に擬して、連続殺人の時代と表現した表現。

❖発問の解説

1　「悲惨にあえいだ」のはなぜか。（一九〇ページ）

解答例 産業革命によって煤煙が都市全体を覆い、自然が失われつつあって、貧しい人々が集まるスラムは劣悪な環境にあったから。

解説 スラムに暮らす人々は、もともとは産業革命によって農村共同体を破壊され、農村を離れて都会の工場へ働きに出てきた人々であったが、労働環境も生活環境も、農村生活に比べてきわめて劣悪だった。工場での騒音や長時間労働、住宅はバラック長屋で、ベッドも不足し浴場もなく、農村では自由にのめた水も買わなくてはならず、スラムは伝染病の温床となった。

（一九二ページ）

2「建物の死」とはどのようなことか。

解答例　古い建物が壊され存在しなくなること。

建物を生き物にたとえて、それが壊されることを「死」と表現することによって、筆者が建物を命あるものと考えていることがわかる。また、建物の死は、建物とともにあった風景や時間、人との関係が失われることでもある。筆者は「殺人事件」（一九二・3）とも表現しているが、建物をつくっては壊す行為が、人間らしさを失ってゆく行為だとしたら、単なるたとえではなくまさしく「殺人事件」そのものといっても過言ではないだろう。

（一九四ページ）

3「『隠れた教師』になる」のはなぜか。

解答例　古い建物には時間が幾重にも織りこまれていて、そこにあるいろいろな記憶が、物事を考える上で行きづまった人々に、思わぬところから、新しい認識や発見を導くから。

❖構成・要旨

〈構成〉

この文章は、次の四つに分けることができる。

(1)・(2)（初め～一九一・5）

「物を大事に扱え。」「物を粗末にするな。」という言葉は大人が子どもたちに諭す言葉だが、実際はこの言葉を忘れているのは大人のほうであり、巨大な建物でさえ、壊し、捨てつづけている。

トマス・ハーディの詩「まぼろしの画面」は、架空の故郷が舞台だが、彼がまぼろしの故郷をつくらなければならなかったのは、二十世紀初頭のイギリスに産業革命が進捗し、都市が煤煙に覆われて自然が失われつつあったからだった。当時ロンドンにいた夏目漱石の日記にも、その煤煙のひどさが記されている。だが、漱石の盟友正岡子規の同じ時期の随想にも、東京に建屋が増えて自然が消されてゆく様子がつづられている。

(3)（一九一・6～一九二・10）

ひとつの建物が新たにつくられるとき、その土地ばかりではなく周辺の自然にも人間にも影響を及ぼす。近代に入って、それはテロリズムの色彩を強めている。新しい建物は以前の風景を忘れさせ、人間関係を変え、その心理まで変えてしまう暴力的な事態なのだ。その結果あなたはひとつの建物の死を忘れてしまう。新しい建物をつくって人はほんとうに勝利したのだろうか。その建物が砕け散るとき、人は建物の死を無遠慮に見捨てる。この殺人事件の犯人は誰なのか。人間を操る別の原因があるのだろうか。

(4)（一九二・11～終わり）

たしかに人間は忘れやすい。しかし、ハーディの詩は、住まいそのものが、時間を幾重にも織りこんだ記憶の地図だということを教える。遠く眺めることの必要性と、近くを見つめることの必要性を、記憶の地図は教えてくれる。
ローレン・アイズリーがエッセイで語るように、なにごとであれ、「隠れた教師」を見いだすことは、不十分な理論に気づき、新しい認識や発見を導くうえで大切である。そして、ハーディの詩が語りかけるように、古い建物もまた「隠れた教師」になる。それなのに私たちの時代は、建物を容易に壊しては、つくることを繰り返している。この時代とは、じつは文化と生活と人間関係の連続殺人の時代ではないだろうか。

〈要旨〉
人間は、建物を壊し捨てつづけている。近代に入って、建築を新たにつくることはテロリズムの色彩を強めている。新しい建物は、短時間に周辺環境や人間関係、心理までも変えてしまうが、古い建物は記憶の地図となり、新しい認識や発見を導く「隠れた教師」になりうる。建物をつくっては壊しつづける時代とは、文化と生活と人間関係の連続殺人の時代である。

❖理解・表現の解説

〈理解〉
(1)「この言葉を忘れてしまうのは大人のほうだ」（一八八・7）と、筆者が言えるのはなぜか、説明しなさい。

解答例　巨大な建物でさえ壊し、捨てつづけるという行為は、物を大事に扱わずに粗末にするものであり、「物を大事に扱え。」「物を粗末にするな。」という言葉を忘れ、大人が行っているようなものだから。

解説　「この言葉」とは、「物を大事に扱え。」「物を粗末にするな。」という、大人が子どもに諭す言葉だが、実は巨大な建物でさえ壊し、捨てつづけることこそがまさしく、物を大事に扱わずに粗末にする行為であると筆者は指摘している。

(2)「建築を新たにつくることは、近代に入ってテロリズムの色彩を強めている。」（一九一・12）とはどのようなことか、説明しなさい。

解答例　建築を新たにつくることが、近代以前に比べて驚くほど短時間に周辺の環境や人間関係や心理までも変えてしまう暴力的な様相を呈しているということ。

解説　「テロリズム」とは、目的の達成のために、事前交渉などを経ずに、暴力や破壊のような直接的な手段に訴えようとする考え方、主義のことだが、近代以降、特に産業革命以降の建築が、そのテロリズムに似ていることを指摘している。

(3)「大事なこと」（一九二・12）とあるが、筆者が感じ取った大事なことは何か、説明しなさい。

解答例　住まいそのものが、時間を幾重にも織りこんだ記憶の地図であり、住まいによって強く喚起させられた遠い思い出の情景を眺めること。住まいに付けられた傷や摩滅やひび割れなど、人が住んだ痕跡を見つめること。

解説　「遠くを眺めることの必要性」（一九三・2）、「近くを見つめることの必要性」（同・4）という部分に注目する。

「遠く」とは、古い家から喚起される記憶のこと、「近く」とは、現在目の前にある住まいの傷など具体的なもののこと。

(4)　「文化と生活と人間関係連続殺人の時代」(一九四・12)とはどのようなことか、説明しなさい。

解答例　安易に建物をつくっては壊し、つくっては壊しを繰り返している時代は、そこで営まれる生活と生まれる文化と人間関係も失われていく。今の私たちの時代は、そのような時代であるということ。

〈表現〉

(1)　本文から比喩表現や擬人法を抜き出して、その効果について話し合ってみよう。

解答例　「まるで子どものころに禁止された遊びを大人になって愉しむかのように」(一八八・7)…巨大な建物を壊し、捨てつづける行為を、子どもの遊びにたとえた。「ように」を使った直喩表現で大人の思慮のなさ、反省のなさを強調している。

「鶏とふくろうの啼き声を消した、いや殺した」(一九一・2)…日本の近代が自然を排除していったことをインパクトをもって表す暗喩表現。

「建築を新たにつくることは、近代に入ってテロリズムの色彩を強めている」(一九一・12)…自然環境や人間関係、心理まで変えてしまう近代の建築を、「テロリズム」にたとえる暗喩表現で、近代における建築の暴力性を強調している。

「挨拶もないかのように」(一九一・15)…周りの環境や住民への配慮が十分にないままに建設される建物を、挨拶をしない人の無遠慮な様子にたとえた直喩表現。

「(しかも)建物はすぐに周辺の風景のなかに収まり、以前の風景をたちどころに忘れさせる。」(一九一・16)…新しい建物が周りの風景になじんで人々が以前の風景を忘れていくことを、建物への近しさをもって表した擬人法。

「建物の死」(一九二・2)…「物」である建物を生き物にたとえた擬人法。建物を壊す行為が人間らしさを失わせるものであるという主張につながり、「殺人事件」(同・3)「連続殺人」(一九四・12)という表現を生む。読者に衝撃を与え説得力を強める、厳しい批評を込めた表現である。

「記憶の地図」(一九二・13)…記憶を地図にたとえて、具体的に視覚化する暗喩表現。

「隠れた教師」(一九三・9)…自然や家族との交流、古い建物を、新しい認識や発見に導く「教師」にたとえる擬人法。

(2)　本文を参考にしてこれまでの建築の問題点を挙げ、建築と人間について自分の考えをまとめ、四〇〇字程度で書いてみよう。

解答例　我が家には開かずの窓というのがある。横の街道沿いに高速道路の高架が通ったのは三十年前だそうで、西窓は頭上からの騒音や臭いなどのために開けられない。街道は古く、江戸時代に沼や川を埋め立てて通したという。昔はさぞのどかで美しい風景だっただろうが、今の私には想像もできない。

自然はとうに失われ、私たちはその後の「連続殺人の時代」を生きている。周囲の一軒家は壊されマンションが林立し、日照もプライバシーも奪われた。我が家は二重窓や壁の防音材など、いろいろな対策をして住み続けているが、いっそマンションにでも住み替えれば?と言いたくもなる。それでも家の柱には弟と背比べをした傷があり、思い出も愛着もある。

筆者が言うように、この家が私たちにとっての「隠れた教師」なら、この行きづまりの状況にあって、私たちはどのような認識や発見を見いだすべきか、それを今問われているのだ。

解説　まず身近な具体例を挙げ、それについての自分の考えを、本文の筆者の考えを踏まえながらまとめる。

能　時間の様式

杉《すぎ》本《もと》博《ひろ》司《し》

❖学習の視点

1　人間の記憶の古層とはどのようなものかを読み取る。

2　写真や能を通じて、筆者が感得した、人間が生まれ、生き、老い、死んで成仏するという、個人の存在を超えた人類の営みや時間の流れを感じる。

❖筆者解説

杉本博司（すぎもと・ひろし）　写真家、現代美術作家、建築家、演出家。一九四八（昭和二三）年、東京都に生まれる。東京とニューヨークを活動の拠点としている。古美術、建築、伝統芸能など、幅広い文化に精通。厳密なコンセプトと哲学に基づき、数々のシリーズ作品を手掛ける。シリーズ作品に『ジオラマ』『劇場』『海景』『ポートレート』『蝋人形／恐怖の館』など。一貫して個人の存在を超えた時間の積み重なりや流れを捉えるためのコンセプトや方法を模索している。二〇一七年、文化功労者。

❖出典解説

この文章は『苔のむすまで』（二〇〇五年・新潮社）に収められており、本文は同書によった。

❖語句・表現の解説

一九六ページ

古層　ものごとを歴史的に見たときの古い時代の層。ここでは人間の意識の源になるものという意味で使われている。

朦朧《もうろう》　ぼんやりとしてはっきり見えないこと。

混沌《こんとん》　物事が入り混じってまとまっていない状態。

俯瞰《ふかん》　高いところから物事を見下ろすこと。広い視野で全体を把握すること。

一九七ページ

古色蒼然《こしょくそうぜん》　年月を経て、古びてみえる様子。

墓碑銘《ぼひめい》　墓石に刻まれた、亡くなった人を表す名前や言葉のこと。

心なしか　気のせいか。何となく。思い込みかもしれないが。

一九八ページ

一対の雄型《おすがた》と雌型《めすがた》　雄型は凸形の型、雌型は凹形の型。
鋳型《いがた》　金属などを流し込んで製品を作るための型。
成仏　この世に未練を残さず死んで仏になること。
長蛇の列　ヘビのように長々と続く行列のこと。
燦然《さんぜん》と輝く　まぶしいほどキラキラと光っていること。
隈《くま》取る　陰影や濃淡などで境目をつけること。
生彩を放つ　生き生きとした雰囲気にあふれていること。

一九九ページ

えもいわれぬ　形容しがたい。なんとも言葉では言い表せない。
戦慄《せんりつ》　恐れや緊張、寒さなどのために体がぶるぶる震えること。
顛末《てんまつ》　ことの最初から最後までの事情。「顛」はいただき（頂）、「末」は終わりを意味している。
業因《ごういん》　未来に苦楽の結果を招く原因となる善悪すべての人間のおこない。ここでは、発掘することによって自らの死を招くことになるという、行動が悪い結果につながったことをいっている。
思いをはせる　遠く離れているものごとに、いろいろ想像して思いをめぐらせること。
いわば　たとえて言ってみれば

二〇〇ページ

共同幻想　複数の人々で共有される幻想。
遡《さかのぼ》る　物事の過去や根本に戻る。
化身《けしん》　変化して現れた身体。

二〇一ページ

うかがい知る　すでに分かっていることをもとにして、推測し、大体の見当をつける。
洗練　よりよいものに磨きあげること。
二元論　物事を対立する二つの側面に分けてとらえる概念。
夢ばし覚ましたまふなよ　「夢を覚ましてくれるな」能の「屋島」という作品の中の一節。発掘によって、長い眠りから起こされたツタンカーメンの霊の心のうちを想像し、能になぞらえて引用している。

二〇二ページ

落花枝に帰らず、破鏡ふたたび照らさず。
しかれどもなほ妄執の瞋恚《しんに》とて、
鬼神魂魄《きしんこんぱく》の境界に帰り、
われとこの身を苦しめて、
修羅の巷《ちまた》に寄り来る波の浅からざりし業因かな。

屋島の浦で義経が亡霊となって現れるシーンである。「散り落ちた花は二度と枝にもどることがなく、割れた鏡はもとのように照らすことがない。（一度失われたり壊れたりしたものは二度と元に戻ることはない。転じて、一度過ぎ去ったときは再び帰らないこと、死んだ者は再びこの世に生き返らないこと。）それなのに、まだなお生前の怒りや恨みに執着し、鬼神となった死者の魂が人間界に戻って我が身を苦しめ、醜い争いや果てのない闘いに臨むとは。よほどの業である。」

くだり　文章などの記述の一部分。

❖発問の解説

（一九七ページ）

1　「奇妙な錯覚」とはどのようなものか。

解答例　実際には、墓石にあるガラス玉にはめ込まれた肖像写真が年月を経て銀化したりして、見づらくなってしまっているのだが、筆者の陥った錯覚は、もともとはめ込まれていたガラス玉の中に、死んだ人の霊が、長い時間をかけて銀色の像として浮かび上がりつつあるというものだった。

（二〇〇ページ）

2　「二重の仮身化」とはどのようなことか。

解答例　主人公が、能の前半では中世の土地の者の霊として面を付け登場し、後半では、同じ主人公が、さらに数百年さかのぼった生前の姿の化身として面を付け登場するということ。

❖構成・要旨

〈構成〉

(1)（初め～一九七・1）人間の記憶の古層、私が写真で示そうとしてきたもの

私は、我々がどこから来たのか、どのようにして生まれたのかを思い出したいために、写真という装置を使って人間の記憶の古層を示そうとしてきた。私自身の記憶の原点は、子供のころに見た海の風景と一体感を感じた記憶であり、自分の人生はその時に始まったともいえる。

(2)（一九七・2～一九八・8）人の生き死にと写真

海景の記憶から四〇年後、北イタリアの海岸沿いの村落の共同墓地で、墓碑銘の上に小さな玉子型のガラスにはめ込まれた肖像写真を見た。それらは、銀化したり水がしみ込んだりしてうすれていたが、その分かえって強く印象に残り、ガラス玉の中から死んだ人の霊が長い時間をかけて銀色の像として浮かびあってきて、旅人の私に何かを語りかけてくるような奇妙な錯覚に陥った。

写真装置によって生身の人間から、まるで生き写しの仮面を作ることができるが、生きた人間は、蝉がぬけがらを残して飛び立つように、仮面を残し老いて死に至る。日本では古来よりこれを「成仏する」と言う。

(3)（一九八・9～二〇〇・4）ツタンカーメン展とカーナーボーン卿の死。夢幻能と業因、記憶の古層

高校生の頃、ツタンカーメン展で初めて仮面に出会ったが、生彩を放つ黄金の仮面を見た後、カタログに載った生々しい死そのものが写された王のミイラの写真を見て、ショックを受けた。そして、発掘者カーナーボン卿らの不審死について知り、「業因」という仏教用語の意味を知った。

能は、一五世紀に天才的劇作家、世阿弥によって創案された演劇形式で、旅の僧、橋、夢といった単純な構成要素から成り

立っている。能の物語の主人公は、源氏物語や平家物語、伊勢物語などの登場人物であり、非業の死を遂げた者が多く、これは、日本人全体で共有している記憶の古層にある物語といえる。能には観客が舞台を見つめている時間、僧が舞台上を旅する中世の時間、そこから数百年遡る亡霊の昔語りの時間と三種類の時間が一つの空間の中で同時進行している。

(4)　（二〇〇・５〜二〇一・９）記憶の伝承

主役（シテ）がつける能面は、例えば前半では土地の者の霊として、後半では、その霊の生前の姿の霊として、同一空間内の異時間を自由に行き来するための装置である。主役が舞台に登場する前にいる「鏡の間」は、単なる楽屋ではなく、演じようとする人物の霊が演者に乗り移る神聖な儀式の空間と考えられている。能は、文字の無い時代から、語り部によって語り継がれた古代神話から世阿弥による能の仮面劇への洗練を経て今日に至る伝承芸能であり、それは奇跡とも言える。

(5)　（二〇一・10〜終わり）カーナーボン卿の死とツタンカーメンの霊

呪いによって殺されたとも言われているカーナーボン卿のことを思うと、ツタンカーメンの霊は自分を発掘したカーナーボン卿に能「屋島」の一節のように「夢を覚ますな」と訴えかけていたように思えてならない。カーナーボーン卿は成仏していないのではないだろうか。このことを心にとめながら、彼の墓をイングランドに訪ねてみたいと思っている。

〈要旨〉

私は、写真という装置によって人間の記憶の古層を示そうとしてきた。それは、幼少期の海の風景に一体感を覚えた記憶に端を発するといえる。北イタリアの海岸沿いの墓地で年月を経て薄れてしまった肖像写真を見て不思議な感覚に陥り、写真装置から作られる生き写しの「仮面」と、生身の人間の生き死にを思った。高校時代、ツタンカーメン展が「仮面」との初めての出会いだが、黄金の仮面とミイラの写真とを見て衝撃を受けた。そして、発掘者の不審死に「業因」という仏教用語の意味を知った。

能では、主人公が「仮面」（能面）をつけ、舞台で時間を超えた役を演じ分ける。文字のない古代神話から世阿弥によって仮面劇へと創案され、今日に至る日本人の記憶の古層を表現した伝承芸能と言える。そして、再びカーナーボン卿の話に戻ると、ツタンカーメンの霊が能の主人公のように「夢ば覚ましたまふなよ」（夢を覚ますな）と訴えたように思える。この能のくだりを胸にいつかイングランドのカーナーボン卿の墓を訪れてみたい。

❖理解・表現の解説

〈理解〉

(1)　「糸はするすると伸びて行き記憶の一方の端はどんどん遠ざかっていく」（一九六・７）とはどのようなことか、説明しなさい。

解答例　自分の記憶を探っていこうとすると、一方の端は

「今」であるが、もう一方の端は、私個人の誕生の記憶を超えて、文明の記憶、人類全体の記憶、我々はどこから来たのかといったとてつもなく遠い時間のかなたに伸びていってしまうということ。

(2)　「写真装置というのは一対の雄型と雌型からなる型取り装置でもある。」（一九八・1）とはどのようなことか、説明しなさい。

解答例　写真装置は、一瞬で一対の型を取り、たとえば生きた生身の人間の顔から、まるで生き写しの仮面を作成することができるものであるということ。

(3)　「仮面はしだいに生きた面を裏切る」（一九八・3）とはどのようなことか、説明しなさい。

解答例　実際の生きた人間は日々歳を取り、老いて死んでいくが、肖像写真はある時期の生きた人間の顔から型取った生き写しの仮面と言えるもので、仮面だけが変わらずそこに残されるということ。

(4)　「共同幻想の劇的空間」（二〇〇・1）とはどのようなものか、説明しなさい。

解答例　夢幻能において、旅の僧と能楽師を通じて亡霊が語る昔語りを観客は鑑賞するのであるが、それは、源氏物語や平家物語など、日本人が全体で共有している記憶の古層ともいえるものだ。そのことによって、その幻想的な劇の空間を共有できるということ。

〈表現〉

(1)　「カーナーボン卿に向かって訴えかけていた」（二〇一・15）とあるが、訴えた内容とその理由を話し合ってみよう。

解説　能の「屋島」のシテのせりふでもある「夢ばし覚ましたまふなよ。」は、「夢を覚ますな」という意味であり、若くして亡くなったツタンカーメンは、遺体をマスクで覆い、安らかに眠っていたのである。その眠りを覚ましてしまうかのようにカーナーボン卿はその墓を発掘し、仮面に覆われた遺体を持ち出したこと、その後、彼が不思議な死を遂げたことなどから、ツタンカーメンが何を訴えたかったか考えてみよう。

(2)　「落花枝に帰らず、……業因かな。」（二〇二・2〜6）という能「屋島」の引用を現代語に訳し、なぜ筆者がこの部分を引用したのか、話し合ってみよう。

解説　「屋島」の中で、旅の僧が出会った義経の亡霊のせりふである。

「散り落ちた花は枝にもどることがなく、割れた鏡は二度とものを映すことがないように、一度死んだ者はこの世にもどることはない。それなのに、まだなお生前の怒りや恨みの執念が残り、鬼神となった死者の魂が人間界に戻って我が身を苦しめ、醜い争いや果てのない闘いに臨むとは。よほどの業である。」

ツタンカーメンの墓を発掘し、その後奇妙な死を遂げたカーナーボン卿に、「屋島」の義経の亡霊の心境を重ねているのである。深い眠りから仮面と包帯を解かれたツタンカーメンが

「夢ばし覚ましたまふなよ」とカーナーボン卿に訴えかけたこと共に、夢幻能に出てくる亡霊たちのように、カーナーボーン卿もこの世に未練を残し、何か語りたいのではないかと筆者が感じていることも合わせて考えてみよう。

第8章　調べとリズム　詩歌

小景異情／サーカス／永訣《えいけつ》の朝

室生《むろう》　犀星《さいせい》　ほか

❖学習の視点

1　近代詩・現代詩を読み、それぞれの詩人の思いに触れる。
2　吟味した表現で作者が伝えようとしたことを捉える。

小景異情

室生犀星

❖作者解説

室生犀星（むろう・さいせい）　詩人。一八八九（明治二二）年、石川県に生まれる。生後すぐに父母と別れ、寺の住職の養子となり、室生姓を名のる。旧制の高等小学校中退。地方裁判所・新聞社に勤めながら、俳句・短歌・詩を作った。一九一〇年、二十二歳で上京し、貧窮と放浪をつづける生活の中で萩原朔太《はぎわらさくた》郎《ろう》・山村《やまむら》暮鳥《ぼちよう》らと知り合い、詩作を続けた。一九一八年、処女詩集『愛の詩集』『抒情小曲集』を刊行した。文語を自由に駆使し、独特の叙情をたたえた詩風で知られる。芥川龍之介・佐藤春夫を知り、その影響で小説も書き、『性に眼覚《めざ》める頃《ころ》』『あにいもうと』『或る少女の死まで』などを発表した。詩、小説ともに多くの作品を遺している。晩年のものでは、小説に『舌を噛《か》み切つた女』『杏《あんず》つ子』『かげろふの日記遺文』、随筆『女ひと』、評伝『我が愛する詩人の伝記』などがある。一九四八年、日本芸術院会員となる。一九六二（昭和三七）年没。七十四歳。

❖出典解説

初期の詩集『抒情小曲集』に収められたもの。本文は、「室生犀星全集」第一巻（一九六四年・新潮社刊）によった。

❖語句・表現の解説　二〇四ページ

ふるさと　犀星のふるさとは、金沢《かなざわ》だった。生後まもなく養子に出され、ふるさとでの犀星は、子どものころから苦労が多かったという。

ふるさとは遠きにありて思ふ《ウ》もの　ふるさとは、遠く離れているからこそ、なつかしく思うものである。

うたふ《ウ》　詩によむ。

よしや　たとえ。「なるとても」にかかっている。

うらぶれて　落ちぶれて。

異土《いど》　異郷の土地。故郷以外の土地。

乞食《かたい》となるとても　乞食になったとしても。

帰るところにあるまじや　帰るところでは決してないのだろうよ。「まじ」は、打消推量の助動詞で、ではないだろう。

都《みやこ》　ここでは東京。

そのこころもて　そのような心をもって。「そのこころ」とは、どんなに「みやこ」で辛いことがあろうとも、「ふるさと」にはもう決して帰らないという決意。「ひとり都のゆふぐれに／ふるさとおもひ涙ぐむ」をさす。

遠きみやこにかへ《エ》らばや／遠きみやこにかへ《エ》らばや　遠いみやこに帰りたい。この「みやこ」も東京。二度繰り返しているのは、その決意のかたさを表現したものともとれるし、その決意を自分自身に言い聞かせて、東京に帰る勇気を奮い起こしているともとれる。

❖構成・主題

〈構成〉

一連から成る七五調を基調とした文語自由詩。前半後半に分けられる。

(1)（初め～二〇四・5）前半部

帰りたいが帰れないふるさとを遠くで思いなつかしむ。

(2)（二〇四・6～終わり）後半部

帰りたくないが、帰らざるをえない都（東京）で生きていく葛藤と決意。

〈主題〉

ふるさとは、遠いところからなつかしく思うところで、決して辛くなったからといって、帰ってくる場所ではないのだろう。さあ、このふるさとを出て、遠いみやこに帰ろう。

❖鑑賞・表現技法

〈鑑賞〉

詩の中に「ひとり都のゆふぐれに／ふるさとおもひ涙ぐむ」ということばが出てくるので混乱するかも知れないが、これは作者が、都に帰ることを考えながらよんだ詩である。

作者犀星は、あまり幸福な生活を送っていなかった故郷を二十代の初めに捨て、東京に出ていた。しかし、東京での生活も難しく、困窮すると故郷に帰り、故郷もやはり居心地が悪いと分かるとまた上京する、ということを繰り返していた。

この詩にも表れているが、故郷に対しては、愛着と嫌悪の入り交じった複雑な感情をもっていた。東京で傷ついて帰っても、故郷は、決して作者をあたたかくは迎えてくれなかったのである。「ふるさと」は、やはり遠くからなつかしく思うもので、実際に帰ってみるものではないのだ、とは、作者の実感であったろう。

〈表現技法〉

●**文語表現**――文語的表現を使い、簡潔な、引き締まった韻律を作り出している。これは、室生犀星の詩に共通して見られる大きな特徴でもある。

●**ことばの響き**――「ふるさと」「うたふ」「ゆふぐれ」というような、柔らかな響きを持つ和語を使うことによって、古典的な叙情の効果を出している。

●**繰り返し（リフレイン）**――「思ふもの」「うたふもの」の「もの」の繰り返し、「遠きみやこにかへらばや」の繰り返しを使い、詩の調子を整え、感動を深めている。

サーカス

中原中也《なかはらちゅうや》

❖作者解説

中原中也（なかはら・ちゅうや）詩人。一九〇七―三七年、山口県生まれ。二九年、大岡昇平らと「白痴群」を創刊。三四年、処女詩集『山羊の歌』を刊行、三七年、『在りし日の歌』の発行を待たずに三十一歳で没した。鋭い感性をもった、哀愁をたたえた詩は、死後好評を得て、愛唱する人が多い。

❖出典解説

本文は「中原中也全集」第一巻（一九六七年・角川書店）によった。

❖語句・表現の解説

二〇五ページ

幾時代かがありまして　人類の、世の中の、日本の、あるいは作者自身の「時代（＝変遷、浮沈）」が存在したということ。

茶色い戦争　「茶色」は、ここでは思い出を封じ込めるセピア色であり、完全に過去の遺物でもなく、また現実のものでもない、中途半端な状態を意味する。「戦争」は実際の日清、日露などの戦争でありながら、作者の「生」を拓くための戦いでもある。

今夜此処《ここ》での一《ひ》と殷盛《さか》り　「殷盛り」は「にぎわい」のこと。サーカス興業の、心が浮き立つような楽しい催し。

二〇六ページ

汚れ木綿の屋蓋《やね》のもと　曲芸師はすばらしい演技をしているはずだが、それを取り囲む環境は「汚れ木綿」であり、「安値《やす》いリボン」だ。

ゆあーん　ゆよーん　ゆやゆよん　空中ブランコの揺れと、そのあとの落下傘のようなテント小屋全体の揺れを表し、対照的な屋外と屋内をつなぐ働きをする擬態語。また、作者自身の心の不安定を象徴する語、もしくは心の叫び。この擬態語の重要性は、三度繰り返されるこの部分を削除してみれば、いかに物足りなくなるかで明らかだ。

それの近くの白い灯が　「それ」は空中ブランコ。天井には「白い灯」が点されているが、ブランコが揺れるので、リボンのように尾を引いて見えている。

観客様はみな鰯《いわし》　独立した人間だという自覚や自分らしい判断力を失い、「大衆」としてしか存在できない作者の周囲や同時代の人々を皮肉って比喩的に表現したもの。

咽喉《のんど》が鳴ります牡蠣殻《かきがら》と　「観客様」である大衆には、心の余裕や繊細さがなく、ただ牡蠣殻が擦り合わさるときのような「ガラガラ」という機械的な音しか出せなくなっている。そうした「観客」には、「ブランコ」の本質はもちろん、時代状況を自分の目で見つめる能力もないはずだ。

屋外《やがい》は真っ闇《くら》　闇《くら》の闇《くら》　サーカス小屋の外の世界（作者の心の外、文学的世界以外）にはまったく光明は見つけられない。

夜は劫々《こうこう》と更けまする　「劫々と」は、永遠に、どこまでも。

落下傘《らくかがさ》奴《め》のノスタルヂアと　「落下傘」は、サーカス小屋と形が似ていることから表現したものだが、手の届かないあこがれの世界の象徴でもある。手が届かないことへの恨みの気持ちもこめて「奴」をつけている。「ノスタルヂア」は、戻らない時間（過去）・空間（故郷）を懐かしむ気持ち。

❖発問の解説

1　「見えるともないブランコ」とはどのようなものか。
（二〇五ページ）

解答例　作者の心象風景の中に存在するもの。曲芸師は懸命に演技をするが、ブランコそのものがはるか高いところにあり、かすかにしか見えないので、演技はまるで曲芸師の一人芝居のようでもある。「神の子」と言われるほどの文学的才能を持ちながら、家族には理解されなかった少年時代の作者自身の境遇を反映させているのかもしれない。

❖構成・表現技法

〈構成〉

八連からなり七五調の定型律を基調とするが、定型外の部分もある。

(1)〈初め〜第三連〉
これまでのさまざまな時代は苦難の連続であったが、今夜はここでしばしにぎわいの時を迎える。

(2)〈第四連〜第七連〉
サーカスの幕が開き、空中ブランコをする曲芸師。皆が驚くみごとな演技を披露するが、その場所は汚れて安っぽく、観客はただ無分別に酔いしれたかのようである。

(3)〈第八連〉
屋外は闇で、ただサーカス小屋だけが別世界である。故郷の自分を思い出しながら、サーカス小屋の夜は永遠に更けていく。

〈表現技法〉
まず、反復（リフレイン）の技法が挙げられる。「幾時代かがありまして」と「ゆあーん　ゆよーん　ゆやゆよん」がそれぞれ三度繰り返される。「幾時代かがありまして」は、「戦争」「冬」から、暗く満たされない時代であったと想像される。人類の歴史、また近代日本が経験した「時代」とも言えるが、作者の人生の「時代」でもあろう。「ゆあーん　ゆよーん　ゆやゆよん」は、ブランコの揺れを表す擬態語でもあるが、最後の行では小屋そのものが揺れているとも読み取れて、小屋の内部と外部を連結するはたらきもしている。作者の心の叫び声とも解釈できる。

複数の隠喩も用いられている。「茶色い戦争」は、セピア色になり、人々の（作者の）記憶から遠ざかりつつある苦難の時代、「冬」も同様につらい思い出を表し、「ブランコ」は不安定な作者の心、「汚れ木綿」は作者が抱く自己のこれまでの環境、「観客様」は一般大衆、「鰯《いわし》」は常に同じ方向に向かって群れているものなどである。「サーカス」というタイトルそのものが、巨大な隠喩でもある。また、最初の五行は「て」「た」の夕行音、次の三行は「り」音、さらに次の二行は「だ」音と脚韻を踏んでいる。

❖主題・鑑賞

〈主題〉
自らが生まれた時代や、育った環境が暗く、つらいものであり、自分の文学も誰にも理解されないという満たされなさを比喩的に表現する。

〈鑑賞〉
サーカスの空中ブランコのロープが揺れるように、行ごとに書き出しの高さを変え、巧みなリフレインと隠喩（メタファー）に満ちた表現を味わうために、口調を工夫しながら音読してみたい。「ゆあーん　ゆよーん　ゆやゆよん」は、この詩を代表する擬態語だが、「頭倒《さか》さに手を垂れて」必死の演技をする曲芸師に詩人としての自己を重ね合わせ、自分の文学世界が「屋外」とは隔絶された狭い世界で揺れ、しかしやはり鰯のような観客には真の理解は期待できないという悲痛な叫び声として聞くこともできる。

永訣《えいけつ》の朝

宮澤賢治《みやざわけんじ》

❖作者解説

宮澤賢治（みやざわ・けんじ）　詩人・童話作家。一八九六（明治二九）年、岩手県に生まれる。盛岡高等農林学校卒業。中学校時代から短歌を作り、また仏教に関心を持った。一九一八年ごろから童話を書き始めた。農業学校の教師、農村指導者として活躍しながら、詩や童話の創作に励む。一九二四年、詩集『春と修《しゅ》羅《ら》』第一巻と童話集『注文の多い料理店』を自費刊行した。一九三三（昭和八）年没。三十八歳。作品の大部分は未発表のまま残されたが、死後紹介されて高く評価された。宗教・自然・科学を一体とした世界観、農民への温かい目、郷土的色彩が結びついて、独自の作品世界を作り上げている。多くの詩のほか、「オツベルと象」「風の又三郎」「銀河鉄道の夜」「どんぐりと山猫」「グスコーブドリの伝記」などの童話がある。

なお、若くして死んだ妹トシは、賢治にとって、「信仰を同じくするたったひとりのみちづれ」であり、その死は、賢治に単なる肉親の死以上の大きな衝撃を与えた。

❖出典解説

一九二四年に刊行された詩集『春と修羅《しゅら》』に収められている。本文は「新校本宮澤賢治全集」第二巻（一九九五年・筑摩書房）によった。

❖語句・表現の解説

二〇ページ

永訣《えいけつ》の朝　きょうを限りに永遠に別れる日の朝。「永訣」はながい別れ。死に別れ。その朝、医者から、この一日もたないだろうと、言われたという。

けふ《キョウ》のうちに　作者の妹トシは、一九二二（大正一一）年、十一月二十七日に死んだ。その日に死ぬことは、作者にも家族にも分かっていた。

とほ《オ》くへいつてしまふ《ウ》　死んでこの世からいなくなってしまう。

みぞれ　雪が暖かい空気のために一部とけて雨まじりに降るもの。氷雨《ひさめ》。雨雪。

へんにあかるいのだ　冬近くみぞれの降っている空があかるいことに、不安定な、不吉な感じを持ったのである。

あめゆじゆとてちてけんじや　教科書脚注参照。岩手県花巻地方の方言。これは妹のことばであるが、詩の前半で四回繰り返されている。死にかけた妹は、雪によってのどの渇きをいやしたいと思うと同時に、心の安らぎを得たいと思ったのであろう。

うすあかくいつさ《ソ》う陰惨《いんざん》な雲から　うすあかく、それだけにいっそう不吉ないやな感じのする雲から。「陰惨」は、むごたらしい様子をいうが、ここでは、暗い、不吉な雲の印象をこう表現している。

かけた陶椀《とうわん》　かけた陶器の飯わん。あとの方に「みなれたちやわんのこの藍《あい》のもやうにも／もうけふおまへはわかれてしまふ」（二二九・9、10）とあり、長年使ったためにいくらかかけているのであろう。

わたくしはまがつたてつぱ《ポ》うだまのや《ヨ》うに　鉄砲玉は、まっすぐに速く飛んでゆく。そのように「わたくし」も飛びだしたのだが、「まがつた」というところに、「わたくし」のあわてているようす、また心の苦しみが表れている。

二〇八ページ

蒼鉛《そうえん》いろの暗い雲から　「蒼鉛」は、教科書脚注参照。前の「うすあかくいつさう陰惨な雲」をさらに印象づけて表現したもの。

みぞれはびちよびちよ沈んでくる　みぞれが地面に向かって重く沈むように降っている様子。前には「ふつてくる」と表現したが、戸外へ出てみぞれに打たれている感じを「沈んでくる」と言ったのである。

わたくしをいつしやう《シヨウ》あかるくするために　わたくしを一生涯《しょうがい》明るく生きてゆけるようにするために。

けなげな　気丈な。

わたくしもまつすぐにすすんでいくから　妹の気持ちにこたえた「わたくし」の決意。おまえの願いのように、正しくまっすぐに進んでいくから。

あえぎ　息を切らして呼吸が苦しいこと。

銀河や太陽、気圏《きけん》などとよばれたせかいの　作者の科学的な教養と宗教的な気持ちが結びついた独自の宇宙観を表現している。果てしなく遠く、神秘的な宇宙のかなたから。

雪のさいごのひとわん　最後の食べ物とする雪のひとわん。

あぶなくたち　みぞれのために足もとがすべってあぶないのである。

二〇九ページ

雪と水とのまつしろな二相系をたもち　みぞれが雪と水とのまっしろな、固体と液体の二つの状態で共存していること。

つややか　つやがよくて美しいようす。［用例］祖母の顔はつややかで、八十歳には見えない。

もらつていか《コ》う　「とつていかう」でなく、「もらつていかう」と言ったのは、自然の、天の恵みをもらい受けるという敬虔《けいけん》な気持ちからである。

Ora Orade Shitori egumo　ローマ字。「おら　おらで　しとり　えぐも」と読む。花巻地方の方言で妹のことば。わたしはわたしでひとり行きます、の意。死を自覚し、ひとりではるかな死の旅に出ようとする悲痛な感慨を表す。ローマ字書きによって強く表現し、かつ音感を示している。『春と修羅』には、この作品のあとに「松の針」という詩がある。この詩には「ほんたうにおまへはひとりでいかうとするのか／わたくしにいつしよに行けとたのんでくれ／泣いてわたくしにさう言つてくれ」とあり、作者の悲しい思いをよんでいるが、妹は、ローマ字のことばの通り、そのような兄の思いを拒絶しているのだ。

びや《ヨ》うぶ　ふすまをつないだようなもので、室内に立てて風をさえぎり、物と物を隔てるために使う。ここでは、病人の枕《まくら》もとなどに立ててある。

かや　寝室につり下げて蚊《か》を防ぐ、目の細かい網。当時、肺炎や結核は、安静にするために冬でもかやをつったりした。

やさしくあを《オ》じろく燃えてゐ《イ》る　やつれてあおじろく、しかも熱のために燃えている。高熱の妹の燃え尽きようとする生命の最後の輝きを示している。

あんなおそろしいみだれたそらから　前にある「うすあかくいっさう陰惨な雲」(二〇七・5)、「蒼鉛いろの暗い雲」(二〇八・1)を強く主観的に表現した。

二一〇ページ

うまれでくるたて／こんどはこたにわりやのごとばかりで／くるしまなあよにうまれてくる　教科書脚注参照。「わりやのごとばかりで……」には、自分のためでなく、衆生のために苦しむ、という菩薩《ぼさつ》の心に通ずる気持ちが込められている。

どうかこれが兜率《とそつ》の天の食《じき》に変《かわ》つて／やがてはおまへ《エ》とみんなとに／聖《きよ》い資糧《かて》をもたらすことを　この清浄な雪の食べ物が、今あなたののどの渇きをいやすだけでなく、みんなの心の養いとなってくれるように、の意。菩薩心にめざめた妹のことばにこたえた「わたくし」の祈り、願いの内容を示している。祈りは「おまへ」だけでなく「みんな」へ広げられている。

わたくしのすべてのさいはひ《ワイ》をかけて　自分のいっさいの幸福を投げ出してもよい覚悟をもって。妹の死への悲しみから、宗教的なめざめに達した作者の堅い決意と真心を吐露《とろ》して結んでいる。

❖構成・主題

〈構成〉

口語自由詩。連構成をとっていないが、内容から次のように分けられる。(妹のことばは挿入として扱う。)

(1)(初め～二〇七・12)
臨終にあたっての妹の頼みで、外へ雨雪をとりに出る。

(2)(二〇七・13～二〇八・14)
妹の頼みの意味を悟り、自分もまっすぐ進むことを誓う。

(3)(二〇八・15～二一〇・4)
外に出て妹のために雨雪をとりながら、妹との別れを痛感し、けなげな妹の気持ちをたたえる。

(4)(二一〇・5～終わり)
ふたわんの雪に祈る作者の願い。

このほかに、(1)と(2)とで前半、(3)と(4)とで後半と二つに分ける分け方もある。

〈主題〉

死に別れていこうとしている妹への悲しみ、いとしさ、その激しい嘆きの感情が、妹に頼まれて雨雪をとりながら、妹のけなげな気持ちへの賛美、作者の宗教的な祈りにまで高まってゆく。哀切な心情をうたっている。

❖鑑賞・表現技法

〈鑑賞〉

肉親の死をいたむ詩は昔から数多く作られている（高村光太郎《たかむらこうたろう》の「レモン哀歌」もその一つ。）が、宮澤賢治のこの詩は、そのなかでも、悲しみの深さと叙情的な清らかさにおいて屈指のものといってよい。

全体にひしひしと宗教観と人間愛がみなぎって、「慟哭《どうこく》」というべき激しい悲しみが、宗教的な祈りにまで高められているのは、他の詩に見ることのできない境地ではなかろうか。

それは、一つには、妹トシが、作者賢治にとって、単なる肉親という以上に、精神的に結ばれた存在であったからでもある。その心の結びつきが、最後の祈りとなって結実するのである。

情景としては、東北地方の初冬、暗く不吉な空の色、そこからみぞれの降る不安定な自然がある。家の中の暗いびょうぶのかげに、青白くやつれ、熱にあえいでいる妹、死に瀕《ひん》している妹がいる。苦しい息の下からの妹の頼みをきいて、「わたくし」は茶わんを持って外に飛び出す。「（あめゆじゅとてちてけんじゃ）」という妹の言葉はリフレインされることによって、一種の象徴的な効果を上げている。戸外に出て雨雪をとりながら、「わたくし」は死に臨んだ妹のことばの意味を悟る。信仰の道を一にする兄と妹の心の通い合いが、ここにはある。妹の気持ちにこたえて、「わたくし」は「わたくしもまっすぐにすすんでいくから」と決意をする。後半では、妹との別れを痛感しながらも、けなげな妹をたたえ、雪に託して妹のために祈るのである。

作者の感動はしだいに高まり、たたみかけられて、終わりの五行に凝縮する。劇でいえばクライマックスに達する。そこに達するまでの心情の動き、表現の工夫をじっくり味わいたい。

〈表現技法〉

表現技法の特色としては、次の点があげられる。

●**繰り返し（リフレイン）**――「わたくしのいもうとよ」（二〇七・2）、「わたくしのけなげないもうとよ」（二〇八・8、二〇九・14）という繰り返しは、よびかけのことばであることによって、哀切な感じを強めている。（あめゆじゅとてちてけんじゃ）は四回繰り返されて、臨終にあたっての妹のせつない気持ち、それを聞く「わたくし」の胸のしめつけられるような思いを強めている。

●**方言**――（　）に入った妹のことばはいずれも方言で書かれている。これが、妹のイメージを、具体的なものにし、また、詩全体に郷土のにおいを加えている。Ora Orade Shitori egumo と、方言をローマ字で書いたところは、技法として新鮮な感じを与え、音、そのものが純粋な形で読み手に伝わり、方言の音の美しさも実感される。「**語句・表現の解説**」参照。

●**平仮名の多用**――宮澤賢治の詩には、仏教用語、科学用語等の漢語を使ったものもかなりあるが、この詩は、平仮名が多いことが特徴である。妹との小さいときからの交遊の思い出が、こうした平仮名の多い、やさしい形の表現をとらせたのだと思われる。詩全体に童話的な雰囲気を作り出している。

❖発問の解説

1 （二〇七ページ）「まがつたてつぽうだまのやうに」とはどのようなことか。

解説　「語句・表現の解説」参照。

2 （二〇九ページ）「やさしくあをじろく燃えてゐる」とはどのようなことか。

解説　「語句・表現の解説」参照。

❖理解・表現の解説

〈理解〉

(1)　それぞれの詩の作者について、経歴や作風などを調べなさい。

解説　「作者解説」参照。

(2)　「小景異情」について、次の問いに答えなさい。

ⓐ作者は、この詩をどこで詠んでいるか。また、「そのこころ」（二〇四・8）とはどのような「こころ」か、それぞれ考えなさい。

解説　「語句・表現の解説」参照。

ⓑ「ふるさとは遠きにありて思ふもの」（二〇四・1）とあるが、それはなぜか、考えなさい。

解説　「サーカス」〈鑑賞〉参照。

(3)　「サーカス」について。

ⓐ「観客様はみな鰯」（二〇六・6）という比喩表現はどのようなことを表しているか、説明しなさい。

解説　「語句・表現の解説」参照。

ⓑ「落下傘奴のノスタルヂアと／ゆあーん　ゆよーん　ゆやゆよん」（二〇六・11）に表されている作者の心情を説明しなさい。

解説　「語句・表現の解説」参照。

(4)　「永訣の朝」について。

ⓐ「Ora Orade Shitori egumo」（二〇九・9）がローマ字表記になっているのはなぜか、説明しなさい。

解説　「トシ子」の、死を見据えた絶対的な認識が、突出して作者の耳に届いた、その特殊な感覚をこのローマ字で表現していると言えるだろう（「表現技法」参照）。効果としては、作者のその場の心情がより身近に感じることがあげられる。その場で作者が感じた、「いもうと」のやさしい気持ちや、けなげな決意が、直に伝わってくる。特にローマ字の部分は、視覚よりも音で伝わり、一音一音がしみ通るように読み手の心に入ってくる。

ⓑとし子はどのような存在として表されているか、また、作者がとし子に寄せる思いはどのようなものか、詩全体を踏まえ

て説明しなさい。

解説 「作者解説」、「語句・表現の解説」の「Ora Orade…」と「どうかこれが兜率の…」と「わたくしのすべてのさいはひをかけて」などの項目、「鑑賞」を参考にして考えよう。

〈表現〉

(1) **それぞれの詩を朗読してみよう。その際には、構成・リズムに注意して、朗読のしかたを工夫してみよう。**

解説 行空きのところや七音・五音の繰り返し、会話文や方言などの読み方に注意しよう。

(2) **三編の詩から自分がもっとも気に入った詩を選び、四〇〇字程度の鑑賞文を書いてみよう。**

解説 それぞれの詩の〈鑑賞〉などを参考にする。

(3) **明治・大正期に活躍した他の詩人について調べ、自分の気に入った詩と、その理由を発表してみよう。**

解説 明治生まれの詩人には、島崎藤村・北原白秋・高村光太郎・山村暮鳥・萩原朔太郎・佐藤春夫・金子光晴・中野重治・草野心平・八木重吉・山之口貘・三好達治・丸山薫・立原道造・伊藤静雄・西脇順三郎・安西冬衛・北川冬彦・菅原克己などがいる。大正生まれの詩人には、黒田三郎・石垣りん・茨木のり子・吉野弘などがいる。

気に入った詩が見つかったら、作者のプロフィールや詩が作られた背景、表現の特徴なども調べてみよう。

短歌

正《まさ》岡《おか》子《し》規《き》ほか

❖学習の視点

1　短歌の限られた字数に込められた作者の思いを捉える。
2　定型の枠組みから逸脱しようと試みる作者の工夫を捉える。
3　語句のつながりに着目して情景を思い描き、主題を捉える。

❖歌の解説

■正岡子規

●今やかの……

〈歌意〉　今やグラウンドのあの三つのベースに走者が立っているのを見ると、わけもなく胸のうちが騒ぐ。

〈鑑賞〉　正岡子規は偉大な「野球人」に挙げられている。それは、子規が野球用語をたくさん訳したからであり、「直球」「打者」などは現在でも使われている。この歌は満塁の好機に平常心ではいられない作者のようすが歌われている。

〈出典〉　この歌は「明治文学全集」第五三巻（一九七五年・筑摩書房刊）によった。

●瓶《かめ》にさす……

〈歌意〉　瓶にさしてある藤の花は短いので、たたみの上に届きそうで届かないなあ。

〈鑑賞〉　病床にあった子規は枕もとに生けられた藤の花を見ていた。子規は病気が治らない自分をたたみの上に届きそうで届かない藤の花に重ね合わせていたとも考えられる。もどかしい気分が伝わってくる。

〈出典〉　この歌は「現代短歌全集」第一巻（一九八〇年・筑摩書房刊）によった。

〈作者〉　**正岡子規**（まさおか・しき）俳人。歌人。一八六七（慶応三）―一九〇二（明治三五）年。愛媛県生まれ。東京帝国大学哲学科中退。多方面にわたる創作活動を行い、明治を代表する文学者として、近代文学に大きな影響を及ぼした。随想・日記に『墨汁一滴』『病床六尺』などがある。

■与謝野晶子

●髪五尺……

〈歌意〉　五尺の髪を水に解き放てば何と多いことか、でも自分が大事にしている少女《おとめ》ごころは胸の内に秘めて放つことはしない。

〈鑑賞〉　この歌は、歌集『みだれ髪』に収められている。この歌集には当時の女性の考え方がよく現われていると言われている。この歌髪は女性人生そのものを表すと言われるが、普段は長い髪を結って、当時の女性の立場に合わせるべく自分を律していた。しかし、胸の内には熱い情熱がうずまいていたのである。

●なにとなく……

〈歌意〉　なんとなく恋人が待っているような気がして、家を出てきたら花が咲く野に美しい夕月がかかっていたことよ。

〈鑑賞〉　確証があったわけではないが、外に出たのは君が待っているような気がしたからである。「君」は内容から恋人であると考えられる。夢見心地に野に出てきたところ、恋人はいなくて折しも美しい夕月が出ているのが見えたのである。

〈出典〉　この歌は「現代短歌全集」第一巻（一九八〇年・筑摩書房刊）によった。

〈作者〉　**与謝野晶子**（よさの・あきこ）歌人。思想家。一八七八（明治一一）—一九四二（昭和一七）年。堺女学校卒業。歌集『みだれ髪』では、女性の自我を大らかに歌い、世間の評判を呼んだ。著書に『全訳源氏物語』『与謝野晶子歌集』などがある。

■釈《しゃく》　迢空《ちょうくう》

●葛《くず》の花……

〈語句〉

踏みしだく　踏んで、めちゃくちゃにする。踏みにじる。ここでは、花が踏みつぶされているようす。

行きし人あり　「し」は過去の助動詞「き」の連体形。自分より先に通って行った人があるのだ、の意。

〈歌意〉　葛の花が、踏みつぶされていて、まだ色は新しい。こんな山道をのぼっていった人があったのだ。

〈鑑賞〉　山の斜面を登っていて、ふと、葛の花が踏みつぶされて、赤紫色がまだなまなましいのに気づく。おや、先に登っていった人がいたのだ、と驚きと懐かしさを感じている。「て、」と読点を打ったところに、「色あたらし」と「行きし人」との間に流れた時間を示す。

●桜の花……

〈歌意〉　目の前に桜の花がちらちらと散る、そのようにちりぢりばらばらに、四方へ散り別れてしまう。遠い国の知り人の一人に、君もなってしまうにちがいない。

〈鑑賞〉　「卒業する人々に」と題されているので、「君」は、学生らをさしているのであろう。「別れの悲しみ」が、あきらめに似た心情で歌われている。

〈作者〉　釈迢空（しゃく・ちょうくう）　民俗学者・国文学者・歌人・詩人。一八八七―一九五三年、大阪府生まれ。本名の折口《おりくち》信夫《しのぶ》は、学者の仕事で使った。国学院大学国文科卒。「東京根岸《ねぎし》短歌会」に出て、土屋文明・斎藤茂吉などと知り合い、のち「アララギ」の同人となるが、四年で離れる。そののち白秋の「日光」同人になり、処女歌集『海やまのあひだ』を刊行する。また、民俗学の柳田国男と知り合い、民間伝承採訪の旅に出た。養子とした藤井春洋が大戦で戦死し、大きな衝撃を受けた。歌集に『倭《やまと》をぐな』、小説に『死者の書』などがある。

〈出典〉　この歌は「現代短歌全集」第5巻（一九八〇年・筑摩書房）、「筑摩現代文学大系」15巻（一九七八年・筑摩書房）によった。

■　斎藤《さいとう》　史《ふみ》

●暴力の……

〈語句〉

ひねもす　「終日」と書く。朝から晩まで、一日中の意。

〈歌意〉　暴力がこんなにも美しいとされる世の中に生きていて、わたしは一日中子どもに子守歌を歌っているのだ。

〈鑑賞〉　作者の斎藤史の父瀏《りゅう》は軍人で、一九三六年の二・二六事件で反乱幇助《ほうじょ》の罪で位階勲等を剝奪《はくだつ》され、五年の禁固刑になった。この事件では、ほかに史の小学校時代の同級生など、友人や知人が何人も処刑され、史のその後の作品に長く影響を与える。

　この作品は、第一歌集『魚歌《ぎょか》』の中の「濁流」に収められたもので、「五月廿日、章子生る。同廿九日、父反乱幇助の故を以て衛戍刑務所に拘置せらる。」という詞書きがされていて、この作品もまた、二・二六事件に関わる歌であることがわかる。

　二・二六事件当時、史は実行者たちの純粋な思いが、しだいに大きなうねりとなって止めようもなく「濁流」となって流れ出したのを間近で見ていた。しかも、関わった友人たちは、ほとんど秘密裏《り》の裁判で死刑判決を受けて、すぐに処刑されてしまった。彼女はそれを身近で体験しながら、子どもを育て始めた。「暴力」を讃美したわけではないが、押しつぶされて反乱の汚名を着せられた者たちの無念さもわかっているのである。

　事件後、当事者の家族として世間から孤立して生きた、作者の辛く、複雑な思いが込められた歌である。

●恋よりも……

〈語句〉

あくがれ　心が強く惹《ひ》かれること。あこがれ。

〈歌意〉　恋よりも凪にあこがれてしまった。わたしのまわりを音をたてて吹きすさぶ風のものたちに。

〈鑑賞〉　「吟へる」は、「さ迷う」から来ているのだろう。自由に束縛なく吹き過ぎる風に、恋以上の強いあこがれを持ったという歌。多くの困難に縛られ生活していた、作者の自由への渇望が読み取れる。
〈作者〉　斎藤史（さいとう・ふみ）　歌人。一九〇九―二〇〇二年、東京都生まれ。二・二六事件に当事者の家族として関わった思いが第一歌集『魚歌』の中の「濁流」に詠まれている。戦後は疎開先の長野県に定住した。「原型」を主宰した。歌集に『秋天瑠璃』『ひたくれなゐ』などがある。
〈出典〉　この歌は「昭和文学全集」第35巻（一九九〇年・小学館刊）によった。

■　近藤芳美

●あらはなる……

〈歌意〉　あらわになっているきみのうなじに流れ雪が降っているときに、ささやき告げようあなたはもう妻のようだと。
〈鑑賞〉　「妹《いも》」は男性が女性に対して親しんでいう語で、主として妻や恋人に言う場合に用いる。寒風にまじって雪が降ってきており、髪を結っているきみはうなじがあらわになっている。そこに雪が降りかかり、作者はきみにいっそういとしさを感じている。作者は、きみのうなじに流れ雪が降っている今このときに、愛の言葉をささやいたのである。
〈出典〉　この歌は「現代短歌全集」第一〇巻（一九八〇年・筑摩書房刊）によった。

●降り過ぎて……

〈歌意〉　雨がたくさん降って又くもっている街をすきとおる硝子《ガラス》の板を背負って歩いた。
〈鑑賞〉　雨空、くもり空、透きとおる硝子、と素材を並べただけのような歌であり、短歌は人々の実感に基づきリアリズムを重視すべきだと主張した作者らしさが現れていると言える。背負っているすきとおる硝子の板は作者自身のようであり、状況に流されず、独自の道を歩もうという決意のようなものも感じられる。
〈出典〉　この歌は「現代短歌全集」第一〇巻（一九八〇年・筑摩書房刊）によった。
〈作者〉　近藤芳美（こんどう・よしみ）　歌人。一九一三（大正二）―二〇〇六（平成一八）年。父の赴任先だった朝鮮の馬山の生まれ。東京工業大学卒業。戦後の歌壇をけん引する歌人として活動した。建築家としての顔ももつ。歌集に『早春歌』、著書に『短歌入門』などがある。

■　山﨑方代

●茶碗《ちゃわん》の底に……

〈歌意〉　茶碗の底に梅干しが二つ並んでいる、ああこれが愛というものだ。

〈鑑賞〉　放浪の生活をしていた方代《ほうだい》にとって、普通の人にとっては何でもないような日常の生活に魅力を感じていたのだろう。最近になって、方代の歌とその生き方に共感する人が増えているのは興味深いことである。
〈出典〉　この歌は「現代短歌全集」第一二巻（一九八〇年・筑摩書房刊）によった。

●こんなにも……

〈歌意〉　こんなにも湯呑《ゆの》み茶碗はあたたかいので、私はしどろもどろになっている。
〈鑑賞〉　「しどろもどろ」は、ここではとまどいのような気持ちを表している。方代は家庭をもたずに、援助者の好意に頼って生活していた。一碗のお茶の温かさにも心が揺れるほど、孤独な生活をしていたと考えられる。方代にとって、人生は「しどろもどろ」としか言いようのないものだった。
〈出典〉　この歌は「現代短歌全集」第一六巻（一九八〇年・筑摩書房刊）によった。
〈作者〉　**山崎方代**（やまざき・ほうだい）歌人。一九一四（大正三）—八五（昭和六〇）年。山梨県生まれ。尋常高等小学校卒業。戦後、放浪の生活を続けながら文芸活動を再開、同人誌などに短歌を寄稿した。歌集に『方代』『こおろぎ』などがある。

■岡井　隆

●肺尖《はいせん》の……

〈歌意〉　肺尖がくもっている写真が届いているのだが、その患者である少年工は幾日も来ないままである。
〈鑑賞〉　岡井は内科医としての顔ももっていた。岡井がレントゲンを撮った少年工の写真が届いていて、それは肺の病気を示すものになっているのだが、当人の少年工は病院に何日も来ないままである。少年工を案じる岡井のとまどいのような気持ちが伝わってくる。

●ホメロスを……

〈歌意〉　ホメロスを読もう、春の潮騒《しおさい》のとどろく窓を通して光を集めて。
〈鑑賞〉　いきなり「ホメロスを読まばや」とくるのだから、面くらう。古代ギリシャの叙事詩にあこがれを感じたのか。「窓ゆ光あつめて」に希望を見出そうとする作者の前向きな姿勢が感じられる。
〈出典〉　この歌は「昭和文学全集」第三五巻（一九九〇年・小学館刊）によった。
〈作者〉　**岡井隆**（おかい・たかし）歌人。詩人。評論家。一九二八（昭和三）—二〇二〇年（令和二）年。愛知県生まれ。慶應義塾大学医学部卒業。一九七〇年までは医師としても働いていた。

前衛短歌の三雄の一人。
歌集に『岡井隆歌集』、評論に『韻律とモチーフ』などがある。

■馬場《ばば》あき子《こ》

●いのち深く……

〈歌意〉わたしのいのちの奥底にあるあたたかいところに少女のころの夢があることを、年を取るにしたがって次第に忘れてしまった。

〈鑑賞〉若いころ、希望に満ち、あたたかい心を持っていた少女も、さまざまな経験をして、年を取るにしたがって次第に夢を失っていく。そのときになって思い返してみると、その夢を持っていたところこそ、自分のいのちのもっとも深く、大切な部分であったのだ。年を取り、改めて知った希望の意味だろう。

●さくら花……

〈歌意〉毎年花を付けるさくらよ、どれだけの春を過ごして老いてゆくのか。その身に生き生きとした水の流れる音がひびいている。

〈鑑賞〉毎年美しい花を咲かせるさくらは、人より長い年月をかけて年をとる。このときにも、幹に流れる音がひびくように生き生きとしているよ。

〈作者〉馬場あき子（ばば・あきこ）歌人。評論家。一九二八年、東京都生まれ。日本女子高等学院（現、昭和女子大）卒業後、中学・高校の教員を勤める。高等学院時代に「まひる野」に参加する。また、能の喜多流宗家に入門する。一九五七年、第一歌集「早笛《はやふえ》」刊行。その後、「青年歌人会議」に参加し、岡井隆・寺山《てらやま》修司《しゅうじ》・塚本邦雄《つかもとくにお》らと知り合う。六一年発足の「東京歌人集会」などにも参加し、現代短歌運動の中心メンバーとして活躍する。退職後には、歌誌「かりん」を創刊、主宰。能楽や中世文学に造詣が深い。主な歌集に『無限花序』『飛花抄』『桜花伝承《おうかでんしょう》』など、評論集に『式子内親王《しょくしないしんのう》』『鬼の研究』などがある。

〈出典〉「いのち深く」は『青椿抄』（一九九七年・砂子屋書房）によった。

●子がわれか……

〈歌意〉子供が自分なのか、自分が子供なのかわからなくなるほど、一緒に子供を抱いてお風呂に入り、一緒に眠った。

〈鑑賞〉作者は、当時子育ての真っ最中だった。常に一緒にいて接触している母子は、どこまでが自分で、どこからが相手かがわからないほど互いを共有し、一体化した関係にあったのである。

●たっぷりと……

〈歌意〉ゆたかな真水をたたえ、静かでくらい色をした湖という器を近江と言うよ。

〈鑑賞〉琵琶湖を大きな「器」にたとえている。「たっぷりと真水を抱き」で、湖のゆたかな水量を表現し、「しづもれる昏き」から、水面の静かで暗い色を想像させる。「近江」という旧国名を使うことによって、昔より変わらぬ琵琶湖の姿も印象づけている。

〈出典〉 この歌は『河野裕子歌集』（一九九一年・砂小屋書房刊）によった。

〈作者〉 **河野裕子**（かわの・ゆうこ）歌人。一九四六（昭和二一）—二〇一〇（平成二二）年。熊本県生まれ。京都女子大学文学部国文科卒業。新鮮なことばで女性の心をのびやかに歌った。歌集に『森のやうに獣のやうに』、随筆に『現代うた景色』などがある。

■ 李《イ》　正子《チョンジャ》

●秋の灯の……

〈語句〉

青唐辛子　唐辛子は、韓国《かんこく》・朝鮮の家庭料理には欠かせない。

〈歌意〉 秋の夕暮れ、台所の電灯の下で母と青唐辛子を煮ていると、その匂いが辛く匂ってくるのだった。

〈鑑賞〉 作者の李正子は、在日韓国・朝鮮人二世である。日本で生まれ、日本語の教育を受けて育った。しかし在日二世であるということは、いつも彼女につきまとっていたという。母と韓国・朝鮮の伝統料理を作りながらも、唐辛子の匂いがことさらに辛く匂ってくるのは、日本で育ちながら日本に完全に溶け込むことのない意識が、作者につきまとっているからであろう。

●〈生まれたら……

〈語句〉

語彙　用いられる語の総体。**用例**英語の語彙力を試される。

〈歌意〉「生まれたらそこがふるさと」という美しいことばを見て、そのことばにつらくなって、絵本を閉じる。

〈鑑賞〉『ナグネタリョン　永遠の旅人』の巻末にこの作品にまつわる話が書かれている。

この「絵本」というのは、作者とは丁度逆の立場の日本人の少女が主人公の物語である。植民地下の朝鮮で育ったその少女の物語に、「生まれたらそこがふるさと」ということばが出てきた。物語の少女は、このことばによって、ふるさとと思ってはいけない朝鮮への望郷の思いと、拭いきれない加害の意識の葛藤から解き放たれたというが、逆に作者李正子は、このことばを前に吐息したという。「私の胸をこんなにも、やさしく打ちながら深い哀しみを誘う言葉があったでしょうか。」と書いている。

作者にとって「ふるさと」とはどこなのか。否応なく日本に生まれ育ちながら、日本の法制度によって在日であることを意識させられる作者にとって、「生まれたらそこがふるさと」ということばは、簡単には了解のできない、優しく苦しいことばである。

〈作者〉 **李正子**（イ・チョンジャ）歌人。一九四七年、三重県生まれ。作者の父は韓国の普州生まれで、一九歳の時に労働者募集に応じて来日し、その後日本の対朝鮮政策によって帰国できずに永住することになった。正子は、高校在学中から「朝日歌壇」に投稿していて、選者である近藤芳美に認められて、「未来」に入会する。在日二世の思いをつづる歌が多い。歌集に『鳳仙花《ポンソナ》のうた』『ナグネタリョン』、エッセイ集に『ふりむけば日本』がある。本文は『ナグネタリョン　永遠の旅人』（一九九一年・河出書房新社刊）によった。

■穂村　弘

●サバンナの……

〈歌意〉サバンナの象のうんこよ聞いてほしい、だるい・せつない・こわい・さみしい、この気持ちを。

〈鑑賞〉「だるいせつないこわいさみしい」という思いと無縁な人はいないのではないだろうか。しかし、こういう思いはなかなか率直には言えないというのも事実ではないか。でも「サバンナの象のうんこ」になら、打ち明けることはできるかもしれないと作者は歌う。

●ほんとうに……

〈歌意〉ほんとうに自分が流した涙だろうか、冷蔵庫の卵置き場に落ちる涙は。

〈鑑賞〉冷蔵庫を開けて中をのぞき込んでいるうちに、知らずに涙を落としていた。悲しいことがあったか、悔しいことがあったか、不覚にも流した涙は、自分でも意識しなかった自らの思いを露わにしてしまったのだ。

〈作者〉穂村　弘（ほむら・ひろし）歌人。エッセイスト。一九六二（昭和三七）年、北海道生まれ。上智大学文学部英文学科卒業。「ニューウェーブ短歌」運動を推進した。現代短歌を代表する一人。歌集に『シンジケート』『ドライドライアイス』など。エッセイに『ぼくの宝物絵本』などがある。

〈出典〉この歌は『ラインマーカーズ』（二〇〇三年・小学館刊）によった。

❖理解の解説

(1)　それぞれの短歌について、次の問いを説明しなさい。

ⓐ「三つのベースに人満ちて」（二一一・2）とは何のことか。

解答例　野球の一場面であり、三つのベースに走者がそれぞれいるということ。「満塁」ということ。

ⓑ「なにとなく」（同・6）の歌は、どのような気持ちをうたったものか。

解答例　なんとなく恋人が待っているような気がして、外に出てみたときの作者のうかれたような、恋人が待っていることを期待する気持ち。

ⓒ「遠きひとり」（同・10）は、作者とどのような関係にある

か。

解答例　教員として教えた教え子。

ⓓ「風の一族」（二一三・3）がたとえているものは何か。

解答例　束縛から逃れた自由なるもの。

ⓔ「街」（同・6）は、どのような光景だと想像できるか。

解答例　雨がたくさん降ったあとに、曇り空になっていて青空が見えない光景。

ⓕ「しどろもどろに」（同・9）から何がうかがえるか。

解答例　湯呑茶碗のあたたかさが象徴するような生活のあたたかさにとまどっている作者の様子。

　作者は接することのあまりない、家庭生活のあたたかさに触れてとまどっている。

ⓖ「ホメロスを読まばや」（同・12）には、どのような思いが込められているか。

解答例　希望につながる何かしらの手がかりになるものを求めたいという高揚した気持ち。

ⓗ「をとめごのゆめ」（二一四・2）とは、誰のどのような夢か。

解説　〈鑑賞〉参照。

ⓘ「子がわれか」（同・5）の歌には、母子のどのような関係が詠まれているか。

解答例　母と子が一体になっている関係。

ⓙなぜ「うつくしき語彙にくるし」（同・9）むのか。

解説　〈鑑賞〉参照。

ⓚ「サバンナの象のうんこ」（同・11）は何を表しているか。

解答例　何でも打ち明けられ、黙って聞いてくれる存在。

死にたまふ母

斎《さい》藤《とう》茂《も》吉《きち》

❖学習の視点

1　一つの主題による連作の連続性を理解し、作者の心情を読み取る。

❖作者解説

斎藤茂吉（さいとう・もきち）　歌人・医師。別号、童馬山房主人。一八八二（明治一五）年、山形県に生まれる。東京大学医学部卒業。伊藤左千夫《いとうさちお》に師事し、「馬酔木《あしび》」「アララギ」に短歌や評論を発表し、一九一一年ごろから「アララギ」の編集に携わった。左千夫没後は島木赤彦らと「アララギ派」の中心的歌人として知られるようになった。一九一三（大正二）年、歌集『赤光《しやっこう》』を出して注目され、その後『あらたま』『白き山』など、多くの歌集を発表した。近代短歌を代表する歌人であると同時に、研究・評論の業績も多い。『万葉集』『金槐集《きんかい》』『山家集《さんか》』などの古典や、正岡子規・伊藤左千夫などに関する研究・評論も多く、特に『柿本人麿』全五巻によって帝国学士院賞を、一九五一年、文化勲章受章。一九五三（昭和二八）年没。七十一歳。

❖出典解説

本文は、『赤光』に収められている連作「死にたまふ母」五九首から選んだもので、「現代日本文学大系」第三八巻（一九六九年・筑摩書房刊）によっている。

❖歌の解説

二一五ページ

みちのくの母のいのちを一目見ん一目みんとぞいそぐなりけれ

〈歌意〉　郷里のみちのくで病んでいる母は、危篤状態である。その母の状態を一目見ようと思ってひたすら急いでいることよ。

〈鑑賞〉　母の死に会えないかもしれないという切迫した気持ちが「一目見ん一目みん」というくり返しに凝縮して、強い響きを残す歌である。また、「いそぐなりけれ」は文法的に破格である。係助詞「ぞ」の結びは連体形の「ける」でなければならない。また已然形「けれ」が結びなら、係助詞は「こそ」になるはずだ。ここでは「ぞ」に対して「なりけれ」と破格にして、強い響きを出し、切迫した感じを表しているのである。

灯《ともし》あかき都をいでてゆく姿かりそめ旅とひと見るらんか

〈歌意〉　繁華街の灯が明るい夜の東京を、みちのくへ向かって旅立とうとしている自分の姿を、人は、ちょっとした旅に出るものと思うだろうか。三句切れ。

〈鑑賞〉　上野駅で、列車の座席に座って出発を待っていると思われる。さまざまな人々が、それぞれの思いを抱いて行き来している駅。にぎやかだが、その中で、「私」のみちのくの母への思いは、人には分からない、という孤独感が表現されている。

吾妻《あづま》やまに雪かがやけばみちのくの我が母の国に汽車入りにけり

〈歌意〉　福島との県境にある吾妻やまに雪がかがやいている、みちのくの母の国、山形県に汽車は入ったのだ。

〈鑑賞〉　吾妻山は、「みちのくの我が母の国」への入り口のように意識されている。しだいに母に近づいてきているのだが、それでももどかしい気持ちが読みとれる。

はるばると薬をもちて来《こ》しわれを目守《まも》りたまへ《エ》りわれは子なれば

〈歌意〉　母のもとに着いて、その傍らに座っているのであろう。医者である「私」ははるばると薬を持って来たのだ。その「私」に、母はただ目で語りかけて来られる。「私」は子どもなのだから。四句切れ。

〈鑑賞〉　病床の母と向かい合い、目でわが子に語りかける母の気持ちを、「私」は痛いほどに感じる。「われは子なれば」が、母子の姿を強く印象づける。

死に近き母に添寝《そいね》のしんしんと遠田《とおた》のかはづ《ワズ》天に聞《きこ》ゆる

〈歌意〉　死の時の迫った母に添寝していると、夜はふけわたり、おやみなく鳴く遠田の蛙《かわず》の声が空高く聞こえている。

〈鑑賞〉　「しんしんと」は、作者茂吉が、この時期、しばしば使った言葉で、雪が降るとき、夜がふけるときなどの形容であるが、切迫した心情を表現してみごとである。ふけてゆく夜、遠田のかわずの声の高まり、死の時を目前にした母、それらが渾然《こんぜん》として、耐えがたい悲痛な心情をかもし出している。この連作の中の一つのクライマックスともいえる絶唱である。

桑の香の青くただよふ《ウ》朝明《あさあけ》に堪へ《エ》がたければ母呼びにけり

〈歌意〉　添寝の一夜が明けて、母の部屋を出てみると、蚕室の桑の香が青く流れてくる。そこで、張りつめた心に堪えがたい悲しみを感じて、思わず母を呼んだことだ。

〈鑑賞〉　この地方は、かつて養蚕が盛んで、作者の家も例外ではなかった。家の周りは桑畑で、蚕室にも桑の青葉の香りが漂っている。その香りを「青くただよふ」と表現したところに、明け方の薄緑の空気が感覚として感じられる。下の句のやるせない悲しみの背景として効果をあげている。桑畑や蚕室は、作者にとって、幼い日の思い出であり、死にゆく母とも切り離し難く結びついたものであったろう。

母が目をしまし離《か》れ来て目守りたりあな悲しもよ蚕《かうこ》のねむり

〈歌意〉　死にゆこうとする母の目をしばらく離れて来て、蚕室へ入り、蚕の一心にねむる姿を見守っていたことだ。すると、間もなく母を失うのだ、という悲しみが、胸をつき上げてくる。「しまし」は、「しばし」に同じ。しばらく、の意。「あな」は「ああ」。三句、四句切れ。

〈鑑賞〉　蚕は、四回の眠りを経て成長し、糸を吐き出して繭を作る。ちょうどその眠りの時期だったのである。蚕の眠りは生きるための一つの過程であるが、母は、永遠の眠りにつこうとしている。「蚕のねむり」を「悲しもよ」と見ることによって、母を失う悲しみの心情が、ある屈折を伴って読む者の心にひびく。

我が母よ死にたまひ《イ》ゆく我が母よ我《わ》を生まし乳《ち》足らひ《イ》し母よ

〈歌意〉　今、この時、死んでゆこうとする我が母、「私」を生んだ、乳の豊かに十分であった母よ。「乳足らひし」は「足乳ねの母」からの造語。一句、三句切れ。

〈鑑賞〉　母の死の瞬間、母に向かって呼びかける歌である。「母よ」が一首の中に三回出る。また、一句目と二、三句目、さらに四、五句がたたみかけるような形のリフレインになっていること、しかも、全くの主観的な表現からできていることが特徴である。この連作の中で、悲傷の最も高まった頂点を示している。

のど赤き玄鳥《つばくらめ》ふたつ屋梁《はり》にゐ《イ》て足乳《たらち》ねの母は死にたまふ《ウ》なり

〈歌意〉　家の梁に、のどの赤いつばめがふたつとまっていて、家の中では、母が、今や死のうとしているよ。「屋梁」は、建物で、屋根の重みを支えるために、棟木《むなぎ》と直角に柱の上に渡した材木のこと。

〈鑑賞〉　これも、母の死の瞬間を詠んでいるが、前の「我が母よ」とは対照的に、主観的な言葉は一つもなく、目にしたものを歌っている。しかし、上の句の「のど赤き玄鳥」の鮮やかなイメージと、下の句のせっぱつまった情景との間の、微妙な結びつきの中に、絶対的な〝悲しみ〟が表現されている、と言えよう。

おきな草口あかく咲く野の道に光ながれて我ら行きつも

〈歌意〉　野の道には、おきな草が口をあかく見せて咲き、日の光が流れている。その中を、母の遺体を葬るために、「私」たちは歩いて行くよ。

〈鑑賞〉　亡くなった母の遺体を焼く所へ運ぶ挽歌《ばんか》である。次の歌には、母を焼くのが夜であるように詠まれているところを見ると「光ながれて」の「光」は夕日かとも思われる。「おきな草」のイメージが、幼時の記憶、母の記憶を呼びおこす。

二一六ページ

わが母を焼かねばならぬ火を持てり天《あま》つ空には見るものもなし

〈歌意〉　死んだ母の遺体を焼くための火を持って歩いている、いつも空にある星も、夕日も、母の葬りの火に黙しているように、何にもない。三句切れ。

〈鑑賞〉　「天つ空には見るものもなし」という強い言い切りの表現に、いよいよ母のなきがらを焼かなければならない時が迫って、こみあげてくる悲しみの心情が読みとれる。

星のゐ《イ》る夜ぞらのもとに赤赤とははそはの母は燃えゆきにけり

〈歌意〉　星の空にいる夜空のもとで、赤い炎を上げて、母の体は燃えてゆくことよ。

〈鑑賞〉　作者は、この時の儀式について「火葬場は稲田のあいだの凹所を石垣をもって囲い、棺を薪と藁《わら》とで蔽《おお》ってそうして焼くのである。火は終夜燃え、夜の明け放つころにすっかり燃えてしまうのである。」（『作歌十年』）と言っている。田んぼの間の窪地《くぼち》の素朴な火葬場、肉親が見守るなかで、赤々と燃えてゆく遺体。空には星がまたたいている。この歌も、事実そのままを直線的に歌いながら、何ともいえない悲痛な思いがにじみ出ている。

はふ《ほう》り火を守りこよひ《イ》は更けにけり今夜の天《てん》のいつくしきかも

〈歌意〉　母のなきがらを焼く火を守りながら、今宵はもうかなり更けた。母が野にかえる火が焦がした今夜の天体は、なんとおごそかなことか。「はふり火」は「葬いの火」、つまり、母を焼く火。「はふり」は「はぶり」（葬り）と同じ。三句切れ。「いつくし」は、①おごそかで、りっぱだ。②整って美しい。ここでは①。

〈鑑賞〉　葬りの火を見守って過ごした一夜が明け、そこに広がる情景の全体を歌っている。敬虔《けん》な、荘厳な思いが「いつくしきかも」に凝縮している。

灰のなかに母をひろへ《エ》り朝日子《あさひこ》ののぼるがなかに母をひろへ《エ》り

〈歌意〉　一夜が明けて、朝日がのぼるころ、母の遺体はすっかり焼けてしまっている。その灰の中から骨をひろったことだ。

「朝日子」の「子」は、親しみを添える接尾語。二句切れ。

〈鑑賞〉　母の骨をひろっているのだが、「母をひろへり」とした点、むだな言葉を省いて、つきつめた気持ちを強調している。また「母をひろへり」というくり返しに、祈りに似た鎮魂の響きが感じとれる。

どくだみも薊《あざみ》の花も焼けゐ《イ》たり人葬所《ひとほうりど》の天明《あめ》けぬれば

〈歌意〉　母を焼いた野の火葬場の夜が明けてみると、周りのどくだみも薊の花も赤黒く焼けている。三句切れ。

〈鑑賞〉　どくだみも薊も、故郷の自然の中で日常的にしばしば目にする草である。「人葬所」が、稲田の間の凹みに作られ、自然のただ中にあったことがよくわかる。どくだみや薊といっしょに焼かれて自然に還《かえ》った母を思って、感慨にとらわれている。

かぎろひの春なりければ木の芽みな吹き出《いず》る山べ行きゆくわれよ

〈歌意〉　ふるさとは春になったので、木の芽がいっせいに吹き出している。その山べをわたしはひたすら歩いて行くのだ。母を失ったわたしが。

〈鑑賞〉　母の亡くなったあと、山道を歩いているのである。木の芽がいっせいにもえ出す北国の春、故郷の春を、母の死という悲しみを抱きながら見ている。春の景色が明るいだけに、悲しみがつのる、という気持ちが「行きゆくわれよ」にこめられている。

酸の湯に身はすつぽりと浸りゐ《イ》て空にかがやく光を見たり

〈歌意〉　酸の湯に体を沈め、すっぽりと浸って、夜空にかがやく光を見た。

〈鑑賞〉　傷心の身を全身湯に浸し、茫然《ぼう》と空をながめている作者の姿が浮かんでくる。「空にかがやく光」は星の光だろうか。心情を表現する言葉は一つも使っていないだけに、かえって、悲しみの放心、という感じがよく表れている。

山ゆゑ《エ》に笹竹《ささ》の子を食ひ《イ》にけりははそはの母よははそはの母よ

〈歌意〉　ふるさとの山にいるので、わたしは今、笹竹の子を食べている。ああ、母よ、母よ。三句切れ。

〈鑑賞〉　「笹竹の子」は、山地に多い根曲がり竹の子で、作者には、幼時から慣れ親しんだ食べ物であり、それは同時に、母と離れがたく結びついたものでもあったろう。笹竹の子を食べながら、思わずこみあげる母への思いが口をついて出た、という感じが、

「ははそはの母よ」のくり返しに凝縮されている。

❖理解の解説

(2)　「死にたまふ母」連作について、「母」を表現するのにどのようなことばや枕詞が使われているか、説明しなさい。

解答例　初めから順にあげると、「みちのくの母」「みちのくの我が母の国」「死に近き母」「死にたまひゆく我が母」「乳足らひし母」「足乳ねの母」「ははそはの母」である。このうち、「足乳ねの」「ははそはの」は、『万葉集』からの枕詞。「みちのく」「死」は、この連作の主題の柱となるもの。「乳足らひし」は、「足乳ねの」からの作者の造語である。

❖参　考

教科書に採られている歌は、歌集『赤光《しゃっこう》』の中の「死にたまふ母」という、四章、五八首の連作の中の一八首である。

この連作の主題は、故郷に帰って母の死をみとった体験を通して歌う、悲しみと、母への鎮魂である。

構成は、場面の移り変わりにそって、「其の一」から「其の四」に分かれていて、次のような内容になっている。

・其《そ》の一　（母の危篤の知らせに、故郷へ急ぐ不安といらだち。）
・其の二　（母の看病から、その死。）
・其の三　（葬送と納骨。）
・其の四　（山を歩き、温泉に泊まり、母をしのぶ。）

このうち教科書に採られている歌は、それぞれ次の章に入っている。

・「みちのくの」〜「吾妻やまに」……「其の一」
・「はるばると」〜「のど赤き」……「其の二」
・「おきな草」〜「どくだみも」……「其の三」
・「かぎろひの」〜「山ゆゑに」……「其の四」

第9章　思考の道筋をたどる　随想・評論（六）

化物《ばけもの》の進化

寺《てら》田《だ》寅《とら》彦《ひこ》

❖学習の視点

1　科学者には「化物教育」が必要だという筆者の主張の意味を考え、科学と迷信に関する巧みな逆説を読み解く。
2　昔と今の「化物」に対する一般的な認識の違いを考える。
3　自然現象に関連した化物について調べる。

❖筆者解説

寺田寅彦（てらだ・とらひこ）　物理学者、随筆家、俳人。一八七八（明治一一）年―一九三五（昭和一〇）年。東京生まれ、幼少期を父の故郷高知県で過ごす。東京帝大卒。ドイツに留学。東京帝大教授、理化学研究所などの所員を兼ね、実験物理学、応用物理学、地球物理学など幅広い研究を展開した。一九一七（大正六）年、学士院恩寵賞受賞。また、夏目漱石に師事。さまざまな筆名で多くの随筆、俳句を発表した。著書に「冬彦集」「藪柑子集」「蒸発皿」「柿の種」など。科学と文学を巧みに調和させた随筆を多く書いた。

❖出典解説

この文章は『怪異考／化物の進化』（二〇一二年・講談社）に収められており、本文は同書によった。

❖語句・表現の解説

二三〇ページ

正嫡子《せいちゃくし》　長男。その家を継ぐ人。
表象　意識の中に現れる像やイメージ。
所業　しわざ。行い。
雨滴の生成分裂によっていかに電気の分離蓄積が起こり、いかにして放電が起こるか…　雷が発生する理由はさまざまな説があるが、雲の中にあるちりや水、氷の粒がぶつかり合うことで摩擦帯電が起きたり、氷の粒が分裂したりすることで、雲の中にプラスとマイナスの電荷が発生する。雲の内部で上方にプラス電荷、下方にマイナス電荷が蓄積され、その間には引き合う力がはたらき、そこに電界が生まれる。雷雲が発達すると、たまり続けた電荷が突き抜けて降りてきて雷雲の底部からマイナス電荷が大地に向かって走る。

放電　気体などに溜まった静電気が、電圧がかかることによって放出され、電流が流れる現象のこと。雷は雲と雲の間や雲と地上の間の放電による現象である。

二二一ページ

帰納　個々の具体的な事柄から一般に通用するような原理・法則を導き出すこと。

遺憾なく　心残りないほど十分に。申しぶんなく。

～は争われない　言い争うことができないくらいはっきりしている。「～は争えない」と同じ。

二二二ページ

省察《せいさつ》　自分自身をかえりみて、その良しあしを考えること。

示唆　それとなく知らせる。ほのめかすこと。

一半　二分したうちの一方。半分。

怪異　不思議な事。怪しいこと。

天地の大道　自然の道理。

流派　芸術・芸能・武道などで、方法・様式・主義などの違いによって生じたそれぞれの系統のこと。

如実《にょじつ》**に**　事実のとおりに。間違いなくその通りに。用例 その報道番組は、災害の実態を如実に表していた。

買いかぶる　実際以上に高く評価する。

世人　世間の人。世の中の人。

稀薄《きはく》　物事に向かう気持ちや意欲などが弱いこと。　液体や気体の濃度、密度がうすいこと。希薄とも書く。

形勢　刻々と変化する物事のその時々の状況、成り行きのこと。

滑稽味《こっけいみ》　あるものから感じられる笑いを誘うような趣。

二二三ページ

存外　物事の程度などが予想と異なること。

豪傑　才知、武勇に並外れて優れ、度胸のある人物。

郷里　故郷。ふるさと。

長屋　細長い形状の一棟を仕切って、数戸が住めるようにした作りの家。

晩酌　夕食に酒を飲むこと。または、その酒のこと。

随意に　思いのままに。

幻影　実際には存在しないのに、存在しているように見えること。まぼろし。

衆に秀でる　ぬきんでる。非常に優れている。用例 あの人は、ギター奏者として衆に秀でていた。

二二四ページ

橋の袂《たもと》　橋のきわ。（道とつながっているところ）

きわめて恰好《かっこう》な　非常に似つかわしい。
舐《ねぶ》る　なめること。
真砂《まさご》　細かい砂のこと。
うら若い　若くういういしい。
不可思議　常識では考えられないこと。怪しく異様なこと。
憧憬　あこがれ。
鼓吹　元気づけ励ますこと。意見や思想を盛んに主張して、相手に共鳴させようとすること。
諸相　物事のありさま。
阻害　妨げること。邪魔すること。
鼓舞　人の気持ちを勢いづかせること。

二二五ページ

変痴奇論《へんちきろん》　奇妙な（へんてこりんな）説。
抹殺　事実、存在などを認めず無視すること。葬り去ること。
到底　どうみても。どうしても。その後に打消しの言葉をともなって意味をなす。「到底有り得ない」は、「どうみても有り得ない。」という意味になる。

二二六ページ

旋風《せんぷう》　つむじ風。渦をまいて吹き上がる風。
卑賤《ひせん》の者　地位・身分が低いこと。人としての品位が低いこと。
腑《ふ》に落ちない　納得できない。用例 説明を聞いたが、腑に落ちないところが多い。
脚部　脚（足）の部分のこと。
截断《せつだん》　切り裂く。切断。
玩具　おもちゃ。
穿入《せんにゅう》　穴をあけて入る。突き刺さって入る。
下賤　身分の低いこと。生まれ育ちが卑しいこと。

二二七ページ

無根　よりどころの無いこと。
浅薄《せんぱく》　見方や考えなどが浅く、薄っぺらいこと。あさはかなこと。
唯物論者　全てを物の作用や物理的現象として捉える「唯物論」支持する人。
僻見《へきけん》　かたよった物の見方。
何某《なにがし》　だれそれ。なんとかという人。姓名を明らかにせず一定の人を指すときのことば。
遭遇する　不意にであうこと。偶然にめぐりあうこと。
退散　立ち去ること。逃げ去ること。

二二八ページ

顔貌《がんぼう》　顔かたち。
「…これらの化物と相撲を取り…」　「これらの不可思議な自然現象の研究に格闘し…」といった意味である。比喩的な表現を使っていることを理解しよう。
面相　顔つき。容貌。
際限がない　きりがない。
道程　みちのり。過程。
怪異　現実にはあり得ないと思われるような不可思議な事柄。

繙《ひもと》く　書物を読むこと。

❖発問の解説

1　**「共通なところ」とは何か。**（二二一ページ）

解答例　昔も今も、同じ自然界の不思議さを目に見えないものを仮定することによって説明しているところ。昔の人は目に見えない「化物の所業」と仮定して説明し、今の化学者は「分子・電子・原子」を仮定して物理現象として説明している。

2　**「可哀そうと感ずべきか」とあるのはなぜか。**（二二三ページ）

解答例　「ゾッとする」のがどんな事か知りたくて、わざわざ化物屋敷へ探検に出かけたこの人は、これまでの人生で化物の話を聴いたこともなければ、その幻影に怯えた経験もないのか、あるいはそういった経験があっても、それに心を動かされる感性を持ち合わせていないのだろうということを憐れんでいる。

3　**筆者が「誤解」だと指摘するのはなぜか。**（二二五ページ）

解答例　「化物」と言われるものも科学的に説明できることがあるはずなのに、すべての化物に関する事実を「迷信」という言葉で抹殺して、これが、科学の目的で手柄だというのはおかしなことだから。

4　**なぜ「僻見であり誤解」なのか。**（二二七ページ）

解答例　怪異を科学的に説明する事は、せっかくの神秘なものを踏みにじられるような不快を感じるという人もいるが、一通り科学的な説明ができたとしても、その現象の神秘は少しもなくならないだけでなく、むしろますます深刻になるだけで、本当の科学的研究はそこから始まり、それから先の問題は無限であるから。

5　**「正体と見たは枯れ柳」とはどのようなことか。**（二二八ページ）

解答例　恐怖心や疑いの気持ちがあると、枯れた柳のような何でもないものまで恐ろしいもののように見えてしまうということ。

❖構成・要旨

〈構成〉

(1)（初め〜二二一・8）「化物」と「科学」

「化物」は、人間文化の進歩の道程で発明されたなかでも最も優れた傑作である。宗教と科学、芸術の世界にも「化物」は出入りしている。その時代に応じて形は変化するが、「化物」の心的内容は永久に同一である。

自然現象の不思議さは、昔の人にとっても、現代の科学者にとっても同じくらい不思議なのだ。昔の人はそれを「化物」を仮定して説明し、今はそれを科学で、「分子原子電子」の存在を仮定することによって説明しようとしている。「化物」も「分子原子電子」も見たものはいない。両方とも実在ではないならこの二つは共通なところもかなりあると言える。自然の怪異が分解し、一方は科学へ、もう一方は宗教へ化物へと走っていったと考えると、両者とも人間の創作であり、流派がちがうだけである。

(2)（二二一・9〜二二五・1）**「化物教育」が与えたもの**

科学が進歩すると同時に、科学の真価が誤解され、買いかぶられた結果、この頃は、化物への人々の興味が希薄になり、今の子供らにとって、我々が子供のころに感じた化物への鋭い神秘の感じはなくなったように見える。「ゾッとする」ことを知らないような者が、仮に科学者になったとしたら、たいした仕事は出来そうもない。これは、かなり問題ではないか。我々の少年時代には、田舎には化物を語る老人や友人がいた。化物は当時の我々の世界にのびのびと生活し、子供心をドキドキさせたり、中学になって化物を物理的存在を信じなくなっても、化物の話は、神秘的な存在、不可思議な世界へのあこがれを抱かせた。このような「化物教育」は、科学知識への興味を邪魔することなく、かえってそれを鼓舞した。

(3)（二二五・2〜二二七・15）**自然の怪異を科学的に説明するということ**

科学の目的は、「化物を捜し出すこと」なのに、あらゆる化物に関する事実をすべて迷信として抹殺する事が科学の目的であり手柄であるかのようだ。昔の化物は昔の人にはちゃんとした事実であった。昔の科学者に事実だったことが今は事実でないという例はたくさんあるように、今の科学的事実が未来には、事実でなくなるということもありえるのだ。また、自然の怪異を科学的に説明することで、その神秘性が失われてしまうと反感を懐く人もいるが、一通りの科学的説明で、その現象の神秘は少しもなくなるわけでなく、本当の科学的研究はそこから始まると言える。すべてを知るのは「神様」だけだ。

(4)（二二七・16〜終わり）**宇宙は永久に怪異に充ちている**

あらゆる自然の怪異を科学的に説明したとしても、それは、化物の面相がだんだん違ったものとなっていくだけのことである。人間が進化するにつれて化物も進化していくのだ。宇宙は永久に怪異に充ちている。それを繙き、その怪異に戦慄する気持ちをなくしてはならない。

〈要旨〉

宗教、科学、芸術の世界にも出入りしている「化物」は、人間の発明の中でも最も優れた傑作である。「化物」も「科学」も自然現象の不思議さを目に見えないものを仮定することで説明しているという点では共通している。両者とも人間の創作であり、流派がちがうだけである。筆者の少年時代は、化物の話を聞く機会が多く、そのことは、神秘的存在や不可思議な世界へのあこがれを懐かせ、科学知識への興味を邪魔するどころか、かえって鼓舞したように思う。この頃は、科学が進歩し、買いかぶられ、人々の化物への興味も薄らいでいる。科学の目的は「化物を迷信として抹殺すること」ではなく、「化物を捜し出すこと」なのだ。一通りの科学説明で自然現象の神秘はなくなるわけではなく、むしろ本当の科学的研究はそこから始まると言える。人間が進化するにつれて、化物も進化していく。宇宙は永久に怪異に充ちている。その怪異に戦慄する心をなくさないでほしい。

❖理解・表現の解説

〈理解〉

(1)　「不幸にして」（二二二・9、二二五・2）「仕合せな事に」（二二三・7）とは、それぞれどのようなことをさしているか、説明しなさい。

解答例　「不幸にして」…科学の進歩と共に、あらゆる化物に関する貴重な「事実」をすべて迷信として抹殺することが、科学の目的であり、手柄でもあるかのような誤解を生ずるようになったこと。そして、化物への人々の興味が薄れてしまったこと。「仕合せな事に」…筆者の少年時代、沢山の化物の話をする人がいたおかげで十分な「化物教育」を受けることができた。そのことが、神秘な存在や不可思議な世界へのあこがれとなり、科学知識に対する興味を阻害しなかったばかりか、ますますそれを鼓舞したように思われたこと。

(2)　「科学の目的は実に化物を捜し出す事なのである。」（二二五・5）とはどのようなことか、説明しなさい。

解答例　あらゆる化物に関する貴重な「事実」を迷信だと証明することが、科学の目的のように誤解されているが、真の科学の目的は、この世界がいかに多くの化物＝自然の怪異で充たされているかを教えることだということ。

(3)　「神鳴りの正体を……保証し得るであろう。」（二二五・10）とはどのようなことか、説明しなさい。

解答例　自然の不可思議な現象に対する考え方は、その時代によって変わってきた。昔の人には化物は事実であったし、昔の学者が信じた事柄は今は事実でなくなっていても、その時代には事実であった。同様に百年後、雷のメカニズムをもっと正確に解明した科学者には、今の科学者が雷について事実だと思っていることも事実ではなくなっている可能性もある、ということ。

(4)　「問題の構成であって解決ではない。」（二二七・11）とはどのようなことか、説明しなさい。

解答例　「鎌鼬」の例で言えば、旋風の中で鎌鼬という化物が通行人の脚部を切るのではなく、強風のために飛んできた木竹片などが高速度で衝突し、皮膚が切断されるのではないかと思われる。これはまだ、あくまでも仮説であって、実験的数理的に研究し、解明されたわけではないということ。

(5)　「化物がないと思うのはかえって本当の迷信である。」（二二八・9）とあるが、それはなぜか、説明しなさい。

解答例　化物とは、昔の人が自然の怪異に対して解釈し、信じた事実であり、時代が変わり、科学も発展して、その解釈は変化してきているが、自然の怪異自体はまったく変わらず存在しているから。

〈表現〉

(1)　自然現象をもとにした化物（妖怪）の例が他にないか、科学的な説明も含めて調べよう。それを踏まえ、本文での筆者の主張に対する自分の意見を八〇〇字程度でまとめてみよう。

解説　自然現象と結びついた化物や妖怪の話は、全国各地に多く伝わっている。例えば、東海地方の木曽川周辺に「ヤロカヤロカ水」という伝説がある。大雨の日、川から「ヤロカヤロカ（欲しいか欲しいか）という不気味な声がしたので、村人が「ヨコサバヨコセ（もらえるならよこせ）」と言ったところ、その村人は洪水に飲まれてしまった、という話である。このあたりは、大雨や台風で、洪水や土石流、鉄砲水がよく発生していた。「ヤロカヤロカ」という声は、濁流に石が飲み込まれたり、土地が侵食されたりするときの音の可能性があると言う。この音が聞こえたら早く非難するようにという知恵として生み出され伝えられたのではないだろうか。

　この他、地震を起こす大ナマズ、日本神話に出てくるヤマタノオロチ、水辺にすむ河童など、興味を持った化物について調べ、その伝説が今では科学的な説明も含めてどのように解釈されているかも知ろう。そのうえで、「人間が進化しても化物はなくなるわけでない。宇宙は永久に怪異に充ちていて、その怪異に戦慄する心持ちがなくなれば、科学は死んでしまう」といった筆者の主張への自分の考えをまとめてみよう。

文学の仕事

加《か》藤《とう》周《しゅう》一《いち》

❖学習の視点

1　文学と科学技術のそれぞれの社会や人生における役割を読み取る。
2　孔子の牛など三つの具体例を挙げた意図を把握する。
3　文学の力とは何か、文学者の仕事とは何かを考える。

❖筆者解説

加藤周一（かとう・しゅういち）　一九一九（大正八）、東京都生まれ。評論家。東京大学医学部を卒業し、医院を開業したが、後に評論家となる。学生時代から文学にも関心を寄せ、在学中に福《ふく》永武彦《ながたけひこ》・中村真一郎らと「マチネ・ポエティク」を結成した。文学をはじめ、文明・言語・社会の各方面にわたる幅広いジャンルで評論活動を展開した。著書に『雑種文化』（一九五六年・講談社）、『羊の歌』（一九六八年・岩波書店）、『加藤周一著作集』（一九九七年・平凡社）、『二十世紀の自画像』（二〇〇五年・筑摩書房）など。二〇〇八（平成二〇）年没。

❖出典解説

この文章は『私にとっての二〇世紀』（二〇〇〇年）に収められており、本文はその文庫版（岩波現代文庫）によった。

❖語句・表現の解説

二三〇ページ

文学　言語で表現される芸術作品。

定義する　ここでは「決める」という意味。

その目的は社会にとっても個人にとっても決まってこない　科学技術によって社会や個人の目的を決めることはできないということ。

そもそも人生に意味があるかどうかが文学的問題　人生に意味があるかどうかを考えること自体が文学的課題である。または、文学的問題とは、人生に意味があるかどうかを考えることをその究極とする。

単に知的な問題ではないから　ここでは前述の「技術」「科学技

術」が「知的」、「文学」が「情熱」とほぼ対応している。

情熱だけだとまた危険　目的を達成するには、むやみに行動するのではなく、適切な手段が必要だということ。

見当違い　もともとの目当てや見込みが外れること。

二三二ページ

それは第一歩です　孔子の考え方は、最も基本的なものであるということ。

自らを解放する　社会的約束事として通用しているもの（＝普通の考え方）にとらわれないようにする。

虐待　むごい扱いをすること。ひどい待遇をすること。

苦しんでいる牛全部を解放しなければならない　牛が苦しむ原因を考えようとはせず、いたずらに理想論だけを振りまわし、何の行動もしないことへの批判が込められている。

だから出発点に返る　そこから始めなければ変わらないという「出発点」に戻るということ。

二三二ページ

一人の人間、よく知っている人たちの存在　抽象的な何百万人のことではなく、目の前にいる現実の一人の人。

そこから事は始まる　一人の少年を助けないことには、アルバニア人全体に対しても何もしたことにはならない。

そういうこと（13行目）　一人のアルバニア人の少年を助けること、つまり現実的な行動をするということ。

二三三ページ

ちょっと日本と違う　どのような人を知識人と呼ぶのかについて、日本とは定義のしかたに多少の差がある。

書記　事務的な仕事をする人。

生死のかかった問題　単に将校に射殺されるかどうかという問題ではなく、俳優としてのアイデンティティ、自分自身の生き方が問われている問題。

二三四ページ

命懸けになります　ここでは将校に殺されることを念頭に置く。

一斉射撃　複数の銃器を用いてほぼ同時に発砲すること。

ホラ　大げさに言うことや、そういう話。

二三五ページ

最後にやったときに迫力が出てきた　これより前の「旅廻りの下手な役者」（二三二・15）を意識した表現。

つまり一人の証人が大事なのです　その一人の証人（＝俳優志願の青年）が、老人にとってはポーランド人民の全体であるから。

それがまたポーランドというものを現している　詩人であることを誇りに思う国民性がポーランドにはある。

二三六ページ

そのことを文学者が語る　文学者が文学の仕事を通じて人々にそのことを伝える。

❖発問の解説

1（二三〇ページ）「そういう目的」とは、どのような目的か。

解答例　人生または社会の目的。

2（二三一ページ）「出発点」とはどのようなことか。

解答例　最初に孔子が言い出したように、目の前で苦しんでいる一頭の牛を助けること。

解説　直後に「やはり一頭の牛を助けることが先なのです」とあり、これは孔子の考えと合致する。また本文全体の論調から、「目の前の他者」を引き寄せることが文学の力であることを読み取る。

3（二三三ページ）「パンの問題」とはどのようなことか。

解答例　どのように生計を立てるかが問題であるということ。

解説　「人はパンのみに生くるにあらず」などのことばがあるが、「パン」は生命を支える基本であり、「パンの問題」とは、それをどのようにして得るかということ、つまりいかにして生計を立てるかということである。

4（二三五ページ）「一人の証人」とは何の証人か。

解答例　現在は役場の書記をしているある男が、実は元俳優であったことを証明する証人。

❖構成・要旨

〈構成〉

本文は内容によって次の三つの段落に分けることができる。

(1)（初め〜二三〇・8）主題の提示

文学の必要性は、人生・社会の目的を定義することにある。

（全体の結論）

文学によって目的を決定し、それを達成するための手段として技術がある。人生に意味があるかどうかが文学的問題である。

(2)（二三〇・9〜二三五・17）具体例

人間の活動には、情熱と、知的な操作・思考力がともに必要である。（人生の目的は、知的な活動のみからは出てこない）

例1・孔子と牛→孔子は重い荷物に苦しむ一頭の牛を助けようとするが、弟子はたくさんの牛が苦しんでいるので、一頭だけを助けてもしかたがないという。

例2・アンゲロプロスの映画『永遠と一日』→主人公の男は、危険を冒して一人のアルバニアの少年を助ける。

例3・木下順二の芝居『巨匠』→ナチの将校が知識人を射殺するという。書記は、俳優志願の青年に自分が俳優だったと話している。書記は青年のためにマクベスの役をみごとに演じ、俳優であったことを証明し、射殺される。

三つの例からいえることは、一頭の牛、一人の少年、一人の青年は、牛やアルバニア人全体や、ポーランド全体である。人間は、社会と関わるものだが、その対象が一つでも全体でも同じことである。

(3)（二三六・1～終わり）結論の確認

(2)の例からわかるように、目の前の他者を抱きすくめる（自分のほうに引き寄せる）ことに、文学の力がある。

〈要旨〉

文学は、人生や社会の目的を定義する。その目的を達成するための手段は技術である。文学とは、自ら考え生きていくことの意味を見出すものである。自己のアイデンティティは正確な判断と情熱を合わせ持つ行動によって確立しなければならない。孔子の牛、映画の『永遠と一日』、演劇の『巨匠』などは、いずれも目前にある対象に向けて行動を起こすことによって、生きる意味を自分の側に引き寄せた例であり、文学者はそれを語ることが使命である。

❖理解・表現の解説

〈理解〉

(1)「孔子の牛のはなし」（二三一・2）の「弟子」の考え方について、筆者はどのように捉えているか、説明しなさい。

解答例 すでに出来上がった、社会的約束事に従った考え方で、ごく普通の考え方と捉えている。

(2)「孔子からアンゲロプロスまで流れている考えの原点は同じだ」（二三二・12）とあるが、それはどのようなものか、説明しなさい。

解答例 人間にとって、自己の生きる意味や生き方、アイデンティティなどは自分自身だけで決めることはできず、人間が社会的存在である限り他者と関わらなければならない。しかし、その他者とは対象とする集団の全体である必要はなく、そのうちの一つであっても全体と関わったことと同じものである。その一つに対して、情熱をもって実際的な行動を起こすことが必要であるという考え。

(3)「その青年というのはポーランド全体だということです」（二三五・5）とはどのようなことか、説明しなさい。

解答例 自分自身の存在証明や誇りも、自分だけで決まるものではなく、人間が社会的な存在である限り、誰かの目と関わらねばならない。一人の青年に対して自分が俳優であることを証明すれば、それはポーランド全体に証明したことになるということ。

(4)「文学の力」（二三六・5）とはどのようなものか、説明しなさい。

解答例 理想論を振りまわすのではなく、本当の行動につなげるための情熱を引き出し、目の前の他者について自ら考え、社会や状況に流されずに自分のアイデンティティを支え、導くような力。

解説 本文に挙げられている「孔子の牛の話」、「アンゲロプロスの話」、「『巨匠』の話」に共通する意味、また「一人の人の命が…」（二三二・1）で始まる段落中の「行動につながるのはやはり情熱がなければならない」（同・2）や最後の段落に述べられる文学の力についての記述をもとに考える。

〈表現〉

(1)「そのことを文学者が語らなければ誰も語らないと思うのです」（二三六・5）とあるが、そこには筆者のどのような思いが読み取れるか、話し合ってみよう。

解答例　自己のアイデンティティを壊すことなく、行動につながる情熱を誘発するものは文学である。文学者はそれを使命として語りつづけるべきだという思い。

(2)「文学の力」について、自分の考えを二〇〇字程度でまとめてみよう。

解答例　本文では、一人に向かって演じることが、全体に向けて演じることだと述べられている。私は、ある文学作品を読み、その登場人物の生き方や立場、時代などを詳細に味わうことで、逆に人間の秘めている普遍的な優しさ、悲しみ、恐ろしさ、生きることへの執念や自己犠牲、他者への愛情などを味わうことができると考える。文学の力を、私は自分の経験を補い、生きていくうえで必要な指針を得る有効な方法だと思う。

第10章　日常の裂け目　小説（三）

捨てない女

多《た》和《わ》田《だ》葉《よう》子《こ》

❖学習の視点

1　ことばの意味を正しく捉えて、内容を理解する。
2　比喩に着目しながら作者の述べていることを理解する。
3　ゴミに対する「わたし」の姿から浮かび上がってくるものを捉えて、作品の主題を考える。

❖作者解説

多和田葉子（たわだ・ようこ）小説家。一九六〇（昭和三五）年、東京都生まれ。早稲田大学第一文学部卒業。一九八二年よりドイツ在住。一九九三年『犬婿入り』で芥川《あくたがわ》賞受賞。一九九六年にドイツ語での文学活動に対し、シャミッソー文学賞が与えられ、二〇〇五年にゲーテ・メダルも受賞している。著書に『容疑者の夜行列車』『雲をつかむ話』などがある。

❖出典解説

この文章は『光とゼラチンのライプチッヒ』（二〇〇〇年・講談社刊）に収められており、本文は同書によった。

❖語句・表現の解説

二三八ページ

廃棄物　いらないとして捨てられる物。

書き損じた　書きそこなった。

賄《まかな》えなくなってきた　やりくりできなくなってきた。

もう気軽に小説の筋を変えることもできなくなってしまった　これまでのように、軽い気持ちで小説の筋を変えると紙のゴミになり処理費がかかるので、それができなくなったということ。

排泄物《はいせつぶつ》　動物が栄養をとった残りの物や有害物質を大小便として体の外に出すこと。

味気ない　おもしろみや張り合いがなくてつまらない。用例 味気ない生活を送る。

着想　考えつくこと。思いつき。

二三九ページ

予防作品　本番でお説教、恨み、つらみ、愚痴、文句を書いて行き詰まる危険を少なくするために書く作品。この作品は書いたあとでゴミになる。

つらみ　つらいこと。苦しいさま。「恨みつらみ」で組になってさまざまなうらみ、を意味するものとして用いられることが多い。

愚痴　今さら言っても仕方のないことを言って嘆くこと。

行き詰まる　①道が行き止まりになる。②物事がうまく進まず、どうにもならなくなる。ここでは②の意。

用を足したくなり　トイレに行きたくなり。

音程やリズムが思い出せない　作品を書いていてちょうど盛り上がったところで用を足すために書く作業を中断したことが、それまで保っていた書くペースを乱すことになってしまったことを「音程やリズムが思い出せない」と表している。

書こうとする言葉が脳に到達する前に胃に次々と飲み込まれていってしまう　お腹が空《す》き過ぎているために、そのことばかりに意識をとられてしまい、書くことに集中できないことを表している。

はかどらない　仕事などが順調に進まない。

粗大ゴミ　テレビや冷蔵庫などの大型の不用品。

二四〇ページ

笑顔は崩さない　家具屋の大売り出しの広告の写真に写っていたエプロン姿の二人の女性が笑顔だったということ。

目を輝かせて　川本さんの姉妹が「わたし」の切り抜いた家具の写真にとても興味をもったようすを表している。

ゴミがオモチャになった　ゴミとして出すしかなかった家具屋の大売り出しの広告が川本さんの姉妹にオモチャとして遊ばれることになった。

しまった、と思った　川本さんの母親が、姉妹がいつも「わたし」の仕事の邪魔をしていることのおわびとして「デパートの包み紙に包まれた枕くらいの大きさの箱」を「わたし」に手渡した。それを受け取った「わたし」はゴミとして処理せざるを得ない物を、うっかり受け取ってしまったことに気づいて「しまった、と思った」のである。

ひそかにチャンスを狙っていたに違いない　川本さんは誰かからもらった物を「わたし」に手渡したのだが、川本さんも誰かからもらった物を、誰かに押しつける機会をひそかに狙っていたに違いないということ。

油断していれば　「もらい物のまわり物」をうっかりして受け取ってしまう様子を表している。

賞味期限　おいしく食べることのできる期限。

よく見るとあさってでゴミになる　「わたし」が川本さんから受

け取った物は賞味期限が間近であり、あさってになればゴミとして処理しなければならないということ。

恐ろしいことに　お菓子の包み紙もゴミになるのに、包み紙を開けたところ、「四角い缶が現れた」のだ。「金属ゴミの処理費は紙ゴミの」処理費よりも「ずっと高い」ので、そのことを「わたし」は「恐ろしい」と感じている。

活用するしかない　金属の四角い缶はゴミとして捨てるわけにはいかないので、どうにかして利用するしかないということ。

二四一ページ

しけないように　しめりけを持たないように。

屑《くず》　①ちぎれたり、砕けたりして細かいかけらになったもの。②値打ちがなく役に立たないもの。ここでは②の意。

断片　切れはし。きれぎれになったものの一つ。

たまったものにこそ価値がある　たまった「着想、断片、記憶」は小説家が作品を書くために大切なものだということ。同様にゴミに価値があるとは理解しにくいが、これは皮肉。

錆《さ》びたものを磨くのではなく、サビの美学を作り上げ　材料にへたに手を加えるのではなく、材料そのもののよさを利用するというようなこと。

カビが生えたものについてはカビを華美に変え　カビが生えたものについてもカビを除去するのではなく、カビの美しさを見出すというようなこと。「華美」は華やかで美しいの意。「カビ」と「華美」の同音を利用しただじゃれの表現。

醍醐味《だいごみ》　何物にも代えられない深い味わい。ここでは「粗大ゴミ（ソダイゴミ）」という言葉の中に「ダイゴミ」が含まれているだじゃれ。

ゴミは味気ない　「材料の品数が少なく栄養が片寄ってい」るために、出る生ゴミも味気なくなるということ。

天女の帯　「天女」は天上の世界に住むといわれる美しい女性。ここでは、生ゴミのにんじんの皮が横たわるようすをたとえている。

二四二ページ

写真の出来ばえもいいに違いない　料理を作って出た生ゴミが多種多様で「色とりどりに花や」いでいれば、それを写真に撮っても、いい写真が撮れるだろうということ。「花やぐ」は「華やぐ」と同意で、はなやかになるの意。

再編成　編成し直すこと。

三作書けば四作目は屑だけで自然に書き上がる　小説を三作書くと、それを書く過程で生じた屑をスターダストというプログラムが再編成をして自然に四作目が書き上がるということ。

屑と言っても星屑　プログラムの「スターダスト」が星屑の意であることに意味を重ねている。

アイちゃんに手を引かれるようにして　機械に対する警戒心の強い「わたし」がインターネット関係の仕事をしているアイちゃんに連れて行かれるような感じで。

ゴミが出ないと、物を考え続けることができない　紙を無駄にしながらでないと、「わたし」は作品を書くことができないということ。

後味　①飲食の後に口の中に残る感じ。②ものごとの済んだ後に残る感じ。ここでは②の意。

死者たちは、わたしの書き損じた原稿を読んでいることになる　焼かれた紙はあの世に行くというのが本当だとすれば、先週裏庭でこっそり燃やしてしまった「わたし」の書き損じ原稿を、死者たちがあの世で読んでいることになるということ。

後から完成した本を一冊燃やして届けようか　「わたし」は死者たちに失敗作を読んでほしくないので、後から完成した本を燃やせば、それがあの世に届いて死者たちに読んでもらえるということ。

二四三ページ

多少波うってはいるが　書き損じた原稿用紙を塩と酢を入れた湯の中で煮たので、水分を含んだ原稿用紙は乾いても形がゆがんで波うっているのである。

波うっているからといって原稿を受けつけない編集者もいないだろう　「わたし」はゴミを減らすために出版社に届ける原稿にもいろいろな工夫をしている。二四一ページの、もらい物をゴミにしないために、そのもらい物に工夫して作品を書き「出版社に持っていく」。これはゴミではなく立派な小説なのだから、まさか受け取るのが嫌だとは言わないだろう」と同じような意味合いの表現である。

漢字が重そうに腰を上げ　煮え立った湯の中で、漢字が原稿用紙の紙面から離れる際のようすを表している。漢字は見た目が重そうに見えるので、そうだろうなと納得できる表現である。

春が来て、ここに種子をまいたらどんな花が咲くのだろう　裏庭に捨てられた文字たちは「土の中へ染み込んで消えていった」。その文字の染み込んだ土に、春になって種子をまいたらどんな花が咲くのだろうかということ。ひらがなやカタカナ、漢字の混じったような模様の花が咲くのかもしれない、などいろいろな想像を導かれる。

❖発問の解説

1　（二三八ページ）

「『処理』という言葉が好きになれない」のはなぜか。

解答例　処理することによって前に進んでいく毎日では味気ないと感じるから。

直後から、筆者が処理することに対して「味気ない」と感じていることを読み取る。

2　（二四〇ページ）

なぜ、みな「もらい物」を「押しつけよう」とするのか。

解答例　生活廃棄物処理法の改正によって、どんなに小さなゴミでも処理費を払って引き取ってもらわなければならなくなり、もらい物の包装紙などを処理する場合でも処理費がかかるために、誰かにもらい物をおしつければ処理費を払わずに済ますことができるから。
もらい物は必ず包装紙に包まれている。包装紙はゴミになるので、その処理費を節約するための行動である。

3 **「ゴミの姿が美しければ料理はおいしい」といえるのはなぜか。**
（二四一ページ）

解答例　そのゴミは作っている料理から出た生ゴミなので、材料の品数が多ければ色が多く、栄養豊富なおいしい料理ができたことになるから。

❖構成・主題

〈構成〉
この文章は、次の四つに分けることができる。

(1)（初め〜二三八・11）**ゴミの処理の変化**
今までは「わたし」は書き損じた原稿用紙を束にして「もえるゴミ」として捨てていた。「わたし」は「もえるゴミ」という言い方が、捨てられる者の燃える情熱を表しているようでなんだか好きだった。しかし、処理費を払ってゴミを引き取ってもらうことになってからはゴミを出さないために、気軽に小説の筋を変えることもできなくなった。「わたし」は「処理」という言葉が好きになれない。

(2)（二三八・12〜二四一・9）**ゴミに振り回されながらも工夫する「わたし」**
家具屋の大売り出しの広告もゴミになるので、その写真を切り抜いて遊んでいたが、ひとりで遊んでいてもつまらないので、隣の家の姉妹を呼び入れて遊んだ。これでゴミがオモチャになったとひそかに喜んでいたら、母親が子供を迎えに来た。母親からもらい物の箱を手渡され、「わたし」はしまったと思ったがもう遅かった。「わたし」は、もらい物のおせんべいを包んでいた包装紙を切った一枚一枚に文章を書いて、おせんべいを入れていたビニール袋に入れ、その缶のふたを閉めて出版社に持っていけば、それはゴミではなく立派な小説なのだから、まさか出版社も受け取るのが嫌だとは言わないだろうと考えた。

(3)（二四一・10〜二四二・10）**ゴミと「わたし」の日常**
料理もゴミが大切で、ゴミが美しければ料理はおいしい。材料の品数が少なく栄養が片寄っていれば、ゴミは味気ない。「わたし」もワープロを使って小説を書けばゴミは出ないが、ゴミが出ないと、物を考え続けることができない。

(4)（二四二・11〜終わり）**書き損じた原稿用紙を再利用しようとする「わたし」**
ゴミの処理費が払えないので、法律違反だが、昨日、書き損じを裏庭でこっそり燃やした。後味が悪かった。死者たちはあの世で「わたし」の書き損じた原稿を読むのだろうか。そんな失敗作は読んでもらいたくないので、後から完成した本を一冊燃やして届けようかと思った。書き損じた原稿用紙を塩と酢を入れた湯の中で煮ると文字が湯の中に溶け出して、原稿用紙はまた白くなり乾かせばまた使えるそうだ。そうやってみた「わたし」は湯の中で浮び上がってきた文字をおたまですくって裏庭に捨てた。くしゃくしゃになった文字たちは土の中へ染み込んで消えていった。春が来て、ここに種子をまいたらどんな花が咲くのだろう。

〈主題〉

ゴミ処理に悩む現代人の生活をユーモラスに書きながら、ゴミと小説を創作するということについて描いている。

❖理解・表現の解説

〈理解〉

(1)　この小説を四つの段落に分け、それぞれの内容をまとめなさい。

解説　「構成・主題」参照。

(2)　「わたし」が小説を書くにあたってどのような「ゴミ」が出るか、順に整理しなさい。

解説　次のようなゴミが出る。

・着想をメモしたり、図書館で調べ物をしたりする場合に出るゴミ。
・準備体操と同じでウォーミングアップのために書く、ゴミとなる一作。
・本番と同じ内容で書く、ゴミとなる予防作品。
・本番の作品を書いて、満足のいくできではなかった場合にゴミとなる作品。
・本番の作品を書いている場合に、途中で何らかの事情で中断せざるを得ないことがあり、調子を取り戻すために初めから書き直す場合に出るゴミ。

小説を書く場合に出るゴミであることに注意する。

(3)　「書き損じた原稿用紙」（二三八・2）の行く末について、説明しなさい。

解説　次のように整理できる。

・生活廃棄物処理法が改正されるまでは、束にして毎週月曜日に「もえるゴミ」として、近所のゴミ捨て場に持っていった。
・今は、百グラム百円の処理費を払って引き取ってもらう。
・裏庭でこっそり燃やしたことがある。
・塩と酢を入れた湯の中で十五分ほど煮ていると湯の中に文字が溶け出して白くなった原稿用紙を壁に貼り付けて乾かせば、多少は波うっているが、また使える。

(4)　この小説において、「ゴミ」とはどのような存在か、説明しなさい。

解説　この小説において、書き損じた原稿用紙、家具屋の大売り出しの広告、スーパーマーケットの広告、もらい物を包んでいた包装紙など、紙にまつわるものが「ゴミ」として扱われている。さらに、もらい物のおせんべいを包んでいた、和紙をまねたビニール袋も「ゴミ」として扱われている。これらは日常生活で出るゴミで「もえるゴミ」（ビニール袋は自治体によって処理の方法が異なる場合がある）にまとめることができる。また、もらい物のおせんべいが入っていた金属の四角い缶や古くなった戸棚もゴミとして扱われている。これらは、粗大ゴミにまとめることができる。これらの通常の「ゴミ」のほかに、「舌の悟る五つの味覚」である「五味」が「ゴミ」からの連想であげられている。また、料理の「ゴミ」について述べた部分で「ゴミの姿が美しければ料理はおいしい」と格言のような言葉を導いている。

　ここから、「ゴミ」とは生活そのものを象徴するものであり、小説を書くにあたっては必要欠くべからざるものとして描かれていることがわかる。「ゴミ」は不用なものという意味からすると、逆説的で皮肉がきいている。

〈表現〉

(1) 本文から印象的な表現を選び、どのような点が印象的なのかを考え、その表現を参考に短文を書いてみよう。

解説　印象的な表現はいろいろあるが、「ゴミが出ないと、物を考え続けることができない」などの表現を参考にして短文を書いてみると、よい。

(2) 「ゴミ」を題材にして、四〇〇字詰め原稿用紙一〇枚程度の短い小説を書いてみよう。

解説　「ゴミ」は日常的に出るものだが、出てくる「ゴミ」にはそれを出した人の生活がにじみ出ていたりする。また、ある人にとっては宝物のように大切な物であっても、別の人にとっては「ゴミ」でしかなかったりする。人それぞれの価値観の違いによって、物は宝物になったり、「ゴミ」になったりする。ゴミ捨て場に捨ててあった物を拾ってきて、修理してそれを再利用する人もいる。「ゴミ」とは一概に言えるものではなく、さまざまな側面をもつものだと言える。

　以上のようなことを参考にして、自由に小説を書いてみるとよい。

魂《まぶ》込《いぐ》め《み》

目《め》取《どる》真《ま》　俊《しゅん》

❖学習のねらい

1　小説に描かれた場面・情景、展開されるドラマのあらすじを理解する。
2　登場人物の人物像、性格をとらえる。
3　表現上の特色、使われている沖縄の言葉が作品に与える効果を読みとる。
4　沖縄の人々の人間観、世界観の特色を考えてみる。
5　沖縄の歴史、太平洋戦争中の沖縄の悲劇について理解する。

❖作者解説

目取真俊（めどるま・しゅん）　小説家。一九六〇（昭和三五）年、沖縄県生まれ。琉球大学法文学部卒業。沖縄に在住し、沖縄の言葉を用いた、風土と歴史に根ざした作品で注目された。一九九七年、『水滴』で芥川賞を受賞。二〇〇〇年、『魂込め』で木山捷平《しょうへい》賞・川端康成文学賞を受賞。他に『群蝶の木』『平和通りと名付けられた街を歩いて』『風音』などの小説がある。エッセイに『沖縄　草の声・根の意志』があり、沖縄の現状について鋭い認識による発言を、新聞・雑誌等に発表している。

❖出典解説

この作品は、『魂込め』（一九九九年・朝日新聞社刊）に収められ、本文は同書により、一部はあらすじでつないでいる。

❖語句・表現の解説

二四五ページ

鼻で笑い　あざけり笑う様子。後の叙述で明らかなように、ウタは外来文化でもある合同ラジオ体操を拒否している。

ウタ　小説の主人公。七十歳を越えていると思われる。「戦争で夫の清栄《せいえい》が行方不明になり、子供もなく戦後を一人で生きてきた」（二四七・下4）老女。

濡《ぬ》れ縁《えん》　古い日本家屋で、雨戸の敷居の外にある幅の狭い縁側。

朝の茶を守りつづけた　朝起きたらまず熱い茶で体をあたためる

という習慣を守りつづけた。

すえつけた　取りつけた。

小太《こぶと》り　ちょっと太っていること。

とりあおうとしなかった　まともに相手になろうとしなかった。

とって返す　すぐもどる。

耳障《みみざわ》り　不愉快に感じ、うるさく思う様子。類 目障り。

子供たちの手前　子供たちがいる体裁上。ウタは老人たちのラジオ体操を拒んでいるが、集まる子供たちを憎んでいるわけではない。

そのあたり　スピーカーをやめてラジオで音楽を流すこと。

妥協《だきょう》　折れ合って穏やかに話をまとめること。用例 妥協点を見いだす。

二四六ページ

教員上がり　もと教員。「上がり」は以前の身分や環境を示す語。

あの世《ぐそー》　「ぐしょう」ともいう。後生。死後の世界のこと。

集落《しま》　「島」の意味とともに、村落共同体を指す。

人《ちゅー》の言うこと　この場合の「人」は、ウタが自分自身のことを指している。

盛況《せいきょう》　盛んに行われる様子。用例 満員の盛況。

フミ　幸太郎《こうたろう》の妻。「四十を過ぎて子供も二人いる」（二四七・上9）女性。

ねえさん　年上の女性に対する敬称。

来《き》み候《そー》れ　他にも出るが、「候れ」は「そうらえ」で、古い大和言葉。…してください。

強引《ごういん》　無理に何かをする様子。

おばー　フミがウタに向かって言っている。「おばー」は、七十～八十代の健康で元気な女性の年寄りを親しみを込めて呼ぶ言葉。テレビドラマの影響で、本土でも知られるようになった。男性は「おじー」と呼ぶ。

健太郎《けんたろう》と友子《ともこ》　幸太郎とフミ夫妻の二人の子供。

真顔《まがお》　まじめな顔つき。二人の子供の不安そうな目を見て、ウタも思わず顔をひきしめたのである。

二四七ページ

脳溢血《のういっけつ》な　「脳溢血」は、「脳出血」の別称。脳の組織内部に出血する病気。血圧の高い人や老人に多い。「な」は「か」。疑問表現。

これといって　特に取り立てて言うほどの。

血色《けっしょく》のいい　顔の色つやのよい。

半農半漁《はんのうはんぎょ》　半分は農業、半分は漁業で生計を立てること。

乳飲み子　まだ乳を飲んでいる赤ん坊。

魂《まぶい》　霊魂のこと。イチマブイとシニマブイがあり、イチマブイは生きている人間の霊魂、シニマブイは死者（死後間もない者）の霊魂とされる。この場合はイチマブイのこと。心的なショックや体の不調などによってマブイが落ちた（離脱した）場合に魂を体に戻すための魂込《まぶいぐみ》めの儀礼が行われる。魂が遊離し、憑《ひょう》着《ちゃく》（他のものにとりつく）するという考え方は、日本の習俗にあったが、沖縄では現在もそれが生きて力をもっている。魂込みを行うのは、普通その能力をもった老女で（ノロ・ツカサと呼ばれる巫女《みこ》）で、ウタもその一人なのであろう。

二四八ページ

人騒がせな　大した理由もないのに他人を驚かせ、騒がすことだ。

あまりのこと　思いがけないこと。

号泣《ごうきゅう》　大声で悲しみ泣くこと。

泣くだけ泣かして　泣きたいだけ泣かせて。

三線《さんしん》　中国伝来の楽器、十四世紀、あるいは十五～十六世紀に伝来したと言われる。琉球芸能に欠かせない楽器である。

晩酌《ばんしゃく》　晩飯の時に家庭で習慣的に酒を飲むこと。また、その酒。

興がのる　楽しさが高じる。

二四九ページ

つま弾き　（弦楽器の糸を）指の先で弾き。

島歌《しまうた》　以前奄美《あまみ》諸島では奄美民謡を、沖縄本島では古典に対する新しい民謡を、八重山《やえやま》では沖縄本島の歌謡に対して八重山方言で歌う歌謡をさしていたが、沖縄の本土復帰前後から、琉球民謡全般をさして言うようになった。

エイサー　はやしことばであり、盆踊りのこともさすが、本土から伝来した念仏踊りの系統で、三線、締め太鼓、パーランクー（打楽器）を使い、伝統的な衣装で踊る。

いい塩梅《あんべー》で　いい気持ちで。「塩梅」は物事のぐあい、の意。

体重が半分しかない　フミは太っているのであろう。

異変　変わったできごと。［類］異常。ここでは、アーマンが幸太郎の口の中に入ったことをさす。

後ずさり　前を向いたまま後ろへ下がること。「後じさり」ともいう。

触角《しょっかく》　昆虫などの頭の先にある、ひげのようなもの。

大事《でーじ》　たいへんなこと。「だい」は「でー」。

かざす　頭の上に構える。

二五〇ページ

横着《おうちゃく》が過ぎる　あまりにずうずうしい。

大人《うふちゅ》の風姿《ふうじ》もない　大人気ない。「風姿」はふうさい、かっこう。

お前《いやー》　おまえ。きみ。目下に対する第二人称。

御願《うがん》　神仏への願いごと。村々、家々で欠かせない儀礼で、普通、ノロ・ツカサと呼ばれる神女が行う。年頭・年末などの儀式であるが、ここでは魂込みの儀式をさす。

膝《ひざ》をかかえて　所在なさと不安を表す動作であろう。

二五一ページ

防潮林　潮があたるのを防ぐために浜辺に植えた林。［類］防風林。

その朝生まれたばかりのような海の色　今見てきた幸太郎の家の様子と対照的に、海の色が鮮やかに美しくウタの目に映ったのであろう。ウタの心情を表現して新鮮である。

格好《かっこう》の　「格好」は、①人から見られて恥ずかしくない姿。②（何かをするのに）ちょうどいいことの形容。③大体の年齢の見当。ここでは②。

もしや　もしかしたら。

幸太郎の魂　魂《まぶい》が形をとって現れたもの。しかし、これは霊力をもつウタにしか見えない。

襟元《えりもと》に風を入れた　風が通るように着物の襟を広げる動作。

まじない　神仏や霊力をもつものに祈って、災いを逃れようとしたり、また他人に災いを及ぼすようにしたりすること。また、その術。呪術。「おまじない」とも言う。

不精髭《ぶしょうひげ》　そらないで、のびたままになっているひげ。

愛敬《あいきょう》のある笑いを絶やさない　愛敬のある笑いをいつも浮かべている。

散乱《さんらん》　散りぢりに乱れること。散らばること。

二五二ページ

戻《もど》らんな　戻りなさい。

居ずまいをなおした　すわっている姿勢を正した。

家人衆《やーにんじゅ》　家族の人々。

御嶽《うたき》　村落の守護神をまつる。ノロ・ツカサ（いずれも神女・巫《み》女）、カミンチュ（神人。男女ともにある）などによって豊作や豊漁の祈願や祭りなどが行われる場所。そのいちばん奥にイビと呼ばれる最も神聖な場所があり、神の鎮座、降臨する所とされる。神の宿る所で、御嶽内の木々を取ったり、切り倒したりすると神罰が下るといわれる。

水に触れるような感触　頼りないかすかな手ざわり。

何《なに》か有《あ》んな？　何かあるのか。

説得　「早く、家に戻らんな。」（二二一・15）という言葉をくり返して、魂を納得させようとしたのである。

二五三ページ

厳守《げんしゅ》　（命令や約束などを）かたく守ること。**用例**時間厳守。

無力感《むりょくかん》　体力・勢力・能力などがないという感じ。

目に見えて　目立って。

二五四ページ

星明かり　星の光で明るいこと。

生き物の脇腹のように　やわらかく温かい砂の形容であるが、感覚的な、鋭い表現である。

幸太郎の姿を不安定にして　幸太郎の魂のことを言っている。ウタにしか見えないその姿が揺れて不安定な様子。

海亀《うみがめ》　ウミガメ科・オサガメ科の海産のカメの総称。一般に大形。夏期、砂浜に上陸して産卵する。

深く息をつきながら穴を掘っている　産卵のための穴を掘っているのである。眠っていたウタが聞きつけた「深いため息のような音」（二五四・上14）はこれをさす。

面持《おもも》ち　顔つき。

これを待っておったんな　海亀の産卵を待っていたのだね。ウタが幸太郎の魂に話しかけている。

この場所　幸太郎が立っている、海亀が穴を掘っている場所。

オミト　幸太郎の母親。沖縄戦で米軍の機銃に打たれて死んでいる。

膝《ひざ》が震え　幸太郎の魂が立っている場所と、オミトが死んだ夜、海亀が卵を産んでいた場所の符合から、ウタは何となない怖れを感じ、震えたのであろう。

米軍の空襲　太平洋戦争末期、米軍は一九四五年三月末に慶良間《けらま》島に上陸、続いて四月一日、沖縄本島に上陸、それから三か月間激戦が続き、六月二十三日、日本の守備軍は全滅した。日本兵は九万余、アメリカ兵も一万二千人が戦死した。この過程で、非戦闘員である沖縄住民十五万人以上がまきこまれて死んでいった。この作品の舞台は沖縄本島で、ここからウタの回想は戦争中に移る。ウタの夫、幸太郎の母オミトの命が失われたのもこの時期である。

着の身着のまま　（ふだん着を）着たままで、ほかに何一つ持っていないこと。

艦砲射撃《かんぽうしゃげき》　アメリカ軍の軍艦に備えつけた大砲による射撃。

山中の洞窟《がま》　山の中の洞穴《ほらあな》。沖縄の山には天然の洞窟が方々にあり、住民も兵士も戦争中、ここを避難所としていた。

無人《ぶにん》の家　人のいない家。

二五五ページ

兵隊《ひーたい》の来《き》よる　兵隊が来るよ。後にあるように、日本兵である。日本軍は沖縄島民に対して不信感をもち、勝手な動きを禁じていた。

スパイ容疑　日本軍は、沖縄島民と言葉がよく通じないこと、また、昔から外国への出稼ぎが多く、外国語を解する島民も多かったことなどから、島民に警戒心と不信の念をもち、スパイ容疑をかけては殺すという行為をくり返した。したがって、住民たちは、アメリカ軍の砲撃と日本軍の監視と、二重の恐怖にさらされていたのである。

言い掛かり　理由にもならないことを口実にすること。

友軍　味方の軍隊。

草の葉に砂をばらまくような音　後にあるように、海亀が穴を掘る音である。

二五六ページ

何かこの世のものではないような　アメリカの軍艦に連日砲撃を加えられ、日本兵と住民がそれに対している、という異常な状況の中で、太古から変わらない海亀の営みが、対照的に言いようもなく不思議なものに見えたのである。

前かがみに走った　背を丸め、前にかがむ形で走った。

二五七ページ

卵を採ることを考えきれなかったことを恥じた　洞窟の中で飢えている人たちのことを考えれば、海亀の卵は貴重な食糧になることに気づかなかった自分を恥ずかしく思った。

浜に身をさらす勇気が出なかった　それはアメリカ軍の砲撃に身をさらすことになるからである。

やきもき　気をもんでいらいらしている様子。

反射的に　刺激を受けたとたんに反応する様子。これはウタの動作。

清栄　ウタの夫。このとき日本兵に連れ出され、帰って来なかったが、ウタはまだそれを知らない。

残響《ざんきょう》　鐘を打ったあとなどにしばらく聞こえる音。類反響。

ウタは小さく声をかけた　死んだオミトの体に声をかけたのである。

勇吉《ゆうきち》　オミトの夫。

ウタな?　ウタなのかい。

カマダー　勇吉の母親。幸太郎の祖母。このとき、現在のウタに近い年齢だったと思われる。

侍り《さーび》　「さーに」のなまりで「…する」の意。

二五八ページ

二度と戻ってこなかった　おそらく日本兵たちに殺されたのであろう。

しぐさ　動作。

復興《ふっこう》　衰えたものがもう一度盛んになること。用例復興計画。

米軍の収容所　沖縄の日本軍が全滅してから、生き残った住民たちは、アメリカ軍の捕虜《ほりょ》となり、収容所へ入れられていた。

処刑　刑、特に死刑を行うこと。類処罰。

二五九ページ

慈《いつく》**しむ**　かわいがる。

無念《むねん》　とり返しのつかない悔しさ。

自分の罪をあがなう　オミトを見殺しにした（とウタは思っている）罪の埋め合わせをする。

孵化《ふか》　卵がかえること。用例人工孵化。

幸太郎が海に向かってゆっくりと歩き出す　二五四・下3に続く現在。この「幸太郎」は魂《まぶい》である。

首を横に振った　よくないことを知らせる動作。幸太郎の死を告げようとしたのであろう。

後《うし》**ろ手**《で》　両手を後ろに回す状態。

二六〇ページ

ふてくされた　反抗的な、やけを起こしている様子。

引き抜かれたフィルム　二人の男は、幸太郎の姿をカメラに収め、それを人々が怒ってフィルムを抜いたのであろう。

フラッシュ　①暗い所で写真をとる時の人工照明。②（映画で）瞬間的な場面。ここでは①。

喉《のど》**に詰まってよ**　アーマンが幸太郎の喉に詰まって死んだ、というのである。

脱脂綿《だっしめん》　脂肪分を取り去って消毒した綿《わた》。死者の鼻の穴に詰める。

窒息《ちっそく》　息が詰まったり酸素がなくなったりして呼吸が止まること。

異様にふくれ上がった喉　アーマンが詰まっているため、喉がふくれている。

てのひらに冷たさがしみ込む　幸太郎の体はすでに冷たくなっていたのであろう。

位牌《いへー》　いはい。（仏教で）死者の法名を書いた木のふだ。

本土《ほんど》　沖縄から見て本国＝内地のこと。

博打《ばくち》　金品をかけて、勝負事をすること。さいころ・トランプ・

花札などを使う。

おぼれる　①水の中で死ぬこと。②そのことにどっぷりつかって正常な判断ができなくなること。ここでは②。

黒いつややかな触角　アーマンは死者の幸太郎の体の中で生きていることを示す。

にやけた　にやにやした感じ。

二六一ページ

こじ開《あ》け　無理に開けて。

わしづかみ　（わしが何かをつかんでさらうように）開いた手の指を全部使って勢いよくつかみ取る様子。

この腐《くさ》れアーマンが　このアーマンの奴《やつ》め。「腐れ」は軽べつするののしりの言葉。

何とろばってるか　「とぅるばやー」「とぅるばいむん」が、ぼんやりしている者、ポカンとしている者の意、これが動詞化したものと思われる。

うねひゃあ　「うぬひゃー」「うにひゃー」の転か。そいつ、その野郎、この野郎の意。

気合いを入れる　緊張して十分な態勢をとって。

きしむ　こすれるような音を立てる。

ぬらぬら　「カブト虫の幼虫のような腹」の形容。粘液のようなものでおおわれたいやな感じを表している。

呆気《あっけ》に取られて　驚きあきれて。目の前に展開する思いがけない光景に、カメラマンたちはただただ驚いて物も言えない状態だったのである。

どきくされ　「どきなさい」の意味だが、ののしって言う。「どきやがれ」という感じである。

二六二ページ

はじかれたように　とび上がるように。瞬間的に強い衝撃を受けたときの動作を表す。

第二撃《だいにげき》を見舞った　二回目の攻撃を加えた。

防御《ぼうぎょ》　敵の攻撃を食いとめること。類 防戦。

小ばかにして　いかにもばかにして。

愛想笑《あいそ》い　相手に取り入るような笑い。

あり　あれ。共通語のエはイになる。

平刃《ひらば》　刃の部分が平らなこと。

半回転させて　半分回転させて。勢いをつけるための動作。

振りかぶり　頭の上に高く振り上げて。

死にくされ　これもののしり言葉で「死にやがれ」の意味。

上段に構えた　（刀などを）高く振り上げて構えた。

脂《あぶら》光りするしなびた腹　脂で光ったしなびた腹。腹部を両断されて体液を出したアーマンの腹はしぼんでしまったのである。

ふいに哀れみがわいた　ウタは哀れみの感情におそわれ「このアーマンこそがオミトの生まれ変わりではなかったか……。」（二六三・上5）という思いがわいたのである。

二六三ページ

とどめをさした　最後の一撃を加えて、相手の息の根を止めた。

腰を抜かして　驚きのために立てなくなって。
呆然《ぼうぜん》　思いがけない出来事にぼんやりしている様子。
胸にしまっておきよ　だれにも言うなよ。
お婆《ばー》　ウタが自分自身をさして言っている。
引っ立てて　追い立てて連れて行く動作。
神妙《しんみょう》な顔　おとなしい顔。
憶測《おくそく》　想像にもとづく、いいかげんな推測。
飛《と》び交《か》った　入り乱れて飛ぶ。ここでは、さまざまなうわさが入り乱れた。
告別式　死者に別れを告げる式。類 葬式。
とどこおりなく　順調に。支障なく。
事情を打ち明けても信じようとしなかった　アーマンが体内に入り、喉が詰まって死んだ、というのは、医者からみれば、信じられないことだったのであろう。

二六四ページ

死亡診断書　人が死亡したことを医者が証明する診断書。これがないと埋葬許可書が出されず、葬ることができない。
立ち消え　火が十分燃え上がらず、途中で消えること。そこから、いつのまにか途中でやめになる意に用いる。
亀の子《かーみぬくわ》の海に行く　産卵した海亀が孵化して亀の子が海に戻って行く。「子《くわ》」は子、子供。親に対する子。大人に対する子供は「わらび」。
芋のつるを絡ませた竹で部屋中を払ひ　霊を払い清める儀式。

二六五ページ

汗疹《あせも》　汗のために皮膚にできる、小さな赤い水泡性の湿疹《しっしん》。かゆみを伴う。夏、乳幼児や皮膚の弱い人にできやすい。「あせぼ」とも言う。
ふくらみはじめた胸　思春期（十一、二歳から十六、七歳ごろ）になると女性の乳房がふくらむ。第二次性徴という。
車座《くるまざ》　大ぜいの人が円形になって座ること。
海のかなたの世界　沖縄の人々の民俗信仰では、この世界を「にらい・かない」と呼ぶ。東方の海のかなたにあるという楽土。「ぎれーかねー」ともいう。そこから神が訪れて農作物の豊作をもたらし、共同体の繁栄と住民たちの健康を約束する、という信仰。にらい・かないの神をまつる場が県内各地にある。

二六六ページ

透明な緑の世界　海中のこと。
銛《もり》　投げたり突いたりして魚などを刺して捕らえる道具。
居たたまれない　それ以上その場所にじっとしていられない。
祈りはどこにも届かなかった　親しいものたちがすべて失われたという感じで、祈りが届くと思えなかった。ウタの喪失《そうしつ》感と孤独感を表している。

❖発問の解説

（二五二ページ）

1 「海を見つめたまま動こうとしな」かったのはなぜか。

解説　幸太郎の魂の様子である。この理由は後の方に書かれている。海亀が穴を掘っているのを幸太郎の魂が見つめているのを見て、「これを待っておったんな。」とウタがつぶやく、（二五四・下4）に注目しよう。

2　「芋」が「親指くらい」なのはなぜか。（二五五ページ）

解答例　ほかの畑の芋は掘りつくされていて、残った畑は土がやせていて、芋が大きく育っていないため。

3　「何かこの世のものではないような気がした」のはなぜか。（二五六ページ）

解答例　島では米軍による連日の攻撃が止まない異常な事態の中、海亀が、いつもと変わらずゆったりと海を泳ぎ、産卵のために陸に上がって砂を掘っている姿が現実のものとは思えず、不思議に感じられたから。

4　ウタは何を「自分の罪」だと思っているのか。（二五九ページ）

解答例　危険を顧みず、隠れていた茂みから飛び出して海亀の卵を採りに行ったオミトを止めることもできず、助けることもできずに死なせてしまったこと。また、オミトが飛び出していったとき、自分は衰弱している洞窟の人たちのために卵を採ることを考えもつかなかったこと。

5　「嫌な予感」とは、どのようなことか。

解答例　幸太郎は死ぬかもしれないという予感のこと。

解説　幸太郎の魂《まぶい》が突然消えたことで、呪力をもつウタは何か異常なことが起こったと直感したのである。

6　「ふいに哀れみがわいた」のはなぜか。（二六二ページ）

解答例　幸太郎の口の中に入って死に至らしめた憎いアーマンだったが、ウタと金城の攻撃で傷つき、弱弱しい目でウタを見たから。

❖構成・主題

〈構成〉

間につなぎ（二五二・二五三ページ）の部分があるが、採られた本文に即して分けると次のようになる。一行あきの箇所で分けられる。

(1)（初め～二四六・上14）
ラジオ体操への参加を拒み、朝の茶をすするウタ。

(2)（二四六・上15～二五〇・下11）
フミに呼ばれて行ってみると、幸太郎の様子がおかしい。魂が落ちた様子で、その上アーマン（オカヤドカリ）が口の中に入っていた。

(3)（二五〇・下12～二五二・下12）
ウタは魂込みのため海辺に出ると幸太郎の魂がいた。ウタは一心に祈るが、幸太郎の魂には反応がない。

(4)（二五四・上1～下8）

魂込めに浜に出たウタは、幸太郎の立っている足元に、産卵のために穴を掘っている海亀を見る。それは、かつて戦争中に幸太郎の母オミトが死んだ夜に海亀が卵を産んでいた場所だった。

(5)（二五四・下9～二五八・上5）

回想——アメリカ軍の上陸後、食糧を探しにウタとオミトは浜へ出るが、海亀の卵を採ろうとして、オミトは機銃の攻撃を受けて死ぬ。洞窟《がま》の中の男たちも日本兵に連れ去られて帰って来なかった。

(6)（二五八・上6～二六四・上4）

産卵を終えた海亀の後を追うように、幸太郎の魂は消えてしまう。ウタが幸太郎の家へ戻ると、カメラマンが二人縛られている。幸太郎はアーマンが喉に詰まって死んでいた。ウタは周りの男たちを指図し、激しい気力でアーマンを殺す。

(7)（二六四・5～終わり）

幸太郎の死後四十九日、浜辺に出たウタは幼いころからの回想にひたり、寂しい思いで海に向かって手を合わせる。

〈主題〉

「魂《まぶい》」とは人間の霊魂のことで、生命の根源ともいえる。その魂が落ちてしまった中年の男性幸太郎は、口の中にアーマン（オカヤドカリ）が入りこんでいる。物語は、幸太郎の魂を戻そうとする老女ウタを中心に展開される。幸太郎の魂はウタの努力にもかかわらず消えてしまい、同時にアーマンが喉《のど》につまって死ぬ。呪力を持ったウタ、幸太郎の死んだ母オミトの回想、砂に卵を産む海亀の姿を通じて、根底を貫くのは、太平洋戦争における沖縄戦の悲劇の記憶であり、人々の過酷な運命を忘れまいという作者の視点である。同時にそれは、基地の島沖縄を抱える現代日本への批判ともなっている。老女ウタの思いに象徴される沖縄の人々の死生観——海によって生かされ、死ねば海のかなたの世界へ行く——が、もう一つの流れとなって描き出されている。

❖理解・表現の解説

〈理解〉

(1)「ウタは何も言わずに一緒に海をみつめた」（二五四・上6）とあるが、このときのウタの心境を説明しなさい。

解答例　何日も魂込めの祈りを捧げたが、まったく動こうとしない幸太郎の魂が、一体何を思っているのか、同じように一緒に海を見つめることで感じ取りたかった。

(2)「このアーマンこそがオミトの生まれ変わりではなかったか」（二六三・上5）という考えに、ウタが「胸を衝かれた」（同・上3）のはなぜか、説明しなさい。

解答例　幸太郎の魂がオミトの死んだ夜と同じ浜辺で海亀の産卵を見ていたことから、ウタはその海亀がオミトの生まれ変わりのような気がしていた。だが、死んだ幸太郎の口から出てきて仕留められようとしているアーマンが、その弱々しい目で自分を見つめていたことに、このアーマンこそオミトの生まれ変わりであり、だから、幸太郎の口の中に入っていたのではないか、という考えが突然浮かんだのである。また、死んだオミトの魂は海に帰っていったと思っていたが、まだその魂は死にきれずに浜をさまよっていたのではないかと思ったから。

(3)　**「祈りはどこにも届かなかった」（二六六・下7）とはどのようなことか、説明しなさい。**

解答例　目の前で銃に撃たれたオミトの死を自分の罪のように思い、また夫も戦争で失った独り身のウタにとって、幸太郎の成長は生きがいでもあり、実の子と変わらない、大切な存在であった。懸命な魂込みの祈りも届かず幸太郎をも失ってしまった寂しさから海に祈りをささげたが、オミトも幸太郎も戻ってくるわけでない。魂込めをすることもできるウタだったが、ウタの祈りでオミトと幸太郎の魂が無事にあの世に行けるという確信が持てなくなってしまい、ウタは海を介して調和する生命観に疑いを抱いてしまったということ。

(4)　**海亀の産卵と子亀の誕生は、この小説の中でどのような意味を持っているか、説明しなさい。**

解答例　戦争のさなかにも変わることなく産卵のために砂に穴を掘る海亀の姿は、悠久の昔から繰り返されている大自然の営みであり、子亀は生命の象徴でもある。物語は異常な事態を描いているが、作者は目の前の海亀の生き方に、沖縄に生きる人たちを重ね合わせ、かすかな希望を託していると言える。

〈表現〉

(1)　**小説内の描写を手掛かりに、沖縄戦や、沖縄独特の信仰について調べ、発表してみよう。**

解説　「沖縄戦」については、本文中に出てくる「参考」も参照しよう。「沖縄独特の信仰」については、「御嶽（うたき）」をキーワードにして調べるといい。

御嶽は、沖縄で神を祀る聖所のこと。ウタキは、村落単位から国規模のものまであり、琉球王国のウタキの斎場《さいは》御嶽《うたき》が有名。ウタキは小高い丘の森などにあり、以前は社殿がないものが多かった。また、近年まで男子禁制の場とされていた。神はニライカナイといわれる海のかなたの他界から、祭りに際してウタキを訪れるものと考えられていた。

(2)　**沖縄のことばの使用が、この小説にどのような効果をもたらしているか、話し合ってみよう。**

解説　最近は、テレビドラマなどの影響で、沖縄の言葉を耳にする機会もあるだろうが、本土の言葉とは異なり、理解しにくい。教科書には、脚注に意味を示してあるので、わかると思うが、沖縄の言葉によって、沖縄の生活・風土を実感として感じさせる、という効果を挙げていることは確かであろう。その上で、具体的にどんな感じを受けるかを話し合ってみよう。

なお、沖縄の言葉の基本的な特徴と、基礎を知るための本をあげておく。

〈特徴〉

・伝統的な沖縄諸語（あるいは琉球語）と日本語諸方言との接触によって、ウチナーヤマトゥグチ（俗称）という言語変種が生まれた。

例「あの子は英語話シキレルヨ。」

・明治政府は学校教育の場で「ウチナーグチ」の使用を禁止した。そのため、一時は純粋な「ウチナーグチ」を使う人は沖縄でも少なくなったが、現在では方言の見直し、復権が進んでいる。

・沖縄の言葉は日本語の一方言である。しかし、島が違うと言葉も違う。大きくは奄美《あまみ》・沖縄・宮古《みやこ》・八重山《やえやま》・与那国《よなぐに》の五つに分かれる。

・母音が三つしかない↓共通語のア・イ・ウ・エ・オはア・イ・ウ・イ・ウになる。共通語のエは沖縄語のイ↓「わらべ」は「わらび」、「へいたい」は「ひーたい」。共通語のオは沖縄語のウ↓「持って来《こ》よ」↓持って来《くー》よ」。など。

・日本の古語（大和言葉《やまと》）が残っている。↓「来《き》み候《そう》れ」は、「来てください」の意味だが、「候れ」は「そうらえ」という大和言葉である。

〈沖縄語を知るための本〉

『沖縄修学旅行』　新崎盛暉ほか編　高文研刊

『ひとことウチナー口《ぐち》』　沖縄文化社編

『四コマ漫画で学ぶ沖縄語』　玉城雅己著　南風社刊

『沖縄語の入門』　西岡敏・仲原穣著　白水社刊

『沖縄ことばの散歩道』　池宮正治著　ひるぎ社刊

『おきなわ方言入門』　沖縄教育出版刊

❖参　考

1 沖縄の現代を知ろう

　太平洋戦争中、唯一の戦場となった沖縄戦の悲劇については、『魂込み』の中にもその一端が描かれているが、戦後の沖縄に日本全体の七五％にも及ぶアメリカの軍事基地が集中しているという事実を忘れてはならない。「基地の中に沖縄がある」と言われるほどである。そのためにいまだにさまざまな問題を抱え、緊張をはらんだ地域になっている。戦後の沖縄を含む沖縄の現代史についても、この機会に学んでおきたい。参考になる本を挙げておく。（いずれも手に入れやすいもの）

『沖縄戦後史』　中野好夫・新崎盛暉著　岩波新書

『沖縄現代史』　新崎盛暉著　岩波新書

『沖縄戦—民衆の眼でとらえた戦争』　大城将保著　高文研刊

『戦争と沖縄』　也宮城秀憲著　岩波ジュニア新書

『沖縄のこころ—沖縄戦と私』　太田昌秀著　岩波新書

2 沖縄戦——少年・少女たちの悲劇

　太平洋戦争中、唯一の戦場となった沖縄に、アメリカ軍は陸海空十八万三千人を投入、日本軍は陸海あわせて約十一万人が迎え撃った。三月～六月の八十余日の戦闘に、日本側の軍人軍属約九万人、それに、一般住民約九万四千人、が命を失った。

　中でも悲惨だったのは、十代の中学生、女学生たちである。中学生は戦闘に、女学生は看護要員として、軍隊に動員され、敗走する軍と運命を共にした。

　このとき、動員された生徒は、男子学生一八六九名（犠牲者九八一名）、女子学生は四〇五名（犠牲者一九一名）、平均して約半数が犠牲となった。現在の高校生と同年代の少年・少女たちがどのような状況の中で死へと追いつめられていったかを知るために、参考となる本を挙げておく。

『ひめゆりの少女――十六歳の戦場』　宮城喜久子著　　高文研刊

『沖縄一中・鉄血勤皇隊の記録』　兼城一著　　高文研刊

　なお、女子学生たちの記録は、「ひめゆりの塔」の題で、四回映画化されている。一回目の今井正監督の一九五三年、四回目の神山征二郎監督の一九九五年製作のものが特に印象深い力作である。機会があればビデオで見ることをすすめたい。

第二部

第1章　物語が生まれる場所　随想・評論（一）

小説とは何か

三《み》島《しま》由《ゆ》紀《き》夫《お》

❖学習の視点

1　例として挙げられる「遠野物語」の一節を理解し、「炭取り」の果たす役割を把握する。

2　炭取りが回ることが、なぜみごとな「小説」になるのかを読み取る。

3　筆者の定義する「小説」とはどのようなものかを考える。

❖筆者解説

三島由紀夫（みしま・ゆきお）　一九二五（大正一四）―七〇（昭和四五）年、東京都生まれ。小説家・脚本家。小説『仮面の告白』（一九四八年）で作家としての地位を確立した。その後、日本文化の伝統性に対する強い問題意識のもと、鋭い批評精神と唯美的傾向を特質とする作品を次々と発表した。小説に『潮騒《しおさい》』（一九五四年）、『金閣寺』（一九五六年）、『豊饒《ほうじょう》の海』（一九六五～七〇年）、戯曲に『鹿鳴館』『近代能楽集』（いずれも一九五六年）など。

❖出典解説

この文章は一九六八年に発表されたもので、本文は「三島由紀夫全集」第三三巻（二〇〇三年・新潮社）に収められており、本文は同書によった。

❖語句・表現の解説

二七二ページ

「小説」をそこに豊富に発見することがある　ここでの「小説」とは、ジャンルとして小説に分類される作品という意味ではなく、本文で筆者が規定する「小説」（「表現」１参照）のことである。

抽象的に言うだけでは　ただ漠然と言うだけでは、の意。
初版　書籍の最初の版。［対］再版・重版。
民俗採訪　ある地方の民話（民衆の生活の中から生まれて、口から口に伝えられてきた説話・伝説など）を訪ね歩く作業。
わけても　とりわけ。特に。

二七三ページ

まざまざと　実際に起きていることとして、目の前にはっきりと意識できる様子。
二人の女の座れる炉の脇　「る」は存続の意味で、二人の女が座っている囲炉裏の横。
怪異譚《たん》　現実にはありえない、不思議な内容の物語。「譚」は物語のこと。
接点　異なる物事が触れ合う（または重なる）点。［用例］東西文化の接点。

二七四ページ

分析　複雑な物事をいくつかの要素に分けて、その性質や構造を明らかにすること。［対］総合。［用例］選挙情勢を分析する。
詮ない　やるかいがない。やってもむだである。［用例］どんなに努力しても結果が伴わないのは詮ないことだ。
相容《あいい》れない　思想・意見・利害などがともに成り立たない。たがいに認めようとしない。
併存　二つ以上のものが同時に存在すること。
戦慄　恐ろしくて震えること。おののくこと。
自己防衛　自分の生命、生活環境、居場所、地位などを本能的に保全しようとする意識。
幻覚　実際には対象や感覚的刺激などがないのに、あるかのように知覚すること。
侮辱　相手をばかにして、恥をかかせること。

二七五ページ

震撼《しんかん》　ふるえ動くこと。ふるえあがらせること。［用例］世間を震撼させた事件。
根絶　完全になくしてしまうこと。［類］根だやし。
無機物　水・空気・土やさまざまな鉱物類など、炭素化合物を除いた化合物の総称。ここでは生命を持たないという意味。
それから先へもう一歩進む　幽霊の登場する単純な怪異譚が「小説」へと進化する。
どうしても炭取りが回らなければならない　炭取りが回ることで、併存していた現実と超現実が融合する。
この効果が、一《いつ》にかかって「言葉」に在る　炭取りが回る場面を観客として演劇の舞台で見るのではなく、読者として視覚のない文字で読むことによって「確固たる日常性」を獲得できるということ。
浸透　思想・風潮・雰囲気などが広い範囲に行きわたること。
意味あらしめ　意味のあるものにさせる。

二七六ページ

「まことらしさ」の要請に発した　いかにも現実であるかのよう

に描写・表現することが小説の特徴であるということ。

「円位、円位と呼ぶ声す。」　西行が崇徳上皇の墓（現在の香川県坂出市にある）に参詣したとき、闇の中から異形の人が西行を呼ぶ声がした。

❖発問の解説

1　（二七四ページ）**「こんな効果」とは何か。**

解答例　わずか一行の描写が、日常性と怪異との疑いようのない接点を作り出し、小話を人の心に永久に忘れがたい印象を残す小説にまで昇華させるという効果。

2　（二七五ページ）**「もういけない」のはなぜか。**

解答例　幽霊を非現実と考えながら読み進めてきたが、この瞬間から幽霊が現実のものになり、読者の認識世界は逆転せざるをえなくなるから。

❖構成・要旨

〈構成〉

本文は内容によって次の三つの部分に分けることができる。

(1)　（初め～二七三・17）**「遠野物語」の一小話の「小説」性**

柳田國男《やなぎたくにお》氏の「遠野物語」に次のような一話がある。「曽祖母が亡くなった夜、一同が喪に服していると、裏口から老女が来る。着物から亡くなった曽祖母とわかる。あっという間もなく、炉の脇を通って座敷の方へ行くが、そのとき着物の裾を炭取りに引っかけ、炭取りはくるくるとまわる」。

筆者は「裾にて炭取りにさわりしに、丸き炭取りなればくるくるとまわりたり」の一節に着目する。日常性と怪異との接点であり、この一行によって、わずか一ページの物語がみごとな「小説」になっている。

(2)　（二七四・1～二七六・1）**「言葉」による転位**

曽祖母の死の事実を知る人々は、裏口から入ってきたのは幽霊だと思う。矛盾する二つの現実が存在することはありえないからである。戦慄しながらも、自己防衛機能によって、超現実が現実を犯すはずはないと思う。しかし、炭取りが回転して現実と超現実は逆転し、「幽霊」が現実になる。

現実と超現実の併存状態から一歩進むには、炭取りの回転が必要であるが、その効果が「言葉」によってなされるのは驚くべきことである。

(3)　（二七六・2～終わり）**「小説」とは何か**

小説は、「まことらしさ」の要請に発するジャンルだが、言葉を現実化させる根源的な力を備えることが必要である。上田《うえだ》秋成《あきなり》の「白峰」の、崇《す》徳《とく》上皇出現の際の、「円位、円位と呼ぶ声す。」の一行もこれと同様の効果を持つ。

〈要旨〉

かつて読んで感銘を受けた本を再読して、そのときには気づかなかった「小説」を発見することがある。そのような「小説」の端的な実例として、柳田國男の「遠野物語」の一節を挙げることができる。そこでは、死者が通夜の晩に幽霊となって登場するが、その衣服や姿態は生前と同じものである。そして生者のそばを通るとき、衣服の裾で囲炉裏のそばにある炭取りの柄に触れて炭取りを回転させることが描かれる。その場面は、現実と超現実の併存状態から一歩進んだもので、この効果は「言葉」にこそあるものである。この一文によって、みごとな小説が成立し、忘れがたい印象を残すものとなる。小説とは、この「遠野物語」のように、「言葉」を現実化させる根源的な力が備わっていなければならない。それには長い叙述は必要ではなく、一行に圧縮されていても十分なものであり、上田秋成の「白峰」の、「円位、円位と呼ぶ声す。」の一行もまたこの条件に該当する作品である。

❖理解・表現の解説

〈理解〉

(1)　**「幻覚は必ずしも、認識にとっての侮辱ではない」(二七四・15)とはどのようなことか、説明しなさい。**

解答例　「幻覚」は、幻覚とわかって知覚するもので、幻覚を見たり感じたりすることは、決して認識の誤りを証明することにはならないということ。

(2)　**「幽霊のほうが『現実』になってしまった」(二七五・5)とはどのようなことか、説明しなさい。**

解答例　幽霊が超現実で、それを見る祖母と母などの登場人物が現実のはずであったが、幽霊の着物の裾が炭取りを回転させることによって、幽霊の存在が現実になり、われわれの現実が震撼され、現実と非現実の境界があいまいになったということ。

(3)　**「炭取りはいわば現実の転移の蝶番のようなもの」(二七五・10)とはどのようなことか、説明しなさい。**

解答例　「炭取り」がまわることによって、現実の世界と、死んだ「おばあさん」が現れるという非現実の世界がつながれ、転位する働きをするということ。

(4)　**「幽霊(すなわち言葉)」(二七六・4)とあるが、「幽霊」と「言葉」との共通点は何か、本文の内容を踏まえて説明しなさい。**

解答例　言葉とは実体がない。つまり、本来現実と対峙した「幽霊」のような非現実的な存在と、実体がないという共通点がある。けれども、小説の言葉の力によって、その非現実的なもの、つまり「幽霊」が現実化することができる。

(5)　**「そのとき炭取りは回っている。」(二七六・9)とはどのようなことか、説明しなさい。**

解答例　「白峰」の「円位、円位と呼ぶ声す。」の一行も、「遠野物語」における炭取りと同様に物語を一気に現実化させるもの（根源的な力）があるということ。

〈表現〉

(1) 筆者の述べる「小説」の定義を五〇字以内でまとめてみよう。

解答例　まことらしさの要請に応えて、言葉によって超現実や非現実を現実化させる、簡潔で根源的な力を備えたもの。（五〇字）

(2) 「遠野物語」（三七八ページ）を読んで、八〇〇字程度で感想をまとめてみよう。

解説　掲載されている三話のいずれにも、本文のテーマでもある「超現実」が登場する。しかし、三話に共通することは、現実であるはずの人間たちと、「オクナイサマ」「河童」「マヨイガ」の超現実とはみごとに融和して、互いに互いを受け入れている。

　この世界の現在の時点においても、また時間の流れを考えても、人々は決して自分の置かれている狭い時間や場所だけを見ているのではなく、広大な時空を自然に認め、不自然ではなく「超現実」たちと共生してきたことが読み取れる。

陰翳礼讃《いんえいらいさん》

谷《たに》崎《ざき》潤《じゅん》一《いち》郎《ろう》

❖学習の視点

1 日本の器と陰翳＝「闇《やみ》」との関係をどうとらえているか、文章に即して読み取る。

2 筆者の視点を通して、日本文化の伝統的な美意識のあり方を理解する。

❖筆者解説

谷崎潤一郎（たにざき・じゅんいちろう） 小説家。一八八六（明治一九）年、東京都に生まれる。東京大学国文学科中退。一九一〇（明治四三）年、小山内薫《おさないかおる》を中心に、和辻哲郎《わつじてつろう》らとともに第二次「新思潮」の創刊に加わり、豊かな想像力とけんらんたる筆致で特異な作風を示して注目された。永井荷風に激賞され、耽《たん》美《び》派の代表作家として『お艶《つや》殺し』などを発表した。やがて『愛すればこそ』などで「悪魔主義」と言われた時代を経て、関東大震災を機に関西に移住した。この頃から新たな感性美を追求するようになり、上方文化の伝統にひかれ、古典的な傾向を深める。その頃の代表作は『蓼《たで》食ふ虫』『春琴抄《しゅんきんしょう》』などである。戦争中に書き始められた長編『細雪《ささめゆき》』は五年の歳月を費やした。そのかたわら『源氏物語』の現代語訳を完成している。その他戦後の作品に『少将滋幹《しげもと》の母』などがある。素材・対象の変遷はあったが、一貫して〝美〟の追求に生きた作家であった。一九四九（昭和二四）年、文化勲章受章。一九六五（昭和四〇）年没。七十九歳。

❖出典解説

一九三三（昭和八）年に発表された、〇印で区切られた十六の章から成る随筆。本文はその一部であり、「谷崎潤一郎全集」第二〇巻（一九八二年・中央公論社）によった。

❖語句・表現の解説

二八〇ページ

陰翳礼讃《いんえいらいさん》 「陰翳」とは、陰の部分。「礼讃」は、すばらしいと、ほめたたえること。

ことし　この文章の書かれた一九三三（昭和八）年のこと。
行灯《あんどん》式の電灯　行灯のような形の中に、電灯を入れた、和洋折《せっ》衷《ちゅう》の照明具。
よんどころなく　やむを得ず。どうしようもなくて。
漆器　漆塗りの器物。「漆」は、中国・インド原産の落葉高木。葉などに触れるとかぶれることがある。樹液を加工して塗料を作り、漆塗りに使う。
発揮《はっき》　自らの能力や才能をじゅうぶんに示して活動すること。
こぢんまり　小さくまとまって、落ち着きがあること。
茶席　茶をたてる席。茶室。
床柱《とこばしら》や天井《てんじょう》なども黒光りに光っている　木造の建物は、長く年月を経ると、黒く光るようになる。
その穂《ほ》のゆらゆらとまたたく陰《かげ》　燭台の灯は空気の動きで揺れて、明るさが一定しない。そうして、照明の届く部分と陰の部分が混在した状態になる、その様子を言う。
塗り物の沼のような深さと厚みとを持ったつや　漆塗りのつやのことを言っている。漆塗りのつやは、表面だけがつやつやと光っているのではなく、深みのある、しかも底が分からないような厚みを感じさせるつやである。それを底の容易に見えない「沼」にたとえていて見事である。

二八一ページ

われわれの祖先が漆《うるし》という塗料を見いだし　漆は古代中国の戦国時代にすでに利用されていたらしい。日本では、縄文時代の遺跡から漆器が発見されていて、現代まで、広く用いられている。
色沢　つや。類 光沢。
愛着《あいちゃく》　慣れ親しんだ物に対する愛情。
茶事《ちゃじ》　少ない人数でする本格的な茶会。
膳《ぜん》　ここでは、一人一人の食事をのせる台のこと。
やぼくさい　洗練されていない様子。
雅味　優雅な味わい。
漆器の肌　漆器の表面のこと。
幾重《いくえ》もの「闇《やみ》」が堆積《たいせき》した色　ここでの「闇」は、単に、明るさと対照されるものではなく、微妙な色彩の一種としてとらえられていることに注意しよう。「堆積」は、物が幾重にも積み重なること。
必然的　必ずそうなるはずの様子。「必然」の対義語は「偶然」。
蠟《ろう》塗り　つや出しや保護のために塗る、ワックス。
手箱　手回りの道具類などを収める箱。
文台《ぶんだい》　書物や短冊《たんざく》などを載せるための、低い小さな机。下図参照。
ピカピカ光る・ケバケバしい　片仮名で表記して、薄っぺらなもの、という感じを出そうとしている。
俗悪　低級で、品がないようす。ごてごてと金色に蒔絵などを施した器物が、趣味が悪く見えるようすをこう言っている。

二八二ページ

反射　何かの表面に当たって、光などが跳ね返ること。

底光り　うわべだけが光っているのではなく、深いところで光っているような光。ここでは、闇を通して、ほのかに金色が浮かび上がってくるようすを言っている。

豪華絢爛《けんらん》　ぜいたくで華やか、きらびやかで美しいようす。

余情を催《もよお》す　あとまで残る味わいを感じさせる。

風のおとずれのあることを教え　肌に感じられないようなわずかな風に吹かれて蠟燭の穂がゆらゆらと揺らぎ、それにしたがって金蒔絵の絵がちらちらと浮かび上がっているのである。そのため、金蒔絵の金色がちらちらとするのは、風のおとずれのあることを教えてくれる、ということ。

そぞろに　何ということもなく。

瞑想《めいそう》　深く静かに考えること。用例 瞑想にふける。

はためき　動詞「はためく」の名詞形。風に吹かれてはたはたと音を立てるようす。ここでは、蠟燭《ろうそく》や灯明の火が揺れるようす。

夜の脈搏《みゃくはく》　蠟燭や灯明の揺れる、ある規則的なリズムを、夜それ自体の打つ脈搏にたとえている。

減殺　減らす。「殺」は、そぎとって減らすこと。

畳《たたみ》の上に幾すじもの……蒔絵《まきえ》をしたような綾《あや》を織り出す　夜の暗さと水の流れを重ね合わせて、蒔絵がかもし出す光と影のドラマを描いている。美しい比喩《ひゆ》表現である。「綾」は織物の文様。

かそけく　かすかに。

けだし　おそらく。たぶん。

カチカチという音　陶器の音への筆者の違和感（ぴったりしない感じ）を、片仮名で表記したもの。

二八三ページ

ぷよぷよ　吸い物椀《わん》を手に持った時の感覚を、赤ん坊の肉体を支えている感じにたとえている。その赤ん坊の肉体を形容する擬態語であるが、官能的な鋭い感覚を感じさせることばである。

陶器では中にある汁の身や色合いが皆見えてしまう　「見えてしまう」という表現に注意しよう。中のものが見えるのは味気ない、と言いたいのである。

音もなくよどんでいる　「音もなく」は、なんの音もしないで。「よどむ」は、流れがとまり、動きがない様子。ここでは、色だけでなく、ぴちゃぴちゃという音もなく、静かにとどまっているようすを言っている。

動揺する　ゆらゆら動くこと。

椀の縁がほんのり汗をかいている　湯気が椀の縁に当たって、小さな水滴が付いているようす。

予覚《よかく》　これから起こるであろうことを察知すること。類 予感。

沁《し》む　しみる。

茶人　茶の湯を好む人。

たぎる　湯などが煮え立つ。

尾上《おのえ》の松風《まつかぜ》　松風を「松籟《しょうらい》」とも言い、茶釜の湯が煮えたぎる音の形容とした。

無我《むが》の境《さかい》　「無我」は、我という存在を失うこと。無意識。「無我の境」は、我という意識のある状態から、無意識の状態に入る境。

それに似た心持ち　「それ」は、吸い物椀を前にして、椀がかすかに鳴っている音を聴きつつ、これから食べる物の味わいに思いをひそめる時の気持ちをさす。

二八五ページ

合奏　二つ以上の楽器で同じ曲を演奏すること。ここでは、蠟燭の灯と漆の器とが闇の中で一つの美を生み出していること。

かつて漱石先生は『草枕《くさまくら》』の中で羊羹《ようかん》の色を賛美しておられたことがあった　「賛美」はそのものの美しさやすばらしさを、絶対的なものとしてほめたたえること。『草枕』の中の羊羹の箇所を次に引用する。「余は凡《すべ》ての菓子のうちで尤《もっと》も羊羹が好《すき》だ。別段食ひたくはないが、あの肌合が滑らかに、緻密に、しかも半透明に光線を受ける具合は、どう見ても一個の美術品だ。ことに青味を帯びた煉上《ねりあ》げ方は、玉《ぎょく》と蠟石《ろうせき》の雑種の様で、甚だ見て心持ちがいゝ。のみならず青磁の皿に盛られた青い煉羊羹は、青磁のなかゝら今生《うま》れた様につや〳〵して、思わず手を出して撫でゝ見たくなる。西洋の菓子で、これ程快感を与へるものは一つもない。」

玉《ぎょく》　玉の美しく貴いもの。宝石。

浅はかさ　考えが足りないようす。

どろどろ　味噌《みそ》汁の質感の形容。生理的な、身体的な表現をすることで、触感として印象づける効果がある。

おぼつかない　ぼんやりして、はっきり見えない。

二八六ページ

上方《かみがた》　京都・大阪地方のこと。

おひたし　ほうれん草などの菜っぱを、ゆがいて、醤油やかつおぶしなどをかけて食べる物。

たまり　「たまりじょうゆ」の略。

飯櫃《めしびつ》　飯を入れておくための木製の入れ物。お櫃《ひつ》。

かく（8行目）　こう。このように。

基調《きちょう》　あるものの取り合わせの中心となっているもの。

❖発問の解説

1　「偶然でない」とはどのようなことか。（二八一ページ）

解答例　「偶然でない」とは、言いかえれば「必然である」ということ。

解説　わたしたち日本人の祖先が、漆という塗料を発見し、その器物の色沢に愛着を覚えたのは、そのころの蠟燭の明かりを頼りに生活していた生活様式を考えれば、当然のことである、ということ。少し後にも、漆器の肌の色を、「周囲を包む暗黒の中から必然的に生まれ出たもののように思える」（二八一・11）とあり、筆者が考えていることがわかる。

（二八二ページ）

2 「夜そのものに蒔絵をしたような」とはどのようなことか。

解答例　蒔絵は、器の暗めの地色の上にきらびやかな色を付けたものだが、その器の暗めの色が、暗い室内の闇と解け合って、器の蒔絵だけがともし火に浮かび上がっている状態。

解説　蠟燭や灯明の光だけが部屋を照らし、そこに金蒔絵が置かれた光景を想像してみよう。「明るい所で一度にぱっとその全体を見るものではなく、暗い所でいろいろの部分がときどき少しずつ底光りするのを見るようにできている」（二八二・5）、「あのピカピカ光る肌のつやも、暗い所に置いてみると、それがともし火の穂のゆらめきを映し」（同・8）が参考になる。

（二八三ページ）

3 「それ」は何をさすか。

解答例　漆器の吸い物椀で出された汁。また、それを眺めた瞬間の気持ち。

（二八五ページ）

4 「瞑想的」とはどのようなことか。

解答例　「瞑想」とは、雑念を離れて深く静かに考えることである。羊羹の色があまりに深く、しかも判然としないので、人に深く考えさせるものだということ。

解説　ここでは、視覚だけでなく五感全体によって感じることを含んでいる。対極に置かれている西洋菓子などは、視覚的にひと目で判断できる単純さがあり、人を瞑想的にはしない。

❖構成・要旨

本文は一行空けの箇所（二八三・12の後）を境に、前半と後半に分かれている。前半・後半の中に、改行による段落分けはしていない。文学的エッセイと言うべきもので、流れるような筆の運びで書かれているのが、筆者の文章・文体の特色である。

〈構成〉

(1)（初め〜二八三・12）日本料理独特の食器である漆器は、蠟燭や灯明などのぼんやりとした照明、つまり「闇」を条件に入れたとき、初めて美しさを発揮する。また、その触感も、西洋流のものにはない味わいがある。

(2)（二八三・13〜終わり）食器だけでなく、日本の料理も、食べるものである以上に見るものであり、見るものである以上に瞑想するものである。そしてそれはまた、室内の陰翳や闇と調和して美しく、食欲を刺激するものなのである。

〈要旨〉

日本料理独特の漆器は、蠟燭や灯明の作り出す「闇」があって初めて真の美しさを発揮する。また、そこに盛る日本料理も、おぼつかない明かりや「闇」に支えられて初めて美しくもなり、美味にもなる。日本の食生活の中に果たす「闇」＝「陰翳」の役割とその秘密について、具体的に論証し、陰翳が作り出す不思議な世界を、流麗な文章で描き出した、文明批評ふうのエッセイである。

❖理解・表現の解説

〈理解〉

⑴　「漆器」（二八〇・8）と「闇」（二八一・7）との関係を、筆者はどのように考えているか、まとめなさい。

解答例　漆器は薄明かりの中に置いてこそ美しさが発揮される。昔からある漆器の肌の色は、幾重もの闇が堆積した色であり、周囲の暗黒の中から必然的に生まれ出たもののようだ。

⑵　「蒔絵を画く時」（二八二・2）に「金色を贅沢に使ったり」（同・4）するのは、どのような効果を考えてのことか、説明しなさい。

解答例　暗い光線が豪華絢爛な模様の大半を隠してしまうが、かえって、それが闇の中に時々浮かび出るから。また、灯火を反射する加減によって、何とも知れない美しさをかもし出すから、その効果を計算したものと思われる。

⑶　「吸い物椀」（二八三・1）の魅力を筆者はどのように説明しているか、まとめなさい。

解答例　手触りが軽く、柔らかで、耳につくほどの音を立てない。汁を入れた吸い物椀は、手のひらが受ける汁の重みの感覚と、生あたたかい温味が、生まれたての赤ん坊のぷよぷよした肉体を支えたような感じでよい。

蓋を取って、口に持っていくまでの間、暗い奥深い底のほうに、容器とほとんど同じ色の液体がよどんでいるのを眺めた瞬間の気持ちがいい。椀の中の闇に何があるか見分けられないが、汁がゆるやかに動揺するのを手の上に感じ、椀の縁がほんのり汗をかいているので湯気が立っているのを知り、湯気が運ぶにおいによって味わいを予覚する。それは一種の神秘であり、禅味であると言える。

吸い物椀を前にして、椀がかすかにジイと鳴っている、あの遠い虫の音のようなおとを聴きながら食べる物の味わいに思いをひそめる時、三昧境にひき入れられるのを感じ、こういう場合日本の料理は見るものである以上に瞑想するものになる。

⑷　「日本料理」（二八五・12）の色彩について筆者はどのように述べているか、まとめなさい。

解答例　日本料理は薄暗い家の中で発達したもので、「どろどろの赤土色」の赤味噌の汁は黒塗りの椀、刺し身・漬物・おひたしには、「ねっとりとしたつやのある汁」であるたまり醤油を使っている。また、白味噌・豆腐・蒲鉾・とろろ汁・白身の刺し身など、肌が白いものは、周囲を明るくしたのでは色が引き立たない。真っ白な飯も、黒塗りの飯櫃に入れられ、暗い所に置かれたほうが美しく、食欲を刺激する、と述べている。

〈表現〉

⑴　「闇」が効果的な働きをしている日常生活の例を挙げ、筆者の「闇」に対する考え方を二〇〇字以内でまとめてみよう。

解説　日常生活の例では、例えば、日本家屋で、障子に映る陰翳が美しさを演出している。昼間、室内からは、障子に外の庭木の影が映り、それが風に揺れるようすもわかる。夜は、室内の明かりと影がほのかに障子に映ることになる。ほかにも身近な物から考えてみよう。

(2) 他の筆者による日本文化論にはどのようなものがあるか、調べてみよう。

解説 坂口安吾《さかぐちあんご》の「日本文化私観」を以下に紹介するので、参考にしよう。

「日本文化私観」は、次の四つの段落から成っている。

一、「日本的」といふこと
二、俗悪に就《つい》て（人間は人間を）
三、家に就て
四、美に就て

教科書本文の「陰翳礼讃」は、まず燭台が行灯式の電灯に変わってしまったことを嘆くところから始まるが、この『日本文化私観』は、ブルーノ・タウトやコクトオ（コクトー）が、日本の伝統文化が失われていくと嘆いたことに、反発するところから始まる。次のような一節がある。

「いつかコクトオが、日本へ来たとき、日本人がどうして和服を着ないのだらうと言つて、日本が母国の伝統を忘れ、欧米化に汲々たる有様を嘆いたのであつた。成程、フランスといふ国は不思議な国である。戦争が始ると、先づまつさきに避難したのはルーブル博物館の陳列品と金塊で、巴里《ぱり》の保存のために祖国の運命を換へてしまつた。彼等は伝統の遺産を受継いできたが、祖国の伝統を生むべきものが、又、彼等自身に外ならぬことを全然知らないやうである。

伝統とは何か？　国民性とは何か？　日本人には必然の性格があつて、どうしても和服を発明し、それを着なければならないやうな決定的な素因があるのだらうか。」

このように、安吾は、古い伝統というものに疑いの目を向けている。そして、伝統よりそこで生活している者の重要性を次のように述べている。

「伝統の美だの日本々来の姿などゝいふものよりも、より便利な生活が必要なのである。京都の寺や奈良の仏像が全滅しても困らないが、電車が動かなくては困るのだ。我々に大切なのは『生活の必要』だけで、古代文化が全滅しても、生活は亡びず、生活自体が亡びない限り、我々の独自性は健康なのである。なぜなら、我々自体の必要と、必要に応じた欲求を失はないからである。」

この中の「我々の独自性」とは、日本文化のことである。少々乱暴と思われる説だが、安吾は日本の文化を過去の伝統のみに求めるのではなく、現在の日本人自身の中に求めているのだ。過去の伝統的なものについては、過去には必要であったものも、現在必要とされていなければ、それは空虚であって、亡びるしかないとしている。かわりに現在の日本人に必要なものを造れば、それで日本の伝統は守られると言っている。

また、刑務所・工場・軍艦の美しさなどについても述べている。

みづの上日記

樋《ひ》口《ぐち》一《いち》葉《よう》

❖学習の視点

1　一葉の小説の評についての来客たちの反応や新聞、雑誌の批評を読み取る。
2　来客たちや新聞、雑誌の批評を見て、一葉はどんな気持ちでいるかを知る。
3　文語体の文章を理解する。
4　一葉が生きていた時代と現代の女性の活躍の取り上げられ方について、考える。

❖筆者解説

樋口一葉（ひぐち・いちよう）　一八七二（明治五）年—一八九六（明治二九）年。東京都に生まれる。本名は奈津。小説家・歌人。中島歌子に和歌や古典文学を、半井桃水《なからいとうすい》に小説を学ぶ。生活に苦しみながらも「たけくらべ」「にごりえ」「十三夜」などの秀作を発表し、文壇から絶賛された。わずか一年半（奇跡の一四か月と言われている）でこれらの作品を発表した後、二四歳で肺結核によりその短い生涯を閉じた。没後に発表された「一葉日記」も高く評価されている。

❖出典解説

この文章は一八九六年に記されたもので、本文は『全集樋口一葉』第三巻によった。

❖語句・表現の解説

二八八ページ

物語ることしばし　少しの間、話をする。

君がもてなしを受けばや　君のもてなしを受けよう。「ばや」は、自己の希望を表す終助詞。

まうで来つるなり　やって来たのです。

いかなるまうけをかせさせたまふぞや　どのようなごちそうの用意をなさっているのでしょうか。

大かたのにてはえ受け引きがたし　普通のもの（もてなし）では

受け入れられません。「大かた」は、並みの、普通の。「受け引く」は承知する、同意する。「え～がたし」は、～できない、の意味。

細評　詳細な批評。

それならんかし　それでしょうね。「かし」は念押しの終助詞。

かくかくしかじか　内容を省略したときに、その具体的な内容の部分の代用として用いられる表現。

もの言はん暇もなく　ものを言う暇もなく

はせて　「馳せて」走って。駆けつけて。

あがなふ　買い求める。

まろび入る　転がりそうになって（あわてて）入っていく。

二八九ページ

顔もえ上げず　「え～ず」で、「～できない」の意味。顔も上げられず。

涙にかきくれる　ひたすら泣く。本文の場合は、あまりの嬉しさに泣いている様子を表している。用例 悲しい知らせに、一日中涙にかきくれた。

さらばとく見せて　そうしたらすぐに（一葉に）見せて。

いかで読みたまひてよ。我や読まん、平田や。」と、言葉せはしく喜び面にあふれて言ふ　どうやって読みますか。私が読もうか、平田（が読む）か。秋骨が落ち着かない口調で、一葉にその雑誌の内容を知らせようとしている様子がわかる。

崇拝　あこがれの気持ちがある人を心の底から尊いものとして大切に扱うこと。

霊符　おふだやお守りのこと。

文士　文筆を職業とする人。作家や小説家のこと。

死すとも憾《うら》みなかるまじきことぞや　死んでも後悔はないに違いないことですよ。

ただ狂せるやうに　まるで気が狂ったように。「ただ」は、ここでは「まるで」の意。

ただ一行読みては驚き嘆じ、二行読みてはうちうめきぬ。　ただもう一行読んでは驚嘆し、二行読んではため息をついた。「うちうめく」の「うち」は接頭語。

仮初《かりそ》め　一時的な事。つかのま。その場限りであること。

雑報　新聞、雑誌などの種々の記事。

二九〇ページ

ことなることなき身どち　特別なことはない私たち。

不徳　身に徳の備わっていないこと。

訪《と》ふ　訪問する。

さればこそ　だからこそ。思ったとおり。

ことなることなき　たいしたことのない

反古紙《ほごがみ》　書きそこなうなどして不要になった紙。

心なし　思慮分別のないこと。

底意《そこい》　心の奥にひそむ考え、思い。

すさび　気まぐれ。気まま。もてあそび。

取りどころなき　価値がない。

いとあやしきことどもなり　「あやし」には、次のような意味がある。①不思議だ。珍しい。疑わしい。よくない。②身分が低い。見苦しい。みっともない。ここでは②の「見苦しい」意味。

《現代語訳》

五月二日の夜、禿木と秋骨の二人が来た。しばらく話をして、「今夜は君にもてなしを受けようと来たのだ。どのようなごちそうの用意をなさっているのでしょうか。これは普通のものでは受け入れられないです。」と、二人で笑う。「どうしたのですか。」と聞くと、戸川さんが懐から雑誌を取り出し、「朗読しなさい。」と平田さんを振り返って言う。

それは「めさまし草」の四巻だった。一昨日の発行で、私の「文芸倶楽部」に出した『たけくらべ』の細かい批評があると新聞広告で見たが、それだろうかと思ったので、あわただしく問うこともしないで微笑んでいると、「どうやってご馳走なさいますか。この巻ですよ、今日大学の講堂に上田敏氏が持ってきて、『これを見よ。』と開き、差し出したのです。『なんだなんだ。』と手に取ってみると、これを見なさい、これこれの評が、鷗外、露伴によって書かれ、当代の名作これにとどめを刺す。嬉しさが胸に満ちて、もの言う暇もなく、これの朗読を、大学の講堂で高らかに始めました。それでもなおうれしさがおさまらず、学校を出るやいなや、「発兌の書林」に走り、一冊買うとすぐ、禿木の下宿に駆け入り、『君々、これを見たまえ。』と投げつけると、それを取って一目見るより早く、平田は顔も上げられず涙にかきくれた。『それならさあ早く見せて、この喜びも述べ、ねたみも言いにいこう。』と、こうやって二人でまいりました。どのように読みなさるか。私が読もうか、平田か。」と、言葉せわしく喜びを満面にして言う。

「今『文壇の神。』と呼ばれている鷗外の言葉として、『われは、たとえ世の人から一葉崇拝のあざけりを受けるとしても、この人にまことの詩人という名を贈ることを惜しまないだろう。』と言い、『作中の文字を五、六字づつ、今の世の批評家・作家に、技量上達のお守りとして飲ませたいもの。』と言っているあたり、我々文士の身として、一度でもそのような言葉を受けたら死んでも悔いはないよ。君の喜びはどれほどだろうか。」とうらやんでいる。二人はまるで狂ったように喜び、帰られた。

この評は、いたるところの新聞雑誌に、かしましくもてはやされた。「日本」新聞などには、「ただ一行読んでは驚嘆し、二行読んではため息が出た。」とあったとのこと、国子がよそで聞いてきて、「たいへんはなはだしいほど立った評判だなあ。」と喜びながら悲しがる。それは朝顔が朝咲き、夕方にはしぼんでしまう（人の栄華ははかないということ）を嘆くからだ。世の中の誰も彼も文学を尊ぶ風潮で、かりそめの一文・一章が、遠国・他郷までにも響き渡り、伝え広まって、立つ名はさまざまであり、そのようだからよからぬ噂もだんだん増えてきた。

この「たけくらべ」を書いた同じ号に、私と川上さんとの間のことを怪しげに書いた雑報があった。千葉辺りから来た投書だとか。これを人は材料にして、ねたみもし、憎しみもする。特別な関係ではない私たちには、特に嘆かわしいとは思わないが、そもそもの初めから、浮き世で名前を汚さない、世の人並みではありたくないという思いであるので、このようなよからぬ噂が出てくると、やましいことはなくても、私の不徳のいたすところなのかと、残念に思う。

私を訪ねる十人のうち九人までは、女だということを喜んで、もの珍しさから集まってくる。だからこそ、たいしたことのない反故紙を作り出しても、「現代の清少納言よ、紫式部よ。」と、はやし立てる。ほんとうは無分別な者たちが、どのような心の奥底があるともしらず、私をただ女だとばかり見て、もてあそんでいる。それであればその批評の価値のないこと、欠点があっても見えず、よいところがあっても言い表すことがなく、ただ「一葉はうまい。」「上手である。」「ほかの女などはもちろん、男もほとんどの者たちは頭を下げる技量である。ただうまい、上手だ。」と言うばかり。そのほかに言う言葉はないのか、言うべき欠点を見つけられないのか。たいへん見苦しいことばかりだ。

❖発問の解説

（二九〇ページ）

1 「もの嘆かしう思はれき」とあるが、なぜか。

解答例　自分と川上さんの関係を怪しげに書いた記事を読んで、自分は潔白なのだが、やましいことはなくても、このようなうわさが出てくるのは、自分の不徳のいたすところなのかと思ってしまうから。

❖構成・要旨

〈構成〉

(1)（初め～二八九・9）**禿木と秋骨が一葉の家を来訪**

五月二日の夜、禿木と秋骨が一葉の家に来て、一葉が発表した小説「たけくらべ」が森鷗外や幸田露伴による絶大な評価が載せられている雑誌を持ってきて、大学の行動で朗読したことなど話し、狂ったように喜びを伝え、帰っていった。

(2)（二八九・10～二九〇・4）**新聞や雑誌の「たけくらべ」の評を見ての一葉の思い**

「たけくらべ」の批評は多くの新聞雑誌で取り上げられ、評判もいいが、妹は、槿花一朝の栄（人の栄華ははかない）と喜びつつも悲しんだ。批評の内容もさまざまで、一葉と川上さんとの関係を怪しげに書いたものもある。一葉自身は潔白であり、後ろめたい気持ちはないのだが、こんなうわさが立つこと自体、自分の不徳のいたすところかと残念に思っている。

(3)（二九〇・4～終わり）**一葉の家を訪れる人たちへの気持ち**

一葉の家を訪ねる客の九割は、この小説を書いた人が女性だということの物珍しさで来る。一葉の文章を深く論ずるのでもなく、ただ、「現代の清少納言だ、紫式部だ」「一葉はうまい、上手だ」などと浅い言葉でもてはやすばかりで、ばかばかしいと思ってしまう。

〈要旨〉

ある五月の夜、平田禿木氏と戸川秋骨氏が一葉の家を訪れた。「たけくらべ」の批評が文芸誌にのり、その中に、幸田露伴や森鷗外に賛辞があるという。二氏は、このことを一葉に伝え、狂喜して帰っていった。この小説については、多くの新聞雑誌で取り上げられ、評判もいいが、妹は、喜びながらも「人の栄華ははかない」と悲しんでいる。一葉も、さまざまな記事の中に自分と川上氏の関係を書かれたものがあるのを、潔白ではあっても、己の不徳のいたすところかと嘆いている。一葉の家を訪れる客の九割は、女性作家だという物珍しさに惹かれているだけで、文章を深く考察しようともせず、ただ、「うまい、上手だ」ともてはやすばかり。そんなことに、一葉は本当にばかばかしいと思っている。

❖理解・表現の解説

〈理解〉

(1)　本文に登場した来客の反応について、発言と表情・態度に関する表現を抜き出し、整理しなさい。

解答例　●平田禿木、戸川秋骨の二氏

・「今宵は君がもてなしを受けばやとてまうで来つるなり。～大方のにてはえ受け引きがたし。」と、二人ながら笑ふ。（二八八・1）

・「いかでまうけせさせたまへ。この巻よ、けふ大学の講堂に……かく二人相伴ひてはまうで来つるなり。いかで読みたまひてよ。我や読まん、平田や。」と、言葉せはしく喜び面にあふれて言ふ。（同・7）

・「今『文壇の神よ。』といふ鷗外が言葉として、……我々文士の身として、一度受けなば死すとも憾みなかるまじきことぞや。君が喜びいかばかりぞ。」とうらやまる。（二八九・4）

・二人はただ狂せるやうに喜びて、帰られき。（同・8）

→一葉の小説が「めさまし草」で鷗外や露伴に絶賛されたことを、自分のことのように喜んでいる。また、ここから鷗外らに評価されることが、どれだけ大きな影響があったかがわかる。

●一葉の家を訪れる客の十人に九人まで

・ただ女子なりといふを喜びて、もの珍しさに集ふなりけり。～「今清少よ、紫よ。」と、はやし立つる。（二九〇・5）

・ただ「一葉はうまし。」「上手なり。」「余の女どもはさらなり、男もおほかたはかうべを下ぐべきの技量なり。ただうまし、上手なり。」と言ふばかり。（同・9）

→一葉が女性作家であるという物珍しさから訪問してきて、欠点を指摘もせず、良いところも具体的に言い表すわけでなく、ただ、表面的に褒めちぎって帰っていくことに、一葉はあきれてしまっている。当時、注目されるような女性の作家がどれだけ少なかったかがわかる。

(2)　「五月二日の夜、禿木、秋骨の二子来訪。」（二八八・1）とあるが、二人が筆者の家に来るまでの時系列を、第二・三段落の描写をもとに説明しなさい。

解答例　①五月二日の日中、大学の講堂に、上田敏氏が文芸雑誌「めさまし草」を持ってきて、戸川秋骨氏に差し出した。見ると、一葉の小説「たけくらべ」への鴎外・露伴による賛辞が書かれていた。戸川氏は嬉しさのあまり、それを講堂で高らかに朗読した。（二八八・8～11）

↓

②なお嬉しさがおさまらず、大学を出た戸川氏は書店でその雑誌を購入すると、平田禿木の下宿へ行く。それを読んだ平田氏は、顔も上げられず涙した。（二八八・11～二八九・1）

↓

③戸川氏と平田氏は「それなら一葉にも早くこの雑誌を見せて、喜びを伝え、妬みも言いにいこう。」と、夜二人で一葉の家に来た。（二八九・1～2）

という時系列になる。平田氏と戸川氏は、同人誌「文学界」の小説家仲間であり、一葉と交流があった。二人の喜びようを見ると、一葉が雑誌に取り上げられ、絶賛されたことが、当時どれほどの大ニュースだったかがうかがい知れる。

(3)　「二人はただ狂うせるやうに喜びて」（二八九・8）には、筆者のどのような気持ちが込められているか、説明しなさい。

解答例　「たけくらべ」が評価されたのは嬉しいが、この二人は、どうしてこんなに狂ったように喜んでいるのだろうか、という冷めた気持ち。

(4)　「さればその評の取りどころなきこと、……いとあやしきことどもなり。」（二九〇・8）とあるが、そこには筆者のどのような気持ちが込められているか、説明しなさい。

解答例　客の九割が、女性の作家だという物珍しさから自宅を訪ねてきて、ただ「うまい、上手だ。」と表面的にほめるばかりで、欠点も見えていない、良いところがあっても言葉で言い表さない。他に言う言葉はないのか、批判する箇所も見つけられないのかと、呆れてしまっている。

〈表現〉

(1)　本文の中で引用された筆者への評価を、現代語に訳してまとめてみよう。

解説　本文中では、森鷗外の評、「日本」新聞の記事、一葉の自宅を訪れる人たちの言葉が引用されている。もう一度本文をよく読み直して、抜き出し、現代語に訳してみよう。

(2)　現代社会において、女性の活躍がメディアでどのように取り上げられているかをまとめ、樋口一葉が生きていた時代との共通点や相違点について、話し合ってみよう。

解説　昔は女性は家庭に入るものという考えが広く人々に浸透していて、女性が働くことはおろか、教育も満足に受けられなかった。一葉も学校に通っていたが、母親が女性に学問は必要ないと言って、学校をやめさせて針仕事を学ばせると主張した。父親はそのまま学問を続けさせたいと言って、一葉にどうしたいのかと聞く。その時のことを一葉が次のように日記に書いている。「生まれ得て心弱き身にて、いずかたにもいずかたにも定かなる事言いがたく、死ぬばかり悲しかりしかど、学校は止めになりけり。」（心が弱かったので、どうしても学校を続けたいと言えず、死ぬばかりに悲しかったが、学校は止めることになった。）その後、父親の意向で、和歌だけは指導者について勉強し、後に文学に進む下地ができた。

世の中は、第二次世界大戦前も女子高等学校という女性が教育を受ける場はあったが、男子よりも格下と見なされ、カリキュラムも「良妻賢母を育てる」という内容だった。

一九八六年になって、男女雇用機会均等法が施行され、何度かの改定を繰り返しているが、実際にはルールが形骸化していて機能していない部分も多い。経済、教育、政治、保健の四分野の項目から各国の男女の不均衡を数値化する「ジェンダー・ギャップ指数」の二〇二二年版によると、日本は一四六か国中一一六位という低い位置にある。①非正規雇用の割合の高さ、②企業の役員、管理職の割合の低さ（管理職以上の女性の割合は七、五パーセントと国際的に見ても特に低い水準）、③政治家の少なさの三点を含む女性の社会進出は、日本の大きな課題と言える。

社会の意識や法律の整備などにおいては、一葉の生きた時代に比べ、格段に女性が活躍しやすい社会になったと言えるが、メディアの取り上げ方を見ると、例えば、スポーツの分野で、女性選手が活躍すると「男並み」という言い方をされたり、女性の選手がモデルに起用され、美しさを強調するような注目を浴びたり、仕事、育児、家事の全てを百パーセントこなしているようなワーキングママ像が取り上げられ、ネットなどには「そういう人物を目指すべきのような圧力を感じる」といった投稿も見られる。

このようなことも参考にして、女性へのメディアの取り上げ方を調べたり、実際、身の回りの女性たちにもインタビューしてみたりするのもよいだろう。そのうえで、話し合ってみよう。

第2章　交差するドラマ　小説（一）

舞姫

森《もり》　鷗《おう》外《がい》

❖学習の視点

1　近代日本の代表的な小説の一つ『舞姫』を読み、作品の枠組み、一人称による回想という構成をとらえる。

2　明治の文語文としての特色、流麗な調子、表現の工夫などを味わって読む。

3　作品に描かれた一八八〇年代の日本とヨーロッパ、日本の知識人が直面した〝近代的自我と社会〟など、作品の背景をとらえる。

❖作者解説

森　鷗外（もり・おうがい）　本名、林太郎。小説家・医学者。一八六二（文久二）―一九二二（大正一一）年、島根県に生まれる。東京大学医学部卒業。陸軍軍医副に任ぜられたが、一八八四年から一八八八年まで、衛生学研究のためドイツに留学した。帰朝後、軍医関係の要職を歴任した後、陸軍軍医総監、陸軍省医務局長に任ぜられ、一九一六年退官、その後、帝室博物館総長兼図《ず》書頭《しょのかみ》、帝国美術院長、臨時国語調査会長などを務めた。文学者としては、帰朝の翌年、訳詩集『於母影《おもかげ》』を発表し、当時の新体詩運動に大きな影響を与えた。以後、創作、翻訳、評論と多方面にわたる活動によって文壇を啓蒙した。小説に『舞姫』『雁《がん》』『阿部《あべ》一族』『山椒太夫《さんしょうだゆう》』『高瀬舟《たかせぶね》』『寒山拾得《かんざんじっとく》』『渋江抽斎《しぶえちゅうさい》』など、翻訳にアンデルセン『即興詩人』、ゲーテ『ファウスト』など、評論に、坪内逍遥《つぼうちしょうよう》と論争した没理想論争など。

❖出典解説

一八九〇年、雑誌「国民之友」付録に発表した処女作。「鷗外全集」第一巻（一九七一年・岩波書店刊）によった。

❖作品解説

鷗外は、一八八四（明治十七）年から四年間、ドイツに留学したが、この期間の経験に素材を求め、帰朝後まもなく書かれたのが『舞姫』である。主人公は作者の分身ともいうべき青年であり、エリスとの恋愛とその挫折《ざせつ》を通して、近代的自我と社会、友情などについて現代にも通ずる問題を描いている。

❖語句・表現の解説

二九二ページ

石炭をばはや積み果てつ　石炭をもう積み終えた。当時の船は石炭が燃料なので、長途の航海では寄港先で石炭を補充する。その石炭積みが終わったのだから、もう明日あたり出港である。

中等室の卓《つくえ》のほとり　中等船客用の食堂のテーブルのまわり。「中等」は上等・中等・下等の中等。船客の等級を示している。

いと　たいそう。

洋行《ようこう》の官命《かんめい》をかう《コウ》むり　ヨーロッパで研究・調査してくるようにという政府の命令をうけて。当時、ヨーロッパに旅行・滞在することを「洋行」といい、洋行して帰国した人を「洋行帰り」とよんだ。「官命」は、政府の命令。

幾千言をかなしけむ《ン》　どんなに多くのことを書きつづってきたことだろう。

放言《ほうげん》　無責任な発言。

途に上りしとき　帰国の途についたとき。

日記《にき》ものせむ《ン》とて　日記をつけようと。

げに　実に。

東《ひんがし》に帰《かえ》る　日本に帰る。ヨーロッパからみれば、日本は東。

学問こそなほ《オ》心に飽《あ》き足らぬところも多かれ　学問こそはなお、自分でも満足できないところも多いが。

二九三ページ

浮き世の憂きふし　この現世で生きてゆくことのつらさ。

人の心の頼みがたきは言ふ《ウ》もさらなり　他人の心の変わりやすくて頼りにならないことは言うまでもない。

是《ぜ》　よいこと。

非　悪いこと。

縁故《えんこ》　ここでは「理由」。

世の常ならば　ふつうだったら。

一抹《いちまつ》の　ほんのわずかな。「一抹」は、ひとはけぼかして塗る。

惨痛《さんつう》　たいへん心を痛めて、苦しむこと。

懐旧《かいきゅう》の情　昔のことをなつかしく思う感情。

さはあらじと思へ《エ》ど　そうはなるまいと思うけれども。

ほどもあるべければ　時間もあるようなので。

その概略《がいりゃく》　「恨み」のあらまし。「概略」は、だいたいの事情。

受けし甲斐《かい》に　受けたかいがあって。

二九四ページ

荒《すさ》み　粗雑になること。

一級の首《はじめ》に記されたり　首席であった。クラスのトップ。

学士《がくし》の称を受け　大学を卒業し。
大学の立ちてよりその頃までにまたなき名誉《めいよ》なり　大学創立以来はじめての名誉あることである。非常にすぐれた学生は年少で学士になる例があった。それにしても数え年十九歳（現在の数え方では、十七〜十八歳）で学士は異例である。作者の鷗外がそういう秀才であった。
出仕《しゅつし》　官職につくこと。
覚え殊《こと》なりしかば　信用が特別に厚かったので。
名を成さむ　名声を得る。
さまで　それほど。
なんらの光彩ぞ　なんという光り輝く華やかないろどりだろう。
色沢《しきたく》　色つや。「ヨオロッパの新大都」の華やかな状景。
幽静《ゆうせい》なる境《さかい》　静かでおちついた場所。「幽静」は、奥深く、もの静かなこと。
隊々《くみぐみ》の士女　それぞれに連れ立っている男と女。

二九五ページ

噴井《ふきい》の水　噴水。
半天　①天の半分。②中天。ここでは②の意。
ここ（7行）　ウンテル・デン・リンデン街。
あだ　漢字は「徒」。まごころがない。うわついていること。「あだなる美観に心をばや動かさじ」は、自分にとっての任務は、研究・調査だから、それに役立たない風景などに心を動かしたりすることは許されないし、そんな暇もない、ということ。

公《おおやけ》　政府・官庁。
手つづきだに事なく済みたらましかば　手続きさえ無事に済んでしまえば。

二九六ページ

約しき　約束した。
さらぬをば　そうではないものを。「そうではないもの」とは、ここでは、急ぎのものではない、ということ。
遺言　死後に身寄りの者に言い残すこと。
神童　非常に賢い子供。
たゆみなく　油断なく。ゆるみなく。
やうやう　しだいしだいに。
雄飛《ゆうひ》　盛んに活動すること。対雌伏。
法典《ほうてん》　（ある範囲の）法規を組織的に配列・編さんしたもの。
そらんじて　暗記して。

二九七ページ

思ふやう　思うには。
瑣々《ささ》　ほんのわずかなさま。取るに足りないこと。
細目《さいもく》　細かい項目。
かかづらふ　かかわりを持つ。その結果、とらわれてこだわる。
法の精神をだに得たらむには　法の精神をさえ捉えたならば。
広言《こうげん》　口にまかせて大きなことを言うこと。類大口。大言《たいげん》。
よそにして　ほったらかしにして。
官長はもと心のままに用ゐるべき器械をこそ作らむとしたりけめ

官長はもともと、自分（太田豊太郎）を思うままに使える器械として作りあげようとしたのだろう。

人なみならぬ面もちしたる男　普通とはちがう顔つきをしている男。強い自負をもっているようすの男。

これのみにては　「これ」は、「一たび法の精神を……」などと広言し、「独立の思想を抱きて、人なみならぬ面もち」をしていること。

猜疑《さいぎ》　他人の行いや気持ちを素直に理解せず、ねたんだり疑ったりすること。

かたくな　片意地なこと。頑固《がんこ》。強情《ごうじょう》。

かつは　一方では。加えて。

こは(17行)　これは。「かの人々は……嫉《ねた》みたりけむ」をさす。

いかでか人に知らるべき　どうして他の人に知られるわけがあろうか、知ることはできないだろう。

二九八ページ

耐忍《たいにん》　たえしのぶこと。「忍耐」と同じ。

自ら欺《あざむ》**き**　自分で自分をだまし。

かれも一時　あれもひととき（の自負にすぎなかったのだ）。

あつぱれ　すぐれてめざましいこと。

本性《ほんしょう》　ふだんは表に現れない、実際の性質。

さることなり　そういうこともあろう。「さること」は、「然る事」。

嫉《そね》**む**　他人の長所や幸運を、うらやみ、くやしがり、憎む。

ふびん　かわいそうなこと。漢字は「不憫」「不愍」。

赤く白く面《おもて》**を塗りて**　おしろいを濃くぬり、頬《ほお》や口にきつく紅《べに》をさした、どぎつい化粧《けしょう》のさまを、こう表現しているのである。

これに就《つ》**かむ**《ン》**勇気**　彼女にくっついてゆこうという勇気。

高き帽を戴き　背の高い帽子を頭にかぶり。「高き帽」は、シルクハットか山高帽のいずれかであろう。

交際の疎《うと》**きがために**　親しく交際をしようとしないために。

二九九ページ

冤罪《えんざい》　無実の罪。

暫時《ざんじ》　しばらくの間。「漸次《ぜんじ》」は「だんだん。次第に」。

無量《むりょう》　量がはかりしれないほど大きいこと。

艱難《かんなん》　困難にあって苦しみなやむこと。

閲《けみ》**し尽くす**　「閲《けみ》す」は「しらべる。検査する」こと。ここでは、「味わいつくす」というほどの意。

漫歩《まんぽ》　そぞろ歩き。散歩。

恍惚《こうこつ》　心を奪われて、我を忘れること。

かへ《エ》**りみたる面**《おもて》　ふりむいた顔。

一顧《いっこ》**したるのみ**　ちょっとふりかえってみただけ。

はからぬ　思いがけない。

前後を顧みるいとまなく　あとさきを顧慮する心のゆとりもなく。周囲の事情など考慮する余裕もなく。

憐憫《れんびん》**の情**　かわいそうだという感情。あわれみの情。

覚えず　思わず。われ知らず。

かへ《エ》**りて**　かえって。

三〇〇ページ

我が黄なる面　「黄色人種」のことを意識した語。
真率《しんそつ》　まじめで率直なこと。
色に現れたりけむ《ン》　表情に現れていたのであろう。
彼のごとく酷《むご》くはあらじ　彼のようにひどい人ではないでしょう。
この「彼」は、あとで出てくる座頭《ざがしら》（劇場主）のこと。
恥なき人　ここでは、金で身を売る人間をさしている。
母は我が彼の言葉に従は《ワ》ねばとて　母はわたしが彼のいうことに従って彼に身をまかせることをこばんでいるので。
葬《ほうむ》らではかなは《ワ》ぬに　埋葬をしなくてはならないのに。
ここは往来《おうらい》なるに　ここは道路ですから。
厭《いと》は《ワ》しさに　いやなので。わずらわしいので。
悪《あ》しき相にはあらねど　顔つきは悪くはないけれど。
貧苦《ひんく》の跡《あと》を額《ぬか》に印《しる》せし面　貧乏ゆえの生活の苦しみの跡がしわとなって額に刻みこまれた顔。
会釈《えしやく》して　おじぎして。あいさつして。
戸を激しくたて切りつ　扉をがしゃんと音をたてて閉め切った。

三〇一ページ

茫然《ぼうぜん》　意外なことに出会い、どうしようもなくなり、ぼんやりする。
仕立物師　洋服の仕立て屋。洋服の裁縫師。
慇懃《いんぎん》に　ていねいに。
おのが無礼の振る舞ひ《イ》　娘をおくってきた豊太郎にたいして、あいさつもせず、いきなり「戸を激しくたて切」ったりしたこと。
粗末《そまつ》　あまり質がよくないようす。
臥床《ふしど》　寝台。ベッド。
伏したるは　寝ているのは。
頭《かしら》のつかふ《ウ》べき　頭がつかえそうな。
そが　その（机の）。
羞《はじ》を帯《お》びて立てり　恥ずかしそうに立った。
たを《オ》やか　しなやかでやさしいさま。
知らでやおはさ《ワ》む《ン》　お知りにならないでしょう。

三〇二ページ

彼が抱へ《エ》となりしより　彼に（座員として）やとわれてから。
身勝手なる言ひ《イ》掛け　葬式の金を出してやるから、その代わり、自分の言うことをきいて身をまかせろ、ということであろう。
それもならずば母の言葉に　このあとに「したがって、座頭に身をまかさねばなりません」が略されている。
媚態《びたい》　なまめかしいようす。こびるようす。
隠し　洋服のポケット。
時計をはづ《ズ》して机の上に置きぬ　おそらく時計は金側の懐中時計であろう。高価なものだから、これを質屋にもってゆけば、この家の葬式の費用は出る。「一時の急」はしのげるわけである。
質屋の使ひ《イ》の……　時計はあとで豊太郎が質屋からうけだすから、必要な金はこの時計を質ぐさにして質屋から借りてつかいなさい、と言っているのである。

感ぜしさま　感激したようす。
手の背《そびら》　手の甲《こう》。
悪因《あくいん》　悪い行いの結果、悪い結果が生じること。
終日《ひねもす》　一日中。
一輪の名花を咲かせてけり　少女を美しい花にたとえて言ったもの。「咲かせてけり」は「咲かせていました」。
やう《ヨ》やくしげくなりもてゆきて　次第に頻繁《ひんぱん》になっていって。
色《いろ》を舞姫《まいひめ》の群れに漁《ぎょ》するもの　踊り子たちを相手に色欲をあさっているもの。
歓楽　喜び、楽しむこと。［類］快楽。［用例］歓楽街。
憚《はばか》り　遠慮。
事を好む　もめごとを好む。

三〇三ページ

学問の岐路《きろ》に走る　学問の本道からそれてわき道に進む。
旨《むね》　趣旨。内容。
御身《おんみ》　あなた。
即時に郷に帰らば　すぐに日本に帰るのなら。
ここ　ベルリンのこと。
公《おおやけ》の助けをば仰ぐべからず　政府は援助はできない。
一週日の猶予《ゆうよ》を請ひ《イ》て　決定することを一週間待ってくれるようにたのんで。「猶予」は、時間や日にちを延ばすこと。
またなく　二つとない、つまり、くらべるものもないほどに。
よそ目　他人の目。
清白　清らかで潔白なこと。
恥づ《ズ》かしき業《わざ》　舞姫（踊り子）という職業をさす。
果てて　卒業して。
はかなきは　あわれなのは。
親はらから　親きょうだい。
賤《いや》しき限りなる業　売春のことをさす。
いふ《ウ》なる　世間では言っている。
おとなしき　落ち着いて思慮分別のある。
剛気《ごうき》ある　物事にくじけない強い気性のそなわった。
物読むことをばさすがに好みしかど、手に入るは……　本を読むのは好きだったが、そうはいうものの、手に入る本といったら。

三〇四ページ

やう《ヨ》やく趣味をも知り　次第に（書物の）味わいがわかってきて。
かかれば　「かく」＋「あれば」。このようなわけだから。
不時の　思いがけない。
免官　公の仕事を辞めさせられること。
色を失ひ《イ》つ　驚きと心配でまっ青になった。
彼が身の事に関は《ワ》りしを包み隠しぬれど　彼女の職業などが彼の免官に関係があるということを隠したけれど。
これを秘めたまへ《エ》　免職になったことをお隠しなさい。
疎んぜむ《ン》　きらって遠ざけようとするでしょう。
要なけれど　必要はないけれど。
離れ難き仲となりし　離れられない間柄となった。肉体関係ができたことを示す。
危急存亡《ききゅうそんぼう》の秋《とき》　危難が迫って、現在のまま生き残れるかほろびるかの、せとぎわに立たされている状態。
そしる　悪く言う。非難する。
鬢《びん》の毛　顔の左右にたれた髪の毛。
脳髄《のうずい》　「脳」の医学用語。
我が命《めい》は迫りぬ　わたしの命運がつきるときが近づいた。
汚名《おめい》　不名誉。踊り子と関係しているという評判をさす。
身の浮かぶ瀬あらじ　わたしは救われるところがない。
今我が同行の　今のこの船で一緒に日本に向かいつつある。
相沢謙吉《あいざわけんきち》　モデルは鷗外の親友賀古鶴所《かこつると》（安政二〜昭和六）。

二〇五ページ

天方伯《あまがたはく》　天方伯爵。モデルは山県有朋《やまがたありとも》（天保九〜大正一一）。山県は当時、内務大臣・伯爵。
午餐《ひるげ》に行く食店《たべものみせ》をもかへ《エ》たらむ《ン》には　これまでの高級店から、安い食堂に変えるならば。
寄寓《きぐう》　他人の家に一時世話になること。
さらぬ日　そうでない日。温習にゆかない日。
間口《まぐち》　土地・家屋などの正面の幅。
赴き　出かけていって。
空きたる新聞の細長き板ぎれに挟《はさ》みたるを　木製のヴァインダーで閉じてある新聞（いわゆる新聞とじこみ）を。
かたへ《エ》　かたわら。

常ならず　非常に。

二〇六ページ

昔の法令条目の枯れ葉　すでに過去のものとなって今日に生きる生命力をもたない法律の一条一条。
活発々《かつはつはつ》　活発。活気のあるさま。
思ひ《イ》を構へ《エ》　構想し。
進退いかん　職にとどまるか辞職するか、どうなるか。
詳《つまびら》かなる　詳しい。
旧業を尋ぬること　前の学業（ここでは政治学）を復習すること。
見識を長じ　独自の判断がもたらす意義ある意見を得た。
しくはなからむ《ン》　匹敵《ひってき》するものはなかろう。
散見する　ところどころに散らばって見える。
高尚《こうしょう》　程度が高く、上品なこと。
総括《そうかつ》　個々ばらばらでなく、一まとめにして扱うこと。
社説をだに　社説をさえ。
え読まぬがある　よく読まない者がいる。

二〇七ページ

卒倒《そっとう》　貧血などにより、突然意識を失って、倒れること。
悪阻《つわり》　妊娠二、三か月ごろ吐き気があり、食欲不振を起こす状態。
さらぬだに　そうでなくとも。
手《て》　筆跡。
いぶかりつつも　不審に思いながらも。
由　方法。手段。

着《ちゃく》せられし　お着きになった。到着なされた。

心にな掛けそ　気にするな。「な……そ」は禁止を表す。

三〇八ページ

病をつとめて起《た》ち　病気をおして立ちあがり。

え言は《ワ》じ　言いますまい。

不興《ふきょう》　ふきげんなこと。

我ももろともに行かまほしきを　わたしも一緒に行きたいものを。

容《かたち》　表情。

よしや　たとい。

富貴《ふうき》　裕福で、社会的地位が高いようす。対 貧賤《ひんせん》。

楼《たかどの》　ここでは住んでいるアパート。

三〇九ページ

廊《わたどの》　廊下。

品行の方正　考えも行いも正しいこと。

激賞　大変ほめること。

失行　あやまち。

別後の情を細叙《さいじょ》するにもいとまあらず　別れた後の事情をこまかく話すひまもなく。「細叙」は、くわしく述べること。

轗軻数奇《かんかさくき》　不運不幸。「轗軻」は世に入れられず、志をえないこと。「数」は運命。「奇」は不遇の意。「数奇《すうき》」と同じ。

胸臆《きょうおく》　胸。「臆」も胸の意。

閲歴《えつれき》　経歴。

なかなかに　かえって。

凡庸《ぼんよう》なる　とりえのない。すぐれたところのない。

色を正して　表情・姿勢をあらためて。

この一段のこと　エリスとの交際からはじまって免官を経て、こんにちにいたる一連の出来事。

言は《ワ》むも甲斐《かい》なし　言ってもしようがない。

ドイツ語を利用せむ《ン》の心　ドイツ語を利用しようという心。

三一〇ページ

人材を知りて　おたがいの人物や才能を知り合って。

大洋に舵《かじ》を失ひ《イ》し舟人が、遥《はる》かなる山を望むごときは　たよりない生活を送るものが、目標を見いだした比喩《ひゆ》。

重霧《じゅうむ》　いくえにも重なった霧。

この情縁《じょうえん》　エリスとの交情、生活をさす。

膚粟《はだえあわ》立つ　寒さで皮膚が鳥肌になる。

余は心の中に一種の寒さを覚えき　エリスとの「情縁を断たむと約し」たことが、豊太郎の心に寒さを感じさせているのである。

折《おり》に触れては道中にて人々の失錯ありしことどもを告げてうち笑ひ《イ》たまひ《イ》き　天方伯が豊太郎の才能を認め、人柄をも見直してきて、心を開いてきたことを示している。「折に触れて」は、機会があると。「道中」は、旅行の途中。「失錯」は、失敗のこと。

三一一ページ

いとまなき　忙しくて暇がない。

いかで命に従は《ワ》ざらむ《ン》　どうして御命令に従わないことがありましょう。

卒然　にわかに。急に。類 突然。
咄嗟《とつさ》の間《かん》　一瞬のうちに。
よくも量らず　よく検討もしないで。
うべなふ《ウ》　承諾する。
代《しろ》　代金。謝礼。
費《つい》えをば支へ《エ》つべし　生活の費用は支えられるだろう。
常ならぬ身　妊娠しているからだ。
言ひ《イ》おこせつ　言って寄こしてきた。
故あればなるべし　わけがあるからであろう。「故」とは、座頭の「身勝手なる言ひかけ」を断ったことへのいやがらせ。
鉄路《てつろ》　鉄道。鉄道の線路。
貴族譜《きぞくふ》　貴族の系譜（系図など）を記した書。
さすがに心細きことのみ多きこのほどなれば　そうはいうものの、妊娠中に夫がロシアに出かけ、劇場はクビだと言ってくるなど、心細くなるようなことばかりが多いこのごろであるから。
出《い》で行く跡《あと》に残らむ《ン》も物憂かるべく　豊太郎がロシアに出かけていった後、家に残っているのも気がすすまないだろうし。

二二二ページ

旅装《りょそう》　旅行のための服装。旅じたく。
パリ絶頂の驕奢《きょうしゃ》を、氷雪《ひょうせつ》のうちに移したる王城の粧飾《そうしょく》　フランスのブルボン王朝最盛期（十七世紀末〜十八世紀初）のぜいたくを、雪と氷におおわれたロシアにそのまま移したような、この宮殿のきらびやかな飾り。
映射《えいしゃ》　光を受けて、きらきらと輝くこと。
周旋《しゅうせん》　とりもつこと。
事を弁ずる　物事を処理する。
日ごとに　毎日。
頼もしき族《やから》なしとのたまへ《エ》ば　頼りになる親族はいないとおっしゃっていたから。
この地によき世渡りの生計《たつき》あらば　ベルリンで適当な、生活できる便宜があるならば。

二二三ページ

繋《つな》ぎとどめではやまじ　つなぎとめないではいない。
袂《たもと》を分かつ　別れる。
苦艱《くかん》　苦しみ。
しるくなれる　目立ってきている。
それさへ《エ》あるに　妊娠までしているのだから。深い仲となった上に、という気持ち。
母とはいたく争ひ《イ》ぬ　母とはたいそう激しく言い争いました。「我が東に行かむ日には……」とあることから、エリスが豊太郎について日本に行こうということについて、と想定される。
我が身の過ぎし頃には似で　自分の昔のころとはちがって。
思ひ《イ》定めたるを見て心折れぬ　エリスの決意の固いのを母は見て、母のエリスをひきとめておきたいという心も折れた。
わたり　あたり。
ともかくもなりなむ《ン》　なんとかなるでしょう。

地位　位置。境遇。
明視《めいし》　はっきりと見ること。
進退《しんたい》　去就《きょしゅう》。どちらに進むべきか、行動や態度で示す方向。
順境　無難で幸福な境遇。対 逆境。
胸中の鏡は曇りたり　決断力は鈍り、ものごとをはっきり見ることができない。「照らさむ」にたいして「曇りたり」が照応。
我に厚し　自分にたいする信頼が厚い。

二二四ページ

絶えて思ひ《イ》**至らざりき**　まったく思いつかなかった。
ここに心づきて　このことに気がついて。
冷然《れいぜん》　動じることなく、ひややかに対応するようす。
ともにかくてあらば云々《しかじか》　いっしょにこうして大臣の信任を得て忠実に勤務するならば云々。
かくのたまひ《イ》**しを**　こうおっしゃったのを。
告げやしけむ《ン》　告げてしまったのであろう。
本領　真に得意な分野。
旦《あした》　朝。
除夜　おおみそかの夜。
万戸《ばんこ》**寂然**《せきぜん》**たり**　家々はみなひっそりとしている。

二二五ページ

我が命は絶えなむ《ン》**を**　わたしは死んでしまいましょうものを。
栄達　高い地位に上ること。
一刹那《いっせつな》　一瞬間。「刹那」は梵語《ぼんご》Ksana。

低徊《ていかい》**踟蹰**《ちちゅう》**の思ひ**《イ》　あちらを思いこちらをおもんぱかってためらうこと。「踟蹰」は、行きつ止まりつ、ゆっくり歩き回ること。
幾階か持ちて行くべき　このカバンはなん階に持ってゆけばいいのですか。
鑼《どら》**のごとく**　「鑼」は、船が出航するときなどに合図にならす、青銅製の円板状の打楽器。銅鑼とも書く。太く大きな声の形容。
一瞥《いちべつ》**して**　一目見て。「一瞥」はちらっとみること。
何とか見たまふ《ウ》**、この心がまへ**《エ》**を**　どうごらんになりますか、この心構えを。
おは《ワ》**さむ**《ン》**とて**　おありでしょうと思って。
使ひ《イ》**して**　（大臣が）使いの者に命じて。
殊にめでたく　とりわけよくて。

二二六ページ

労を問ひ《イ》**慰めて**　疲れたでしょう、御苦労でした、とねぎらって。
我が測り知るところならね　わたしが推測できるところではないが。（それほど広く深い、の意。）
係累《けいるい》　かかわりあい。煩わしい人間関係。
気色《けしき》　顔色。ようす。「きしょく」と読むと快、不快を示す表情。
否むべくもあらず　ことわることなどできようもない。
あなや　ああ。驚いて発する感嘆詞。
もしこの手にしもすがらずば　もしこの天方伯がさしのべてくれた助けの手にすがらなかったら。
名誉を引きかへ《エ》**さむ**《ン》**道**　名誉挽回《ばんかい》の（名誉を回復する）方法。

広漠《こうばく》　果てしなく広いさま。
心頭《しんとう》を衝《つ》いて　胸先につきあげて。「心頭」は、心の中。
承《うけたまわ》りはべり　承知いたしました。
錯乱《さくらん》　入り乱れること。心が乱れて、正常な判断ができないこと。
醒《さ》めしとき　気がついた時。錯乱状態から正気にかえった時。
軌道《きどう》　レール。

二二七ページ

身の節《ふし》　からだの関節。
いかにかしたまひ《イ》し　どうなさったのですか。
うべなりけり　もっともであった。
蒼然《そうぜん》　青ざめたようす。
面色《めんしょく》　顔色。

二二八ページ

を《オ》のかれて　漢字「戦かれて」。ふるえがきて。
懇《ねもご》ろに　ねんごろに。心をこめて。
顛末《てんまつ》　一部始終。
繕《つくろ》ひ《イ》おきしなり　言いつくろっておいたのである。
病床《びょうしょう》　病人の寝床。
この恩人は彼を……　「恩人」は相沢、「彼」はエリスをさす。
一諾《いちだく》　承知した一つのこと。単身で、天方伯にしたがって日本に帰ることをさす。
にはか《ワ》に心づきたるさま　急に気がついたようす。

二二九ページ

生ける屍《かばね》　正気を失って生きていることのたとえ。
千《ち》行《すじ》の涙　次から次へといくすじにもなって流れやまぬ涙。
帰東の途　日本への帰国の旅路。
議《はか》りて　相談して。
資本　もとで。金。
世にまた得難かるべし　この世で二人とは得られないだろう。
脳裏《のうり》　頭のなか。
今日　豊太郎が帰国途上、セイゴン（サイゴン、いまのホーチミン市）港に泊まる船中でこの手記をしるしている現在。

❖発問の解説

（二九五ページ）

1　「我を襲ふ外物」とは何か。

解答例　自分をとりこにしそうなベルリンの大都市の魅力。

（二九七ページ）

2　「これ」は何をさすか。

解答例　官長の思い通りにならず、独立の思想を抱くようになったこと。

3　どのような「故」か。

解答例　豊太郎がほかの留学生とともに遊ばず、勉学に励み、禁欲的な生活を送っていたのを、嘲り、嫉んでいたこと。

（三〇〇ページ）

4　「彼」とは誰のことか。

解答例　ヴィクトリア座の座頭シヤウムベルヒのこと。

（三〇二ページ）

5　「悪因」という言い方をしたのはなぜか。

解答例　「悪因」とは悪因縁。仏教において、悪い行いが因縁となって、悪い結果が生じること。ここでは、豊太郎のしたことは、悪い行いではないのだから、悪い結果になるはずがないのだが、実際はこのことが原因で、豊太郎は免官そのほかの不幸な結果になる。そのことから、この出会いを、なんの悪因だというのだろうと、主人公は嘆いているのである。

（三〇四ページ）

6　なぜ「秘めたまへ」と言ったのか。

解答例　エリスの母親が、豊太郎が免官になって学資を失ったことを知ったら、エリスと別れさせようとするだろうと、エリスが考えたため。

（三〇七ページ）

7　なぜ「心は楽しからず」なのか。

解答例　エリスの妊娠したことを知り、いよいよベルリンに残る可能性が高くなり、自分の未来が暗いものに思われたから。

（三〇八ページ）

8　「何、富貴。」とはどのような気持ちで言ったものか。

解答例　すぐ前の「よしや富貴になりたまふ日はありとも、我をば見捨てたまはじ。……」と言うエリスにこたえたことば。エリスは、豊太郎が大臣に会いに出掛けることになったので、もし社会的な地位も上がり、金持ちになっても、自分を見捨てないでくれと頼むのである。豊太郎はエリスと「憂きが中にも楽しき月日を送りぬ」（三〇五・8）とあるように、貧しいながら楽しい生活を送っていたが、エリスの妊娠を知り、「ああ、さらぬだにおぼつかなきは我が身の行く末なるに、もしまことなりせばいかにせまし」（三〇七・7）と、将来への不安も感じていた。しかしこの時点では、その不安もエリスと生まれてくる子供の生活をどう支えようという不安で、自分だけこの生活から抜け出して出世をしようとは思ってもみなかったに違いない。だから、「何、富貴」と、エリスの頼みを笑って否定したのである。しかし一方、手紙を読んだ後の「読み終はりて茫然たる面もち」（同・16）という豊太郎のようすからは、手紙に心を動かされたことがうかがえる。意識はしなくても、あきらめていた出世への期待を再びよみがえらせた瞬間でもある。

（三一〇ページ）

9　「遥かなる山」とは具体的に何をさすか。

解答例　「大洋に舵を失ひし舟人」とは、豊太郎自身のこと。「遥かなる山」とは、相沢が示した未来の目的である。具体的には「伯の信用を求めよ」（三一〇・1）の後に来るはずの未来である。相沢の手紙にも「汝が名誉を回復するもこのときにあるべきぞ」（三〇七・15）とあった。生活に目的を失っている現在の豊太郎の心情がよくわかることば。

10 **「鈍き心」とはどのようなことか。**（三一三ページ）

解答例　豊太郎はエリスの手紙を読んで、初めて自分の置かれている状況がわかったと言っている。

その状況とは、豊太郎がすでに大臣の信頼を得て、本国に帰っても重用されるだろうということ、また以前、エリスとは関係を絶つと言ったことを、相沢が「早く大臣に告げやしけむ」ということである。その一方で、エリスは豊太郎を信頼し、日本に帰るときには自分もいっしょに行くと考えていることが手紙からわかる。

そのような進退窮まった状況になっていることにそれまで気づかず、「この書を見て初めて我が地位を明視し得たり」というところが「我が鈍き心なり」である。

11 **「風にもてあそばるる」とは、何のどのようなようすか。**（三一七ページ）

解答例　エリスがいる四階の屋根裏の窓の明かりが、風に舞っている雪片に覆われたり顕れたりして、見えたり見えなかったりするようす。

12 **「余が彼に隠したる顛末」とは何か。**（三一八ページ）

解答例　「余」とは豊太郎、「彼」とは相沢。豊太郎が相沢に隠していた顛末とは、エリスとの仲は切れておらず、エリスは豊太郎の子を妊娠しているという事実。

13 **「薬を」とは誰の薬か。**（三一九ページ）

解答例　豊太郎の薬。

エリスはまだ豊太郎が回復したことをわかっていないのである。

❖構成・主題

〈構成〉

事件の流れと展開に従って、全体を大きく五つの部分に分けることができる。

(1)（初め〜二九三・17）

序——帰国の途上、「余」（主人公太田豊太郎）の心に消しがたい恨みの情があるのは、深い理由があるとして、その概略を述べてみよう。

(2)（二九三・18〜二九九・1）

幼いころから秀才のほまれ高く、周囲の期待のままに努める所動的、器械的の人間であったのが、大都会のベルリンに来て、自我のめざめを経験してゆく。

①（二九三・18〜二九六・10）

幼いころから学問を愛し、立身出世をめざしてベルリンに来て、大学の講義を聞いてまじめに学んだこと。

②（二九六・11〜二九九・1）

自由な大学の風にふれて、ようやく自我にめざめる。独立の思想を抱くようになり、同郷の人々とも交わりをせず、そのためそねみを受けるようになったこと。

(3)　(二九九・2〜三〇六・18)

舞姫エリスとの出会いと恋愛、同棲《どうせい》生活に入るまで。

①　(二九九・2〜三〇二・10)

ある夕暮れの街頭で、父に死なれ金もなく途方にくれているエリスと出会い、その窮状を救ったこと。

②　(三〇二・11〜三〇四・14)

エリスと親しく交わるようになってから、同郷人の密告によって官を免じられ、帰国を迫られる。故郷から母の死の報を受けて決心し、エリスと同棲するようになったこと。

③　(三〇四・15〜三〇六・18)

友人の相沢の世話で新聞社の通信員となり、その忙しさのなかで、学問はすさんだが、別に一種の見識に長じるようになったこと。

(4)　(三〇七・1〜三一五・16)

エリスの懐妊、親友相沢謙吉との出会い、天方伯の通訳としてのロシア行き、その間のエリスの切々たる愛情。

①　(三〇七・1〜三一〇・18)

エリスが妊娠したらしく、悩んでいると、親友相沢謙吉が天方伯に付いてベルリンに来て、エリスとの交わりを断てと忠告する。太田は思い定まらぬままに、友の言に従うと約束する。

②　(三一一・1〜三一二・9)

天方伯のすすめで通訳としてロシアに同行する。

③　(三一二・10〜三一五・16)

エリスは切々たる愛情を手紙につづって来て、一方、天方伯の信用を得て板ばさみとなった太田は動揺し、苦悩する。ベルリンに帰った太田を、エリスは狂喜して迎える。

(5)　(三一五・17〜終わり)

太田は結局天方伯のことばに従い帰国することになり、それを知ったエリスはついに発狂する。太田は傷心の身で帰国の途についた。

①　(三一五・17〜三一八・4)

天方伯から自分とともに日本へ帰ることをすすめられ、それを承知したものの、エリスへの罪の意識に心が錯乱して人事不省になる。

②　(三一八・5〜終わり)

太田の心変わりを知ったエリスは、悲嘆のあまりついに発狂する。

〈主題〉

家族や国家の期待を担い、立身出世をめざしてドイツに留学した明治日本の一青年が、ヨーロッパ文明に接して自由な人間精神に目ざめ、舞姫エリスと恋におちるが、社会的な制約と自分自身の弱さのために挫折《ざせつ》する。近代的自我の確立を貫けなかった主人公の悲劇は、近代日本のインテリゲンチャの苦悩でもあった。

❖理解・表現の解説

〈理解〉

(1)「昨日までの我ならぬ我を攻むるに似たり」（二九六・17）とはどのような心情か、説明しなさい。

解答例　それまでの「所動的、機械的の人物」だった自分を、「まことの我」が間違っていたのではないかと批判的に見る心情。

(2)「否、君を思ふ心の深き底をば今ぞ知りぬる。」（三一二・17）とは、エリスのどのような心情か、説明しなさい。

解答例　エリスが深く豊太郎を思っているという心情。豊太郎がもし日本に帰るなら、自分の母親を縁者にあずけて、一緒に日本に行くという強い思い。

(3)「ああ、余はこの書を見て初めて我が地位を明視し得たり。」（三一三・13）とあるが、「我が地位」とは具体的にどのようなことをさすのか、説明しなさい。

解答例　豊太郎は大臣の信頼を得て、日本に帰って重用されるだろうということがわかってきたが、エリスは妊娠もしていて、豊太郎と別れることなど考えていない。豊太郎が日本に帰るのなら、自分も一緒に行くつもりでいるが、それは不可能なので、豊太郎は進退窮まってしまったということ。

(4)「ああ、なんらの特操なき心ぞ、『承りはべり。』と答へたる」（三一六・7）とあるが、豊太郎が天方伯の帰国の誘いを承諾したのはなぜか、説明しなさい。

解答例　相沢がすでに天方伯に係累がないと伝えていて、それを否定できなかったこと、天方伯の誘いに応じなければ、本国に帰る機会も、名誉を回復する道も失うことが頭に浮かんだから。

(5)「彼を憎むこころ」（三一九・12）から豊太郎のどのような心情が読み取れるか、説明しなさい。

解答例　自分自身が許されないことをしたという自責の念にかられているが、一方、相沢に対しては、自分に再び出世の道を示し、エリスとの関係を絶つことを約束させたこと、自分がエリスを裏切って帰国する計画があることをエリスに話して、エリスを精神的に殺してしまったことを恨む心情。

〈参考〉

(1)夏目漱石「こころ」（一一四ページ）と読み比べて、「明治」という時代の特徴について話し合ってみよう。

解説　明治期は、それまでの封建主義と、それ以後の初期民主主義のはざまにある、過渡期あるいは近代的精神形成の萌芽期としての「生みの苦しみ」にある時代だった。漱石はイギリス、鷗外はドイツと、それぞれヨーロッパに留学することで、西欧の近代個人主義に触れ、合理的な考え方を持ち帰ったが、そうした精神の未成熟な日本では、なお色濃く残る旧態依然たる国家や「家」の秩序を優先する思想との板ばさみになる。それは『こころ』では、「先生」が明治という時代に殉ずること、『舞姫』では既存の公重視の環境と自我との豊太郎の葛藤という形で、いずれも作品の主題のひとつとして示されている。

❖参考

この「舞姫」の豊太郎は鷗外自身の分身のようによく語られる。確かに鷗外がドイツ留学から帰国した直後、エリーゼという女性が鷗外を慕って来日したことがあった。しかし鷗外の家族によってドイツに追い返された。

また、それ以外にも鷗外と豊太郎とは、その生き方に似たところがある。鷗外も幼いときから封建的な儒教教育を受け、秀才と言われて育つが、ドイツ留学によって近代の空気に触れることになった。そして帰国後、立身出世の道を歩むことになるという点である。ところで鷗外の死の三日前、「相沢」のモデルと言われている親友賀古鶴所に宛てた遺書に、次のようにある。

「死ハ一切ヲ打チ切ル重大事件ナリ奈何《いか》ナル官権威力ト雖此《いえどもこれ》ニ反抗スル事ヲ得ズト信ズ余ハ石見人《いわみのひと》森林太郎トシテ死セント欲ス宮内省陸軍省皆縁故アレドモ生死別ルル瞬間アラユル外形的取扱ヒヲ辞ス森林太郎トシテ死セントス墓ハ森林太郎墓ノ外一文字モホル可《べか》ラズ」

このことばは、鷗外が若き日に書いた「舞姫」の、豊太郎が近代的自我をもちながら、旧態依然の社会の中で立身出世をのぞみ、その葛藤に悩む、というモチーフを改めて思い出させる。このことから鷗外が晩年まで、同様の葛藤を抱いていたということが言えるかもしれない。

鞄《かばん》

安《あ》部《べ》公《こう》房《ぼう》

❖学習の視点

1 「鞄」に対する「青年」の考えを読み取る。
2 「鞄」に対して「私」の関心が変化していく過程を読み取る。
3 筆者が「鞄」にどういう意味合いを込めているのかを考える。
4 「私」がこのあとどうなっていくのかを自由に考えてみる。

❖筆者解説

安部公房（あべ・こうぼう） 小説家・劇作家。一九二四（大正一三）年―一九九三（平成五）年。東京都の生まれ。東京大学医学部卒業。中国東北部の奉天で成長したが、敗戦で引き揚げ帰国した。この故郷の二重喪失体験が筆者の感性と想像力の質を決定したといわれている。一九四八年に『終りし道の標べに』を発表し注目された。一九五一年に『壁』で芥川賞受賞。独自の手法を駆使して小説・戯曲の新分野を切り開いた。演劇グループ「安部公房スタジオ」を結成し、自ら演出にもあたった。作品の多くは海外で翻訳・上演され、国際的作家の地位を確立した。小説に『砂の女』『他人の顔』『箱男』など。戯曲に『幽霊はここにいる』『未必の故意』など、著書多数。

❖出典解説

この作品は、『笑う月』（一九七五年・新潮社刊）に収められており、本文も同書によった。

❖語句・表現の解説

三三二ページ

くたびれた服装 使って古くなった服装。「服装」は、身なり・よそおいの意。
目もとが明るく 「青年」の印象が決して悪いものではないことを表している。「目もと」は、目のあたり・目つき、の意。
求人広告 働く人を求めるための広告。
ぬけぬけと ずうずうしく。あつかましく。
非常識《ひじょうしき》 常識からはずれた、変わったことを言ったりしたりすること。

引き延ばした　期限や時間をおくらせた。

言わんばかり　言い出しそうな様子。言いかねない様子。

呆《あき》れてものも言えない　意外なことにあっけにとられて、何も言えない。「青年」のあまりに非常識な行動に「私」はあきれたのである。

尻目《しりめ》　問題にしないこと。無視すること。

肩の荷をおろす　責任や義務がなくなってほっとする。

唐突《とうとつ》さ　突然である様子。

引き返しかける　帰りそうになる。

はぐらかされた　ごまかされたりして、話題の中心をうまくそらされた。唐突にやって来たと思ったら唐突に帰ろうとする「青年」に対する「私」の心情を表す。

二三三ページ

欠員《けついん》　決められた人数に足りないこと。

新規　今までのものとは別に新しく行うこと。

補充《ほじゅう》　不足の分を足して補うこと。用例 欠員を補充する。

矢先《やさき》　ちょうどそのとき。

考慮《こうりょ》の余地《よち》がある　考えに含める可能性があること。「考慮」はそのことを考えのうちに含めること。

消去法　条件に合わないものを次々に除去することによって、最適のものを見つけ出す方法。

思わせぶり　相手に期待を持たせるような意味ありげな様子をすること。

口上《こうじょう》　口で言うあいさつ。話しぶり。

さりげなく　そうしようとする気持ちを表すことなく。何げなく。

妙に　不思議に。奇妙に。

具体的　そのものの姿が思い浮かぶように、はっきりしている様子。対 抽象的。

いささか　ちょっと。少しばかり。

不似合《ふにあ》い　似合わない様子。ふさわしくない様子。

視線を落とし　下のほうを見たということ。ここでは、相手の足元に置かれた「鞄」を見たということ。

さしかかる　ちょうどその場所に来る。

おのずから　ひとりでに。自然に。

制約　条件をつけて、行動や言論などを自由にさせないこと。ここでは「鞄」の重さが「青年」の行き先を決めてしまうということ。

気勢《きせい》をそがれる　意気ごみを弱めさせられる。

かならずしも　きっと〜とは限らない。

仮説　あることがらを説明するために、仮に立てた考え。類 仮定。

二三四ページ

自発的　自分からすすんでものごとをする様子。

振り出し　最初の状態。ものごとの出発点。

あらためて　やり直して。もう一度別の機会に。

地形に変化でも起きないかぎり……　地形に変化が起きれば「鞄」が「青年」を導くのは「私」の事務所ではなくなるだろう、というような意。

宅地造成　宅地をつくりあげること。「宅地」は住宅用の土地の意。

それに越したことはないだろう　できることなら、それがいちばんよいだろう。「〜に越したことはない」は、できることなら〜がいちばんよい、の意。

あつかましい　恥ずかしいと思ったり、遠慮する気持ちがない。

三二五ページ

口外《こうがい》をはばかる　口に出して言うことを遠慮する。

肌身《はだみ》離《はな》さず　いつもからだから離さない。

腕《うで》っ節《ぶし》　腕の力。腕力。

ひったくり　他人の持ち物を無理に奪い取る人。

強盗　暴行や脅迫などをして物を奪うこと。

目をつけられたら　めぼしをつけられたら。

お手上げ　どうにも解決の手立てがなくなること。

私の額《ひたい》に開いた穴をとおして、どこか遠くの風景でも見ているような　どこを見ているのか分からないような「青年」のぼんやりした目つきを表している。「額」は髪の毛のはえぎわから、まゆ毛までの部分。

年寄りじみた　年寄りのように見える。

額に手をあてがって相手の視線を押し戻し　「私の額に開いた穴をとおして」（三二五・9）という表現に呼応するユーモラスな言い回し。「あてがって」は当ててくっつけて、の意。

持ち込み　持って入ってくること。

三二六ページ

下宿　お金を払って、よその家の一部を借りて住むこと。

脱線　話や行動が本来のすじ道からそれること。ここでは、「青年」が「私」の事務所にたどり着けなくなるようなこと。

表情にふさわしい　「目もとが明るく、けっこう正直そうな印象を与える青年」の表情に似合っている。

周旋屋《しゅうせんや》　土地や家屋などの売買などの仲介をする業者。「周旋」は、売買などの間にはいって世話をすること。

下見　前もって見て調べておくこと。用例 試験会場の下見をする。

なりゆき　ものごとが移り変わっていく様子。また、その結果。

例の　あの。いつもの。聞き手と話し手がすでによく知っているものを指す。用例 例の話はどうなりました。

なんということもなしに　どうという特別の理由もなしに。

腕にこたえる　重さを腕に強く感じる。

さすがに　当然とはいえ、やはり。予想されたとおり。

三二七ページ

腰骨　腰の骨。忍耐する気力という意で使われることもある。

方向転換　向きを変えること。

寸断《すんだん》　細かくずたずたに切ること。

やむを得ず　思いどおりではないが、しかたなく。
ためらう　どうしたらよいかと、いろいろ迷って決心がつかない。

❖発問の解説

（三三二ページ）

1 「唐突」に感じたのはなぜか。

解答例　半年以上も前の求人広告に突然応募してきて、何も聞かないまま、また突然引き返そうとしたから。

（三三三ページ）

2 「妙に素直な気持ちになっていた」のはなぜか。

解答例　「青年」は、言い方によってはかなり思わせぶりになりかねない話をさりげなく言ったので、そのさっぱりした言い方が「私」には本当のように思えたから。

3 「気勢をそがれ」たのはなぜか。

解答例　半年以上も前の求人広告に「青年」が応募してきたのだから、そうするだけの理由があるのだろうと「私」は思ったのである。しかし「青年」が応募してきたのは、「鞄」の重さによって決めただけのことであり、「私」の事務所に応募してきたことに、特に必然性が感じられなかったから。

（三三五ページ）

4 「年寄りじみた笑い」とはどのようなものか。

解答例　若さ特有の情熱のようなものが感じられない、なにもかもわかっているような感じの笑い。「私」のことを見透かしたような笑い。

（三三七ページ）

5 どのような「不安」か。

解答例　事務所に戻る道が分からないという不安。あるいは、どの方向へ歩いているのか、どこを歩いているのかよく分からない、というような不安。

❖構成・主題

〈構成〉

「私」の事務所に現れた「青年」とその「鞄」を軸にして、大きく二つに分けられる。

(1)（初め〜三三六・14）
半年以上も前の求人広告を見て「青年」が「私」の事務所に応募にやってきた。「青年」は「鞄」の重さに導かれて「私」の事務所にやってきたというのが真相だった。「青年」は「私」の事務所でいちおう働くことになり、下宿の下見に出向いて行った。そして例の「鞄」が残された。

(2)（三三六・15〜終わり）
「鞄」を持ち上げた「私」は重さを我慢しながら歩きつづけ、いつの間にか事務所を出ていた。引き返そうとしたがうまくいかない。しかし、行き先は「鞄」が導いてくれるので不安は感じなかった。「私」は嫌になるほど自由だった。

〈主題〉
「鞄」は人間から主体性を奪うような存在の象徴と考えられる。「鞄」に身を任せていれば、主体的な判断の必要はなくなる。判断する必要がないので、人は自由を手に入れたように思ってしまう。しかし、そこにあるのは本当の意味の自由ではなく、あくまでも管理されたもとでの「自由」でしかない。

❖理解・表現の解説

〈理解〉
(1)　本文を二つに分け、それぞれの内容を四〇字程度でまとめなさい。

(2)　「青年」は「鞄」をどのようなものと考えていたか。「選ぶことのできる道が、おのずから制約されてしまう」（三三三・13）、「鞄の重さが、ぼくの行き先を決めてしまう」（同・14）という発言に留意して、説明しなさい。

解説　〈構成〉参照。

解答例　この発言から、「青年」が、自分よりも「鞄」のほうに主体があり、この「鞄」を自分の行く先、人生の進路を決定していくものだと考えていることがわかる。「〜制約されてしまう」「〜決めてしまう」のように、「鞄」に主導権があることを本当は肯定したくないようにも思えるが、その後の発言からも、やはりこの「鞄」なしの生活は考えられないと思っているようである。

(3)　「鞄」に対する「私」の関心はどのように変化していったか、説明しなさい。

解答例　「私」は初めて「鞄」を見たときに「職探しに持ち歩くにはいささか不似合い」な「鞄」ぐらいにしか感じていない。「手から離したからって、べつに爆発するわけじゃないんだろう」や「分からないね。なぜそんな無理してまで、鞄を持ち歩く必要があるのか……。」からは、「鞄」にこだわる「青年」の気持ちをさっぱり理解していないこともわかる。しかし、「鞄の重さに変化が起きて、ぜんぜん歩けなくなる」と発言したあたりからは、「鞄」の重要性を少しずつ認識し始めている様子が読み取れる。そして「なんなら、しばらく、あずかってみてあげようか。」や「なかみは何なの。」「金額にしたら、いくらぐらいになるの。」などからは「私」の関心が「鞄」に向き始めていることがわかる。そして、室内に残された「鞄」を持ち上げた「私」が「鞄」の重さに誘導されるかのように外へ出て行くという事態になる。

(4)　「嫌になるほど自由」（三三七・10）とはどのような「自由」か、説明しなさい。

解答例　「鞄」が「私」を導いてくれるので、その導きに従って「私」は「ためらうことなく、どこまでもただ歩きつづけていればよかった」のである。この状況は「選ぶ道がなければ、迷うこともない」ような状況であり、「私」はそれを「嫌になるほど自由」と考えている。つまり「私」は「鞄」に身を任せて自分の主体性を放棄したために、「選ぶ」という責任や抑圧から解放された「自由」を得たのである。

〈表現〉

(1)　「鞄」は何を表現しているか。また、この小説の主題は何か、話し合ってみよう。

解説　「青年」は「鞄」に導かれて「私」の事務所に現れた。「青年」は行き先を自分で主体的に決めているのではない。「鞄」によって「選ぶことのできる道が、おのずから制約されてしまう」のである。「私」の「鞄を持たずにいれば、かならずしもうちの社でなくてもよかったわけか。」という問いかけに「青年」は「鞄を手放すなんて、そんな、あり得ない仮説を立ててみても始まらないでしょう。」と答えている。つまり「鞄」は「青年」にとってなくてはならない存在なのだ。「鞄」に判断を任せていれば、行き先は「鞄」が導いてくれるのである。このようなことから考えてみると「鞄」は人間から主体性や自発性を奪ってしまうものの象徴だと言える。「鞄」のような存在に人間が頼り切ってしまうような社会になると、その社会は社会を構成している人間が何ものかによってすっかり管理された社会ということになる。人間から主体性を奪ったそのような管理社会は本来の意味での自由な社会ではなく、きわめて恐ろしい社会だ、というのが主題だと考えられる。そして「鞄」はそういう管理社会の象徴になっていると考えられる。

●第3章　新たな視座を得る　随想・評論（二）

〈うだでき〉場所の言葉

吉《よし》田《だ》文《ふみ》憲《のり》

❖学習の視点

1　筆者のいう「うだでき場所」とは何かを読み取る。
2　〈うだで〉とフロイトの言う「ウンハイムリッヒ」との共通点を読み取る。
3　筆者がふるさとの方言にどのような思いを抱き、それを詩にすることでどのようなことを求めているかを考える。
4　気になる方言を調べてみる。
5　記憶・言語と体感の関係性について考える。

❖筆者解説

吉田文憲（よしだ・ふみのり）　詩人・文芸評論家。一九四七（昭和二二）年、秋田県に生まれる。二〇〇七年、詩集『六月の光、九月の椅子』で山本健吉文学賞を受賞。宮沢賢治の研究にも精力的に取り組んでいる。主な著作に『花輪線へ』『原子野』、評論に『宮沢賢治——妖しい文学の物語』など。

❖出典解説

この文章は『生きのびろ、ことば』（二〇〇九年・三省堂刊）に収められており、本文は同書によった。

❖語句・表現の解説

二三〇ページ

縁語　関連の深い言葉。古文の和歌のなかで使われる表現技法のひとつ。

安息　何の心配も苦痛もなく、くつろいで休むこと。

三位《さんみ》一体《いったい》　三つの別々のものが緊密に結びつくこと。

二三一ページ

転訛《てんか》　発音が訛《なま》って変わること。

怖気《おじけ》　怖い、恐ろしいという気持ち。
少なからぬ　かなり多くの。

三三二ページ

無邪気　純粋で悪気がないこと。
おののき　恐怖、寒さ、興奮のため、身体が震えること。
垣間見《かいまみ》　隙間からのぞき見すること。
影法師　光が当たって映る人の影。
黒装束　黒づくめの服装であること。
里人《さとびと》　その土地の人。
法師　僧。僧侶。
つかのま　わずかな時間。ほんの少しの間。
半ば　完全ではないが、かなりの程度。

三三三ページ

いわば　例えて言えば。言ってみれば。
いとも　非常に。きわめて。
おぞましさ　いかにも嫌な感じ。
再訪《さいほう》　再び訪れること。
抑圧　行動や自由などを無理に押さえつけること。
いたたまれない　精神的プレッシャーなどで、その場にそれ以上とどまっていられない気持ちになること。
心的規制　その前の部分で述べられている「（こちらの気持ちにかまわずにどんどん進展する事態に出会って）いたたまれないさま。何ともしようがないさま。」という「一種の心身のマヒ状態に陥」いることを指している。

三三四ページ

家郷《かきょう》　故郷。郷里。
否認　事実として認めないこと。承認しないこと。
表象　考えなどを形に表すこと。
仕出し屋　注文を受けて、料理や弁当などを作り配達する店のこと。
雅《みやび》**な**　上品で優雅なこと。

三三五ページ

惰弱《だじゃく》　「惰弱」は辞書で引くと、「気持ちにはりがなくだらけていること。意気地のないこと。」だが、ここでいう「だじゃくぎ」は、「意味もなく、暴れまわるようなこと」の意味で使われている。

三三六ページ

虫を（でも）起こす　寄生虫などのために腹痛を起こす。
母語《ぼご》　幼い頃に周囲の人が話すのを聞いて、自然に覚えた初めての言語のこと。
生地《せいち》**の言葉**　その人が生まれた土地の言葉。
郷愁　故郷を懐かしく思う気持ち。

三三七ページ

同根　根っこが同じであること。
示唆に富む　その言葉や行動の内側に含んでいる意味や価値が多いこと。

目のくらむような　めまいがするような・心が奪われて判断力のなくなるような、正常な判断ができなくなるような。

皮肉な事態　自分の予想や期待に反し、思い通りにいかないような事態。

出自《しゅつじ》　人の生まれ。事物のでどころ。

余儀なくされる　やむを得ず、そうせざるを得ないこと。他にとるべき手段がないこと。

禁忌《きんき》　忌み嫌って、慣習的に禁止したり避けたりすること。してはいけないことの意。

残響　音が止まったあとも音が壁などにぶつかって反射してなっている現象。ここでは、そこにいない人の声が記憶に残って聞こえているような感覚を示している。

悶《もだ》**え**　苦痛などのあまりからだをよじること。

艶聞《えんぶん》　異性と関係があるといううわさ。

三三八ページ

解釈を施す　物事の理解や考察を付け加える。

彷徨《ほうこう》　当てもなく歩き回ること。さまようこと。

❖発問の解説

（三三二ページ）

1　**「少なからぬ衝撃を受けた」のはなぜか。**

解答例　ふるさとの方言の「うだで」は古語の「うたて」が転訛したもので、古語辞典で「うたて」の説明を見ると、「ウタタの転」「ウタウタの約。ウタ（歌）・ウタ（疑）のウタと同根」とある。この説明に出会ったとき、自分はふるさとを舞台に詩を書き始めたが、それは、〈うたてき〉場所、歌への疑いへの接近だったのかもしれないと思ったから。

（三三三ページ）

2　**「あるおぞましさを感じた」とはどのようなことか。**

解答例　二十代になって、こっそりとふるさとに帰ったときに、見知らぬ女の人から母の名と自分の名を呼ばれたことに始まり、土地の人の話す方言をあちらこちらで聞くうちに、母がそこかしこにいるような異様な感覚、安息と抑圧のなにか説明しがたい心身の深い脱力感、一種の心身の麻痺状態に陥ってしまったこと。

（三三四ページ）

3　**なぜ「ここが重要」なのか。**

解答例　フロイトの言う「ウンハイムリッヒ」という言葉が、（家郷にいるように）親密な、うちとけた、居心地のいいなどの意味を持つ「ハイムリッヒ」という言葉を否認したところに現れる感情であり、なおかつ、人間にとって簡単に言語化できないある根源的な感情であると規定されているところが、自分が故郷に感じている説明しがたい感情と合致したから。

（三三六ページ）

4　**「耳を閉じていても聞こえてくる」とはどのようなことか。**

解答例　生まれ故郷を訪れたときに、思い出したくなくても母や祖母に叱られた声が、幻のように記憶の中からよみがえってしまうということ。

5 **（三三八ページ）「残酷でなにか暴力的」なのはなぜか。**

解答例　深い体感の記憶とともに「この私」が息づいている母語のある場所は、必ずしもなつかしい郷愁の対象ではなく、自分が長く忘れていた言葉を、場面ごと体ごと、眠っていたものがにわかに目を覚ましたかのように一気になにかを語りだし、見たくないものまで見ることを強いられてしまうから。

❖構成・要旨

〈構成〉

(1)　（初め～三三三・14）**〈うだでき〉場所としてのふるさと**

北秋田出身の私は、ふるさとを「うだでき場所」と呼んだことがある。「いやだ、不快、不気味」などの意味を持つ方言の〈うだで〉は、古語の〈うたて〉が転訛したもので、その語の起源を調べていくと、「ウタウタの約、ウタは、ウタ（歌）・ウタガヒ（疑）のウタと同根」とあった。私がふるさとを舞台に詩を書くが、無意識に〈うたてき〉場所への、歌の疑いへの接近だったかもしれないと感じた。一六年ぶりにこっそりと故郷を再訪したが、見知らぬと思っていた女の人に、私の正体をすぐに見破られた。そして、町のあちらこちらで話される、とくに女の人の方言に、なつかしさと同時にある種のおぞましさ、まさに〈うたて〉の何ともしようがないさま、自分の体が安息と抑圧の、説明しがたい心身の麻痺状態に陥ってしまった。

(2)　（三三三・15～三三四・10）**フロイトの言う「ウンハイムリッヒ」と「うたて（うだで）」**

フロイトがいうドイツ語の「不気味なもの」という意味の「ウンハイムリッヒ」は、「（家郷にいるように）親密な、居心地のいい、なつかしい」などの意味を持つ「ハイムリッヒ」の否定形である。そして、それを人間にとって容易に言語化できないある根源的感情だと規定している。私は、方言の〈うたて（うだで）〉を「ウンハイムリッヒ」と言いたい。

(3)　（三三四・11～三三六・12）**〈うだでき〉場所の言葉、深い体感の記憶**

町を歩くとあちこちから方言がきこえてくる。それを聞いていると、自分の記憶に眠っていたものが、にわかに目を覚ましたように一気に語りだし、見たくないものまで見えてきてしまう。方言、母語、生地の言葉は、必ずしも郷愁の対象でなく、そこでは安らげない。

(4)　（三三六・13～終わり）**故郷の詩を書くということ。私はなにものかという問いに身を開き続けるということ**

方言を〈うだでき〉場所の言葉とすると、私の詩は歌（その起源）への疑いを生きることを余儀なくされた。ふるさととは、そこを出て、再び帰ろうとしても帰り着けない場所であるからこそ、そのものにとっての「ふるさと」となるのではないだろうか。母語を求め、そこらの追放を生き、その底知れぬ深みに身をさらすことは、ここがどこで、私がなにものかという問いを問い続けることだとも言える。

〈要旨〉

故郷を「うだでき場所」と呼んだことがある。古語の「うたて」の語源をたどると、「歌、疑い」の「ウタウタ」と出てくる。ふるさとを離れて何年もたってから再訪すると、町のあちらこちらから聞こえてくる方言に、郷愁だけでなく、自分の中の忘れていた記憶がにわかに目を覚まし、見たくないものまで見えてきてしまうようなおぞましさを感じた。それは、フロイトの言う、不気味さを表す「ウンハイムリッヒ」という言葉と共通するものがある。私が、故郷の詩を書くことは、母語を求め、そこからの追放を生き、その底知れぬ深みに身をさらし、自分は何者かという問いに身を開きつづけることでもあるのではないだろうか。

❖理解・表現の解説

〈理解〉

(1) 筆者が故郷の形容に使う「〈うたて（うだで）〉」と、フロイトの「ウンハイムリッヒ」（三三二・16）との共通点を、説明しなさい。

解答例 「なつかしさ」とともに、説明できないいいたたまれなさ、不気味さ、容易に言語化できないようなある種の根源的な感情を感じるところ。

(2) 「私はそこでは安らげない」（三三六・10）とあるが、それはなぜか、説明しなさい。

解答例 ふるさとを再訪し、母語に触れることで、深い体感の記憶が呼び起こされ、隠れていたものが一気になにか――自分の忘れているもの、知らないもの――を語りだし、見たくないものまで見えてきてしまうから。

(3) 「母語（母国語ではない）を求めて、むしろそこからの追放を生きる」（三三八・6）とはどのようなことか、説明しなさい。

解答例 「ふるさと」に向き合い、それを詩に書くこと、言葉にできないような、心身が麻痺状態になるような奥深い「残酷でなにか暴力的なもの」に身をさらすことで、私は何者かということを問い続けていくということ。

(4) 「『ふるさと』とはそこで無邪気に声を発してはならない、歌を歌えない場所ではないか」（三三二・3）とあるが、その理由を、文章全体の論旨を踏まえて説明しなさい。

解答例 「いやだ、不快だ」という意味の方言「うだで」を古語辞典で調べていくと、「ウタ」は「歌」と「疑い」と同根とわかり、自分が母語を求めてふるさとの詩を書くことは、言葉にできないような奥深いある種の禁忌のようなものに身をさらすことだと感じたから。

〈表現〉

(1) 本文中、または日常生活の中から、気になる方言をいくつか

取り上げ、辞典で由来を調べよう。そして、意外な起源や関連性のあることばなど、発見したことを発表しあおう。

解説　例えば、本文三三五ページにある「しょしね。」の「しょし（しょーし）」は、「恥ずかしい」という意味の方言だが、東北や新潟、長野などでも使われている。語源を調べると、古語で「人の耳目を驚かすようなこと、異常な出来事、たいへんなこと」を意味する「勝事（しょうし）」に由来し、平安末期から鎌倉時代にかけて、この語が「笑止（せうし）」と変わり、意味も「困ったこと。気の毒なこと。おかしいこと。」というように変化していった。方言の「しょし（しょーし）」は、他人から見て気の毒な状態は、自分にとって恥ずかしいことだ、という解釈から生まれたものと考えられる。また、古語の「はづかし」は、「①気がひける、決まりが悪い。②すぐれている。立派だ」という意味を持ち、こちらが恥ずかしく思うほど相手の状態が立派だ、という他者との関係を意識するところから起こってくる気持ちを表している。このように、ひとつの方言も調べていくと、思いがけない発見をすることがある。これを参考に自分でも調べてみよう。

(2)　**本文の「体」「身」に関する表現に着目し、記憶・言語と身体の関係性について、八〇〇字程度で論じてみよう。**

解説　本文中の「体」「身」という表現が使われている箇所を抜き出すと、次のようになる。

「私にとってもっと衝撃だったのは……体がなにか途方もないなつかしいものに出会って」「私の体は安息と抑圧の、なにか説明しがたい心身の深い脱力感の中にうずくまってしまった」「一種の心身の麻痺状態に陥ったのである」（三三三）「瞬時にしてそれが言われた場面ごと、体ごと、あたかも眠っていたものが一気になにかを語りだす。」「なにかそれは深い体感の記憶として」（三三六）「……それが深い体感の記憶とともに在る」（三三七）「この底知れぬ深みに身をさらすことは、～私がなにものであるか、という問いにたえずその身を開きつづけることでもあるのではなかろうか」（三三八）

「体」「身」の他、「耳」に関する表現も多い。

「そういう幻の声が～聞こえてくる。耳を閉じていても聞こえてくる」（三三六）「そこは不在の者のエコー（鳴りやまない不在のものの残響）に再訪者が逃れ難く耳を澄ますほかない場所」（三三七）

　十六年ぶりに故郷を再訪した筆者は、「なぜだか垣間見でもするように、こっそり町へ入り、誰にも知られずにこっそりまた町を出て行こうとしていた」のだ。それが、方言を再び町のあちらこちらで「耳にする」ことにより、眠っていた「深い体感の記憶」に「身をさらす」ことになったのである。筆者のようにとまでいかなくても、ある言葉を聞くと、なにか小さいころのことや以前の記憶を呼び覚まされたことがあるだろうか。そのようなことも考えながら、記憶・言語と身体の関係性について書いてみよう。

絵画は紙幣に憧れる

椹《さわら》木《ぎ》野《の》衣《い》

❖学習の視点

1　論の展開に着目して、筆者の考えを捉える。
2　近代絵画の特質を理解する。
3　「絵画」と「紙幣」の比喩的な関係を明らかにする。

❖筆者解説

椹木野衣（さわらぎ・のい）美術批評家。一九六二（昭和三七）年、埼玉県生まれ。同志社大学文学部卒業。専攻は科学哲学。美術出版社に勤務後、評論集『シミュレーショニズム　ハウスミュージックと盗用芸術』を刊行。戦後日本美術を論考する評論などを展開している。著書に『日本・現代・美術』『黒い太陽と赤いカニ岡本太郎の日本』『戦争と万博』などがある。

❖出典解説

この文章は、『反アート入門』（二〇一〇年・幻冬舎刊）に収められており、本文は同書によった。

❖語句・表現の解説

二四〇ページ

手が込む　細工または技巧が複雑である。用例 子供たちの手の込んだいたずらに腹が立つやら感心するやら複雑な気持ちだ。
根幹　物事のもとになる、いちばん大切な部分。

二四一ページ

産物　ある環境を背景として出現したもの。用例 他人への不寛容さは格差社会の産物と言えるかもしれない。
擬装　人や敵の目をくらますため、他の物とまぎらわしい形・色・状態などを装うこと。カムフラージュ。
抽象絵画　具体的な対象の再現によらず、抽象化した線・面・色彩によって作品を構成しようとする絵画。対 具象絵画。
合理的　理論や道理に基づいているようす。
革新的　古い制度・組織・方法などを改めて、新しいものにするようす。対 保守的。

素地《そじ》　三四二ページ　何かをするときなどのもととなるもの。基礎。土台。
王侯　王と領主などの諸侯。
選別　ある基準によってより分けること。
有機的な結合　三四三ページ　互いに影響しあい、緊密な関係で結びつくこと。
再生産　同じものを繰り返し作り出すこと。
因襲　三四四ページ　昔から続いているならわし。（ふつう、悪い場合に使う。）
隠蔽《いんぺい》　三四五ページ　おおいかくすこと。類 秘匿《ひとく》。隠匿。対 暴露。
非実体的な知　具体的な物として存在するのではない、思考としてある知。

❖発問の解説

1　「それ」とはどのようなことか。（三四〇ページ）
解答例　お札の図画の工夫に精を出さないこと。

2　「固有の特性」とはどのようなことか。（三四一ページ）
解答例　非実体的な存在であるものは、非実体的であるからこそ、実際上は実体的な価値を持つかのように見せかける矛盾を抱えていること。

3　「こうした」は何をさすか。（三四三ページ）
解答例　誰でも、色彩や造形に関する一定の判断と再現（創作）・反復（伝授）が可能になること。

4　「そのような状態」とはどのような状態か。（三四四ページ）
解答例　美術というものが、ほかの有用物と交換するための経済的な価値実体ではないことが暴露されて、美術市場が崩壊してしまう状態。

5　「『宝物』的」とはどのようなことか。
解答例　日本画が絵画として実体的な価値を有していること。

❖構成・要旨

〈構成〉

この文章は、次の三つに分けることができる（(1)をさらに二つに分けて、全体を四段落とすることもできる）。

(1)（初め〜三四三・8）絵画を擬装する紙幣と近代芸術の特質
紙幣が図画の工夫に精を出すのは、紙幣が非実体的な信用に支えられているからこそ、それ自体が物質として価値を持つかのように見えなければならないからだ。紙幣は近代的であるからこそ、実効的には前近代的な絵画を擬装している。美術が近代化されたのは、学校教育が可能となったからである。知識と技芸の結合によって色彩や造形に関する一定の判断と再現（創作）・反復（伝授）が可能になる次元では、絵画の署名に意味はない。

(2)（三四三・9～三四四・16）**絵画における署名の意味**

しかし、実際にはその次元で創作される抽象絵画にさえ署名が施されるのは、紙幣における事情と似たものがあるからだ。優れた美術作品が誰にでも作れる再生産可能なものになれば、一枚一枚の絵は固有の経済的な価値実体ではないことが暴露されてしまう。署名が施されることで、二度と再現することができない一回性を植えつける。署名とは、近代的な絵画の民主化に抵抗するための因襲的な「くさび」である。ただし、日本画は、絵の具の質などで価値が決まってくるようなところがあり、近代絵画と比べて前近代的である。

(3)（三四四・17～終わり）**紙幣と絵画の共犯関係**

紙幣と絵画の共犯関係とは、紙幣は美術作品を擬装することで価値の無根拠さを隠蔽し、絵画は大量の紙幣と交換されることで高尚さを演出し、みずからが一点物の紙幣にすぎないことを隠しているという、それぞれの物質としての実体的な価値の無さを相互の形式的な価値を利用し合って保証し合う関係を言う。千円札を模写して紙幣と絵画の共犯関係を暴いた作品のような、高度な次元で物質と形式が絡み合う非実体的な知のメカニズムこそがアートの名に値する。

〈要旨〉

紙幣は非実体的な信用に支えられているからこそ、それ自体が物質として価値を持つかのように見せるために前近代的な絵画を擬装する。絵画も再生産可能なものになれば、固有の経済的な価値実体ではないことが暴露されてしまうので、署名によって一回性を植えつける。紙幣と絵画の共犯関係とは、それぞれの物質としての実体的な価値の無さを相互の形式的な価値を利用し合って保証し合う関係を言う。

❖理解・表現の解説

〈理解〉

(1) **「近代芸術の特質」（三四二・11）とはどのようなことか、説明しなさい。**

解答例　教育によって誰にでも作れる再生産可能なものであるという性質を持つこと。

「バウハウスのような革新的な学校制度」（三四一・16）に見られるように、「学校教育が可能となることによって、美術ははじめて近代化された」（三四二・14）のであり、近代芸術と教育は切り離せないものである。「学校教育が可能」ということは、誰にでも再生産が可能ということである。近代以前は、芸術は王侯貴族的な環境を背景とした特権階級によるものであった。

(2)　「一種の因習的な『くさび』」（三四四・8）とはどのようなことか、説明しなさい。

解答例　近代絵画が前近代的な実体的な価値を有するように、昔から続いているならわしとして署名を施すこと。

「くさび」は「ある勢力の勢いを抑えるために打ち込まれるもの」の意味。「近代的な絵画の真の意味での民主化」を抑えるための「くさび」であり、「署名」がその役割をしているというのである。

(3)　「近代において紙幣と絵画は一種の双子というか、もっと言えば共犯関係にある」（三四四・17）とはどのようなことか、「双子」「共犯関係」というレトリックに注意して説明しなさい。

解答例　紙幣は美術作品を擬装することで価値の無根拠さを隠蔽し、絵画は大量の紙幣と交換されることで高尚さを演出し、みずからが一点物の紙幣にすぎないことを隠しているという、それぞれの物質としての実体的な価値の無さを相互の形式的な価値を利用し合って保証し合う関係にあること。

端的にいえば「紙幣と絵画が相互に価値を補完しあう関係にあること」である。「共犯関係」という比喩を用いたのは、筆者がそのような絵画の在り方を否定的に捉えているからである。

(4)　「一点物の紙幣」（三四五・3）とはどのようなことか、説明しなさい。

解答例　近代絵画は、描かれている絵画それ自体には物質的な価値はないが、署名を施すことにより一回性のオリジナリティを植え付け、一点しかないものとして経済的な価値が発生するのであり、それは紙幣の在り方と類似していること。

「一点物」とは、絵画に「署名が施されることで、いくらでも再生可能な色とかたちの構成に、二度と再現することができない一回性（オリジナリティ）を植えつける」という現象をさしている。そのことによって、絵画は経済的な価値が発生するのである。紙幣もまた、物質としての価値はないが、国家が価値を保証するという非実体的な信用に支えられていることによって経済的な価値を有している。

(5)　「物質と形式が絡み合う非実体的な知のメカニズム」（三四五・6）とはどのようなことか、説明しなさい。

解答例　美術作品という物質が、経済的な価値を有するようになるシステムについて思考・批評する知的な仕組み。

具体例として挙げられている赤瀬川源平の絵画の意味を捉える。「紙幣と絵画の共犯性」とは、「紙幣と絵画が相互に価値を補完しあう関係性」のことである。筆者の言う「アート（芸術）」とは、描かれているものそのものを評価する前近代的な絵画とは全く性質を異にする。赤瀬川源平の絵画において、描かれているのは拡大・模写された千円札に過ぎない。しかし、そこで真に表現されているものは「紙幣と絵画の共犯性」という「思考・批評」なのである。

〈表現〉

(1)「絵画は紙幣に憧れる」という表題はどのようなことを表しているのか。本文を踏まえて話し合ってみよう

解説　「絵画は紙幣に憧れる」という表題は、紙幣は再生産が可能で、絵としての固有の価値はない。そのことを表している。「要旨」も参考にしよう。

(2) 芸術作品の「価値」について六〇〇字以内で論じてみよう。

解説　「価値」をどのような観点から捉えるかを考えて、意見をまとめる。例えば、芸術作品の価格が変動すること自体が、芸術作品の「価値」とはどのようなものかを如実に示している。「美術市場」というように芸術と経済が切り離せない関係にあることが人間の欲望と結びついて、紙幣と絵画の関係を示しているとも言えよう。もちろん、芸術作品には、経済とは切り離された「芸術的な価値」もある。

隠れん坊の精神史

藤《ふじ》田《た》省《しょう》三《ぞう》

❖学習の視点

1　哲学的文章を読んで、論理の展開をとらえ、論旨を読み取る。
2　子供の頃のなにげない体験が、その後の精神の成長にどのような影響を及ぼすか、考える。
3　人間における「経験」のもつ意味を考える。
4　抽象度の高い文章に読み慣れ、進んでこうした文章に親しむことができるようになる。

❖筆者解説

藤田省三（ふじた・しょうぞう）　思想史家。一九二七（昭和二）年、愛媛《えひめ》県の生まれ。東京大学法学部卒業。法政大学法学部教授。著書に『天皇制国家の支配原理』（未来社）、『転向の思想史的研究』（岩波書店）、『維新の精神』（みすず書房）、『現代史断章』（未来社）、『原初的条件』（未来社）などがあり、近代日本における国家と社会の問題を主テーマとして、活発な評論活動を展開した。二〇〇三（平成一五）年、没。

❖出典解説

この文章は、雑誌「子どもの館」（一九八一年九月号　福音館書店）に発表されたもので、その後、評論集『精神史的考察』（二〇〇三年、平凡社刊）に収められた。本文は同書によった。

❖語句・表現の解説

三四七ページ

打って変わって　がらりと変わって。一変して。

漠《ばく》たる　①とりとめもなく広い。②ひっそりとさびしい。ここでは、（仲間が誰もいなくなって）ひっそり静まりかえって、ばかに広々とみえる空間の感じをさしている、と思われる。①と②を合わせた意。

遊戯《ゆうぎ》の約束　遊びごとのルール（規律）。

百も承知　よくわかっていること。用例 試験に合格するのが難しいことは百も承知だ。

人っ子一人いない　まったく誰もいない。「猫の子一匹いない」

などの表現もある。

一人ぼっち　「一人ぽっち」の訛（なまり）。「ぽっち」は「ぽち」の転。たった一人。

世界外の存在　隠れん坊をする子供たちの世界からみて、世界の外にある存在。

路傍《ろぼう》　道端。

すっからかん　全くからっぽであるさま。

目暗《めくら》がり　一般の辞書にないことば。筆者の造語と思われる。目をつむっていたので、目は暗がりをみる状態であるのを、このことばで言おうとしたのであろう。「手くらがり」（自分の手がかげになって手もとが暗く、見えにくくなること）の語などからの言いちがえであろうか。

急転《きゅうてん》　物事の状態が急に変わること。類急変。

突然変異《とつぜんへんい》　親の系統にかなった新しい形質が突然、生物体に出現し、それが遺伝していくこと。ここでは、生物体のそれを社会におきかえて使っている。

凝縮《ぎょうしゅく》された　圧縮されてこりかたまった。

一連《いちれん》の　ひとつながりの。

抽象画《ちゅうしょうが》　アブストラクトアート abstract art（英語）の一分野。二十世紀に生まれた非写実主義の絵画。自然をそのまま写すのではなく、抽象化・単純化することによって、自由な線・色・形などで構成した非具象的な絵画。

三四八ページ

原始的な模《も》型玩具《けいがんぐ》　民俗的工芸にみられる、動物などを模したきわめて素朴で単純化されたおもちゃなど。

集約《しゅうやく》　寄せ集めて一つにまとめること。

胎盤《たいばん》　妊娠中、胎児を母胎の子宮内につなぎ、これを通して胎児への栄養供給などを行う器官。

原物《げんぶつ》　複製や写真などに対して、もとの品物。

形質《けいしつ》　物の形と実質。

核心《かくしん》　物事の中心をなす大切な部分。

影絵《かげえ》　紙を切り抜いたり、手の指を組み合わせて、物の形に似せてつくったものに、灯火を当てて障子やスクリーンにその影を映し出すこと。また、その影。

実物《じつぶつ》　実際のもの。現物。

訳業《やくぎょう》の労《ろう》をとられた　日本語に翻訳された。

芯《しん》　物の中央、中心の意。

迷子《まいご》　「迷《まよ》い子《ご》」の転。親にはぐれたり、道に迷ったりした子供。

隔離《かくり》　①他のものから引き離して別にすること。②へだてること。へだたり。ここでは①。

追放《ついほう》　①追いはらうこと。②一定の職業・地位から退かせること。用例公職追放。③一定の地域内で居住することを禁じた刑。

流刑《るけい》　罪人を辺地や島に送る刑。類流罪《るざい》。

彷徨《ほうこう》　さまよいあるくこと。

荒涼《こうりょう》たる　（風景などが）荒れはててさびしい。類荒寥《こうりょう》たる。

瞑目《めいもく》　①目を閉じること。②安らかに死ぬこと。ここでは①。

日常的予想　日々の平凡なくらしが繰り返されていることからの予想。

カフカ的世界　カフカについては教科書の注を参照のこと。カフカの小説にあるような、ある日突然自分自身が虫に変身してしまうとか、見なれた世界がまったくちがってみえてくるとかいう、超現実的なものであってかつ奇妙にリアリティ（現実感）をもって迫ってくる世界。

可能的経験　ありえないことではなく、ひょっとしたら可能なような経験。

暗示《あんじ》　それとなく示されること。

三四九ページ

親指太郎《おやゆびたろう》　グリム童話（ヤコブとヴィルヘルムの兄弟の合作、十九世紀中葉にかけて）の主人公の一人。農民夫妻に子がなく、神に祈って親指ほどの小さな子どもをさずかる。子供は見世物にされるが、さまざまな冒険を経て再び故郷にもどるという物語。

主題《しゅだい》　テーマ Thema（ドイツ語）の日本語訳。中心となる問題。

対応《たいおう》　二つのものが向かいあって一定の関係をつくっていること。

同輩《どうはい》　年齢・経歴・地位などを同じくする者。

おとぎ話　「御伽噺」と書く。子供に聞かせる昔話。

寸劇《すんげき》　上演時間のごく短い劇。座興に演じる短い芝居。

翻案《ほんあん》　小説・戯曲などの原作を生かし、大筋を変えずに、時代や場所などを変えて改作すること。

「おとぎ話」の寸劇的翻案なのであり　「おとぎ話」を短い芝居のようにつくりかえたものであり。

実践版《じっせんばん》　哲学上、「実践」と対になるのは「理論」あるいは「観想」だが、ここではそうした対比（ないし対応）よりも、「おとぎ話」をことばによるもの、「隠れん坊」を身体を動かすものとして対比（ないし対応）させている。

その「小演劇」　「隠れん坊」をさす。

舞台装置や衣装《いしょう》**や化粧**《けしょう》**や小道具**《こどうぐ》**やそして科白**《せりふ》**まで**　いずれも演劇を成りたたせるための諸要素である。

空想的想像力　観念上いささか矛盾した表現で、あるいは「空想的創造力」、つまり子供にもある空想をつくりだす力、といった意味で使われているのかもしれない。

「現代演劇」はおとぎ話の模倣《もほう》**である隠れん坊の、そのまた模倣なのであろうか！**　筆者の言う「現代演劇」とは、この文章の書かれた一九八〇年代初頭の演劇、その新しい潮流をさすもので、その傾向が舞台装置はきわめて簡略、衣装・化粧もなしか、あるいは抽象化され、また無言劇も登場する、という状態を示していたので、この感想が付け加えられた、と思われる。

模倣《もほう》　まね。

隠れん坊が模型化している　「隠れん坊そのものが模型になっている」のではないことに注意。「隠れん坊が自分の中になにかを模型化している」の意である。その「なにか」は次につづく

「一連の深刻な経験」である。ここの文章をわかりやすくつづれば、「隠れん坊には一連の深刻な経験が模型化されているが、その一連の深刻な経験は……」となる。

固有《こゆう》　①本来そなわっていること。②そのものだけが持っているもの。類特有。ここでは②の意か。「固有」はよく「個有」と誤記されるので、要注意。

構図《こうず》　①絵や写真などの画面の全体的な構成。②物事全体のすがたかたち。ここでは②の意。

昇華《しょうか》**されている**　より純度の高いものに変換されている。

二五〇ページ

先ほど来《らい》　先ほどから。

再生《さいせい》　生きかえること。類蘇生《そせい》。

「おとぎ話」一つなのである　「おとぎ話」だけなのである。

質料　「形相」の対概念。質料と形相は、素材と形に対応する。たとえば、木は材木の質料だが、材木は家の質料となる。すべてのものは、より高次なものの質料となる。（本書二五八ページ上段「質料から解放された経験の『形相』」も参照。）

重圧感《じゅうあつかん》　重くのしかかるように押さえつけられる感じ。

煩雑《はんざつ》**な**　込み入っていてめんどうな。

細密描写《さいみつびょうしゃ》　細かなところまで手を抜かずに描きこむこと。

そぎ取って　すっかり切り落として。

明快簡潔《めいかいかんけつ》　筋道がはっきりしていて表現にむだがないこと。

血清《けっせい》　血液を容器にとってそのまま置くと、細胞成分と凝固成分が除かれてできる上澄み。淡黄色の透明な液体で、免疫抗体や各種の栄養素・老廃物を含む。

簡略　手続きなどをいくらか省き、実質的に必要なものだけ残すこと。

即物性《そくぶつせい》　事物そのものに即する性質。具体性。

倍加　倍に増やすこと。

粘着的《ねんちゃくてき》　ねばりつくような。

将来訪れるであろう経験に対する胎盤　これから先の人生でぶつかるだろうと予測される経験に圧しつぶされたりせず、これに対処していけるものを体内にはぐくみそだてる機能。

このようにして　「こうしておとぎ話が主題として……注ぎ込まれ蓄積されていく」を受けることば。

抗体反応《こうたいはんのう》　正しくは「抗原抗体反応」。

二五一ページ

次元《じげん》　ものの見方や考え方の立場。また、考え方や意見を支えている思想や学識などの水準。

抑揚《よくよう》　音声や音楽・文章などの調子を上げたり下げたり、また強めたり弱めたりすること。また、その調子。イントネーション。

韻律《いんりつ》　韻文で、音の強弱・長短・高低、または同音や類音の反復などによって作り出されることばのリズム。日本語では、五音と七音の組み合わせによる音数律が発達している。

知覚《ちかく》　感覚器官を通じて、外界の事物を見分け、とらえるはたらき。視覚・聴覚・嗅覚《きゅうかく》・触覚など。

自生的《じせいてき》　「自生」は植物が人の保護を受けずにある地域にもとから繁殖し生き続けること。ここでは、「自生的」は自分の中からおのずと発生してくる、の意。

感官《かんかん》　感覚器官の略。目（視覚）、耳（聴覚）、鼻（嗅覚）、舌（味覚）、皮膚（触覚）など。

感得　ここでは、感じ取ること。ものごとの道理を悟り知ること。

一体《いったい》となって　一つにまとまって。

前頭葉《ぜんとうよう》だけのものでなく　前頭葉で行う思考作用だけからくるものではなく。「前頭葉」は、大脳半球の中心を左右に走る溝から前方の部分で、ここには運動の中枢と運動性言語中枢があり、思考・判断などの高等な精神作用をいとなんでいる。

交渉《こうしょう》　ここでは、かかわりあい、の意。

余地《よち》　①あまった土地。空いている土地。②なにかをするゆとり。余裕。ここでは②の意。

放置《ほうち》　ほっぽりだしておくこと。

消滅《しょうめつ》　消えてなくなること。類 消失。

促進《そくしん》　うながしすすめる。類 推進。

映写《えいしゃ》　「映」も「写」も、うつすの意。

肉臭《にくしゅう》を去った経験の「粋《すい》」であり　「肉臭」は肉の生ぐさい臭い。生のままの経験を一度濾過《ろか》してそこから生のままのものの生ぐささを取り除いた、いわば経験のエキス。

質料から解放された経験の「形相」　アリストテレス以来、哲学の上で「質料」と「形相」とは相関したことばとして使われている。例えば、日本家屋は、主な素材としての木が「質料」で、機能や構造形式が「形相」である。生の経験という素材のもつ諸性質からは制約されない、いわば経験の形成・構図ということ。

世界にまたがる　世界の各地にわたって存在する。

「作品あるところに作家あり」　作品には必ずそれをつくった人としての作家がいる。つまり、作品には必ず作家の名が冠《かん》されている、の意。

分業《ぶんぎょう》制度の中で個性を競《きそ》う社会　近代資本制社会のこと。近代工業の発展は分業制度の発展と相伴っているが、芸術の制作も例外ではなく、分野の個別化・専門化がすすみ、そのなかで個々の芸術家が個性を競うことをさしている。

三五二ページ

通念《つうねん》　一般に共通した考え。

その遊戯的実践版　「隠れん坊」のことをさしている。

抽出《ちゅうしゅつ》力　全体のなかから、あるものをひき出してくる力。

変形《へんけい》力　あるものの形や状態を変える力。

杳《よう》として　はっきりしないさま。用例 実態は杳として分からなかった。

❖発問の解説

（三四八ページ）

1　「一連の基本的経験」とはどのようなことか。

解答例　急激な孤独の訪れ・一種の砂漠経験・社会の突然変異と凝縮された急転的時間の衝撃。

（三五〇ページ）

2　**「重圧感はここにはない」のはなぜか。**

解答例　煩雑な細密描写のすべてがそぎ取られて、明快簡潔な構図になっていて、経験の重量が消去されているから。また、言葉の使用を徹底的に取り払うことによって玩具的に簡略な即物性を倍加させ、経験の粘着的個性から解放されているから。

（三五一ページ）

3　**「一回きりの衝撃体験だけを受け取る」とはどのようなことか。**

解答例　遊戯によって基本的経験に対する胎盤を形成していない場合、現実の衝撃体験は経験として消化されることはなく、次に生かされることもないということ。

❖構成・要旨

〈構成〉

(1)（初め〜三四八・17）**「隠れん坊」という遊戯の特性と主題**

①（初め〜三四七・9）

「隠れん坊」の経験が与える世界――漠たる空白の体験。

②（三四七・10〜三四八・6）

③（三四八・7〜17）

「隠れん坊」という遊戯についての筆者の見解。

「隠れん坊」の主題。

(2)（三四九・1〜三五〇・16）**「おとぎ話」の世界と「隠れん坊」の世界との類似性**

①（三四九・1〜12）

「隠れん坊」は「おとぎ話」の実践版であり、両者は同じ主題を持って対応している。

②（三四九・13〜三五〇・5）

「隠れん坊」での深刻な経験は、実際の世界から写し取ったものではなく、「おとぎ話」固有の構図の中での経験からの写しである。

③（三五〇・6〜16）

将来訪れるさまざまな経験に対する胎盤としての「隠れん坊」と「おとぎ話」における主題の消化の仕方。

(3)（三五〇・17〜三五一・12）**隠れん坊の効用**

おとぎ話の主題は、隠れん坊という実践を通して、無意識のうちに子供の心身の奥深くに受け入れられる。この経験があって人々はその後のさまざまな経験を一回限りの衝撃体験としてではなく、しっかりと生かしていくことができるのである。

(4)（三五一・13〜終わり）**「おとぎ話」と「隠れん坊」の世界性**

おとぎ話と隠れん坊の世界の経験は、人間の経験の「粋」であり、最も純粋な「形相」であり、その世界性は、どんな作家の力も及ばない。その作者はと問えば、「歴史」であり、「社会」と答えるべきだろう。

〈要旨〉

子供の経験する隠れん坊やおとぎ話の世界が、その後の人間のさまざまな経験とどのようなかかわりをもつものであるかを論じた文章である。

隠れん坊という遊戯は、急激な孤独の訪れ、一種の砂漠経験、社会の突然変異と凝縮された急転的時間の衝撃、といった一連の深刻な経験を、遊びのうちに感じ取らせるようにできている遊戯であり、この遊戯の中にある主題は、その後のさまざまな経験を消化していくための重要な胎盤を形成していくものである。

❖理解・表現の解説

〈理解〉

(1)　本文を四つの段落に分け、それぞれに小見出しをつけなさい。

解説　「構成」参照。

(2)　「隠れん坊」と「おとぎ話」の共通点と相違点を整理し、説明しなさい。

解説　「隠れん坊」の主題は、「迷子の経験」「孤独の経験」「流刑の経験」「彷徨《ほうこう》の経験」「旅の経験」（三四八・9〜13）で、「おとぎ話」の主題として挙げている「孤独な森の旅」「追放された彷徨」「眠りの後に起こる異変や別世界の事」「日常的予想を超えた在るべき結末」などと同じものである。この同じ主題を、「おとぎ話」の世界では、家の中で聞く（読む）ことによって経験し、「隠れん坊」の世界では戸外で仲間と一緒に身体で実践するという違いがある。

(3)　「肉臭を去った経験の『粋』であり質料から解放された経験の『形相』であった」（三五一・13）とはどのようなことか、説明しなさい。

解答例　現実の生活で直面する深刻な経験から、現実感を消し去り、重圧感と煩雑な細密描写をそぎ取ったあとに残る明快簡潔な構図であるということ。

(4)　「おとぎ話と隠れん坊の作者」（三五二・5）が「歴史」「社会」であると考える筆者の論理を説明しなさい。

解答例　おとぎ話も隠れん坊も、どんな「世界文学」の作者も及ばない世界性を持っていて、その純化の徹底と翻案の妙は、どんな作家の力も超えている。また、人間社会の普遍性をもっているから、作者は「歴史」であり「社会」であると考えている。

〈表現〉

(1)　「隠れん坊」や「おとぎ話」が子どもたちにとってどのような意味を持つのかについて、話し合ってみよう。

解説　「こうして見ると…」（三五〇・17）から始まる段落に、「いかなる意味を持つか」が書かれている。本文の内容とともに、自分が子どもの時に経験した印象などを思い出しながら、考えてみよう。

(2)　「隠れん坊」以外の伝統的な外遊びについて、どのようなものがあるのかを調べ、その遊びの「意味」について、六〇〇字以内で論じてみよう。

(解説)　だんだんと外遊びをする子どもが少なくなっているので、身近な年配の人に聞いてみてもいいだろう。「かごめかごめ」「だるまさんがころんだ」「はないちもんめ」など、決まり文句があるものや、縄跳び、羽子板、凧揚げなど、道具を使ったものもある。

現在では、子どもの遊びも大きく変化している。以前は公園や路地に行けばどこでも見られた「隠れん坊」をして遊ぶ子どもの姿も、現在ではほとんど見かけられなくなっている。また、「隠れん坊」以外にも、今や消えていこうとしている子どもの遊びが数々ある。現在の子どもの遊びとされているものと比較しながら、考えてみよう。

第4章　文体がひらく世界　小説（二）

水仙

太《だ》宰《ざい》治《おさむ》

❖学習の視点

1　忠直卿《ただなおきょう》と静子《しずこ》夫人の身の上に起きた出来事を整理して捉え、共通点を見つける。

2　「僕」の心情や人物像をつかみ、「信じている一事」とは何かを考える。

3　小説の主題となっている、自分の真価や能力を計り得ぬ苦しみについて、自分自身に照らして考える。

❖作者解説

太宰　治（だざい・おさむ）小説家。一九〇九（明治四二）年〜一九四八（昭和二三）年、青森県の生まれ。本名、津島修二《つしましゅうじ》。中学時代から文学を志し、上京後は井伏鱒二《いぶせますじ》を訪ね、以後長く師事した。一九三五（昭和一〇）年、「道化の華」「ダス・ゲマイネ」などの作品で注目され、三六年には第一創作集の『晩年』を刊行する。一九三八（昭和一三）年ごろから敗戦まで、戦時下で「富嶽百景」「新釈諸国噺」「お伽草紙」など多くの佳作を書く。戦後は織《お》田《だ》作之助《さくのすけ》や坂口安吾《さかぐちあんご》などと共に無頼派と呼ばれ、「ヴィヨンの妻」「斜陽」「人間失格」などを発表。その苦悩をさらけ出した作品は、敗戦の混迷期を生きる多くの人々、ことに若者の共感を得た。生活上の苦悩や健康面での不安などのため、一九四八年、三九歳で玉川上水に入水自殺した。作品の傾向は多彩であるが、俗物的なものに対する反抗と軽蔑の姿勢は一貫している。

❖出典解説

この文章は一九四二（昭和一七）年に「改造」五月号に発表されたもので、本文は「太宰治全集」第五巻（一九八九年・筑摩書房）によった。

❖語句・表現の解説

三五四ページ

「忠直卿行状記《ただなおきょうじょうき》」　菊池寛《きくちかん》の初期の代表作の一つ。「行状」は「日ごろの行い」のことで、「行状記」は「ある人物の日ごろの行いを書き記したもの」。「忠直卿行状記」は、江戸時代初期の大名・松平忠直《まつだいらただなお》の行いについて書き記したものということである。

真剣勝負　木刀や竹刀ではなく、本物の剣を用いて行う勝負。

家も断絶せられ、その身も監禁せられる　家の断絶とは、大名家のとりつぶし、つまり改易《かいえき》のこと。史実では、松平忠直は大阪の陣での論功への恩賞に不満を抱き乱行を繰り返したため、一六二四（元和九）年に越前《えちぜん》六十七万石を改易され、豊後《ぶんご》に流された、とされている。

気味の悪い疑念　直後の「その殿様は、本当に剣術の素晴らしい名人だったのではあるまいか。……家来たちの卑劣な負け惜しみに過ぎなかったのではあるまいか。」の部分に書かれている三つの疑念のこと。

負け惜しみ　負けたり失敗したりしてもそれを認めず、いろいろと理屈を言って強がること。

三五五ページ

罵倒　口ぎたなく相手の悪口を言うこと。用例 負けて悔しいからといって、相手を罵倒してはいけない。

ひねこびた　①いかにも古びている。②（子どもが）変にませて素直でない。ここでは②の意味で用いられている。用例 ひねこびたことを言う子ども。

慄然　恐ろしさにおののくさま。

惨事　むごたらしい出来事。悲惨な出来事。

確乎《かっこ》不動　「確乎」は「確固」に同じ。地位や気持ちなどがしっかり定まっていて動かないさまを言う。

天才は自分の真価を知ること甚だうといもの　「うとい」は、よく知らないの意味。天才は、自分の才能や能力の本当の価値をよく知らないものだということ。

天才の煩悶《はんもん》と、深い祈り　「煩悶」は、いろいろと悩み苦しむこと。「天才の煩悶」とは、天才が自分の力を信じられないために悩み苦しむこと。「深い祈り」は、自分の真価を知りたいという切実な願いを指している。

俗人　金もうけや名誉にとらわれているつまらない人のこと。

凡才　平凡な才能しか持っていない人。対 天才。

卓抜　周囲に抜きんでて、ひときわすぐれていること。「卓」は、「食卓」などの熟語では「机」の意だが、「卓抜」「卓見」などでは「すぐれる、非凡な」という意になる。類 卓絶・卓越。

殿様という隔絶された御身分による不幸　「隔絶」は、ほかのものとの関係がなく、遠く隔たっていること。かけ離れていること。殿様という身分であったために、家来などと隔てられていて、気軽に交流することができなかったということを、忠直卿の不幸としている。

長屋住居《ずまい》　一棟をいくつかに区切って、多くの世帯が別々に住めるようにした家を長屋といい、江戸時代には町人・職人などの多くがこれに住んだ。「長屋住まい」で庶民的な暮らしぶりのことを表す。

三五六ページ

天才の不幸、殿様の不幸　「天才の不幸」は、忠直卿は天才であったが自分の力を信じられなかったという不幸のこと。「殿様の不幸」は、忠直卿が殿様という身分であったがゆえに家来など他の者と隔てられていたという不幸のこと。忠直卿が引き起こした惨事の原因を二つの角度から述べたものだが、これはのちに描かれる静子夫人の不幸に共通することでもある。

惨事　悲惨なできごと。

僕の忠直卿は、三十三歳の女性である　「僕の忠直卿」は「僕にとっての忠直卿」ということ。導入で描かれる忠直卿と重ね合わされて、小説の主要人物である静子夫人が登場する。

生家　その人が生まれた家。

聞こえもいい　聞いたときの感じがよいこと。用例 委員長というと聞こえもいいが、実際は雑用を押し付けられただけだ。

没落　栄えていた国や家などがおとろえ、落ちぶれること。類 凋落《ちょうらく》。

草田《くさだ》の家を嗣《つ》いだ　「嗣ぐ」は普通「継ぐ」と書き、前の者のあとを受けて、仕事などを引き継いで行うことをいう。ここでは、草田家の先代がなくなったあと、惣兵衛《そうべえ》氏が草田家の財産や権利を受け継いだということ。

三五七ページ

ひがみ根性　何についても自分ばかりが損な立場に立たされていると思い込む性格。貧乏な生活をはじめた「僕」が、金持ちの草田家に行かなくなった理由はこの性格にある。

その日暮らし　その日の収入を全部その日の生活費に当てなければならないこと。先の見通しのない貧乏な暮らし。

悪徳　道徳に反する行いや精神のこと。対 美徳。

白状するが　自分の罪や隠していた秘密などを打ち明けること。ここでは、小説が少し売れはじめていたために「僕」がいい気になっていたということを、読者に向けて打ち明けている。語り手が読者に直接語りかけて作品の中へ引き込んでいくこのような手法は、太宰治の文体の一つの大きな特徴である。

ふやけた気持ち　「ふやける」は水や湯につかって柔らかくふくれることで、ここでは気持ちがゆるんでだらしなくなるという意味で用いられている。

ほくそ笑む　計略などがうまくいったことに満足し、ひそかに笑う。

色気たっぷりの返事　「色気」には、異性を引きつける性的魅力という意味のほかに、物事に対する積極的な気持ち、という意味がある。ここでは、静子夫人からもらった招待状に対して、行くことに積極的な気持ちを十分に含ませた返事をしたということ。

三五八ページ

揶揄《やゆ》 あてこすり、からかうこと。

骨のずいに徹する 「骨髄《こつずい》に徹する」ともいい、心の奥底まで深く突き刺さるという意味。類 骨身にこたえる。用例 骨のずいに徹するほどのうらみ。

腸《はらわた》が煮えくりかえった 耐えられないほど激しく怒る。

無心な質問である 「無心」は何も考えず、無邪気なこと。静子夫人の質問は、相手を侮辱しようとか困らせようなどと考えての質問ではなく、ただ無邪気に発されたものだった。

三五九ページ

陋屋《ろうおく》 そまつな家。自分の家を謙遜していう場合にも用いられる。

薬が、ききすぎました よかれと思ってやったことだが予想以上の効果があり、かえって困ったことになったということ。

三六〇ページ

老耄《ろうもう》 老いぼれること。老いぼれた人。

有象無象《うぞうむぞう》 ①有形無形を問わず、宇宙にある一切のもの。仏教用語。②特に人間に用い、いくらでもいる世間にありふれた人々。ここでは②の意味。

夫人の逆上ということになり 「逆上」は、怒りや悲しみのために血が頭に上って取り乱すという意味。褒めちぎられた夫人がすっかり興奮して分別をなくしてしまったということ。

ばかばかしい喜劇だ 「喜劇」は①観客を笑わせるこっけいな演劇、②こっけいな出来事という意味で、ここでは②の意味。ぜいたくに暮らしていた夫人が、周囲におだてられて自分を天才だと思い込んでしまったことを「喜劇」と表している。対 悲劇。

五千円、あるいは一万円 作中の舞台である一九三九（昭和一四）年当時の五千円を米価の変動によって換算すると、現在の六百万円前後に相当する。一万円はその倍の千二百万円となり、かなりの大金である。

三六一ページ

吉祥寺《きちじょうじ》の駅 東京都武蔵野市にあり、中央線と京王井《い》の頭《かしら》線が通る駅。井の頭公園まで徒歩六、七分の最寄り駅。

二の句が継げなかった 驚いたりあきれたりして、次の言葉が出てこない。「僕」はまだ実際に静子夫人の絵を見ていないのだが、夫人によい絵が描けるとは全く思っていない。ゆえに「本当に天才みたいなところもある」という草田氏の言葉に「ばかな夫婦だ」とあきれ果ててしまうのだ。用例 「命の保障はない。」と言われ、二の句が継げなかった。

一流の貴婦人の品位 「品位」は、人に備わっている品のよさ。粗末な洋服を着ていても、静子夫人に備わっている一流の貴婦人としての品のよさは損なわれていなかったということ。

きざ 服装や言動などがわざとらしく気取っていて、反発を感じさせる様子。

閉口する どうにもならなくて困ってしまうこと。類 辟易《へきえき》。用例 この暑さには閉口する。

悪びれない　「悪びれる」は、自分のしたことを悪いと思い、おどおどしたり恥ずかしがったりするという意味。打消しの助動詞「ない」がついているので、このときの静子夫人は、悪いと思ったり恥ずかしがったりすることもなく、平然とした様子であったということになる。

三六二ページ

起居　①立ったり座ったりすること。立ち居振る舞い。②日常の生活。ここでは②の意味。

世辞　相手に取り入ろうとして口先だけで言う、あいそのよい言葉。用例 世辞にもよい出来だとは言えない。

鼻であしらわれる　言葉や依頼などを軽く見られ、いいかげんに扱われること。用例 彼に参加するよう頼んでみたが、鼻であしらわれてしまった。

憂《う》き目　つらい思いや苦しい体験。

不憫《ふびん》　気の毒でかわいそうなこと。また、そのさま。

三六三ページ

もどかしい　思うようにならずにいらいらするさま。

あさましい　①いやしい。卑劣だ。②みじめで見るに堪えない。ここでは②の意味。

三六四ページ

虚飾　中身が伴わない、うわべだけの飾り。

いさんで　「いさむ（勇む）」は、物事に対して積極的にやる気になってはりきるという意味。

三六五ページ

面罵　面と向かってののしること。

サイレントの映画のよう　聴力を失いつつある静子は、窓の外の風や雨の様子は見えるが、伴うはずの音は聞こえない。そのことを音が入らない映画に例えている。

三六六ページ

無茶　①筋道が立たず、道理に合わないこと。②度を越えていること。ここでは①の意味で、静子が聴力を失いながら何もない薄暗い部屋で生活していることを、そうあるべきではないことだと述べている。

用箋　手紙に用いる便箋のこと。

三六七ページ

デッサン　絵や彫刻などの作品のもとになる下絵。類 素描。

驚愕《きょうがく》　非常に驚くこと。

おべっか　上の人の機嫌を取るための言葉。

三六八ページ

おのずから忠直卿の物語など思い出され……夜も眠られぬくらいに不安である　本文の冒頭に登場した「忠直卿行状記」が再び取り上げられている。この部分によって、最近になって忠直卿は「本当に剣術の素晴らしい名人だったのではあるまいか。」という「気味の悪い疑念」（三五四・下8）が起こったのは、静子夫人の事件がきっかけとなっていたことが明らかになる。

二十世紀にも、芸術の天才が生きているのかもしれぬ　静子夫人が訪ねてきたときに「僕」が言った「二十世紀には、芸術家も天才もないんです。」（三六一・下10）という言葉と対応している。

❖発問の解説

（三五五ページ）

1「ひねこびた自尊心」とはどのようなものか。

解答例　殿様に試合で負けても自分たちの能力が劣っていることを素直に認められず、ことさらに殿様を見下して一時しのぎの自己満足を得ようとする気持ち。

（三六一ページ）

2「ことさらに乱暴な口をきいた」のはなぜか。

解答例　正月に訪ねたときに大恥辱を受けたことを忘れていなかったし、周囲の人におだてられた静子夫人が自分のことを「天才だ」と口走って家出したことを聞いて軽蔑していたから。

❖構成・主題

〈構成〉

この小説は七つの意味段落に分かれる。

(1)（初め～三五六・上13）

「忠直卿行状記」の主人公である殿様は、家来たちが剣の試合でわざと負けていることを知り、狂った。「僕」は、この殿様は事実剣の名人で、自分の力が信じられなかったために惨事が起きたのではないか、という疑念を持つ。

(2)（三五六・上14～三五八・下19）

三年前の正月、草田家を訪問した「僕」は、静子夫人に冷たくあしらわれ、大恥辱を受けて帰宅した。

(3)（三五九・上1～三六一・上5）

昨年九月、草田氏が「僕」のもとに相談に訪れる。周りからおだてられた静子が、「あたしは天才だ。」と口走って、家出したのだと言う。

(4)（三六一・上6～三六三・上1）

三日後、静子が「僕」の家を訪れるが、「僕」は彼女の画を見ることを断って追い返す。その後、静子と話をしてほしいという草田氏の依頼を断り続ける。

(5)（三六三・上2～三六五・下8）

十一月の初め、静子から手紙をもらう。そこには静子が聴力を失いつつあることや、「僕」から面罵せられて正気になり、自分の絵が本当は下手だったと気づいたことが書かれていた。

(6)（三六五・下9～三六六・下18）

「僕」はアパートを訪れ、聴力を失った静子と筆談する。描いた絵を全て処分したと知った「僕」は、静子の絵がすばらしい絵だと予感する。

(7)（三六六・下19～終わり）

その夜、「僕」は中泉画伯のもとをおとずれ、唯一残っていた静子の水仙の絵を引き裂く。静子は草田氏に引きとられ、そのとしの暮れに自殺した。

〈主題〉

「忠直卿行状記」の殿様は、自己の真価を計ることができず、破滅した。それとよく似た事件が「僕」の知り合いだった静子夫人の身の上に起きた。その事件と無関係ではない「僕」は、殿様も静子夫人も本当は天才であったのではないか、真実をつかみながら、卑劣な負け惜しみを信じて狂ってしまったのではないかという疑念にとらわれて不安にかられる。芸術家としての自尊心とそこに潜む自分の才能への不安を、忠直卿・静子夫人・「僕」の三者のありようから重層的に描き出す。

❖理解・表現の解説

〈理解〉

(1)「信じている一事」（三六一・下15）とは具体的にどのような内容をさしているか、関係する部分を引用して、説明しなさい。

解説　まず、このときの「僕」と静子夫人の会話の内容を捉えよう。「僕」の家を訪問した静子夫人は、最初に「あなたは、芸術家ですか。」（三六一・上14）と尋ね、しばらくやり取りをした後、「あなたは俗物ね。」「草田のほうが、まだ理解がありります。」（同・下12）と述べている。つまり、静子夫人に「芸術家」ではなく「俗物」だと言われたことを失敬だと感じて、「僕には、信じている一事があるのだ。」と思っているのだ。このことからは、「俗人の凡才」（三五五・下7）などと自称しつつ、「僕」が芸術家としての信念を持って生きていることが浮かびあがる。また、静子夫人が送った年始への招待状にあった「主人も私も、あなたの小説の読者です。」（三五七・下7）という一句に浮かれてしまい、そんな自分のことを「恥ずかしい」「だらしなかった」と述べていることや、静子夫人の絵を見たあとの「僕には、絵がわかるつもりだ。草田氏にさえ、教えることができるくらいに、わかるつもりだ。」（三六八・上7）という述懐など、作中のさまざまなところから、「僕」が小説や絵などの芸術と真摯に向き合い、それが「わかる」と自負していることが伺える。これらのことから、「俗物」だと言われた「僕」が自分のことをどう思っているのか、何を信じて生きているのかを考えてみよう。

(2)「僕の顔を、それこそ穴のあくほど見つめた。」（三六二・上6）ときの静子夫人の心情はどのようなものであったか、説明しなさい。

解説　静子夫人が「僕」のことを「穴のあくほど見つめた」のは、「僕」に画を見せようかと尋ねて「たくさんです。たいていわかっています。」と断られたため。この「僕」の言葉は、静子夫人の画など見るだけの価値もないものだと言っているのに等しい。自分の画をこのように完全に否定された夫人の心情は、のちに送られた手紙の中で次のように明かされる。「あなたに面罵せられて、はじめて私は、正気になりました。……かげでは舌を出しているのだということに気がつきました。」（三六五・上6）。ここから、「僕」に画を否定された夫人が、家来たちの「負けてあげるほうも楽になった」（三五四・上8）という私語を聞いてしまった忠直卿のように、それまで持っていた自信を一気に打ち砕かれてしまったことがわかる。これらのことをふまえて答えをまとめよう。

(3) 静子夫人の下宿を訪れて筆談したとき、「僕」が静子夫人の絵はよいものに違いないと「予感」した（三六六・下8）のはなぜか、説明しなさい。

解説 静子夫人の家出について草田氏から話を聞いたとき、「僕」は夫人の絵を皆が褒めたのは金持ちの夫人にお世辞を言っているだけだと受けとめた。だから彼女の絵が優れたものだとは考えもしなかったし、周りからおだてられて自分に才能があると思い込んだ夫人をばかにしてもいた。ところが、「僕」に自分の絵を否定され「私の絵は、とても下手だった」（三六四・上11）と思うようになった夫人が自分の絵を破って捨てたことを知り、筆談によって絵が「イチマイモ」残されていないことを確認したとき、「僕」は静子夫人が自分と同じように芸術と真摯に向き合っていたことを知る。夫人の下宿を訪ねる場面では、最後の「静子夫人は僕を見送りもせず」（三六六・下16）の部分以外はすべて「静子さん」という呼称が用いられているが、ここからも「僕」が彼女のことを〝草田家の夫人〟としてではなく、自分と同じ一人の人間として認識するようになったことが伺える。「いい絵だ。すばらしくいい絵だ。」という予感は、静子夫人に対する「僕」の見方の変化から生まれたものだと言うことができるだろう。

(4) 中泉画伯のアトリエで静子夫人の絵を見たとき、見事な絵だと思ったにもかかわらず、「僕」がそれを「引き裂いた」（三六七・下5）のはなぜか、説明しなさい。

解説 「僕」は絵を引き裂いた後に「つまらない絵じゃありませんか。あなたたちは、お金持ちの奥さんに、おべっかを言っていただけなんだ。そうして奥さんの一生を台無しにしたのです。」（三六七・下8）と言っている。この言葉から、画伯など静子夫人を破滅に追い込んだ人々への抗議として絵を破ったと考えることもできるだろう。また、絵をすべて破り捨てたという静子夫人であれば、一枚の絵であっても画伯の元に残しておきたくないはずだと推し量り、彼女に成り代わって破ったとも考えられる。さらに、「僕」が自身の役割を「あさましい負け惜しみを言っていた家来」（三五六・上11）と述べていたことと重ね合わせれば、初めて彼女の絵を見た「僕」の、「ひねこびた自尊心を満足させるための、きたない負け惜しみ」（三五五・上11）、つまり自分より優れた才能を持つ芸術家に対する嫉妬心からの行為だと読み取ることもできるだろう。「読者の推量にまかせる。」（三六八・下1）というのだから正解は一つではない。自分なりの解釈をまとめよう。

〈表現〉

(1)「僕」の語りを通して、作者は、芸術家というものがどのような宿命と闘わなければならないと考えているか、四〇〇字程度でまとめてみよう。

解説　本文中で「芸術家」として語られるのは、静子夫人と、夫人に重ねられている忠直卿、さらに夫人があこがれた「芸術家の生活」をしている「僕」の三人と考えられる。自己の真価を追い求めようとする苦しみや、それが世間の人々に理解されないことなど、三人に共通する点を手掛かりに考えてみよう。

王国

津《つ》村《むら》記《き》久《く》子《こ》

❖学習の視点

1　ソノミが現実を想像力によってどのように見ているかを読み取る。

2　「同輩」たちの世界との違いや「隣のクラスの女の子」との共通点を考える。

3　「デリラ」や「王国」は、ソノミにとってどんな存在かを考える。

4　文章の書き方の特長を知り、その効果について考える。

❖筆者解説

津村記久子（つむら・きくこ）　小説家。一九七八年、大阪府に生まれる。幼少時には児童書をまねて文章を書いていたが、大学三年のころから本格的に小説を書き始める。二〇〇五年に「マンイーターー」（単行本化の際『君は永遠にそいつらより若い』に改題）で太宰治賞を受賞に小説家デビュー。二〇〇八年「ミュージック・ブレス・ユー!!」で野間文芸新人賞、二〇〇九年「ポストライムの舟」で芥川賞受賞。二〇一一年「ワーカーズ・ダイジェスト」で織田作之助賞、二〇一三年「給水塔と亀」で川端康成文学賞、二〇一六年「この世にたやすい仕事はない」で芸術選奨新人賞ほか数々の賞を受賞している。

❖出典解説

この作品は『サキの忘れ物』（二〇二〇年・新潮社）に収められており、本文は同書によった。

❖語句・表現の解説

二七〇ページ

星雲　夜空で雲のように見えるもの。ガスや塵で形成されている。

無《む》脊椎《せきつい》動物　背骨、または脊椎をもたない動物をまとめて指す。

二七一ページ

原生《げんせい》動物　単細胞生物のうち動物的な生活を営むもの。

語感　言葉から受ける感覚的な印象。

三七二ページ

同輩　なかま。年齢、地位が同じくらいの者。

心底　心の奥底。

三七三ページ

敬意を表す　相手を重んじるという態度をあらわすこと。

検分　調べること。

申し開きをする　非難を受けたり、誤解をまねいたりした事について、自分がそうせざるを得なかった理由を述べること。用例 そのことについては、申し開きのしようもありません。

三七四ページ

異議を唱える　相手の意見に反対する意見を述べること。

降格　階級や地位などが下がること。

三七五ページ

ぜんそく　肺に空気を送り込む気道が常に炎症を起こしていて、わずかな刺激でも咳やたんが出たり呼吸が苦しくなる発作が起こる病気。

目を丸くする　驚いて目を大きく見開くこと。用例 彼女は突然目の前に開けた壮大な景色に、目を丸くした。

思案　あれこれと考えをめぐらすこと。

三七六ページ

間の良さ　タイミングの良さ。「間が悪い」は、タイミングが悪い。きまりが悪い。

厳粛《げんしゅく》　おごそかで心が引き締まるさま。

神聖な　特別な尊い価値をもっていること。

祝福　幸福を喜び祝うこと。

三七七ページ

安静にする　病気や怪我を直すため、静かにしてゆっくり休むこと。

開帳　寺や神社で普段は公開しない仏像など貴重なものを一般に公開すること。ソノミが膝に当てているガーゼを時々めくって傷のようすを見ることを言っているのである。

威厳　近づきがたいほど堂々として立派なこと。

政略結婚　政治上の目的などに利用するため、当人たちの意思を無視して成立させる結婚のこと。

ほのめかす　それとなく言葉や態度に表して示すこと。

穏便《おんびん》**にすませる**　なにか問題などが起こったときに、もめごとを起こさないように穏やかに処理すること。娘を政略結婚に出した国は、女王が治める国のリンゴとなしを一番買ってくれているので、娘がなんとか離婚しないで済むようにしたいということを言っている。

玉座　国家の君主（王、女王など）が座る椅子のこと。

三七八ページ

〜の甲斐あって　〜を行っただけの成果や効果が認められるさま。

認識する　ある物事を知り、本質、意義などを理解すること。

除去する　取り除くこと。

三七九ページ

激怒　激しく怒ること。

虫の居所が悪い　不機嫌な状態。ちょっとしたことでも腹を立てる状態にあること。

愚行　良くない行為

拡散　ここでは、物事を多くの人に知らせること。

呆然《ぼうぜん》とする　一時的に何も考えられなくなってしまうこと。

付着　物が他の物にくっつくこと。

裏付ける　あることが確かであることを他の面から証明すること。

ばつが悪い　きまりが悪い。気まずい。

三八〇ページ

洟《はな》　鼻水のこと。

標高　ある地点の海水面からの高さのこと。

〜頃合い　〜のころ

喪に服す　亡くなった人の死を悼み静かに過ごすこと。用例 祖母が亡くなったので、しばらく喪に服しています。

三八一ページ

守護する　守ること。

消滅　消えてなくなること。

感嘆　感心してほめたたえること。

稀有《けう》　とてもめずらしいこと。

三八二ページ

端的に　はっきりと、手短かに。ひとことで。

点在　あちこちに散らばって存在すること。

嫁ぐ　嫁に行く。

❖発問の解説

1 「もうしない、とは言わない。」のはなぜか。

（三七三ページ）

解答例　何も悪いことをしているわけではないと思っているのと、光を見つめてデリラを出すのはソノミにとって大事なことだから。

2 「たまらなく不自然に思えて魅力的」なのはなぜか。

（三七五ページ）

解答例　隣のクラスの女の子が、ソノミの話や行動を咎めたりしないところに親近感を感じていて、すごく苦しそうに咳をした後にすぐに笑顔になることもとても不思議だが、彼女の魅力の一つに思えたから。

3 「神聖なものに思えた」のはなぜか。

（三七六ページ）

解答例　ソノミの膝の傷が王国に見えたことで、その王国をデリラが祝福しているように見えたから。

4 「声をあげて泣き始めた」のはなぜか。

（三七九ページ）

解答例　膝の傷がだんだん治ってきて、王国も形を変えだし、傷口の縁にある黄色い液体が凝固したもの（ソノミの想像では湖を侵食する黄色い潮の塊）をめくって口に入れているのを、同輩たちに批判され、はやしたてられて大騒ぎになったことに驚き、呆然としていた。しかも先生までやってきて、そんなことをしてはいけないと諭され、緊張の糸が切れたから。

❖構成・要旨

〈構成〉

(1)　（初め〜三七二・上7）ソノミの視界に現れるラッパムシのデリラ

ソノミが口を開けて光を見つめていると、色とりどりのつぶつぶの中に何か分からないものが現れ、視界を上から下へ移動する。図鑑を見ていてその形がラッパムシに似ていたこと、名前も一週間考えて、女友達が欲しいということで「デリラ」となった。幼稚園に通うソノミには、知人レベルの同輩はいたが、心から欲するような友達はいなかったので、デリラは大事な存在だった。

(2)　（三七二・上8〜三七四・上1）転んでできた膝の傷と幼稚園の同輩

ある日、同輩のところへ駆け寄ろうとして、ソノミは転んで右膝にけがをした。いつもと違う黄色い薬とガーゼで手当てされたのが誇らしく、同輩に見せびらかそうとしたが、同輩は自分のせいでソノミが転んだと先生に言いつけてないかを気にしているだけだった。そして、ソノミが膝の傷のことをデリラに報告していると、ときどき白目をむいているのが気持ち悪いと、同輩が言ってきたので、自分は何も悪くないと思いながらも表面的にあやまっておいた。

(3)　（三七四・上2〜下14）膝の傷とソノミのお母さん

お母さんには、毎日お風呂のあとに傷口のガーゼを取り替えてもらった。お風呂のあとの傷口の様子にもソノミは興奮した。お母さんは、時々白目をむくソノミのことを知っていて、何かが見えると言い出した時は心配したが、最近はそう言わないので、幼稚園であまりそれをやっていないといいなと思うぐらいだった。塗ってもらう薬が透明のだとソノミはがっかりして、お母さんに黄色いのをせがんだ。

(4)　（三七四・下15〜三七七・上2）隣のクラスの女の子と膝の王国の誕生

休み時間はしばらく教室で安静にしていることになったソノミは、隣のクラスのぜんそくの女の子と一緒に教室で過ごすことになった。「ラッパムシ」を描いても、じっと光を見ていても変な顔をしないその女の子に、親近感を抱き、膝の傷や黄色い薬のことを話すと、共感してくれた。その子が薬のついた傷のにおいの話をしたので、ガーゼをめくって傷を眺めていると、傷が赤い湖に浮かぶ島のように見え、その王国をデリラが祝福してくれているように感じた。

(5)　（三七七・上3〜三七八・上7）膝の王国とデリラと同輩たちとの距離

ソノミは、また外遊びができるようになったが、少し離れている間に同輩からは取り残されていた。何度か膝のガーゼをめくり、ようすを確認すると、王国はソノミの中で歴史を作っていった。女王は玉座で白目をむいてデリラを呼び出し、政略結婚でお嫁にいった娘の幸せを願い、娘も夫に隠れて白目をむき、デリラに祈っていた。

(6)（三七八・上8〜三八〇・上8）**湖に侵略されていく王国と同輩たちからの批判**

ソノミが何度もテープをはがして見ている王国に、白くて冷たいスプレーをかけられることもあり、「雪が降った」とソノミは思った。突然の降雪は王国の果物への影響が心配だった。ガーゼから四角いばんそうこうになり、傷口がだんだん治ってくると、傷口の縁に黄色い液体が固まって、湖を狭くしていた。

その黄色いものはしょっぱいので、王国の果物が黄色い潮で台無しにならないよう、ソノミは潮の塊を爪でとって口に入れていた。それを見た同輩がソノミを責め、瞬く間に批判の嵐になった。先生が優しく諭してくれたが、ソノミは声をあげて泣いた。デリラはソノミの心を幼稚園から膝の王国へ誘った。

(7)（三八〇・上9〜下15）**周囲と陸続きになる王国**

王国は周囲と陸続きになり、赤い湖は紫の皮をまとって盛り上がった。お父さんが借りてくれたDVDで火山の島のストーリーを見て、自分の膝にも同じことが起こっていると考えた。ソノミは王国が心配で、ときどきデリラに相談したが、デリラは何も言わず、どんなにいいときも悪い時も見守っていると伝えるように、ソノミの視界に漂っていた。

(8)（三八〇・下16〜終わり）**王国の消滅と隣のクラスの女の子とデリラ**

ソノミの傷は完全にふさがり、王国も消えてしまった。ソノミは喪に服するように無口になった。デリラも国の消滅を嘆くように動いているように思えた。久しぶりに幼稚園に来たぜんそくの女の子を見つけ、ソノミは駆け寄って、また転んで新しく膝をけがした。女の子に自分の膝の王国の話をし、新しくできた反対側の膝の傷のことをたくさん湖があるようだと言われた。女の子に千こ湖がある国の話を聞いて、ソノミは膝にその風景を想像した。デリラは「見守っている。あなたがわたしの存在を信じている限り、わたしは現れる」と言っているようだった。

〈要旨〉

幼稚園に通っているソノミは、あまり心から欲するような友達がいず、ときどき口を開けて、白目をむいて光を見つめて光のつぶつぶの間からデリラを出すのだった。ある日、転んで膝に傷を作り、教室で静かにすごすことになったとき、隣のクラスのぜんそくの女の子と出会う。その子と話すうちに、膝の傷が豊かな王国に見えてくる。それから、たびたびばんそうこうをめくり、ソノミは王国の様子を空想するのだが、傷が治ってきて、しょっぱい黄色い固まりをとって食べていたら、同輩たちからのいっせいの非難にあってしまう。やがて傷もすっかり治り、王国もなくなる。ソノミは寂しかったが、休んでいた隣のクラスの女の子がまた登園してきて、楽しく傷の王国の話をする。そして、反対側の膝に新しくできた傷のことを女の子と話すのだった。デリラはソノミが信じている限り、ソノミを見守っていると言っているようだった。

❖理解・表現の解説

〈理解〉

(1)「そのきいろいのどうしたの？……問い合わせられただけだった」（三七二・下12）という一文に、「ソノミ」と「同輩」とのどのようなすれ違いが表れているか、説明しなさい。

解答例　自分のあこがれや思いを大事にしている「ソノミ」と、世間（幼稚園）の規則や体裁を重んじ、気にする「同輩」とのすれ違い。

(2)「咳をしている隣のクラスの女の子」（三七五・上3）と「ソノミ」との間にはどのような共通点があるか、説明しなさい。

解答例　同輩のように規則や体裁には興味がなく、傷や薬のことなどを自分独自の感覚で捉えて話すところ。

(3)「デリラ」と「王国」との関係がうかがえる部分を抜き出し、抜き出した部分を参考に、「ソノミ」にとって「デリラ」がどのような役割を果たしているか、説明しなさい。

解答例　・「瞬きもせずに傷を眺めているうちに、……傷口の王国を祝福するように、デリラは次々と降っていった」（三七六・下10〜三七七・上1）

・「女王は毎日、日当たりのいい玉座の上で白目をむき、……姫もまた、夫に隠れて白目をむき、デリラに祈っている」（三七七・下11〜14）

・「王国はどんな具合なのだろうか、とソノミはときどきデリラに相談した。……春も見守っているということだけを伝えるように」（三八〇・下9〜15）

・「ソノミは喪に服すように無口になり……だいたいは上下に移動していくのに、珍しいことだった」（三八〇・下18〜三八一・上4）

「ソノミ」にとって、「デリラ」は、膝の傷である王国を守護する役割を果たしている。

(4)「あなたがわたしの存在を信じている限り、わたしは現れる。」（三八二・下4）とあるが、「ソノミ」にとって、「デリラ」はどのような存在か、説明しなさい。

解答例　幼稚園に友達といえる同輩がいなかったソノミにとって、デリラは、ソノミの空想の世界やソノミ自身を見守ってくれている大切な存在である。

〈表現〉

(1)小説全体を通して、会話の部分に「　」が用いられていないことがどのような効果を生んでいるか、話し合ってみよう。

解説　会話部分に「　」をつけてみて、「　」のない本文と比較して考えてみよう。

（例）三七三・上9〜上11

・ソノミちゃんさ、ほんとうにときどきそうやって白目をむくの、やめてよ、と同輩が近づいてくる気配がしたので、ソノミはまばたきをして、木を検分しているふりをする。

←

・「ソノミちゃんさ、ほんとうにときどきそうやって白目をむくの、やめてよ。」と同輩が近づいてくる気配がしたので、ソノミはまばたきをして、木を検分しているふりをする。

「　」が用いられていないことで、実際の会話による臨場感や現実感が薄れ、淡々とした印象になっている。そのことが、現実の世界の印象を後退させ、ソノミの空想の世界を前面に際立たせ、よりリアリティをもったものにする効果があると言える。また、会話部分で「ラッパムシよ。」（三七五・上5）のところだけ、「　」が用いられていることにも着目しよう。「ラッパムシ」はソノミの空想上の存在「デリラ」である。

第5章　表現を突き詰める　随想・評論（三）

無常ということ

小《こ》林《ばやし》秀《ひで》雄《お》

❖学習の視点

1叙述に即して読み、論旨の展開を捉える。
2筆者の主張したいことの中心はどこにあるのかをつかむ。
3筆者の歴史観が、現代とどう関わるかについて考える。

❖筆者解説

小林秀雄（こばやし・ひでお）　文芸評論家。一九〇二（明治三五）—八三年、東京都に生まれる。東京大学仏文学科卒業。一九二九（昭和四）年、雑誌「改造」の懸賞文芸評論に当時の文壇現象を批判した「様々なる意匠」が二席に入選し、文芸評論家として認められた。フランス象徴主義と近代批評の影響下に出発したその批評は、プロレタリア文学に対抗するもので、次々と問題作を発表した。『ドストエフスキイの生活』などがその期の代表作である。その後、歴史・古典・造形美術などへの関心を強め、また第二次世界大戦の進展に伴い、日本の伝統美の世界に沈潜するに至った。『歴史と文学』『無常といふ事』がこの時期に書かれている。戦後の著作としては、『ゴッホの手紙』『本居宣長《もとおりのりなが》』などがある。創造的批評の提唱と実践によって日本文学に近代批評を確立したとされ、昭和期以降の批評家に大きな影響を与えた。

❖出典解説

一九四二（昭和一七）年、雑誌「文学界」六月号に発表され、一九四六年刊行の評論集『無常といふ事』に収められた。本文は、「現代日本文学大系」第六〇巻（一九六九年・筑摩書房刊）によった。

❖語句・表現の解説　三八四ページ

あるひと云《い》は《わ》く　ある僧の言うには。ここで引用されている『一《いち》言芳談抄《ごんほうだんしょう》』は、高僧の法語を集めたものである。

比《ひ》叡《えい》の御社《おんやしろ》　教科書の脚注参照。古来、山王権現、山王二十一社と称されていた。

かんなぎ　教科書の脚注参照。神に仕えて、神をまつり神楽を奏して、また神おろし（祭の時に神霊を招きおろす）を行った。

人しづ《ず》まりて　人が寝しずまって。

ていとうていとう　つづみを打つ音を表した擬音語。

心すましたる声　心をこめた声。

いつは《わ》りてかんなぎのまねしたるなま女房の、……なう《の》なう《の》とうたひ《い》けり　まだ年若い未熟な宮仕えの女性が、巫女を偽って、そのまねをして、十禅師社の社前で祈りだした。それも人目を避けて夜が更けてからで、「ていとうていとう」とつづみを打ち、真剣な声で「とてもかくても候ふ、なうなう（この現世のことはどうであろうとかまいません。もしもし）」と、神に呼びかけるようにうたった。

なう《の》なう《の》　人に呼びかける感動詞。

人にしひ《い》問は《わ》れて　人に無理に尋ねられて。

生死《しょうじ》無常　生も死も移り変わって常住（一定）でないということ。ここは特に、人間の命は常にあるのではなく、必ず死が訪れるということ。仏教語。人の世のはかないことをさす。

とてもかくても候《そうろう》ふ　つまるところは無常であります。『平家物語』巻十高野之巻に「夢幻の世の中は、とてもかくても候なん。長き世の闇《やみ》こそ心うかるべう候へ」とあるのによったものであろう。

後世《ごせ》　来世。死後の世。仏教語。前の「この世」に対している。

対 前世。現世。

後世をたすけたまへ《え》　来世の幸せを得させて下さい。

その心を人にしひ《い》問は《わ》れて云《い》は《わ》く、生死《しょうじ》無常の有様を思ふ《う》に……なう《の》後世《ごせ》をたすけたまへ《え》と申すなり　その神にうたった真意を人に無理に尋ねられて言った。「人の無常の有様を思うと、現世のことはどうであろうとかまいません。もし、来世のしあわせを得させて下さい」と申した。

云々《うんぬん》　中心のことだけ言って、あとを省略するときに使うことば。『一言芳談抄《いちごんほうだんしょう》』教科書の脚注参照。高僧の法語一六〇余条を収めている。『徒然草《つれづれぐさ》』第九十八段に五条ほど引用されている。

残欠《ざんけつ》　欠けて不完全なこと。ここでは欠けたまま残っているもの。

細勁《さいけい》　細く強いこと。

描線《びょうせん》　絵に描かれている線。

そんな経験　「先日、比叡山に……」から「心にしみわたった。」までをさす。後出の「ある満ち足りた時間」（三八六・6）、「自分が生きている証拠だけが充満し、その一つ一つがはっきりとわかっているような時間」（三八六・7）も同じ。

ひどく心が動き　初めての経験に感動したのである。

あやしい思い　自分の心の動きをふしぎに思ったこと。

あの時、自分は何を感じ、何を考えていたのだろうか、今になってそれがしきりに気にかかる　比叡山に行った時のことを「あの時」と言い、「今になって」は、この文章を書いている時点をさしている。

取るに足らぬ　つまらない。些末《さまつ》な。用例 そんなことは取るに足らぬことだ。

三八五ページ

どうもそういう便利な考えを信用する気になれないのは、どうしたものだろうか　取るに足らぬ幻覚にすぎない、と言って済ますのが、合理的な考え方だが、そういう考え方をとる気になれない。これはなぜかと、自分に問いかけている形の言い方であるが、その底には、筆者の「便利な」考え＝合理的な考えへの反発と批判がこめられている。また、それほど、比叡山での感動がふしぎな強さで迫ってきた、とも言える。

何を書くのか判然しないままに書き始めているのである　この文章を、何を書くとはっきりしないままに書き始めている、ということ。「そんな経験」の中身がいまだにはっきりしていない、ということ。

遜色《そんしょく》　劣るようす。

今はもう同じ文を目の前にして、そんなつまらぬことしか考えられないのである　「同じ文」とは、「あるひと云はく…」の『一言芳談抄』の一文のこと。「そんなつまらぬこと」とは、この文が『徒然草』の中に置いても遜色ない、ということ。「山王権現」では、心に生き生きと浮かびあがり、しみわたった文が、今はただ文の優劣を考えることしかできなくなってしまったというのだ。

依然《いぜん》**として**　前と同じように。

それをつかむに適したこちらの心身のある状態　「それ」はあれほど自分を感動させた文章の美しさをさす。比叡山に行ったあの時は、心と体がその美しさをつかむのにぴったりしたある状態にあった、と考えているのである。後出の「心をむなしくして」（三八八・1）という状態に同じ。

取り戻す術《すべ》　あの時の「心身のある状態」を再びよみがえらす方法。

こんな子供らしい疑問が、すでに僕を途方《とほう》**もない迷路に押しやる**　こんな子供らしい疑問が起こって、僕はもうわけも分からない入り組んだ迷路に押しこまれたような気持ちになる。

僕は押されるままに、別段反抗はしない　「迷路に押しや」られることに反抗しない、という意。

そういう美学の萌芽《ほうが》**とも呼ぶべき状態**　比叡山で味わった感動に、筆者は美的感動を見いだし、それを今再び味わうことができないのはどうしてかと自分自身に問いかけ、それがまた新たな思索の迷路に導いてゆくことを「美学の萌芽とも呼ぶべき状態」と名づけている。

萌芽《ほうが》　何かが起こるもととなること。きざし。

疑わしい性質　ここでは、進むべき方向が間違っているとか、にせものであると思われる性質。

僕は決して美学には行き着かない　「美学」は、ここでは、概念化され、体系化された「学」としてのもので、筆者は「美学の萌芽」を味わっても、「美学」という学問を問題にしているのではない。

三八六ページ

順応《じゅんのう》　環境・境遇・刺激などに従って、自分の行動のしかたを変えること。類適応。

そういう具合な考え方　「どのような自然の諸条件に、僕の精神のどのような性質が順応したのだろうか」をさす。

一片の洒落《しゃれ》にすぎない　単なることばの遊びにすぎない。「そういう具合な考え方」が、決して自分の経験した感動の真実をつかんでいない、との意。

ある満ち足りた時間　比叡山で経験した感動を表現している。あとの方にある「飴《あめ》のように延びた時間」（三八八・2）と対照させている。

自分が生きている証拠だけが充満し、その一つ一つがはっきりとわかっているような時間　これは「ある満ち足りた時間」であり、「思い出が、僕らを一種の動物であることから救」（三八七・15）っているということでもあり、「無常」から免れているという状態である。この文章の主題にかかわる箇所。

あの時は、実に巧みに思い出していたのではなかったか　この「思い出す」は、かつての感動を「思い出す」のではないことに注意。かつて経験した感動そのものをさして「思い出す」行為である、と言っているのである。

鎌倉《かまくら》時代　『一言芳談抄』の文章の生まれた、あるいは文章の舞台である鎌倉時代、の意。

そういう思想　「歴史の新しい見方とか新しい解釈とかいう思想」をさしている。

魅力《みりょく》　そのものの持つ、人の心を強くひきつけ、とりこにする力、すばらしさ。

手管《てくだ》　人をあやつる手段。

僕を襲った　筆者も魅力にとりつかれそうになったことを言っている。

してやられる　うまくやられる。だまされる。

脆弱《ぜいじゃく》　もろくて弱いこと。

合点《がてん》する　承知する。納得する。

鷗外《おうがい》　森鷗外のこと。教科書二九二ページ、本書「舞姫」を参照。

考証家　古文書を調べ考え証拠だてる人。鷗外は晩年になって、『渋江抽斎《ちゅうさい》』『北条霞亭《ほうじょうかてい》』など、考証に基づいた史伝を書いた。

堕《だ》した　よくない状態・傾向におちいった。

膨大《ぼうだい》　非常に大きいこと。多量なこと。対微小。

考証《こうしょう》　文献などを頼りにして、過去の事実関係を明らかにし、当時の生活様式などを復元したりすること。

推参《すいさん》　訪問することを謙遜《けんそん》していう語。

歴史の魂に推参した　真の歴史を見いだす入り口に立った。

三八七ページ

同じようなもの　鷗外が考証によって真の歴史を尋ね当てたことをさす。

解釈を拒絶して動じない　さまざまな解釈が入り込む余地がないほど確固としていること。『古事記伝』は、確かな証拠に基づいた実証主義で貫かれているというのである。

解釈だらけの現代　筆者は、歴史の解釈を拒絶し、解釈によって歴史を歪《ゆが》めているのが現代だ、という批判を持っている。

代物《しろもの》（ある評価を受ける）物、または人。ここではあまりよくないニュアンスに使っている。「とんだ代物だ」などと同じ。

鑑賞　芸術作品などの良さを味わうこと。「鑑賞に堪えない」は、味わうような良さがないこと。

人間になりつつある一種の動物かな　ここで「人間」と「動物」を分けて語り始めている。「一種の動物」ということばを人間になる前の未熟な存在、不安定なものというような意味で使っている。

考えの糸は切れたままでいた　思考がそれ以上発展しなかった。

のっぴきならぬ　どうにもならない。形の変えようがない。

人間の相　「相」は外に現れた姿。ここでは、過去の人間の行為。

思い出　ここでの「思い出」とは、冒頭のエピソードの「当時の絵巻物の残欠でも見るようなふうに心に浮かび、文の節々が、まるで古びた絵の細勁な描線をたどるように心にしみわたった」ような体験である。

記憶するだけではいけないのだろう　歴史を単に過去の事実として分類整理するだけではいけないのだろう。

思い出さなくては　「思い出す」は、三八六・9の「巧みに思い出」すにも出るが、筆者の歴史観を表現するキーワードである。歴史を人間の行為と見て、人間的な態度で、歴史の中に入ってゆくことを言っている。

三八八ページ

心をむなしくして　無心に。知識・解釈・分類といったような意識を追い出して、純な心で、という意。

過去から未来に向かって飴《あめ》のように延びた時間という蒼《あお》ざめた思想　「歴史の新しい見方とか新しい解釈とかいう思想」（三八六・11）と同じ。歴史は、歴史的必然性と法則によって動き、発展するという思想を否定的に表現している。「飴のように延びた」とは、その時々の人間のありようを考えようとせず、歴史を、過去から現在、未来へとただ延長された時間のようなとらえ方を言っている。

妄想　ありもしないことに対して病的要因からいだく誤った判断・確信。現代人の歴史観への批判の語。

過去から未来に向かって……から逃れる唯一の本当に有効なやり方のように思える　この部分は、前の「歴史の新しい見方とか新しい解釈とかいう思想からはっきりと逃れるのが……」（三八六・11）と対応している。「逃れるのが、以前にはたいへん難しく思えたものだ」と言っている筆者が、この最後の部分で、そこから「逃れる唯一の本当に有効なやり方」を提示しているのだ。この部分の文章の組立てを押さえておこう。

成功の期　「妄想」から逃れることに成功する機会。

この世は無常とは決して仏説《ぶっせつ》というようなものではあるまい　「仏説」とは、仏の教え。この世が無常であるということは、仏説で言われている意味ではないだろう、というのである。仏説で言われている無常は、例えば「方丈記」に「ゆく河の流れは絶えずして、しかも、もとの水にあらず。……」とある無常で、この世ははかなくさだめないもの、という意味である。ここで筆者が言う無常とは、「一種の動物的状態」、不安定な人間の状態のこと。

現代人には、鎌倉時代のどこかのなま女房ほどにも、無常ということがわかっていない　鎌倉時代であっても、現代であっても、無常の世であることには違いない。しかし、そのことを鎌倉時代のなま女房はわかっているが、現代人はわかってはいない。その理由は、「常なるもの」を見失ったから、と言っている。

鎌倉時代のなま女房の「常なるもの」とは、信じて疑わない「後世」であった。

常なるもの　「のっぴきならぬ人間の相」（三八七・12）、「動じない美しい形」（同・13）と同じ意味。また、「解釈を拒絶して動じないものだけが美しい」（同・1）も、この「常なるもの」につながることばである。

❖発問の解説

1（三八五ページ）「そういう便利な考え」とはどのようなものか。

解答例　不可思議な体験を、つまらない幻覚だったとして、まともに取り上げないような考え。

少し前に「取るに足らぬある幻覚が起こったにすぎまい」とある。山王権現の辺りで筆者に起こったことは、筆者自身でも判断がつかないことなのだが、一応、簡単な解釈をつけるとしたら、「幻覚」という解釈も成り立つ。しかし、その解釈は簡単で、本当に起こったことをじっくり分析する手間もかからず、便利ではあるが、真実ではない、と筆者は思っているのである。

2（三八六ページ）「一片の洒落にすぎない」のはなぜか。

解答例　合理的に論理的に説明しようとする考え方は、本質的な理解ではないから。

3（三七八ページ）「みんなが間違えている」のはどのような点か。

解答例　本当は、思い出が「美しい」のは、「解釈を拒絶して動じない」（三八七・1）ので「動じない美しい形しか現れぬ」（同・13）から「美しい」のに、みなは過去の出来事を美化しているのだと思いこんでいる点。

❖構成・要旨

〈構成〉

全体を大きく四つに分けられる。

(1)（初め～三八五・３）

比叡山を歩いていて『一言芳談抄』の文が心に浮かび、そのあやしい感じが今になって気にかかる。

(2)（三八五・４～三八六・10）

その時の不思議に「満ち足りた時間」が、「思い出す」という歴史への対し方であったのかもしれないと思う。

(3)（三八六・11～三八八・１）

解釈を拒絶して動じないものだけが美しい。歴史も、新しい見方や解釈を受けつけない、動かしがたい形をもつものである。

(4)（三八八・２～終わり）

上手に思い出すことは難しいが、常なるものを思い出し、無常を知ることがだいじである。

(1)と(2)を前半とし、(3)と(4)を後半として、二つに分けることもできる。

〈要旨〉

歴史に対する新しい見方とか解釈を否定し、歴史を「動かしがたい美しい形」ととらえ、「無常」に徹することによって、虚心に歴史に入ってゆくことができる、という独特の歴史観を述べたもの。

❖理解・表現の解説

〈理解〉

(1) **「僕は決して美学には行き着かない」（三八五・17）のはなぜか、説明しなさい。**

解答例　「美学」とは、さまざまな美を通して、美の本質や原理などを研究する学問。筆者は後で「解釈を拒絶して動じないものだけが美しい」（三八七・１）と言っているように、このことに「解釈」を持ち込みたいとは思っていない。だから、この経験が「美学の萌芽とも呼ぶべき状態」だとしても、それを研究の対象とはしたくないのだ。

(2) **「歴史の魂」（三八六・17）とはどのようなものか、筆者の考えと関連させて、説明しなさい。**

解答例　さまざまな解釈や相対性を許さず、すでに完結した価値を備えたもの。現代は「生」が継続中であるために、見方・考え方・価値観が不安定であり、そのために実は確固たる歴史に対しても模索的に解釈を続けねばならない宿命を負っている。

(3) **「記憶するだけではいけないのだろう。思い出さなくてはいけないのだろう。」（三八七・16）とあるが、両者の違いはどのような点にあるか、まとめなさい。**

解答例　「記憶する」は、頭で知識として考えて記憶することである。一方、「思い出す」ということは、過去の出来事を現在の自分の心によみがえらせることである。

(4)「常なるものを見失ったからである。」(三八八・7)とあるが、「現代人」(同・6)はどのような状態にあると筆者は述べているのか、説明しなさい。

解答例　鎌倉時代のなま女房がひたすら後世の安楽を願ったような絶対的価値観を見失い、「人間」になる途上の、一種の動物として、心をむなしくせずに理屈だけをこねまわしている状態。

〈表現〉

(1)　この文章の発想・書き方にはどのような特色があるか、次の箇所と関連させて考え、ノートにまとめてみよう。

ⓐ「何を書くのか判然しないままに書き始めているのである」(三八五・2)

ⓑ「そうかもしれぬ。そんな気もする。」(三八六・10)

解答例　ⓐではあえて主題を提示せず、ⓑでは結論やそれまでの過程も明示しない書き方をして、この文章が論理的なものでなく、エッセイであり、「筆者自身の印象・考え」を述べるものであることを印象づける特色。

骨とまぼろし

真木《まき》悠介《ゆうすけ》

❖学習の視点

1　随筆を読み、その内容を的確に把握する。
2　筆者の紹介する異文化の特性を知り、そこから文化を相対化して見ることのおもしろさ、新たに得られる視点の新鮮さを味わい、考察する。
3　文章中の詩的な表現に注目し、これらがどのようなイメージを呼びおこし、文章の論理的展開にかかわっているかを考える。
4　新たな視点で、自らの文化を見直してみる。

❖筆者解説

真木悠介（まき・ゆうすけ）　本名、見田宗介《みたむねすけ》。比較社会学者・エッセイスト。一九三七（昭和一二）年、東京都の生まれ。真木悠介はペンネーム。東京大学文学部卒業。東大教養学部助教授を経て、のち教授。近代社会をつきぬける人間解放への道を模索し、その研究・執筆活動に独自の境地を開き続け、一九八五〜六年の二年間、「朝日新聞」の論壇時評を担当した。主な著書に『人間解放の理論のために』『現代社会の存立構造』（いずれも筑摩書房刊）、『時間の比較社会学』（岩波書店）などがある。二〇二二（令和四）年、没。

❖出典解説

本文は『気流の鳴る音』（一九七七年・筑摩書房刊）中の「骨とまぼろし」と題する節の全文であり、初出は、一九七五年十月三日の「朝日新聞」夕刊である。

❖語句・表現の解説

三九〇ページ

骨とまぼろし（題名）「骨」は「カラベラ」（三九三・4以下）、「まぼろし」は「メンティーラ」ということばを象徴的に言ったものと思われる。
荒涼《こうりょう》（風景などの）あれはてさびしいさま。
南下《なんか》　南にむかって進むこと。対北上。

標高《ひょうこう》 平均海面からの高さ。類 海抜。

常春《とこはる》 一年中の気候が春のようなこと。対 常夏。

イスパニア España いまのスペイン。

征服《せいふく》 ①征伐《せいばつ》して服従させること。転じて、②困難を克服してなにごとかをやりとげること。用例 冬山を征服した。ここでは①の意。

征服者たちが、この都市の破壊の上にメキシコの都を築く コルテスが率いるスペイン軍は、そこで産出される銀を目当てに、アステカを侵略し、一五二一年、首都テノチティトランを陥落させた。

目を奪《うば》う （すばらしさなどで）みとれさせる。

にび色《いろ》 「鈍色」と書く。にぶ色ともいう。濃いねずみ色。

気にとめる 気にする。心配する。

植民者《しょくみんしゃ》 植民地に移住してきている本国人。ここでは征服者としてメキシコに入ってきたスペイン人のこと。

混血児《こんけつじ》 人種の異なる父母の間に生まれた子。ここでは、主としてスペイン系白人とインディオの混血である。

早々《そうそう》 すぐに。間もなく。

三九一ページ

魅了《みりょう》 相手の心をすっかりひきつけて夢中にさせてしまうこと。

迫真《はくしん》 真に迫っていること。

きららかな 「きらら」は雲母（うんも）。きらきらと光り輝く。

身を入れる 心をこめて一生懸命におこなう様子。

だれかを招くと、必ずその恋人や兄弟や…… だれかを招くと、その招かれた人が必ず自分の恋人や自分の兄弟や……。

「招かれざる客」 招待されていないのに訪問してきた人。ふつう、この言葉には、場違いなところにやってきた人、勝手に押しかけてきたお客、といったニュアンスが伴うが、ここでは、そういう意は含まず、単純に、招待していない人たちの意。

関係の波紋《はもん》はひろがり 「波紋」は水に石などが投げ込まれるとできる波の輪、そのひろがり。ここでは、人間関係の輪が次々と広がり大きくなってゆくさま。

目もあやに 目もさめるように美しくきらびやかなさま。

重畳《ちょうじょう》しながら 幾重（いくえ）にも重なり合いながら。

地平《ちへい》 （広い）大地の平らな面。

厚い真実の地平 ここで「真実」といっているのは、前出の「動かぬ真実」とは違う。それとは逆の「人間の主観のおりなす世界の全体」である「共同のまぼろし」に近いだろう。

三九二ページ

開放性《かいほうせい》 開けひろげでかくしだてをせず、包容力の大きな性格。

人恋《ひとこい》しさ 人なつっこさ。

存在のふたしかさ 土着でなく外来者であるという存在からくる不安定感。ここでは「存在のたしかさ」はインディオにある、と筆者はみている。

孤独の深層 孤独感にも深浅があり、こうした表現で、筆者は深い孤独感を強調しているのであろう。

基底《きてい》　物・事の基礎をなしている底の部分。

外来者《がいらいしゃ》　よそもの。ここでは、外国から移住、あるいは訪問してきた人。

共同体《きょうどうたい》　共同社会。ゲマインシャフト（Gemeinschaft）。家族・村落など血縁・地縁によって結びついている集団。対 利益社会。ゲゼールシャフト（Gesellschaft）。

やさしく迎えても決して受け入れることのない共同体の境域を張る　よそものを迎えたとしても客としてであって、決して仲間として迎えることはしない共同体の閉鎖的ななわばりを張ること。

メキシコ風の会話　三四五ページにある「正しい情報を伝えるという目的よりも、その人にたいする共感と好意を表現するという価値が優先」した会話のこと。

会話に花を咲かせる　ふつう「話に花を咲かせる」。それからそれへと話がはずんで発展する。

三九三ページ

「メンティーラ！」（ウソだ！）　この、インディオの弟子がつぶやいた「メンティーラ」は、前ページに出るメスティーソ（混血）の使う人間のつき合い上の知恵としての「メンティーラ」とは、少々異なる。インディオが、植民者や混血たちに叫ぶ「メンティーラ」は、彼らの文明全体を「まぼろし」として否定し拒否する「ウソだ！」とも言える。

つぶやく　低い声でひとりごとを言う。

熱愛《ねつあい》する　熱烈に愛する。

版画《はんが》　凸版・凹版・平版などの版を用いて刷った絵。材質によって、木版画、石版画、銅版画などがある。

メキシコ革命　外国資本の支配に反対し、それと結びつくディアス独裁政権の打倒をめざした革命。一九一〇年のマデロの反乱から始まり、一九一七年の民主的憲法の制定にいたる。ジョン・リードのルポルタージュ『反乱するメキシコ』が有名。この革命の伝統を受け継ぐ流れのなかで、メキシコの民族絵画運動などが形成された。ポサダはその先駆者。

シルクハット　silkhat 男性のかぶる礼装用の帽子。黒の絹張りで筒形の高い帽子。（下図参照）

グロテスク　grotesque 怪奇・異様。不気味なさま。

優雅《ゆうが》　行動に節度があって上品な様子。やさしくみやびやかな様子。

幻滅《げんめつ》　幻想からさめ、現実のつめたさをみて失望すること。

不遇《ふぐう》　不運のため、才能・実力を発揮する機会がなく、相応の地位・待遇をえられないこと。

芯《しん》　中心の部分。物の中心。

透視《とうし》　すかしてみること。

土葬《どそう》　死体を焼かずに、そのまま土中に埋めて葬ること。

火葬《かそう》　死体を焼いて、残った骨を葬ること。

骨《こつ》ツボ　死体を焼いた骨をあつめて納める壺《つぼ》。遺骨を納める壺。

真実《しんじつ》身をふるわせた　心の底からそう感じ、実際に身をふるわせておののいた。

[三九四ページ]

メンティーラとカラベラという二重の視点　「メンティーラ」は、白人とメスティーソのウソの中の真実、「カラベラ」は、インディオのその土地に根ざした、すべての虚飾をはいだ存在を表している。その二重の視点というのは、つまり、メキシコ文明を支えている、白人やメスティーソの文明と、インディオの文明との二重の視点ということ。

聖週間《せいしゅうかん》　キリスト教の行事。春の復活祭（イエス・キリストの復活を記念する祝祭日で、春分後の最初の満月のあとの日曜日に行われる）の前の一週間をいう。[類]受難週。イースター。

偶像《ぐうぞう》　①木・石・土などで作った像。特に、神や仏をかたどった像。②人々のあこがれや尊敬などの対象となっている人や物。ここでは①の意で使われている。

カトリック諸国　キリスト教のなかの最大の教派であるローマ-カトリック教会に属する信者が国民の信仰分布の多数を占める諸国をいう。近代初頭、カトリックの海外布教の中心であったスペイン・ポルトガルの植民地支配を受けたラテン-アメリカ諸国の大多数は、これにあたる。

キリスト処刑　イエス・キリストは、紀元三〇年ころ、エルサレム郊外のゴルゴタの丘で十字架の刑に処せられた。

マリア　イエスキリストの母。聖母マリア。

いけにえ　①神への供え物とする生きもの。「にえ」は供え物の意。②他のために生命や名誉などを投げすてること。犠牲。

蘇《そ》生《せい》　生きかえること。

聖者《せいじゃ》　①聖人。②その宗教ですぐれた信仰者。特にキリスト教で、偉大な信徒や殉教者。

使《し》徒《と》　①キリストが福音《ふくいん》を伝えるために選んだ十二人の弟子。転じて、②神聖な仕事に献身する人。[用例]平和の使徒。ここでは①。

くゆらせ　ゆるやかに煙を立て。[用例]紫煙をくゆらせる。ここでは「くゆる」「くすぶる」（炎を出さずに燃えて煙を立てる）の意。

たきしめ　香をたいて、その香りを衣服などにしみこませ。

しきつめ　一面にぎっしり敷き。

呪術《じゅじゅつ》　超自然的・神秘的なものの力を借りて、ねがいごとをなしとげること。まじない・魔法など。

ほこら　「祠」と書く。神をまつった小さなやしろ。

[三九五ページ]

外被《がいひ》　ふつうの辞書には載っていない語。外側のおおいの意。

内実《ないじつ》　内面の事実。内側の実体。「外被」との対比で使われている。

行商人《ぎょうしょうにん》　店をもたないで、商品を持ち歩いて小売りをする商人。

下《げ》男《なん》　男の召し使い。[類]下僕。[対]下女。

奉公人《ほうこうにん》　ふつう、やとわれた主人の家に住みこんで働く人。

ふく　かわらや板、カヤなどで、屋根をおおう。

雲が血の色に染まる時刻　夕焼けどきのこと。メキシコの夕焼け空の赤は濃い。

自認《じにん》する　みずから認める。

墓標《ぼひょう》　①墓石などに死者の氏名はじめ業績などを記した文。②埋葬の場所にたてる目印の柱。はかじるし。ここでは②の意。

四角い丘、直線の谷　メキシコの近代文明を象徴するものとしての、林立するビルのこと。

薄暮《はくぼ》　夕暮れ。たそがれ。

シルエット　silhouette ①影絵。輪郭の中を真っ黒に塗りつぶした画像。②逆光線の中に見える、影絵のような黒い実像。

呼《よ》び交《か》わす　たがいに呼び合う。

❖発問の解説

1　（三九一ページ）

これらの「言葉」が「恐ろしい」のはなぜか。

解答例　「これらの『言葉』」とは、「あなたにすっかり魅了されてしまいました。」や「あなたとの出会いは私の人生を変えてしまった。」などということば。このようなおおげさな表現は、たとえそう思ったとしても日本ではあまり言わない。もうそれだけでも「恐ろしい」と思えそうだが、それだけでなく、中身を考えると、言われた自分が、相手の人間に深くかかわってしまったと思える内容である。もしそのような意図がなく、それほどのことをしたわけでもないのにこのようなことばを言われたら、相手に重大な責任が生じたように感じて、当惑するから。

2　（三九二ページ）

「前述の開放性」とは具体的にはどのような行動をさすか。

解答例　会話は正しい情報を伝えるより、その人にたいする共感と好意を表現する価値が優先して、人に道をたずねられると「知らない。」と言えずにウソを教えてしまう。「あなたにすっかり魅了されてしまいました。」「あなたとの出会いは私の人生を変えてしまった。」という言葉が迫真の身ぶりとともに出てくる。だれかを招くと、必ずその恋人や兄弟や友人などの、たのしい「招かれざる客」たちをつれてくるというような行動。

3　（三九五ページ）

「地のシルエットたち」とは何をさすか。

解答例　この「地のシルエットたち」をことば通りに判断すると、夕暮れ時、ビルの六階から見た、下界の、黒く見えるビル街のこと。

しかし、この文全体から読み取ると、次のようになる。

メキシコの街に流れ込んだ「インディオ」たちは、召使いや行商人や車洗いの下男などをしている。メキシコの街は白人や混血たちが作ったものであり、「インディオ」はなかなかその文明に同化しようとしない。彼らは、自分たちの働くビルの屋上を生活のスペースにして、そこに小屋を建て、昔の生活さながらに屋根を熱帯の木の葉でふいたりして、自分たちの生活を続けているのである。若者たちがビルの屋上で呼び交わしている姿に、筆者は幾百年の昔、まだ「インディオ」だけの社会であった時、このメキシコの豊かな大地で、若者たちが互いに呼び交わしていたであろう姿を思い浮かべ、今、メキシコの街に林立する近代文明の所産であるビルは薄暮の底に消えて、メキシコの大地がここによみがえってきたのではあるまいか、と感じ取ったのだ。

また、「インディオ」は、メキシコの大地に存在の根をもってつながっている。そのメキシコの大地の魂が、新しい征服者の文明の象徴であるビル街が夕闇に沈む時に、暗がりから立ち上がる、とも考えられる。

❖構成・要旨

〈構成〉

本文は＊印によって、三つの部分に分けて構成されている。

(1)（初め～三九二・13）**比較社会学的に見た現代のメキシコ**

①（初め～三九〇・10）現代メキシコの文明を築いた植民者と混血児。

②（三九〇・11～三九一・13）メキシコ人における「メンティーラ」（ウソ）の意識。

③（三九一・14～三九二・13）現代メキシコ人の開放性と人恋しさの背後にあるもの。

(2)（三九二・14～三九四・7）**メキシコ社会における「インディオ」**

①（三九二・14～三九三・2）メキシコ風の会話を「メンティーラ」（ウソだ！）とつぶやいて受け入れない「インディオ」。

②（三九三・3～16）「インディオ」の「カラベラ」信仰。

③（三九三・17～三九四・7）「白人」（植民者）と「メスティーソ」（混血）の文明の総体に背を向ける「インディオ」。

(3)（三九四・8～終わり）**メキシコの大地に存在の根を張って生き続ける「インディオ」**

〈要旨〉

現代のメキシコ社会は、約一六パーセントの「白人」（植民者）、五五パーセントの「メスティーソ」（白人とインディオの混血）、二九パーセントの「インディオ」（土着の原住民）から構成されている。

「インディオ」はメキシコの近代文明を築いた「白人」と「メスティーソ」の社会を「メンティーラ！」（ウソだ！）とつぶやいて拒否し、かたくなに「カラベラ」に対する信仰を抱き続け、近代社会に背を向け、メキシコの大地に深く存在の根を張って生き続けているのである。

❖理解・表現の解説

〈理解〉

(1)　メキシコ市の成り立ちについて、本文第一段落を踏まえて説明しなさい。

解説　メキシコ市は、一四世紀アステカ人がテスココ湖上の小島に築いた小集落だった。それが次第に拡大して、一六世紀には、宮殿や神殿のある人口二〇万を超える大都市にまで発展した。しかしスペイン軍に侵略され、廃墟の上にスペイン人の都市が築かれた。

メキシコ市だけでなく、メキシコの歴史についても確認しておこう。メキシコ及び中米の歴史は、大まかに、十六世紀初めまでの古代文化が栄えた時代、それ以降のスペインによる植民地時代、十九世紀以後の共和国時代の三段階に分けられる。

古代文化が栄えた時代は、メキシコという国の枠内で考えることはできない。またマヤやアステカという、日本でよく知られた文明だけが栄えたわけでもない。

例えばマヤ文明は、高度な都市文化圏を作ったが、それはメキシコだけでなく、ホンジュラス、ニカラグアにも及んでいた。またアステカ文明は、多くの部族を支配するアステカ人による王国であった。このように中米の一帯は、多くの諸部族、諸文化が栄え、滅びていった、文化的に非常に多様な地域であるということを頭に置いておこう（「参考」参照）。

(2)　メキシコ社会に暮らす人々を、本文に即して二つのグループに分け、それぞれの特徴を示す表現を抜き出して整理しなさい。

解答例　白人とメスティーソ…・「人間の主観のおりなす世界の全体がひとつの共同のまぼろしだとすれば、『動かぬ真実』という岩盤のありやなしやにどれほどの意味があろうか。きららかな幸福と夢の波立つメンティーラの水面の上を、彼らはほんとうに身を入れて歌い、争い、約束し、求婚し、踊り、倒れるように眠る」（三九一・9）→メンティーラの世界に生きている彼ら。

・「開放性と人恋しさの背後には、植民者や混血者たちの存在のふたしかさからくる孤独の深層がある」（三九二・2）→存在のふたしかさからくる開放性。

インディオ…・「開放性は一般にない。外来者をやさしく迎えても決して受け入れることのない共同体の境域を張る」（三九二・10）→開放性がなく、強固な共同体の意識をもつ。

・「カラベラは生きていた人の人間の芯であるばかりでなく、生き残った者が祖先と大地へとつながっていく、存在の根のようなものかもしれない」（三九三・14）→存在の根のようなカラベラによって、祖先と大地につながっている。

・「強いられたキリスト教の外被の下で、インディオがその信仰の内実を生きつづけていることを示す」（三九五・1）→今もマヤの進行の内実を生きつづけている。

(3)　「植民者」や「混血者」にとって「メンティーラ」（三九一・2）とはどのようなものか。また、その背後には何があると筆者は見ているか、それぞれ説明しなさい。

解答例　「植民者」や「混血者」（メキシコ人）にとって「会話は正しい情報を伝えるという目的よりも、その人にたいする共感と好意を表現するという価値が優先する」（三九一・5）とあるように、彼らはその場その場で相手との関係をよくするために、平気でウソをつく。そして陽気に明るく振る舞う。そうした性情は、その土地への侵略者という歴史を持つ、「白人」と「メスティーソ」の存在のふたしかさから生まれてくるものであろうと、筆者は考えている。文化の根を持たないメキシコ人たちは、その場における「真実」を作り続けることによって、「インディオ」にあって自分たちにはない、根をおろす大地のようなものを、自ら作り出そうとしているのだろう。

　しかし、「インディオ」はこうして形づくられたメキシコ人たちの「真実」を認めないで、「『メンティーラ！』（ウソだ！）」（三九三・1）とつぶやくのである。

(4)　「インディオ」にとって「カラベラ」（三九三・4）はどのような意味をもっているか、本文の例で説明しなさい。

解答例　「カラベラは生きていた人の人間の芯であるばかりでなく、生き残った者が祖先と大地へとつながっていく、存在の根のようなものかもしれない」（三九三・14）とある。死者を土葬すれば、骨は散乱することなく、がいこつはそのままの形で残る。がいこつの形で残るということは、「インディオ」にとって死者がいまだに人間として存在することを意味するのであろう。また、ポサダの描く「カラベラ」は、すべての虚飾をはぎ取った人間の姿であり、それは、新しい文化を持ち込んだ侵略者への痛烈な批判にもなっている。

(5)　「文明の全体が立体としてみえてくる」（三九四・6）とはどのようなことか、説明しなさい。

解答例　白人とメスティーソを象徴するような「メンティーラ」という視点と、インディオを象徴するような「カラベラ」という視点との両方からメキシコ文明をみると、ウソや虚飾があるが開放的な面、真実や伝統的だが閉鎖的な面も理解でき、全体像を把握することができるということ。

〈表現〉

(1)　なぜ「骨とまぼろし」という表題をつけたのか。筆者が旅を通して感じたこと考えたことをもとに話し合ってみよう。

解説　「語句・表現の解説」参照。

(2)　これまでに旅を通して新たに気づいたことや、異郷の地に対する認識が変化した経験をもとに八〇〇字以内でエッセイを書いてみよう。

解説　旅行に行くと、場所や状況にもよるが、今までの経験が役に立たず、素の自分で異文化に接することになる。そこでは、旅行先の文化について知ることも多いが、逆に自分が暮らしていた環境についても知ることが多いはずだ。小さな出来事からでも学べることがある。考えて書いてみよう。

❖参　考

本文では、メキシコ社会を構成する人々を、「白人」、「メスティーソ」、「インディオ」と三つに分類している。

このうち、この土地に昔から住みつき、侵略された側として分類されているのは「インディオ」であるが、この呼び方は差別的な意味にも使われるということで、現在は「インディヘナ」（先住民）と呼ばれることが多い。

しかし、この「インディヘナ」も一種族の呼び名ではない。

例えばコルテスが征服したアステカ帝国も、その当時多くの周辺部族を支配した帝国であり、単一の部族の帝国ではなかった。

また、一般に侵略された側が平和的な国であると思われがちだが、これもアステカ帝国の場合は誤りである。アステカ帝国以前、テオティワカン文明、マヤ文明などいくつもの文明がメキシコの地に栄えるが、その後、戦乱の世を迎え、最後に覇権を握り、巨大帝国を作り出したのが、アステカ族だったのである。

現在のメキシコには、いまだこの多様な先住民の社会が生きている。同じ「インディヘナ」と呼ばれても、部族が違えば、ことばも文化も違うのである。それらの人々を一様に「インディヘナ」と呼ぶ根拠は、ただ単にスペイン征服以前に住んでいた人々ということしかない。このように多様な先住民の人々を一つの枠組みでとらえることは、一つ一つの文化を無視することにもなりかねないので、注意する必要があるだろう。

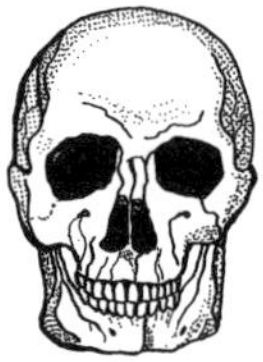

ある〈共生〉の経験から

石《いし》原《はら》吉《よし》郎《ろう》

❖学習の視点

1 随筆を読み、筆者の体験した、極限状態におかれた人間の姿を想像し、その状況の〝おそろしさ〟について理解する。

2 筆者が体験を通して導き出した、〈共生〉についての論理を読み取り、それについて考える。

3 人間の孤独と連帯について、筆者の考え方を参考にしながら、自らの考えをまとめる。

❖筆者解説

石原吉郎（いしはら・よしろう） 詩人。一九一五（大正四）年、静岡《しずおか》県に生まれる。東京外国語大学ドイツ語科卒業。大学卒業の翌年応召。陸軍露西亜語教育隊を経て、関東軍へ転属。敗戦と同時にハルピンで「戦犯」としてソ連軍に抑留される。その後シベリアに送られ、重労働二十五年の判決を受ける。いくつかの収容所を転々とするが、その中でも最も苛酷であったのがバイカル湖西方のバムの強制収容所での一年である。筆者はこの過程で、正常な人間らしい感覚をことごとく失ってしまったことを書いている。一九五三年、スターリンの死去にともなう特赦により帰国する。念願の帰国であったが、周囲の無理解と日常生活への不適応から混乱した日々を重ね、その苦しみが詩をつくるきっかけともなる。詩集『サンチョ・パンサの帰郷』では第十四回H氏賞を受賞。ほかに『水準原点』『礼節』、エッセイ集に『望郷と海』『海を流れる河』がある。一九七七年没。

❖出典解説

一九六九年、雑誌「思想の科学」三月号に発表され、一九七二年刊行の『望郷と海』（筑摩書房）に収められた。本文も同書によった。

❖語句・表現の解説

三九七ページ

共生《きょうせい》 ①いっしょに生きてゆくこと。②異種の生物が相手の足りない点を補い合いながら生活する現象。ここでは②。
利害《りがい》を共にしている場合　「利害」とは、利益と損失のこと。「利害を共にする」とは、どちらかの利害が同時に相手の利害にもなる関係を言う。
それ（8行目）共生関係。
偶然《ぐうぜん》　ある物事が原因と結果との関係がはっきりせず、したがって予期できないような仕方で起こること。対 必然。
便宜的《べんぎてき》　間に合わせに物事を処置するさま。
そうしなければ生きていけない……せっぱつまったかたちではじまったのだろう　「そうしなければ」は、共生関係をつくらなければの意。つまり、共生関係は、お互いが単独では生きてゆくことができない環境で初めてとられる手段だと言っている。
瀬戸《せと》ぎわ　海から瀬戸（両側から陸地が迫った小さな海峡）にさしかかる境の意。転じて、勝つか負けるか、生か死かなど、運命のわかれめ、を言う。
せっぱつまった　抜き差しならなくなる。どたん場まで追いつめられる。「せっぱ」は「切羽」と書き、刀のつばの両面、つかに接する所とさやに接する所とに添える、薄い金物。
いったんはじまってしまえば、……持続するほかに、仕方のないものになる　共生関係が、生きるためのぎりぎりの手段であったならば、その関係を解消することは死を意味する。だから、「持続するほかに、仕方のないもの」になるのである。

三九八ページ

連帯《れんたい》のなかの孤独《こどく》についての、すさまじい比喩《ひゆ》である　この一文は、その後に書かれている筆者の体験を読まなければ分からない。筆者は生物間の「共生」というものが、人間の生きるための連帯の性格と非常に似ていると言っているのである。
比喩《ひゆ》　たとえること、その表現。ある物事を他の物事を借りて表現すること。
昭和二十年敗戦　一九四五年の第二次世界大戦における日本の敗戦。
北満《ほくまん》　満州《まんしゅう》の北。満州は、中国の東北地方の旧通称。終戦以前、日本の関東軍がこの地を占領していた。筆者も関東軍に所属していた。
抑留《よくりゅう》　強制的にその場所にとどめおくこと。本文で出てくる「抑留」とは、第二次世界大戦が終結した一九四五年、ソビエト連邦は、中国東北部などにいた日本軍の兵士を捕虜にして、シベリアなどで長期間抑留し、鉄道建設や採鉱・採炭などの労働させたことを言う。
　シベリアは、豊かな天然資源がある一方、極寒の地であったため、ここを開発するための労働者を確保するのは難しかった。そのため、日本人に限らず、捕虜としたドイツ人や、スパイ容疑の自国民を多数、このシベリア開発に投入した。実際に何人くらいの日本人が抑留され、何人くらいがここで亡くなったかは、資料によって異なるが、六十万人前後の日本人が抑留されたというのが定説である。そのうち、劣悪な環境の下で一割が死亡したとの説があるが、これも確かではなく、それ以上であることは間違いないようだ。

　ソ連政府が日本人捕虜の送還完了を発表したのは一九五〇年であったが、最終の引き揚げ船が日本に着いたのは、五六年の一二月だった。

　筆者の石原吉郎も、形ばかりの裁判で、重労働二十五年の判決を受け、特赦によって帰国できたのは五三年のことだった。

　筆者のようにソ連に抑留され、長期の重労働を生き抜き、帰国できた者は二十万人以上いたが、日本に帰国後、彼らは共産主義に染まっているという偏見をもたれ、さまざまな差別を受けた。

ソ連領中央アジアの一収容所　初めシベリアのアルマ・アタ中継収容所に送られ、その後収容所を転々とすることになる。

強制収容所《きょうせいしゅうようじょ》　ソ連における犯罪者の収容所。日本の刑務所にあたる。当時、約六十万人という日本人が、ソ連領内の各地に設けられた約千二百という収容所に入れられ、労働力として使われた。その収容所に収容された日本人のうち、六万人以上の人間が、死亡したという。

未曽有《みぞう》　いまだかつてない。これまでにない。

苛酷《かこく》　きびしくむごすぎること。

ウクライナ　旧ソ連西部の共和国。首都キーフ。

飢饉《ききん》　農作物が不作で、食糧不足で人々が飢えに苦しむこと。

一般捕虜《いっぱんほりょ》　第二次大戦の敗戦の折に、当時の満州（現、中国の東北地方）にあった関東軍の将兵の多くは、ソ連軍の捕虜となったが、ここではそれをさしている。

反《はん》**ソ行為**《こうい》　ロシア共和国刑法にある罪状。

容疑者《ようぎしゃ》　犯罪者の疑いがある者。類被疑者。

民間抑留者《みんかんよくりゅうしゃ》　一般捕虜以外の民間人として満州（旧名）にいた日本人の抑留者をさす。

顧慮《こりょ》　気づかうこと。（ある事を）考慮に入れて心遣いすること。

食糧《しょくりょう》**の横流**《よこなが》**し**　ここでは、収容所の抑留者に食べさせるために配給された（配給されるはずの）食糧が、不正に（闇値《やみね》で）他に転売されていたこと。

拍車《はくしゃ》**をかけた**　「拍車をかける」は、刺激や力を加えて物事の進行を一段と促進すること。

入所後《にゅうしょご》　収容所に入ってのち。

栄養失調《えいようしっちょう》　食事が貧しかったり、食物がかたよったりすることから起こる栄養不足の症状で、むくみ、貧血、激しいどうきなどがあらわれ、最悪の場合は死ぬ。

徴候《ちょうこう》　きざし。

こういった事情《じじょう》　過酷な労働と食糧の不足した状態。

慣習《かんしゅう》　そのような時にはそうするものと決まっている行動の様式。

普及《ふきゅう》　あまねくおよぶ。広く行き渡ること。

余儀《よぎ》**なくされた**　そうするほかはなかった。他に方法がなかった。

動機《どうき》　どういうつもりでそうする気になったかという理由。ひろく、「きっかけ」の意にも使われる。

三九九ページ

収容所自体の管理態勢の不備《ふび》　食糧がきちんと収容者に渡るようになっていないことなどを言っている。

不備《ふび》　十分に整っていないこと。

自覚《じかく》　自分自身の立場や状態や能力などをよく知ること。

主体《しゅたい》　おも。中心にすること。

携行《けいこう》　たずさえてゆくこと。

入《にゅう》ソ　ソ連の国内に入ること。

順ぐり　順番。

旧日本軍　敗戦によって日本軍は解体したので、この言い方になっている。

飯盒《はんごう》　アルミニウムなどで作った携帯用の炊飯器で、蓋《ふた》や中蓋《なかぶた》は食器となる。多目的に使えて大へん便利なもので、日本軍隊は一人一個、必ずこれを持っていた。現在でも、キャンプなどで使われる。

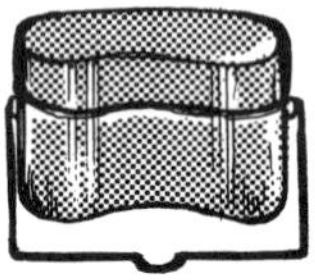

やむをえず　しかたなく。

爾後《じご》　以後。以来。それからのち。

随伴《ずいはん》　つきしたがうこと。

四〇一ページ

つつく　「突く」と書くこともある。ここでは、箸《はし》で食物をとって食べることをいう。

はた　「傍」と書く。かたわら。わき。

這《は》いまわるような飢《う》え　一般的な表現ではないが、耐え切れぬほどの飢えを、このように表現している。

消耗《しょうこう》　読みは「しょうこう」が正しいが、「しょうもう」と読まれることが多い。最近の辞書では、「しょうもう」を慣用として認めるものも出てきた。意味は、使った結果その物がなくなったり、その働きが減ったりすること。

粟粥《あわがゆ》　「粟」はイネ科の一年生作物で五穀（米・麦・粟・豆・黍《きび》または稗《ひえ》）の一つ。あわがゆは、あわを米にまぜてつくったかゆ。

腕《うで》ずく　（争いなどの結着を話し合いで決めるのではなく）腕力で決めるというやり方。

折半《せっぱん》　お金や品物などを半分に分けること。

均質《きんしつ》　その物のどの部分を取ってみても、一様の質（密度・成分）であること。むらがないこと。

すたった　「すたる」は「廃る」と書く。「すたれる」の方言で雅語的な表現。ここでは、はやらなくなる、行われなくなるの意。

規《き》格《かく》　機械・製品・材料などの型や品質などについて定められた標準。

一日交代《こうたい》　一日ずつかわりばんこに。

警戒心が強い　用心する気持ちが強い。ここでは、相手を信用しない気持ちが強いこと。

四〇二ページ

水準《すいじゅん》 ①標準《ひょうじゅん》（よりどころとなるめあて）の高さ。②高さについての位置。ここでは②の意。

その水準を平均《へいきん》する 二つに入れ分けた粥の高さを同じにする。

またたき 目を閉じたり開けたりすること。「またたきもせず」は、じっと凝視して見る様子。

凝視《ぎょうし》 じっと見つめること。

安堵《あんど》 「堵」は垣のこと。垣の内に安《やす》んずること。ここから①武士が殿様から土地の所有権を確認されること。用例 本領安堵。そこから転じて、②物事がうまくいってほっと安心すること。ここでは②。

無我《むが》 ①私心がないこと。類 没我。②われを忘れること。類 忘我。ここでは②の意。

恍惚《こうこつ》 心をうばわれてうっとりするさま。

相手にたいする完全な無関心《むかんしん》 分配する時は相手の行動を逐一監視していたのに、分配が終わったとたん、食べるのに夢中になり、相手の存在を忘れてしまうのだ。

四〇三ページ

錯覚《さっかく》 ①心理学の用語で、外界の事物を客観的な状態や性質に相応しない形で知覚すること。②俗に、思いちがい、勘ちがい。ここでは②の意。

黙殺《もくさつ》 そこに在る（居る）ものを問題にせず、無視すること。

「一人だけの」食事 あまりに食事に夢中になっているため、周囲への関心がまるでなくなった状態。また、〈共生〉の相手がそばで食べているにもかかわらず、相手への意識がまったく抜け落ちてしまっていることを、「 」に入れることで明確に強調している。

すさまじい食事 飢えているために、食物を分け合うのにたいへん神経を使い、食べる時には恍惚状態になるほどの食事は、平常の生活とはかけ離れた状態である。それは命がかかっているだけに「すさまじい食事」と言えるだろう。

土工《どこう》 土木工事の基礎的な作業。その作業をする人。

良否《りょうひ》 よいかわるいか。

ものをいう 効果を発揮する。役に立つ。

それは一日の体力の消耗に、直接結びつくからである 同じ労働をこなすのに、工具の良し悪しで疲れ方がだいぶ違ってくる。過酷な環境にあっては、体力を維持できるかどうかが文字どおりの死活問題になるのである。

……するやいなや ……したとたん。

結束《けっそく》 ①たばねること。②同じ志の者同士が団結すること。ここでは②。

結局それを維持《いじ》するためには、相対するもう一つの生命の存在に、「耐え」なければならない 「それ」は「自分ひとりの生命」。自分の生命を守るためには、相手、つまり同様に自分の生命を守ろうとしている相手の存在に耐えなければならないのだ。

いったん成立すれば、これを守りとおすためには一歩も後退でき

ない約束　この約束を守らなければ生きていけないのだから、なんとしても守りとおそうとするのだ。教科書三九七ページ12行目の「いったんはじまってしまえば、それは、それ以上考えようのないほど強固なかたちで持続するほかに、仕方のないものになる」という「共生」にたいする記述を読み返してみよう。

掟《おきて》　①とりきめ。定め。②法度《はっと》。法律《ほうりつ》。③もともとの心構え。ここでは②の意。

立法者《りっぽうしゃ》　法律を定める者。国家についていえば三つの大きな権限（立法・行政・司法）の一つで、国会がその任を負っている。

せんじつめる　「煎じ詰める」と書く。成分が出つくすまで煎じる。転じて、究極のところまで考えを進める。

立法者が必要なときには、もはや掟は弱体なのである　法律を定める者が必要になるということは、本来暗黙のうちにだれもが守っているはずの掟が、守られなくなってきているためである。

弱体　組織などが弱いこと。ここでは、掟の拘束力が弱いこと。

困惑《こんわく》　どうしてよいかわからず困りまどうこと。

四〇四ページ

これ（1行目）　人間。

強引《ごういん》　むりやりに。強気でむりをおしとおすさま。

定着化《ていちゃくか》　あらたな状況がしっかり根をおろすこと。

私は裁判を受けて、さらに悪い環境へ移された　筆者は、一九四九年ソ連南部の北カザフで、二十五年の重労働の判決を受け、その後バムの強制収容所に送られた。バムの強制収容所は、東シベリア、バイカル湖の西側のアンガラ河に沿う無人の密林地帯に点在していた。これらの収容所は、ソ連の囚人たちの間で、「屠殺場《とさつば》」と呼ばれ、恐れられていた。

不信感《ふしんかん》　あるものを信用できないと思う感情。

脅威《きょうい》　おびやかしおどすこと（もの）。

立ちあらわれる　目前にあらわれる、姿を見せる意。ここでは、人間というものがあらためて自分の生命をおびやかすものとして認識されたことを言う。

紐帯《ちゅうたい》　（ひもやおびのように）二つのものを結びつける大切なもの。

この不信感こそが、人間を共存させる強い紐帯《ちゅうたい》**である**　教科書四〇四ページの15行目からの形式段落を読むとわかりやすい。

このような非人間的な状態　慢性的な食糧不足や過度の労働、また生殺与奪権まで握られている状態をさす。

拘禁《こうきん》　捕らえてとじこめること。

それ（10行目）　収容所管理者への憎悪。

潜伏《せんぷく》　かくれひそんで外に出てこないこと。病気に感染していても、症状が現れていないこと。ここでは前者。

潜在化《せんざいか》　外に現れずに内にひそむこと。対顕在化。

近親憎悪《きんしんぞうお》　「近親」は血縁関係がごく近い間柄。同じ血すじのものほど対立したり利害が反すると、激しい憎悪をいだきあうということ。政治や宗教などで、同じ党派や宗派内に生じた対立の方が、他党派や他宗派に対するそれよりも憎悪がはげしく燃え上がることなどを言う。

自己嫌悪《じこけんお》　自分で自分の存在がいやになること。

それは、いわば一種の近親憎悪であり、無限《むげん》**に進行してとどまることを知らない自己嫌悪の裏**《うら》**がえしであり**　「それ」は、身近にいるおなじ抑留者に向けられる憎悪のこと。抑留者は、周囲の抑留者に自分自身の姿を見、それに憎悪を抱くのだ。

代償行為《だいしょうこうい》　あることが不可能である時、代わりの満足を得るための行為。

当然向けられるべき相手への、潜在化した憎悪の代償行為　「当然向けられるべき相手」とは、収容所管理者。収容所管理者に当然向けられるべき憎悪が、代わりに同じ抑留者を憎悪することで発散されたのである。

侵犯者《しんぱんしゃ》　「侵犯」は、他の領土や権利などをおかすこと。「侵犯者」はここでは、自分のために他人の生命をおびやかす者、という意味。

連帯《れんたい》　二人以上が力を合わせてことに当たり、その責任を共にすること。

悔恨《かいこん》　後悔し残念に思うこと。

四〇五ページ

なにもかもお互いにわかってしまっているそのうえで　相手が自分のことだけを考え、そのためにはこちらの生命をおびやかすことも平気だと知っていて、相手を憎悪し、相手も同様にこちらを憎悪している、ということが分かったそのうえで。

相殺《そうさい》　「そうさつ」と読むのは誤り。差し引きして帳消《ちょうけ》しにすること。

孤独《こどく》**とは、けっして単独**《たんどく》**な状態**《じょうたい》**ではない**　孤独は、けっして一人きりでいる状態を言うのではない。

孤独は、のがれがたく連帯のなかにはらまれている　孤独とは、この場合、一人きりでいることではなく、人と連帯することのなかから生まれてくるものであって、それはどうすることもできないことである。

このような孤独にあえて立ち返る勇気をもたぬかぎり、いかなる連帯も出発しないのである　孤独とはこの場合、徹底した自己保身である。このような苦い孤独に立ち返るには勇気が必要であるし、そのような勇気がなくては、連帯は出発しない、と筆者は言うのだ。

解体《かいたい》　ばらばらにすること。ばらばらになること。

潮《しお》**に引きのこされる**　干潮《ひきしお》になって潮が引いていった後の海辺にとりのこされる。

執拗《しつよう》　ねばり強くしつこいこと。

模索《もさく》　いろいろと試しこころみたりしてどうすればよいかその方法をさがし求めること。

さいげんもなく　「際限も無く」と書く。きりもなく、かぎりなく。

反復《はんぷく》　繰り返し。

この孤独が軸《じく》**となる**　連帯している時も、それが解体した時も、そこに変わらずあるのは自己の孤独である、ということ。

いたましい反復《はんぷく》　「いたましい」は、「痛ましい」と書く。繰り返される連帯と解体の反復を、その連帯が自分と相手をお互いの侵犯者にするという性質から、いたましいと筆者は形容したのであろう。

秩序《ちつじょ》　物事の正しい筋道。（社会などが）きちんと整った状態にあるための条理。

四〇六ページ

かたく背なかを押しつけあって　背中と背中をぴったりと押しつけあって。

暗黙《あんもく》の了解《りょうかい》　ことばに出して言わないがお互いに分かり合い承諾し合っていること。

❖発問の解説

（三九八ページ）

1　**「これ」とは何か。**

解答例　そうしなければ生きていけない瀬戸ぎわに追いつめられて、せっぱつまったかたちではじまり、いったんはじまってしまったら、それ以上考えようのないほど強固なかたちで持続するほかない、ある種の〈共生〉というもの。

（四〇一ページ）

2　**「言いまわるような飢え」とはどのようなものか。**

解答例　いてもたってもいられないような飢えのこと。我慢の限界を超える、生命に危機を及ぼすほどの飢えのこと。

（四〇三ページ）

3　**「掟は弱体」なのはなぜか。**

解答例　「立法者が必要」な場合とは、掟の力だけでは守り通すことができず、法で縛るしかなくなった事態である。つまり、その事態とは、掟の力が弱体しているということである。

（四〇四ページ）

4　**「こうした認識」とはどのような認識か。**

解答例　強制収容所内で、人間はすべて自分の生命に対する直接の脅威として立ちあらわれ、しかもこの不信感こそが、人間を共存させる強い紐帯であるという認識。

❖構成・要旨

〈構成〉

大きく三つの段階に分けられる。

(1)（初め～三九八・2）**自然界での共生**

(2)（三九八・3～四〇三・9）**私自身の共生の経験**

①（三九八・3～三九九・17）収容所の環境がもたらした共生。

②（四〇〇・1～四〇三・3）食缶組の食事。

③（四〇三・4～9）食缶組の労働。

(3)（四〇三・10～終わり）**共生のなかの孤独**

①（四〇三・10～四〇五・16）不信感でつながった共生。

②（四〇五・17〜四〇六・8）　睡眠時間にも続く共生。
③（四〇六・9〜終わり）　食缶組の別れ。

〈要旨〉

筆者は第二次大戦後、シベリアに抑留される。その経験から、人間も苛酷な環境のもとでは、自然界と同様な強固な共生のかたちを取ることを知る。またそのような共生のもとで、はじめて真の孤独が生まれると考えた。

❖理解・表現の解説

〈理解〉

(1)　筆者は「〈共生〉という営み」（三九七・1）をどのようなものだと考えているか、説明しなさい。

解答例　自然界の「〈共生〉という営み」とは、ヤドカリとイソギンチャクのように、「相互のあいだで利害を共にしている」関係をいう。このような関係は、「そうしなければ生きていけない瀬戸ぎわに追いつめられて、せっぱつまったかたちではじま」り、「いったんはじまってしまえば、それは、それ以上考えようのないほど強固なかたちで持続する」ことになる。そしてこの自然界での〈共生〉の関係は、人間同士の関係でも同様だと考えている。

(2)　筆者は、「収容所」でどのような生活を経てきたか、場面ごとに整理しなさい。

解答例　①「昭和二十年敗戦の冬」―北満でソ連軍に抑留。
②「二十一年」から三年間―中央アジアの強制収容所に収容される。
・徹底した飢えと、夜間にもおよぶ過酷な労働。
・栄養失調の徴候があらわれる。
・生き残るために〈共生〉が余儀なくされ、食缶組が生まれる。
a　食缶組の二人が一つの食器から公平に食べるため、ひと匙ずつ交互に食べたり、飯ごうの中央に仕切りを立てたりしたがうまくいかず、二つの同じ大きさの缶詰にべつべつに盛り分けるという方法で食事の問題は落ち着いた。
b　作業のための工具を確保するために、食缶組で協力した。
c　毛布二枚を食缶組で共有し、背なかを押しつけあってねむった。
③「昭和二十三年夏」―さらに悪い環境に移された。

(3)　「不信感こそが、人間を共存させる強い紐帯である」（四〇四・7）とはどのようなことか、説明しなさい。

解答例　〈共生〉している相手とは、自分が生きていくために必要な相手である。しかし、自分に必要でなければ、あるいは〈共生〉するよりも相手から奪う方が自分にとって有利であれば、次の瞬間には相手を裏切るだろう。そしてそれは、相手が自分について考えていることと同じであり、たがいに同じことを考えているということを、二人とも知り抜いているのである。つまり、相手が自分と〈共生〉状態にいるということは、とりもなおさず、現在、相手が生きていくために自分を必要としている、ということを意味する。また、裏返せば、いつでも裏切られると、相手を脅威に思えば思うほど、生きるために必要な相手との共存を強化しなければならなくなるのである。

(4)「けっして相手に言ってはならぬ言葉」（四〇五・2）とは何か、本文の内容を踏まえ、説明しなさい。

解答例　相手が生命の直接の侵犯者であるということ。必要があれば、相手は、自分のために「私の生命のなにがしかをくいちぎろうとするだろう」ということ。また、そのことをおたがいが了解しているということ。

(5)　筆者は「孤独というものの真のすがた」（四〇五・7）をどのようなものと捉えているか、説明しなさい。

解答例　筆者は、「孤独とは、けっして単独な状態ではない。孤独は、のがれがたく連帯のなかにはらまれている」（四〇五・7）と書いている。つまり、自分が生きていくために、いつ裏切るかも知れない他者と〈共生〉するなかであらわれるのが、「孤独」の「真のすがた」だというのだ。

　つまりその「孤独」の「真のすがた」とは、自分が生きるために、許すべからざる他者を許し、自分が生きるために憎悪する他者と連帯することによって、「私」という「単独な個人」が鮮明になっていく過程で知りえるものなのであろう。

(6)「彼を思い出すことはほとんどなかった」（四〇六・11）とあるが、それはなぜか、考えなさい。

解答例　食缶組の相手は、お互いの生命を守るために連帯した相手であって、精神的なつながりはない。環境が変わったら、もう相手を必要とはしなくなったから。

〈表現〉

(1)　本文で描かれている「孤独」と「連帯」のあり方について、話し合ってみよう。

解答例　現在の私たちの状況と、ここに書かれた状況とはあまりにかけ離れている。しかし、人間の普遍的な問題がここには書かれているので、そこからくみ取れることは多い。

　私たちがふつう「孤独」や「連帯」ということばを使う時は、理解し合える相手がいなくて「孤独」であるとか、同じ志をもった者どうしが「連帯」する、というような時である。本文にも「無傷な、よろこばしい連帯というものはこの世界には存在しない」（四〇五・9）とあるのは、ふつう「連帯」というのは、そのような意味に使われるからである。このようにこれらのことばが使われる時、その前提にあるのは、他者は、自分を理解してくれる者、助けてくれる者という意識である。

　しかし、筆者は「他者」にこのようなことを期待していない。筆者が過酷な条件で生き残るために「連帯」する「他者」は、必要悪とでも言えるものである。そして「孤独」が、そのような過酷な条件のなかで唯一自らを支える「軸」になると言っている。
　自分なりの考えをまとめてから、話し合ってみよう。

❖参　考

「ある〈共生〉の経験から」の筆者である石原吉郎が収容所で体験したものは、わたしたちにはあまりに異常であり、容易に想像できることではない。しかし彼は、その中からある「真理」を見いだしたのであり、わたしたちは彼の体験を追うことによって、その論を確かめてゆくしかない。
　次にあげるのは、彼がシベリアでの体験を語っている「望郷と海」の一部である。

　バム地帯のような環境では、人は、ペシミスト*になる機会を最終的に奪われる。（人間が人間でありつづけるためには、周期的にペシミストになる機会が与えられていなければならない）。なぜなら誰《だれ》かがペシミストになれば、その分だけ他の者が生きのびる機会が増すことになるからである。ここでは「生きる」という意志は、「他人よりもながく生きのこる」という発想しかとらない。

（中略）

　たとえば、作業現場への行き帰り、囚人はかならず五列に隊伍《たいご》を組まされ、その前後と左右を自動小銃を水平に構えた警備兵が行進する。行進中、もし一歩でも隊伍を離れる囚人があれば、逃亡とみなしてその場で射殺していい規則になっている。警備兵の目の前で逃亡をこころみるということは、ほとんど考えられないことであるが、実際には、しばしば行進中に囚人が射殺された。しかしそのほとんどは、行進中つまずくか足をすべらせて、列外へよろめいたために起こっている。厳寒で氷のように固く凍《い》てついた雪の上を行進するときは、とくにこの危険が大きい。なかでも、実戦の経験がすくないことにつよい劣等感をもっている十七、八歳の少年兵にうしろにまわられるくらい、囚人にとっていやなものはない。彼らはきっかけさえあれば、ほとんど犬を射《う》つ程度の衝動で発砲する。
　犠牲者は当然のことながら、左と右の一列から出た。したがって整列のさい、囚人は争って中間の三列へ割りこみ、身近にいる者を外側の列へ押し出そうとする。私たちはそうすることによって、すこしでも弱い者を死に近い位置へ押しやるのである。ここでは加害者と被害者の位置が、みじかい時間のあいだにすさまじく入り乱れる。

（「ペシミストの勇気について」）

＊ペシミスト　人生は生きる価値がないという考え方に立つ人。悲観論者。

　栄養が失調して行く過程は、フランク*ルが指摘するとおり、栄養の絶対的な欠乏のもとで、文字どおり生命が自己の蛋白質《たんぱくしつ》を、さいげんもなく食いつぶして行く過程である。それが食いつくされたとき、彼は生きることをやめる。それは、単純に生きることをやめるのであって、死ぬというようなものではない。ある朝、私の傍《そば》で食事をしていた男が、ふいに食器を手放して居眠りをはじめた。食事は、強制収容所においては、苦痛に近いまでの幸福感にあふれた時間である。いかなる力も、そのときの囚人の手から食器をひきはなすことはできない。したがって、食事をはじめた男が、食器を手放して眠り出すということは、私には到底考えられないことであったので、驚いてゆさぶってみると彼はすでに死んでいた。そのときの手ごたえのなさは、すでに死に対する人間的な反応をうしなっているはずの私にとって、思いがけない衝撃であった。すでに中身が流れ去って、皮だけになった林檎《りんご》をつかんだような触感は、その後ながく私の記憶にのこった。はかないというようなものではなかった。「これはもう、一人の人間の死ではない。」私は、直感的にそう思った。

（「確認されない死のなかで」）

＊フランクル　ナチスの強制収容所の体験ルポ『夜と霧』の作者。

十月のなかば、私は所内の軽作業にまわされていた他の数人とともに、ハバロフスク郊外のコルホーズの収穫にかり出された。ウクライナから強制移住させられた女と子供ばかりのコルホーズで、ドイツ軍の占領地域に残ったという理由で、男はぜんぶ強制労働に送られたということであった。だが小声で語る女たちの身の上ばなしに、ほとんど私は無関心であった。他人の不幸を理解することが、私にはできなくなっていた。周囲が例外なく悲惨であった時期に、悲惨そのものをはかる尺度を、すでにうしなっていたのである。このことは、つぎの小さな出来事がはっきり示している。

正午の休憩にはいって、女たちはいくつかのグループに分かれ、車座になって食事の支度をはじめた。私たちはすこしはなれた場所から、女たちのすることをだまって見ていた。小人数の〈出かせぎ〉には昼食は携行せず、帰営後支給されることになっていたからである。食事の支度を終わった女たちは、手をあげて私たちを招いた。

「おいで、ヤポンスキイ＊。おひるだよ。」

それは私たちにとって、予想もしなかった招待であった。そのようにして、他人の食事に自分が招かれているということは、ほとんど信じられないことだったからである。私は反射的にかたわらの警備兵を見あげた。このようなかたちでの一般市民との接触は、むろん禁止されている。警備兵は、女たちの声が聞こえなかったかのように、わざとそっぽを向いていた。「いきたければいけ」という意味である。

私たちは半信半疑で一人ずつ立ちあがって、それぞれのグループに小さくなって割りこんだ。われがちにいくつかのパンの塊が私の手に押しつけられ、一杯にスープを盛ったアルミの椀《わん》が手わたされた。わずかの肉と脂で、馬鈴薯《ばれいしょ》とにんじんを煮こんだだけのスープだったが、私には気が遠くなるほどの食事であった。またたくまに空になった椀に、さらにスープが注がれた。息もつかずにスープを飲む私を見て、女たちは急にだまりこんでしまった。私は思わず顔をあげた。女たちのなかには、食事をやめてうつむく者もいた。私はかたわらの老婆の顔を見た。老婆は私がスープを飲むさまをずっと見まもっていたらしく、涙でいっぱいの目で、何度もうなずいてみせた。そのときの奇妙な違和感を、いまでも私は忘れることができない。

　そのとき私は、まちがいなく幸福の絶頂にいたのであり、およそいたましい目つきで見られるわけがなかったからである。女たちの沈黙と涙を理解するためには、なお私には時間が必要であった。

（「強制された日常から」）

＊ヤポンスキイ　日本人。

第6章　詩歌という隣人　詩歌

無題《ナンセンス》　吉原《よし》原《はら》幸《さち》子《こ》

旅情　石《いし》垣《がき》りん

N森林公園の冬　北《きた》村《むら》太《た》郎《ろう》

❖学習の視点

1　三編の現代詩を味わいながら、ことばの可能性を捉える。
2　詩の独特なリズム、表現を味わい、それぞれの個性を捉える。
3　ことばの使い方、表現の技法の効果を味わい、主題をつかむ。

無題《ナンセンス》

❖作者解説

吉原幸子（よしはら・さちこ）　詩人。一九三二（昭和七）年、東京都生まれ。東京大学仏文科卒。大学卒業後、劇団四季に入り主役を演じたが、翌年退団する。その後は、詩を発表しながら、朗読や台本、演出などを手がけてゆく。一九六四年『幼年連禱《れんとう》』『夏の墓』を刊行。『幼年連禱』で室生《むろう》犀星《さいせい》賞を受ける。一九八三年、新川和江とともに「現代詩ラ・メール」を創刊した。二〇〇二（平成一四）年、没。詩集にはほかに『オンディーヌ』『昼顔』『花のもとにて春』などがある。

❖出典解説

この作品は『幼年連禱』に収められ、後に『吉原幸子詩集』（『現代詩文庫56』・一九七三年・思潮社刊）に収録され、本文もこれによった。

❖語句・表現の解説

風　吹いてゐ《イ》る／木　立ってゐ《イ》る　四〇八ページ　風が吹いてゐる／木が立ってゐるとせず、空白にしたことで、ことばの一つ一つが強調され、印象的になっている。「風」と「木」が、それぞれに作者の意識の中に現れ、存在感を持っていることが分かる。

立ってゐるのね　木　「木」への語りかけであり、自分へのつぶやきである。自分と同じ、存在する（ゐる）ものへの確認でもある。

よふけの　ひとりの　浴室の／せっけんの泡　かにみたいに吐きだす　にがいあそび　自分の状態に目が移っている。「わたし」もまた「木」のように、「よふけ」に「ひとり」で存在している。「にがいあそび」は、「せっけんの泡」のにがさであり、孤立した存在がもたらすにがさでもある。

ぬるいお湯　ぬるいお湯の感触が、存在と不在に揺れる「わたし」の気持ちにつながっていく。

なめくぢ《ジ》　ここでは、「なめくぢ」も「わたし」や「木」と同様、孤絶した存在として登場する。しかも「なめくぢ」は、塩をかけても「ゐなくなるくせにそこにゐる」のであり、不在でありながら存在するという特殊なイメージを提示する。

四〇九ページ

おそろしさとは／ゐることかしら／ゐないことかしら　「わたし」の意識は、「わたし」が「ゐること」を強く感じるとともに、「わたし」が「ゐないこと」、つまり消失することへも向かっている。

また　春がきて……　ここまでが「わたし」が少女であったころのことで、それからいくつかの「春」がきて、同じような夜がまたきたことが分かる。

わたしはゐない／どこにも　ゐない　「わたし」はことばによって、自分を消失させる。それは自分の存在の重さから一時的に「わたし」を解き放すことでもある。

❖構成・主題

〈構成〉

前半（初め〜四〇九・6）と後半（四〇九・7〜終わり）に分け、前半は少女の「わたし」、後半はそれから何年かたった後の「わたし」と分けることができる。

また、前半（初め〜四〇九・1）と後半（四〇九・2〜終わり）に分けると、前半は、「風」「木」「わたし」「なめくぢ」の存在が、「こんなよる」の中で一つ一つ明確にされていく。後半は、「なめくぢ」から引き出された「ゐること」と「ゐないこと」の不明確なあいまいさにイメージを重ねることによって、「わたし」は自分を消去させることを試みる。

〈主題〉

春の強い風が吹く夜、「わたし」はひとりぬるいお湯につかりながら、外の木や風、浴室のなめくじ、そして自分自身の存在を感じている。それらは個々に孤絶した存在を守っているように見える。けれども、塩をかけられたなめくじは、「ゐなくなるくせに　そこにゐる」ことによって、存在と不在のあいまいさを提示する。いくつかの春を経過して、同じような夜、「わたし」もそのなめくじをまねて、「わたし」という存在を消してみる。

❖鑑賞・表現技法

〈鑑賞〉

この詩は、作者の第一詩集『幼年連禱』に収められていて、初期の代表作でもある。印象的な初めの三行で、読者は存在の孤独を、痛みとも悲しみともつかない感情とともに体験させられる。風が木を鳴らし、その音を「わたし」はきいているのに、風も木も切り離された存在として「わたし」に認識されているからだ。存在のそのような認識は、自然に、存在と不在とのかかわりに移る。いくつかの春を経過した後、同じような春の嵐の夜、「わたし」は「わたし」を消そうとするところに行き着く。しかし、作者の目はあくまでまっすぐに自分の存在に向けられている。

すっきりとした形をとりながら、心に迫る激しさを秘めた作品である。

〈表現技法〉

この詩は、作者の独白とため息のもれるようなことばによって構成されている。各行の行間や最小限のことばによって、作者の哲学的とも言える思いが、実感をともなって感得される。

旅情

❖作者解説

石垣りん（いしがき・りん）詩人。一九二〇（大正九）年、東京都生まれ。旧制赤坂高等小学校卒業。銀行員として勤務するかたわら雑誌に詩の投稿を始める。一九五九（昭和三四）年、第一詩集『私の前にあるお鍋とお釜と燃える火と』を刊行。庶民や働く女性の立場から生活を凝視する感傷を排した硬質な叙情詩で、戦後の優れた女性詩人の一人に数えられる。一九六九（昭和四四）年、第二詩集『表札など』でH氏賞を受賞。詩集に『略歴』『やさしい言葉』、随筆に『焔に手をかざして』などがある。二〇〇四（平成一六）年没。

❖出典解説

「旅情」は『表札など』（一九六八年・思潮社刊）に収められており、本文は『石垣りん詩集』（一九七一年・思潮社刊）によった。

❖語句・表現の解説

四一〇ページ

旅情　旅に出て感じるしみじみとした思い。用例長崎の街のエキゾチックな風景に旅情を味わう。

❖構成・表現技法

〈構成〉

この詩は全七連から成る。

第一連（四一〇・1〜2）秋がくる。
第二連（同・3〜5）遠くから来た、去年よりもっと前だという。
第三連（同・6〜7）おととしよりもっと遠い、という。
第四連（同・8〜四一一・7）去年の秋といま、来ている秋。未来とはどのようなものか。
第五連（同・8〜10）秋も人間も過去へは戻れない。
第六連（同・11〜12）秋がきていた。
第七連（同・13〜14）遠くへ行こう、という秋。

〈表現技法〉

●**擬人法**　秋と問答をするという表現をとっていて、全体に人でないものを人に見立てて表現する擬人法が用いられている。そのことにより、謎めいた「秋」の性質を強調する効果が得られている。

●**対句**　第七連で「遠くからきた、という。／遠くへ行こう、という。」と対句を用い、旅への誘惑を表現している。

❖主題・鑑賞

〈主題〉

詩の発想は、第一連にあるように夜中に目覚めた際に秋の気配を感じたという日常的な感慨であろう。その秋の気配を擬人化し、謎めいた存在として問答をするところに詩人の想像力が発揮されていると言ってよい。秋は旅人の姿をしていて、彼が旅をしているのは、時間も空間の概念も曖昧なただ「遠く」という方向だけが示される世界である。その「遠く」ということばが、あらゆるものからの隔たりを感じさせる。寂しさであると同時に、解放感でもありうる「遠く」なのだ。最後の一行「遠くへ行こう、という。」には、日常生活のある現世の「いま・ここ」から離れて「遠く」へ行きたい心情に襲われている詩人の内面が表現されている。「旅情」とは、その心情の比喩《ひゆ》であると思われる。

〈鑑賞〉

抽象的な秋との問答は、ことばの世界に生き、ことばの中に深く下りて行く詩人の姿をうかがわせる。ここに表現されているのは、具体的な情景に拠らない、まさにことばのみによって構築された世界である。しかし、詩人も生きて生活している人間である以上、「日常」から完全に自由になることはない。「旅情」を、日常生活のある現世の「いま・ここ」から離れてことばのみによって構築された世界を旅して感じるものと捉えるならば、それは日常を離れたいと思いながら、日常をなつかしむ作者の心情とも考えられよう。

N森林公園の冬

❖作者解説

北村太郎（きたむら・たろう）詩人。一九二二（大正一一）年—一九九二（平成四）年。東京都生まれ。本名、松村文雄。戦前から詩誌「LEBAL」に参加し、一九五一年、鮎川信夫、田村隆一らと「荒地」を創刊、同人となる。一九六六年、第一詩集『北村太郎詩集』を上梓。一九七六年、詩集『眠りの祈り』で無限賞。一九八四年、『犬の時代』で芸術選奨文部大臣賞。一九八六年、『笑いの成功』で藤村記念歴程賞。一九八九年、『港の人』で読売文学賞を受賞。

また、英米のミステリー、サスペンスを初めとする小説などを数多く翻訳している。

❖出典解説

「N森林公園の冬」は『笑いの成功』（一九八五年・書肆山田）に収められており、本文は同書によった。

❖語句・表現の解説

四一二ページ

空っ風　冬の冷たく乾燥した強風のこと。主に山を越えて吹き降りるものを指す。

常緑樹　一年を通じて緑の葉をつけ、落葉現象が目立たない樹木。クスノキ、スギ、シイ、カシ、マツ、キンモクセイなど。

落葉樹　秋から冬の気温の下がる時期にすべての葉を落として休眠する樹木。乾燥期に落葉するものもある。イチョウ、モミジ、サクラ、コナラ、ブナ、ハナミズキなど。

貧弱なのもがまんしよう　落葉樹が多いということは、冬の時期、葉をつけている樹木が少なく、森林公園といいながらも枝がむき出しの木が目立つのであろう。作者は貧弱な印象を受けているが、まだ公園ができて十年なので、樹々の成長がそれほどでないのは仕方ないと思っているのである。

四一三ページ

怪ストーリーが見えるような気分　マフラーを巻いて顔を隠すようにすると、ちょっとサスペンスの登場人物になったような気持ちになったのだろう。子供たちが凧揚げをしている横で、自分も子供にかえったような自由な空想に浸っている様子がわかる。

むろん　言うまでもなく。もちろん。

鳥などいいから青空を～できれば尾っぽも／髭もぴんと立てて　石段の上まで行って気持ちのいい冷たい風をあびた作者が、猫たちも、鳥を追いかけていないで、この気持ちのいい空を自由に凧のように翔んでいけたらいいのに、という想像に浸っている。

消えていく　むかしなんていう概念／もうほろびたのかな、いまは　日暮れが近くなって、子供たちが大声でスキップしながら自分の好きな食べ物を大声で叫びながら帰っていく姿をみて、あんなふうに無心に無邪気な心で過ごせた子供時代は、今の自分には残っていないのかなと少し寂しく思っている。

だんだん風の耳のうしろ蒼ざめていって、でも〜もう一段、高くそして波のようにも　冬の冷たい風と作者自身を重ね合わせ、子供時代に戻れない自分に耳のうしろが蒼ざめるが、本当は、もう一度、子供のように自由になりたい、空も、もう一段高く晴れ渡り、波のように自由にゆったりと風を吹かせたいと思っているはずだという作者の思いが表されている。

❖構成・主題

〈構成〉

この詩は、作者のいる位置、時間と関連して、三つに分けることができる。

(1)（初め〜四一二・13）森林公園の様子を見て思ったこと。

(2)（四一三・1〜11）マフラーを巻き、石段をよじ登って冷たい風をあびる。

(3)（四一三・12〜終わり）夕暮れ時の森林公園。

〈主題〉

空っ風の吹く冬の森林公園を訪れた作者。凧あげをしている子供たちを見ながら、石段の上に登り、冷たい風と青空を望み、猫たちが大空に翔んでいくさまを思い描く。夕暮れの子供たちの無邪気な大声に自分の幼年時代はもう遠い過去のものと思うが、やはり、まだ、子供たちのような自由さに憧れる気持ちを冬の空になぞらえて表現している。

❖鑑賞・表現技法

〈鑑賞〉

この詩は、『笑いの成功』に収められていて、作者が六〇代のころ発表された作品である。できて年数も浅く、樹木もあまり茂っていない森林公園、そこで凧あげをする数人の子どもたちといった風景が冒頭で淡々と描かれている。未完成で未熟だが、未来を感じさせる公園と子供たちに触発され、自分も怪ストーリーの気分で石段を登っていく。冬の冷たい風を体に感じながら、猫や空を自分の気持ちと重ね合わせて心を解放する。自分自身は人生の冬の時代を迎えていて、幼年期の無心で無邪気な心も失ってしまったかのようだが、もう一度、子供時代のように何ものにもとらわれず、自由な存在でありたいという思いが後半に空のありように重ねて表現されている。

〈表現技法〉

●**比喩法**　「まだうなってる針のさきみたいな凧」「トマトのような日の暮れ」「波のようにも」

●**倒置法**　「大猫の五匹も翔んでいきな／まだうなってる針のさきみたいな凧のむこうにさ」「消えていく、むかしなんていう概念」「もうほろびたのかな、いまは」（「消えていく」は、「子供たちが自分の視界から消えていく」ことと、「むかしなんていう概念が消えていく」ことと二つを掛けている。）「もう一度、空はなりたいらしい／もう一段、高く　そして波のようにも」

●**擬人法**　終盤で、空を擬人化して表現している。

❖理解・表現

〈理解〉

(1)　**それぞれの詩を音読し、感じたことや印象に残ったことを箇条書きにしてまとめなさい。**

解説　詩の場合、リズムとことばが表現する内容とは密接な関係にある。リズムの切れ目は意味の切れ目である。音読する場合は、その関係性をとらえて読む必要がある。読む速度、声の調子、間の取り方も同様に考える。感じたことや印象に残ったことは、あくまで詩の表現・内容に即してのものであることに留意する。好きな情景、面白いと思った表現などに注目するとよいだろう。

(2)　「無題」について、次の問いに答えなさい。

ⓐ**この詩を大きな時間の推移に従って二つの段落に分けるとすれば、第何連を境に分けるのが適当か、また、そこを境に「わたし」はどのように変化しているのか、説明しなさい。**

解説　〈構成〉〈鑑賞〉参照。前半では「おそろしさとは／ゐることかしら／ゐないことかしら」と思っているが、ゐなくなってはいない。後半では、「わたしはゐない／どこにも　ゐない」のように、ゐなくなっている。

ⓑ**「無題」という題名には、どのような意味が込められているか、考えなさい。**

解説　作者がこの題をつけた理由は、いくつか考えられる。標題の読み仮名である「ナンセンス」は、普通、無意味・ばかげた、という意味で、まじめに取りあげるほどの価値のないものに使うことばである。

この詩にこの題を付けたのは、漢字の標題の「無題」とともに、自らこの詩の内容は、意味のないたわごとだ、ということを言っていると考えられる。自分の「存在」と「不在」を問うことの「ナンセンス」。こんな意味がないことを書いた詩には、題のつけようがない、つまり「無題」だと突き放しているのである。

また、存在することは意味がない、つまり「ナンセンス」という意味でこの題をつけたとも考えられる。

いずれにしろ、この詩は「意味のない」詩などではない。存在と不在という難しいテーマを扱いながら、それを「ナンセンス」と、軽くかわし、理屈でない実感をもって作者の思いを伝えることに成功している。

(3)　「旅情」について、次の問いに答えなさい。

ⓐ**「秋」を人間のように描いているが、このような表現技法を何というか。また、この詩におけるその効果を考えなさい。**

解答例　「表現技法」参照。

「擬人法」は、修辞法の一種で「活喩法」ともいう。人間以外のもの（人間以外の生物や無生物、抽象的観念など）の動作や状態を人間になぞらえて表現して、表現の効果を高める修辞法である。この詩では「秋」が「私（作者）」と対話をする存在として擬人化されている。

ⓑ「旅情」という題名に込められた、作者の思いをまとめなさい。

解答例　〈主題〉参照。

(4)「N森林公園の冬」について、次の問に答えなさい。

ⓐ「怪ストーリーが見えるような気分」（四一三・2）とはどのようなことか、考えなさい。

解答例　マフラー頬まで巻いて顔を隠して、人気の少ない公園の石段をよじ登る自分が、サスペンス小説の登場人物になったように思えたということ。

ⓑ「むかしなんていう概念／もうほろびたのかな、いまは」（四一三・17／四一四・1）には作者のどのような思いが込められているか、考えなさい。

解答例　公園で遊んでいた子供たちが、夕暮れになって、好きな食べ物のことを大声で言いながら帰っていく様子に、自分もあんな無邪気な子供時代があったのだろうけれど、もう遠い昔のことで、自分の中にはあんな無邪気さは残っていないのかな、という少し寂しいような思いが込められている。

〈表現〉

(1)　三編の詩から自分がもっとも気に入った詩を選び、四〇〇字程度の鑑賞文を書いてみよう。

解説　「理解」の(1)でまとめた箇条書きを基にして書く。作品の内容や表現、作者の心情などについて読み味わい、主題にも触れてまとめる。

(2)　昭和・平成期に活躍した他の詩人を選び、印象に残った詩を発表してみよう。

解説　教科書にも取り上げられる詩人としては、鮎川信夫《あゆかわのぶお》、安西均《あんざいひとし》、茨木《いばらき》のりこ、大岡信《おおおかまこと》、川崎洋《かわさきひろし》、黒田三郎《くろださぶろう》、新川和江《しんかわかずえ》、谷川俊太郎《たにかわしゅんたろう》、中村稔《なかむらみのる》、ねじめ正一《しょういち》、山本太郎《やまもとたろう》などがいる。ほかに、主に昭和期に活躍した詩人では、金子みすゞ、中原中也、金子光晴、高村光太郎、まど・みちお、長田《おさだ》弘、茨木のり子、星野富弘、吉野弘、谷川俊太郎、平成期の詩人では、渡邊十絲《とし》子《こ》、最果《さいはて》タヒ、井戸《いど》川《がわ》射《い》子《こ》、暁方《あけがた》ミセイなど。

俳句

村上鬼城《むらかみきじょう》ほか

❖学習の視点

1 声に出して読み、句の持っている音の響きやリズムを味わう。
2 それぞれの俳人の作風に親しむ。
3 季語、切れ字などの伝統的技法や、作者自身の工夫に注意して読む。

❖句の解説

●鷹《たか》のつら……

〈句意〉季節は冬、季語は「鷹」。鷹が眼光の鋭い面構えのままに老いて、老残の姿をさらしているのは哀れなことだ。

〈鑑賞〉鷹を詠んでいるが、人間にもあてはまる情景であろう。若いときに強く力を誇っていた者が老いていくと、力を誇っていただけに老いの哀れさが際立つのである。「きびしく老いて」は、そのような老いの厳しさを表現して秀逸である。

●冬蜂《ふゆばち》の……

〈句意〉季節は冬、季語は「冬蜂」。冬になって、弱ってはいるがまだ死ぬことのできない蜂が、地面をのろのろと歩いている。

〈鑑賞〉一九一五年の作。冬になっても生き残り、すでに飛ぶ気力はなく地面をようやく歩いている蜂。巣に戻るあてはない。あとは死ぬしかないのだが、まだ死ぬこともできず、老残の身をさらしている。蜂の姿にみずからの老いの感慨を託している。

〈作者・出典〉
村上鬼城（むらかみ・きじょう）俳人。本名、荘太郎《しょうたろう》、一八六五（慶応元）年、東京都で生まれ、七歳のとき群馬県高崎市に移った。漢学塾を出て法律を志したが、耳の病気により断念。いろいろな職業に就き、三〇歳で高崎裁判所の代書人となる。病気に加えて八女二男の子だくさんの生活は苦しく、その境涯から貧しいもの、弱いものに温かい庶民的なまなざしを向けた句が多い。その点で小林一茶《こばやしいっさ》と比較されることがあるが、一茶に比べ素直な句風である分、皮肉や反抗的精神には乏しく、宿命に対して諦観的であるといわれる。明治二八年より正岡子規《まさおかしき》に指導を受けた。子規の死後は高浜虚子《たかはまきよし》の庇護を受け、大正期の「ホトトギス」で活躍した。句集に『鬼城句集』、『続鬼城句集』、俳論に『鬼城俳句俳論集』がある。一九三八（昭和一三）年没。

　本文は、「現代日本文学全集91」（一九七三年・筑摩書房）によった。

●昼寝起きれば……

〈句意〉季節は夏、季語は「昼寝」。昼寝から起きると、目に入る物はみなつかれたようなようすである。

〈鑑賞〉自由律俳句であるから、季節や季語にはこだわらなくてもよい。「かげ」は、光が当たってできる「影」とも「人・物の姿」の意味ともとることができよう。この句の中心は「つかれた物」であり、昼寝から目覚めた作者の倦怠感や孤独感が、作者の目に映った「物」に投影されている。

●入れものが……

〈句意〉無季。施しを受けたが入れ物がないので両手で受ける。

〈鑑賞〉自由律俳句。作者は当時、香川県小豆島《しょうどしま》にある寺に、雑用などをする寺男として住み込んでいた。誰かから米か野菜かの施しを受けたのであろう。手近に入れものがなかったので、両手を入れもののようにして受け取ったのである。それだけのことであるが、そこには、一切を捨てて自分の体一つで生きて行こうと決意した意志と覚悟が表れている。

〈作者〉

尾崎放哉（おざき・ほうさい）俳人。本名、秀雄《ひでお》。一八八五（明治一八）年、鳥取県生まれ。東京帝国大学法学部卒業。初め定型律の句を詠んでいたが、やがて自由律俳句に転じる。保険会社に就職するが肌に合わず、酒で失敗して退社し、妻とも別れて托鉢の修行生活に入る。口語・無季・自由律の句を詠み、孤独や哲学的命題を宗教性を帯びた作風で表現した。句文集に『大空』がある。一九二六（大正一五）年没。

●竹馬や……

〈句意〉季節は冬、季語は「竹馬」。竹馬に乗って遊んでいた子どもたちが、日暮れになって一人、二人と家に帰っていく。

〈鑑賞〉一九二二年頃の作品。出身地である浅草での少年時代への郷愁を詠んだ句。「〱」は二文字以上の繰り返しを表す記号で、ここでは濁点を付して「ぢり」と読む。日が暮れて子どもたちがばらばらに家に帰っていくという実景に重ねて、子供の頃竹馬に乗って一緒に遊んだ仲間たちが、大人になるにつれ離ればなれになってしまったという感慨が込められている。「いろはにほへと」を、「ちり〲」を導く枕詞のように用いて懐かしいリズムをつくり、効果的である。「いろはにほへと」のこのような使い方は、海軍中佐広瀬武夫（一八六八―一九〇四）作詞による軍歌にも使われていたというが、日本人の耳になじみやすいものであろう。

●したゝかに……

〈句意〉季節は春、季語は「夕ざくら」。春の夕方、たっぷりと地面に水を打った住宅街を歩いていると、夕日を浴びて映える、満開の桜の木があった。

〈鑑賞〉作者は一九二三年の関東大震災後すぐに当時まだ東京市外であった荒川区の西日暮里《にしにっぽり》渡辺町に移り住んだが、その町のしっとりとした情緒を詠んだ句である。「したゝかに」は、「たっぷりと」の意味。「水を打ちたる」は連体形であるが、「夕ざくら」を修飾しているのではなく、乾いた地面にたっぷりと水がまかれているのである。

〈作者・出典〉

久保田万太郎（くぼた・まんたろう）小説家・劇作家・俳人。一八八九（明治二二）年、東京都で生まれた。慶応義塾大学文学部卒業。大学時代から句作を始め、松根東洋城《まつねとうようじょう》に学んだ。昭和二一年「春燈」を創刊主宰。浅草への郷愁あふれる句を多く詠んだ。江戸情緒の残る市井《しせい》の人情や下町の匂いを感じさせる作品世界、「けり」「かな」を多用した文体が特徴的である。句集に『道芝』『流寓抄《りゅうぐうしょう》』他。小説、戯曲、童話等多くの著書がある。一九六三（昭和三八）年没。

本文は、「現代俳句大系第9巻」（一九七三年・角川書店）によった。

●金剛の……

〈句意〉季節は秋、季語は「露」。秋の朝、冷たく澄んだ空気の中、石の上においた一粒の露が太陽の光を集めて、ダイヤモンドのような輝きを放っている。

〈鑑賞〉一九三一年、「ホトトギス」初出。「金剛」はダイヤモンドのこと。どちらも透明な輝きをもつが、はかないもの、消えやすいものの代表である露を、鉱物中最も硬度の高い金剛石としてとらえている。画家を志した作者の対象を凝視する目が、石の上の露がもつ宝珠とも言うべき究極の形と、太陽光線による一瞬の輝きを、永遠の美としてとらえている。清澄な秋の早朝の空気を感じさせる。なお、「露」は作者が愛した句材の一つである。

●月光に……

〈句意〉季節は冬、季語は「深雪」。見渡す限りの深雪を月光が惜しみなく照らしている。ふと見ると、一筋の雪の割れ目があり、そこだけは月光が届かず黒いかげとなって、無惨な切り傷のようにくっきりと見える。

〈鑑賞〉一九三六年の作品。「創」は、刀などによる切り傷のこと。無垢《むく》の雪原に一筋割れ目ができている。月光がそれを黒い切り傷のようなかげとして、あらわに見せている。「創」という比《ひ》喩《ゆ》はなまなましく、痛々しいが、新鮮な感じがする。この句には病身の悩みが反映していると思われる。

〈作者・出典〉

川端茅舎（かわばた・ぼうしゃ）俳人。本名、信一《のぶかず》。一八九七（明治三〇）年、東京都に生まれる。画家を志し、岸田劉生《きしだりゅうせい》の門に入ったが、一九二九年の劉生の死後、病弱のためもあり画業を断念、俳句に専念するようになった。画家の川端龍子《りゅうし》は異母兄にあたる。一七歳頃から句作を始め、「ホトトギス」で高浜虚子に学んだ。作品は、画家としての対象を見つめる確かな目に支えられた、格調高い調べを持っている。仏教にも親しみ、「茅舎浄土」といわれる作品世界を作った。句集に『川端茅舎句集』『華《け》厳《ごん》』などがある。一九四一（昭和一六）年没。

本文は、「現代俳句大系第1巻、同第3巻」（一九七二年・角川書店）によった。

●雪はげし……

〈句意〉季節は冬、季語は「雪」。雪が激しく降りしきる中できつく抱擁され、息がつまるほどであったことだ。

〈鑑賞〉官能に身を任せて恍惚《こうこつ》感に浸っている作者の姿が読み取れる。激しく降る雪、息がつまるほどの抱擁というドラマ性に満ちた演出が印象的である。

●蛍籠《ほたるかご》……

〈句意〉季節は夏、季語は「蛍籠」。蛍を入れた籠が暗いならば、籠を揺すって蛍を光らせる。

〈鑑賞〉夫と死別した後に詠まれた句である。生きていることの不安や危機感から逃れようとし、消えかけた情熱に刺激を与えて奮い立たせ、再び意志的に生きようとする作者の心境が表現されている。

〈作者〉

橋本多佳子（はしもと・たかこ）俳人。本名、多満《たま》。一八九九（明治三二）年、東京都生まれ。女子美術学校日本画科中退。一九二一（大正一〇）年杉田久女《ひさじょ》について俳句を始める。後に山口誓子に師事し、誓子に従って「馬酔木」に参加する。ナルシシズムの傾向の強い意志的な志向を持つ句を詠んだ。句集に『海燕《うみつばめ》』『紅糸《べにいと》』『命終《みょうじゅう》』などがある。一九六三（昭和三八）年没。

●炎帝に……

〈句意〉南国の焼けつくような太陽の下、果樹園では一心にメロン作りの労働に励む人々の姿がある。

〈鑑賞〉沖縄県立宮古中学校に赴任中、果樹園を案内された時の句。「炎帝」は夏をつかさどる神。園内にはマンゴー、バナナなど亜熱帯の果物が熟れていて、炎天下でメロン作りに立ち働いている人々の姿が見える。「炎帝につかへて」という表現で、南国の自然と一体になり、その恵みを享受して一心に働く人々を描き、質朴で健やかな生活感とバイタリティをたたえている。

●しんしんと……

〈句意〉どこまでも碧い南の海の上を船が進んでいく。その海の空気を吸っていると、肺まで碧く染まっていくようだ。

〈鑑賞〉一九三四年の連作「海の旅」という作品のうちの一句で、無季俳句の記念碑的作品といわれる。沖縄赴任中の船旅であろう。伝統俳句の固定的な情緒や美意識にとらわれず斬新な感覚で、南国の光り輝く海原を行く船旅の、鮮やかなイメージと爽快《そうかい》感を詠んでいる。「碧き」はあおみどり色。「しんしんと」は海の碧さが体いっぱいに入ってくる感覚。

〈作者・出典〉

篠原鳳作（しのはら・ほうさく）　俳人。本名、国堅《くにかた》。一九〇六（明治三九）年、鹿児島県に生まれる。東京大学法学部卒業。大学時代から句作を始め、吉岡禅寺洞《よしおかぜんじどう》に師事した。「天の川」に投句、「傘火《かさび》」創刊に加わった。機械美、力学的美、社会的感覚を詠むとき、「季題は煩雑な係累（わずらわしい束縛）」であるとした。新興俳句の無季俳句運動の理論と実践に身を捧げた、みずみずしい青春の作家である。沖縄宮古中、鹿児島二中などで教職にあったが、一九三六（昭和一一）年、三〇歳で没。

本文は、「現代日本文学全集91」（一九七三年・筑摩書房）によった。

●そら豆は……

〈句意〉季節は夏。季語は「そら豆」。そら豆をゆでた。新鮮なそら豆は鮮やかに青く、少し青臭い初夏の味がした。

〈鑑賞〉『桃は八重』（一九四二年）所収、一九三一年の句。作者はそら豆が好きだった。そら豆だけに焦点をしぼり、やや青臭い風味を「青き味」と、色で表現している。初夏のさわやかな季節感と、新鮮な風味が伝わってくる。

●女身仏《にょしんぶつ》に……

〈句意〉季節は春、季語は「春」。早春、訪れた寺の堂内で女身仏（伎芸天）を見た。黒漆が剝落して、地肌の赤土色が見えている部分があるが今この瞬間にも、目には見えない長い時の流れの中で、剝落は続いているのだ。

〈鑑賞〉『伎藝天《ぎげいてん》』（一九七四年）所収。一九七〇年三月、奈良の秋篠《あきしの》寺を訪れた時の句。伎芸天は容貌美しく、福徳、伎芸を守護する天女。秋篠寺の伎芸天像は、頭部は天平末期の乾漆、体は鎌倉時代の木彫彩色像。首をややかしげ、静かな微笑みをたたえる表情で人気を集めている。春浅く、ひきしまった寒気の薄暗い堂内で伎芸天を見た。黒い乾漆が剝落して赤土色の地肌が見えているが、幾たびも春がめぐった長い年月の間、絶え間なくこの剝落は続いているのだ。一瞬、剝落のすき間から、その時の流れがかいま見えるようである。作者はその伎芸天像に、永遠の美を見ている。初めこの句の上五は「女身仏」ではなく「伎藝天」であったのだが「女身仏」にしたことで、「春」のイメージも相まって、作者のこの像に寄せる思いがより強く感じられる。

〈作者・出典〉

細見綾子（ほそみ・あやこ）　俳人。本名、沢木綾子。一九〇七（明治四〇）年、兵庫県に生まれる。日本女子大学国文科卒業後結婚、二年後に夫と死別し、みずからも胸を病んで療養生活を送った。一九四七年、俳人沢木欣一と結婚。俳句は一九三〇年から松瀬《まつせ》青々《せいせい》主宰の「倦鳥《けんちょう》」で研鑽《けんさん》を積んだ。一九四六年、沢木らの「風」創刊に参加。句は、日常生活に立脚した率直で的確な描写に優れている。句集に『桃は八重』『冬薔薇』『和語』『存問』等。一九九七（平成九）年没。

本文のうち、「そら豆は」の句は「昭和文学全集第35巻」（一九九〇年・小学館）、「女身仏に」の句は「現代俳句大系第14巻」（一九八一年・角川書店）によった。

●湾曲し……

〈句意〉　原爆により火傷し、湾曲した街である長崎の地を走るマラソン選手を見ると、あの日の思いがよみがえるようだ。無季。

〈鑑賞〉　湾曲は、弓形に曲がること。すべてのものが一瞬で湾曲してしまった長崎の爆心地で、日焼けして苦しげに走るマラソン選手を見て、そこに原爆で焼けただれた街や人々の惨状のイメージを重ねている。

●人体冷えて……

〈句意〉　季節は春、季語は「花」。東北にも春が来た。体に冷たい大気が感じられるが、まわりには春の白い花が咲き乱れている。

〈鑑賞〉　「人体冷えて」には、冷たい大気が肉体にしみいってくるようすが表現されているが、周囲では桜・りんご・梨の白い花が一斉に咲き出しているのである。

〈作者・出典〉

金子兜太（かねこ・とうた）　一九一九（大正八）年、埼玉県生まれ。高校時代から「寒雷」に投句。東京大学を卒業後、日本銀行に勤務し、トラック島へ出征してそこで終戦を迎える。句集に『少年』『金子兜太句集』など。二〇一八年没。

●大寒の……

〈句意〉　季節は冬、季語は「大寒」。寒気の厳しい大寒、故郷の集落を一望すると、点在する一戸一戸がくっきりと冬の日射しを浴びて静まりかえっている。

〈鑑賞〉　一九五四年の作品。『童眸《どうぼう》』所収。大寒は二四節季の一つで一月二〇日頃、気温は一年で最も低いが、冬至の頃に比べ日の光は大分明るくなっている。作者の住む甲斐《かい》山中の冬枯れの山に挟まれた谷間の集落、遠くには雪を頂いた南アルプス連峰が見える。透き通った寒気の中、青く澄んだ空の下の、作者の愛する故郷の集落のたたずまいを描写している。カ行音を多く含み、強いはりをもった格調高い句である。

●かたつむり……

〈句意〉季節は夏、季語は「かたつむり」。庭先の植え込みの葉の上には雨に打たれながら一匹のかたつむりがいる。遠くに目を向けると、かなたに甲斐の山々、その向こうには信濃の山々が一面に雨に煙って見えている。

〈鑑賞〉一九七二年の作品。『山の木』所収。「甲斐」は今の山梨県、「信濃」は今の長野県を指す旧国名。近景のかたつむりから、かなたへ大きく広がる甲斐、信濃の山々へと目を向ける。長雨が景色全体をやわらかく包み込み、調べもゆったりとしている。甲斐、信濃は日本を代表する山国であり、戦国時代へイメージを広げさせもする。句柄の大きい句である。

〈作者・出典〉

飯田龍太（いいだ・りゅうた）俳人。一九二〇（大正九）年、山梨県に生まれる。俳人飯田蛇笏《だこつ》の四男。国学院大学国文学科卒業。在学中に作句を開始。一九六二年父の死により父の主宰していた「雲母」を継承した。一九九二年、「雲母」終刊を宣言。故郷山梨県境川村に住み、虚構ではない自然、風土、季節を鋭い感覚で描いている。現代俳句協会賞、読売文学賞などを受賞。戦後の伝統派を代表する俳人の一人である。句集『百戸の谿《たに》』『麓の人』等の他、著書多数。二〇〇七（平成一九）年没。

本文は、「昭和文学全集第35巻」（一九九〇年・小学館）によった。

●軍鼓鳴り……

〈句意〉季節は秋、季語は「秋」。快晴の秋空の下、軍楽隊のパレードが行われている。晴れやかな軍鼓の音は秋天をけがし、この国の歴史にみにくい痣となって残っていく。

〈鑑賞〉一九五四年の自衛隊発足の年に作られた句。『黒彌撒《ミサ》』（一九五六年）所収。青空に響く太鼓に作者は暗澹《あんたん》とした気持ちを抱く。「痣」は、軍鼓の響きの余韻が残っているようすを言ったもの。この国はどういう進路をたどっていくのか。軍隊や国家に向けた、作者の冷たく鋭い視線がある。

●樹々《きぎ》ら……

〈句意〉森の巨木が次々と切り倒され、その音がこだましている。真新しい切り株には、年輪が生々しく見て取れる。

〈鑑賞〉『黒彌撒』所収。森の巨木が次々と、痛ましい年輪をさらしながら倒されていく。その響きが森中にこだましては消えていく。三行目まで次々と視覚的なイメージが重ねられ、四行目で聴覚に転じる、鮮やかな手法である。

〈作者・出典〉

高柳重信（たかやなぎ・しげのぶ）俳人。一九二三（大正一二）年、東京都に生まれる。早稲田大学専門部法科卒業。戦後、富沢赤黄男《とみざわかきお》に師事、「太陽系」に参加した。従来の俳句概念を打ち破った戦後の屈指の俳人である。多行形式と暗喩を駆使した独自の様式を創設、カリグラム（文字を絵画的に配列する表記法）、手動印刷機による自家制作など、意欲的な実験を試みた。多行形式は、一行一行が「切れ」の働きをもっていると言える。最後まで一気に読ませるのではなく一行ごとにいったん止まることで、読者に次を想像させる時間を与え、イメージの屈折と重層化によりドラマチックに句の世界を展開する。一九六八年から「俳句研究」の編集長を務め、俳壇を先導する旺盛な作句と批評を展開した。句集『蕗子《ふきこ》』『伯爵領』『黒彌撒』、評論集『バベルの塔』等。一九八三（昭和五八）年没。

本文は、「現代俳句上」（二〇〇一年・筑摩書房）によった。

●摩天楼より……

〈句意〉季節は夏、季語は「新緑」。摩天楼の展望台から見下ろすと、新緑のまぶしい公園の木々が、まるでひとつまみのパセリのように見える。

〈鑑賞〉一九六九年の作品、『遠岸』（一九七二年）所収。会社員だった作者のアメリカ出張の折りに詠まれた。「摩天楼」は高い建物のこと。ニューヨークのエンパイアステートビルの展望台から見下ろすと、アメリカの物質文明を象徴する高層ビル群に囲まれた公園の木々の新緑が、一片のパセリのように見える。その対比が鮮やかで、「摩天楼」という古風な語も印象的である。

●紅梅や……

〈句意〉季節は春、季語は「紅梅」。青空に向かって八方に伸び広がった紅梅の枝々にびっしりと花が咲き満ちていて、まるで天を奪おうと競い合っているかのようだ。

〈鑑賞〉『月歩抄』（一九七七年）所収。一九七五年の「俳句研究」初出。空の青さ、紅梅の濃いピンクが鮮やかに目に浮かぶ。びっしりと花を付け、少しでも広く場所をとり伸び上がろうとする紅梅の生命感が、擬人法により生き生きととらえられている。

〈作者・出典〉

鷹羽狩行（たかは・しゅぎょう）俳人。本名高橋行雄。一九三〇（昭和五）年、山形県に生まれた。中央大学法学部卒業。山口《やまぐち》誓子《せいし》、秋元不死男《あきもとふじお》に師事。「天狼」「氷海」をへて一九七八年「狩」を創刊主宰。即物的で的確な対象把握を基本にした見立て句が多い。すっきりとした独特の感性の句で、現代を代表する俳人の一人である。句集『誕生』『遠岸』『平遠』『月歩抄』など。

本文は、「現代俳句上」（二〇〇一年・筑摩書房）によった。

●千年の……

〈句意〉 季節は夏、季語は「瀑布」。千年の留守をする。その間どうどうと落ちる瀑布を掛けておく。

〈鑑賞〉 『メトロポリティック』所収。初出は一九八四年の「未定」。「瀑布」は大きな滝のこと。留守をするのは何者だろうか。千年もの間、どこへ行くと言うのか。未来を志向する、作者の精神性を感じさせる。そこにはどうどうと大量の水を落下させ続ける瀑布を掛けておくという。壮大なイメージの中に諧謔《かいぎゃく》味のある、斬新な句である。

●神々の……

〈句意〉 季節は春、季語は「桜」。神々が春ののどかさに思わずもらしたあくびが、桜を枯らすのだろうか。

〈鑑賞〉 作者によれば、「コスモロジー的志向俳句は、個我と宇宙との間に通じる回路を再発見しようとすることに最大の意義を求めていた」（同）という。確かに和歌や俳句には、人と宇宙とのつながりを感じさせるものがある。作者は松尾芭蕉を例に引き「『荒海や佐渡に横たふ天の河』などの、スケールの大きな自然詠の、二十世紀的再生もしくは更新と言えようか」（同）と述べている。この句も、神々と桜を宇宙的視点から詠んで、そこに我と宇宙との接点を見出そうとしているのだろう。

〈作者・出典〉

夏石番矢（なついし・ばんや） 俳人。本名乾昌幸《いぬいまさゆき》。一九五五（昭和三〇）年、兵庫県に生まれる。東京大学大学院比較文学比較文化研究科博士課程修了。明治大学教授。十代より句作を開始、高柳重信に師事。現代俳句の先端を行く一人であり、句集ごとにスタイルと内容を変えつつ旺盛な実験を試み、俳句理論においても緻密な議論を展開している。伝統的な季語に代わり国際的、宇宙的に通用する「キーワード」を提唱し、『現代俳句キーワード辞典』を著した。現代俳句協会賞受賞。句集に『猟常記』『メトロポリティック』『人体オペラ』、評論集『天才のポエジー』など。

本文は、「現代俳句下」（二〇〇一年・筑摩書房）によった。

❖理解・表現の解説

〈理解〉

(1) それぞれの句の情景や心情を思い浮かべながら、次の点に注意して音読しなさい。

ⓐ句切れや改行に注意して、間の取り方を工夫すること。

ⓑことばの持つ音の響きやその効果に注意すること。

（解説） 「句意」参照。句意をしっかりと把握し、じっくりと読んでみよう。情景を思い描くときは、視聴覚のほか五感のすべてを意識し、気温や湿度など、その場の空気も感じ取るようにしよう。またその句を詠んだ作者の心情はどのようなものか、考えてみよう。

(2)　それぞれの句について、次の点に注意して説明しなさい。ⓐ用いられた季語の意味とイメージの広がり。ⓑ作品全体の情景。ⓒ「いろはにほへと」（四一六・5）、「炎帝」（四一七・3）、「秋の／痣」（四一八・3・4）などのことばの意味や効果。

解説　〈句意〉〈鑑賞〉参照。

〈表現〉

(1)　好きな句を一つ選び、俳句の約束事である定型や季語がどのように生かされているか、話し合ってみよう。

解説　**村上鬼城**…弱いものに自身を投影させながら、季語を用いて詠んでいる。**尾崎放哉**…無季自由律の句。**久保田万太郎**…取り合わせ（季語と別のものを組み合わせて詠む）の構造を用い、仮名を多用し、季語の伝統的な情緒を生かして詠んでいる。**川端茅舎**…取り合わせの構造を用い、季語を使って自然を美しく、格調高く詠んでいる。**橋本多佳子**…季語を使い、意志的な心情を表現している。**篠原鳳作**…「無季俳句」を宣言した俳人。ここに採られた二句とも夏を感じさせる句であるが、「夏の句」として詠んでいるのではない。**細見綾子**…「そら豆」の句は、季語の質感に焦点をしぼり、切れを設けずに詠んでいる。**金子兜太**…無季・有季の句を使い分けている。**飯田龍太**…取り合わせの構造を用い、季語を生かした句を詠んでいる。**高柳重信**…多行形式を用いて、季節にとらわれない、季節感を超越した俳句を詠んでいる。**鷹羽狩行**…取り合わせの構造を用い、季語の色彩が生きる句を詠んでいる。**夏石番矢**…季語に代わるキーワードを提唱している俳人。句切れを設けず、中心になる語による詩感を大切に詠んでいる。

(2)　関心をもった作者について、他の句やその作風を調べて発表してみよう。

解説　関心をもったのはどのような点だろうか。表現の巧みさ、情景の美しさ、調べの心地よさだろうか。それとも句の背景や作者の人生に興味を持ったのだろうか。関心を持った作者については句集を読んだり、解説書などで調べ、近現代の俳句の流れの中で、その人がどのような個性を持っているのかをつかんでおこう。

第7章　小説の可能性　小説（三）

藤野《ふじの》先生

魯《ろ》《ルー》迅《じん》《シュン》
竹《たけ》内《うち》好《よしみ》訳

❖学習の視点

1　中国の小説を読み、その内容や登場人物の心理を読み取る。
2　この作品に描かれている作者魯迅の、祖国への憂いと社会変革への強い思いを読み取る。
3　日本と中国との歴史的なつながりについて考え、藤野先生、魯迅、それぞれが果たした役割について考える。

❖作者・訳者解説

魯迅（ルーシュン）　中国の小説家・評論家。本名、周樹人《チョウシューレン》。一八八一年、浙江省《チョーチャン》紹興《シャオシン》府に生まれた。周家は旧家で、江南地方の富裕な地主であったが、魯迅が十三～十六歳のころ、清朝政府の役人であった祖父の投獄、父の死亡などの不幸が相つぎ、没落した。一八九八年、十八歳の時、南京の江南水師学堂（海軍の学校）に入学、翌年、江南陸師学堂（陸軍の学校）付属の礦路学堂（採鉱科）に転じた。その後、官費留学生として日本に留学、一九〇二～九年にかけて日本に滞在し、初め、東京の弘文学院に、翌々年には仙台の医学専門学校（現在の東北大学医学部）に入学したが二年ほど在学して中退した。仙台医専時代に、本文にあるように、中国の民衆を救うには、医学ではなく精神の改造が緊急であると悟って文学に転向することになった。医専中退後は東京で独学したが、文学運動の試みが挫《ざ》折《せつ》して、失意のうちに帰国、郷里で教師をしているうちに、一九一一年、辛亥《しんがい》革命にあった。その翌年、新政府の教育部の役人となり、一九二六年まで北京で官吏生活を続けた。この間、一九一八年に処女作『狂人日記』を、続いて名作『阿Q正伝』（一九二一）を発表した。『吶喊《とっかん》』、『彷《ほう》徨《こう》』などの小説集、『中国小説史略』などがある。一九二六年、北京が反動支配の拠点となり、テロ事件が相つぐようになったので北京から厦門《アモイ》に脱出した。一九二七年には広東へ移り、その年の秋から上海に定住するようになった。当時、中国では国民党政府の弾圧が激しく、自由が厳しく抑圧され、血なまぐさい事件が相ついだが、魯迅はこれに屈することなく激しい抵抗を続けながら、文筆活動に没頭して戦い続けた。しかし、一九三六年には持病の肺結核が悪化し、上海の自宅において五十六歳で死去した。

竹内　好（たけうち・よしみ）中国文学者・評論家。一九一〇（明治四三）年、長野県に生まれた。東京大学文学部中国文学科を卒業。東京都立大学教授の職にあったが、一九六〇（昭和三五）年、安保闘争の時に、その職を辞した。著書に『現代中国論』『予見と錯誤』など、翻訳に『魯迅評論集』『魯迅著作集』『魯迅文集』などがある。一九七七年、没。

❖出典解説

本文は「魯迅文集」第二巻（一九七六年・筑摩書房刊）によった。教科書に採録したのは、その中の自伝的作品を集めた「朝花《ちょうか》夕拾《せきしゅう》」の中の「藤野先生」の全文である。

❖語句・表現の解説　四二〇ページ

東京も格別のことはなかった　「東京も」とあるが、ここは東京以前にいた本国の町を念頭に置いたことば。作者は「清国留学生」のいる東京にいや気がさしていたのでこう表現したものであろう。以下の留学生の花見とダンスのけいこに対する作者の気持ちは、その具体例となっている。

「清国《しんこく》留学生」の速成組　魯迅は一九〇二年に日本に留学すると、まず、弘文学院に入学した。弘文学院は清国留学生に日本語と普通課目を教える学校で、三年制の本科のほかに各種の速成科が設置されていた。魯迅は四月にこの速成科に入学し、一九〇四年四月に卒業した。「速成組」とはこの速成科をさす。

弁髪《べんぱつ》　編んで後ろに長く垂らした男子の髪型。本来は中国東北地方の風俗であったが、清朝（満州族の王朝）ができると、国の命令によって中国人男子一般に普及した。つまり清朝の漢民族支配の象徴である。右図参照。留学生たちはこの弁髪を日本人にからかわれることを嫌い、といって帰国後に清朝の不興を買うことを恐れて切ることもできず、ぐるぐる巻きにして、その上に帽子をのせて隠したのである。魯迅は、一九〇三年ごろ弁髪を切り、清朝の支配体制に反対の意志表示をしていたので、同じ漢民族留学生のいくじのなさに腹を立てていたのだろう。

これで首のひとつもひねれば色気は満点だ　清朝の封建的遺習をそのままにして、新しい学問を学ぼうとする留学生たちへの、作者の痛烈な皮肉である。辮髪は少女のお下げ髪に似ているので、こう言ったのである。

玄関部屋　玄関のすぐわきの部屋。

消息通《しょうそくつう》　いろいろな情報に通じている人。集団生活をしていると、その中に一人や二人は、他人のうわさや秘密などをよく知っていて得意そうにふりまいている人間がいるものである。「消息」は、どうなっているかという様子。

そこで　前に述べたように、東京の状態はやり切れなくてたいくつだったから、そこで、の意。

遺民《いみん》　自分の仕えていた王朝が滅びた時、前王朝に忠節を立てて新王朝を認めず、仕えようとしない人。

物は稀《まれ》**なるをもって貴**《たっと》**しとなす**　物は少ない物ほど貴重である、の意。このことばの逆であるが、白居易に「物以レ多為レ賤」（物は多きをもって賤《いや》しとなす）というのがある。

果物《くだもの》　生のまま食べられる果実。フルーツ。

温室へ招《しょう》**じ入れられて**　アロエを温室に入れて「竜舌蘭」にしてしまうもの好きな閑人《ひまじん》たちをあてこすったユーモラスな表現。

美称　美しい名称。

私も仙台でこれと同じ優待を受け　仙台には中国人留学生は当時まだいなかったので、「物は稀なるをもって貴しとなす」で、優待を受けたというのである。「同じ」とは北京の白菜や、福建の野生のアロエと同じ、の意。「優待」は、ある条件に合っている人だけに対する、特別有利な扱い。

四二二ページ

賄《まかな》**い**　食事を用意して食べさせること。

勧告《かんこく》　そうした方が身のためだ、そうすべきだということを、公的な立場からすすめること。

喉を通らない　食べづらい。おいしくない。

芋《いも》**がら**　ずいきのこと。里芋の茎をゆでこぼしたり乾燥したりして食用とする。

節をつける　その人独特のイントネーションやことばの音調をつけて話す。

四二三ページ

糸とじ　糸でとじた和装本。

中国での訳本を翻刻したもの　ヨーロッパの医学書を中国で翻訳したものを、さらに日本人が輸入して翻刻出版したもの。つまり、日本の医学は中国に学んでいるのではないか、というわけである。「翻刻」は、刊行されていたものを、そのままの内容で、また刊行すること。

新しい医学の翻訳にしろ研究にしろ、かれらは決して中国より早くはない　「かれら」は日本人のこと。作者の、自国（中国）の歴史に対する誇り、心の底にある祖国愛が読みとれる一文である。しかし同時に、そのような中国に生まれながら後進の日本に学びに来なければならない、当時の中国の旧態依然とした状況への焦燥感も感じとれる文である。

いっぱしの……　それ相応の能力があるわけではないのに、一人前にふるまうこと。

来歴《らいれき》　それまでたどってきた経過。由来。

無頓着《むとんちゃく》　自分の身なりや言行を、他人がどう思うかなど、少しも気にしないこと。「むとんじゃく」とも読む。
ネクタイすら忘れる　現在ではノーネクタイも多いが、ここは明治という時代、医学専門学校の教授という地位を考えると、藤野先生の「無頓着」ぶりがよく分かる。
外套《がいとう》　服の上に着るコート。
車掌《しゃしょう》　汽車・電車バスに乗って、発車の合図や切符の確認などをする乗務員。
用心をうながす　困った事態に陥ってあわてないように、事前に対策を講じておくよう、注意する。
「私の講義、ノートが取れますか?」　作者が中国人であるため、日本語の講義がよく理解できるかどうかを心配したのである。
一両日《いちりょうじつ》　一日または二日。一、二日。
ある種の困惑《こんわく》と感激《かんげき》　一学生に対する指導としては、度を過ぎたものだったので、どう考えたらいいか分からなかったのだ。その上、当時、日本人の多くは敗戦国中国を侮る気持ちを持っていた。そういう空気の中で「藤野先生」が示した親切を魯迅は素直には信じられずにとまどいを感じたものと思われる。また、そうした空気の中であったからこそ、先生の親切に作者は感動したのであろう。複雑な気持ちであるが、当時の日本人の国民感情を考えるとよく理解できるであろう。
添削《てんさく》　文章などをよりよくするために、一部分削ったり書き加えたりすること。

遺憾《いかん》　予期していた結果が得られず、心残りな様子。
一向《いっこう》に　副詞。①まるっきり。てんで。②全く。
「ほら、きみはこの血管の位置を……黒板に書いてあるとおりに写すんだね。」　このことばから、藤野先生の医学者としての厳格な精神がよく分かる。

四二三ページ

不服《ふふく》　不満があって、従えない様子。

四二四ページ

中国人は霊魂《れいこん》を敬《うやま》う　原文に「鬼」とあるのを訳者は「霊魂」と訳している。中国の「鬼」は日本の鬼ではなく、死者の霊魂を意味している。
まずは安心した　ひとまず安心した。「まずは」は副詞で、他のことはさておき、とにかく、の意。［用例］まずはご無事で、ようございました。
かれは、たまに私を困らせることもあった　「纏足《てんそく》」は、南宋に始まった習慣で、新しい思想を持っている中国人にしてみれば忌み嫌う中国の悪習である。そのことを無神経に質問したりするので、「かれ」は「私を困らせる」と言っている。
嘆息《たんそく》　ため息。
時あたかも日露《にちろ》戦争　時はちょうど日露戦争（一九〇四〜五）の時である。
冒頭《ぼうとう》　文章や話の始まり部分。
不遜《ふそん》　思いあがって相手を見下した態度をとること。［対］謙遜《けんそん》。

なじり　「なじる」は、悪い点を問いつめて非難すること。

実際はそれと知らずに……影響を受けていたのだ　幹事たちに対する作者の痛烈な皮肉である。「それと知らずに」は、作者を非難する攻撃の文の書き出しが、いったいどういうものであるかも知らずに、ということ。

末尾には署名がなかった　さんざん「私」を攻撃しながら、自分たちは匿名《とくめい》にしていたところに、幹事たちの卑劣さと小心さがうかがわれる。

気にとめる　気にする。注意する。

当てこすり　遠回しの悪口や皮肉。

四二五ページ

口実　何かをする理由。

匿名　自分の名前を明かさないで手紙などを出すこと。

トルストイ式書簡　このことばにも作者の皮肉な見方がうかがわれる。「書簡」は、手紙。

幕《まく》になる　場面が終わる。一連の出来事が終わる。

万歳《ばんざい》　勝った時や祝う時に、両手を挙げて唱えることば。

万雷《ばんらい》　続いて鳴る雷。ここでは、多くの人が盛大な拍手をしている様子。

拍手《はくしゅ》　両手をたたいて鳴らすこと。あるいは、その音。

耳にこたえる　聞いていて辛い。

喝采　喜んで、拍手などをすること。

四二六ページ

ああ、施《ほどこ》す手なし！　作者は同国人が殺されているのに、それをのんびり見物している中国人の無気力さと無知に絶望したのである。

私の考えは変わった　作者は、医学によって自国民たちを救おうと思っていたのだが、今や医学ではだめだ。中国人を救うには彼らの精神を改造しなければならないと考えたのである。

顔をくもらせる　がっかりしたり、困ったことがあったときの表情をする。

毛頭《もうとう》なかった　少しもなかった。

惜別《せきべつ》　別れを惜しむこと。

手もちがない　手元に持っていない。

不安定な状態がつづいて　作者は仙台を離れると、東京に戻って文学運動に入るのである。「作者解説」参照。

四二七ページ

梨《なし》のつぶて　便りを出しても返事がないこと。

よし少ないにせよ　たとえ少ないとしても。

督促《とくそく》　うながすこと。類 催促《さいそく》。

仕事に倦《う》んで　仕事にあきて。

たちまち良心が呼びもどされ、勇気も加わる　作者の魯迅は、日本から帰国した後、清朝崩壊後の混乱期に、周囲の作家や文化人が次々に処刑されたり暗殺されたりするなかで、危険を冒して作品を書き続けた。藤野先生の写真は、その魯迅を励まし、

「勇気」づけたのである。

一服　たばこの場合は、一本の意。薬の数詞でもある。

「正人君子」たち　魯迅は、中国に新しい社会を作ろうとし、権力にしがみつく支配者やその周囲の人間と激しい論戦を交えていた。ここでかっこ付きで出てくる正人君子は、そのような論敵たちのことを皮肉っていったもの。

忌《い》みきらわれる　近づいたり、かかわりになることをいやがって避ける。

❖発問の解説

（四二一ページ）

1 「これ」とは何をさすか。

解答例　「物は稀なるをもって貴し」ということで珍重される「山東菜」や「竜舌蘭」。

（四二二ページ）

2 「かれらは決して中国より早くはない」にはどのような思いが込められているか。

解答例　中国は決して昔から遅れているわけではないという自負心と同時に、わざわざ日本に来て医学を学ばなければならないほど混乱している自国に対するいらだち。

3 「ある種の困惑と感激」とはどのようなものか。

解答例　なぜ自分だけにわざわざ時間を割いてこのような指導をするのかわからない「困惑」と、そこまで情熱をもって教えようとしてくれることへの「感激」。

（四二五ページ）

4 「そのこと」とはどのようなことか。

解答例　「私」が「藤野先生」から事前に試験の出題を漏らされていたということを、級友たちから疑われていること。

（四二六ページ）

5 どのような気持ちで「かれは何度も言った」のか。

解答例　目をかけていた「私」のことが気になっていて、是非その後のようすが知りたいという気持ち。

❖構成・主題

〈構成〉

時間の経過を追って書かれているので、話の展開に従って段落に切っていけばよい。

(1)（初め～四二一・下3）

東京での生活にいや気がさした「私」は、どこかほかの土地へ行こうと思う。仙台の医学専門学校に入学した「私」は、適当な下宿に落ち着く。

(2)（四二一・下4～四二二・上14）

学校が始まる。「藤野先生」との出会い。

(3)（四二二・上15～四二四・上16）

「藤野先生」との交際。先生は善良で親切であったが、「私」は不勉強で、時にわがままでさえあった。

(4)（四二四・上17～四二六・下4）

「私」の考えを変えた二つの事件。「私」は医学をやめようと決心する。「藤野先生」との別れ。

(5)（四二六・下5～終わり）

仙台を去ったのちの「私」。回想の中の「藤野先生」。先生は「私」にとって偉大な存在であり、その写真は今も「私」の良心を呼び戻し、「私」を勇気づけてくれる。

〈主題〉

魯迅の一生の一大転機となった、仙台での出来事を中心に、彼にとって忘れることのできない「藤野先生」の思い出を自伝的に語った回想記である。

❖理解・表現の解説

〈理解〉

(1)「東京も格別のことはなかった。」（四二〇・上1）とあるが、「私」が東京を去ったのはなぜか、まとめなさい。

解答例　東京での生活がやり切れなくなったから。同じ中国出身の留学生の弁髪や、中国留学生会館でのダンスの稽古などに嫌気がさしたのである。

実際は、東京に来る前、魯迅は南京の学校で勉強していたが、それに満足できずに東京に出てきたのである。しかし、その東京での学習環境にも失望したというのである。

(2)「この時この場所で私の考えは変わった」（四二六・上2）のはなぜか、またどのように「変わった」のか、まとめなさい。

解答例　「この時この場所」というのは、細菌学の授業の後、教室でニュースの幻灯を見せられた時のこと。スクリーンには、自国の中国人が他国民に銃殺されるのを、のんびりと見ている中国人同胞が映っていて、その無気力さにやり切れない思いを抱いた。また、この事件に先立って、「私」が教員から試験の出題を漏らされていたと疑われる試験事件が起こった。この事件でも、中国人に対する侮蔑を身をもって味わうことになった。この二つの事件から「私」は、今中国にとって必要なのは、体を治す医学ではなく、心を治す文学であると、考えが「変わった」のである。

(3) 藤野先生はどのような人物として描かれているか、また「かれは偉大な人格である」（四二六・下19）と「私」が考えるのはなぜか、まとめなさい。

解答例　実在した「藤野先生」が偉大であったか、凡庸《ぼんよう》であったか、それは分からない。現実に先生に接した学生たちの一部にとっては、彼は嘲笑《ちょうしょう》の的でさえあったのである。魯迅自身も、好感は持っていたが、先生の好意をむしろありがた迷惑視していたらしいこともうかがわれる。医学を中途でやめた魯迅にとって、「藤野先生」は同学の先輩として偉大であるという評価ではない。魯迅のその後の苦しい政治活動、文学活動の中にあって、ふと挫折《ざせつ》しかかるような時、いつも彼を写真の中から見つめ、彼の良心を呼び戻し、戦う勇気を与えてくれる存在、そういうものとしての偉大さであろう。そのことが書かれてあるのは、四二六・下12以降である。そこから読み取れることは、魯迅が尊敬していたのは、「藤野先生」の能力や正義感というものではなく、「藤野先生」が抱いていた志だということである。「藤野先生」は魯迅という一学生を教えることで、中国や医学のためになろうとした。魯迅も一文学者として、中国という巨大な国を改革しようと志した時、その「藤野先生」の精神に同種の希望を感じ、励まされたように感じたのだろう。

この問題については研究書も多いので、調べてみよう。「参考」にあげた竹内好の文章も読んでみよう。

(4)　**「『正人君子』たち」（四二七・下5）とはどのような人々のことか、作品全体を通して考え、説明しなさい。**

解説　清朝末期、かつて強大だった国家は「ねむれる獅子」と言われていたが、当時は列強に分割される憂き目にあっていた。魯迅は、日本での屈辱的な出来事をバネにして、中国の改革を目指す。しかし、魯迅の理想はなかなか実現はされず、何度も挫折感を味わう。このころの魯迅の心情は、ほかの作品からも伺える。結局、魯迅は安定した社会を見ることがなく死んだが、最後まで自分の理想を曲げずに言論弾圧と戦い、作品を書き続けた。「『正人君子』たち」とは、当時の腐敗し、既得権にしがみついた権力者たちのことである。

〈表現〉

(1)　**この作品を読んで考えたことを、八〇〇字程度の文章にまとめてみよう。**

解説　時代の変革期に強靱な意志を持って生きた魯迅、その時代の日本や中国の関係、魯迅に屈辱感を与えた同級生、一留学生に医学の普及を託そうとした「藤野先生」など、この作品から得られるテーマは多い。「参考」も見ながら考えよう。

(2)　**魯迅と藤野先生との関係を描いた太宰治の作品「惜別」と、この作品を読み比べ、感想を発表しよう。**

解答例　『惜別』（一九四五年）は、先行するこの作品（『藤野先生』）をもとにして書かれた小説であり、随所に『藤野先生』の内容と同一の場面や表現が意図的に散りばめられている。しかし、『惜別』では、語り手的存在の「私」（田中卓）を登場させ、さらに同じ大学の医学生の津田、矢島などの人物を設定し、藤野先生よりも魯迅（周樹人）の日本における体験や日本と中国、医学と文学の間に揺れる葛藤を詳細に描写し、医学から文学へと転身する魯迅の心情やその経緯を克明に映し出している。『藤野先生』は藤野先生に、『惜別』は魯迅に焦点をあてたものだが、文学の本質を問うというテーマは共通する。

❖参　考

以下は訳者竹内好の『魯迅雑記』の一文である。これを読んで、本作品の理解の参考にしよう。

「藤野先生」は、魯迅にとって、回想記の中の他の人物と同じように、一個の象徴的な存在である。魯迅が藤野先生に別れてから「藤野先生」を書くまでの長い歳月の間、悪劣な環境と戦いながら、その戦うことによって次第に魯迅の中で高められ、清められた末に完成した人物である。「藤野先生」に向けられた魯迅の愛情は、私たちにとっても素直に受け入れられるほどなみなみならぬものであるが、そのなみなみならぬ愛情を支えているもの、あるいは逆に、愛情が支えているもの、それを問題にせずに「藤野先生」に対する魯迅の愛情だけを取り出すのは、愛情そのものを正しく理解することにもならない。

藤野先生は「藤野先生」の中で孤立しているのではない。魯迅にとって迷惑なほど世話ずきの好人物や、教場であからさまに藤野先生をこきおろす無邪気な落第生や、魯迅の成績のよいのを邪推する学生幹事の卑劣さを魯迅と一緒になって攻撃する正義派や、しかしまた、その正義派の攻撃の発端になった匿名のいやがらせの手紙を魯迅に与え、問題が解決して後、魯迅に「中国は弱国である。従って中国人は、当然低能児である。点数が六十点以上あるのは自分の力ではない。彼らがこう疑ったのは無理なかったかもしれぬ。」と悲しませた小心の学生幹事や、日露戦争の幻燈を見て喝采し、その幻燈の一枚に、スパイとして銃殺される中国人が出て来、それを「取囲んで見物している群集も中国人」であり、それを見ている「教室の中にはまだ一人私もいた」のを構わずに、というより構いようのないことを当惑せずに、無心に喝采を送る一般学生や、の中に雑って藤野先生はいたのである。医学をやめて文学に転ずるという理由で、「惜別」と書かれた藤野先生の写真一枚を懐にして、仙台を立去ることによって、魯迅はこの屈辱から逃れている。いやがらせ事件だけだったら、魯迅は仙台を去らなかったかもしれない。しかし、それに幻燈事件が重なっては、彼は立去るより外はなかった。立去ることは魯迅の側からの問題の解決であり、それによって「藤野先生」の読者は納得する。だが魯迅がこの解決を得るまでには、つまり「藤野先生」が書かれるまでには、屈辱が愛と憎しみへはっきり昇華して回顧されるための長い生活の時間が費されているのである。そして、魯迅が作品行動によって仙台退去を確実なものにした後でも、世話好きな好人物や、小心な学生幹事や、恐らくは藤野先生でさえも、魯迅の仙台退去の原因については、その当時理解しなかったと同じように今でも理解してはいない。彼らが理解しないだけではない。無数の魯迅の無数の仙台退去を、無数の藤野先生が理解しないのである。

沈黙

村《むら》上《かみ》春《はる》樹《き》

❖学習の視点

1　タイトルの「沈黙」とはどのようなものかを考える。
2　登場人物の言動をもとに、大沢さんの言う「深み」について考える。

❖作者解説

村上春樹（むらかみ・はるき）　一九四九（昭和二四）年、京都府生まれ。小説家。平易な文章と巧みな隠喩を特徴とし、独特の感性を漂わせる作品を発表して、若い読者を中心に強い支持を受ける。一九七九年『風の歌を聴け』で作家デビュー。以後、わが国の文壇の中心的存在として活躍している。二〇〇六年フランツ・カフカ賞、二〇〇九年エルサレム賞、二〇一一年カタルーニャ国際賞を受賞するなど、海外においてもその評価は高く、近年は原子力政策や領土問題など、社会・政治的問題についての発言も目立つ。作品に『海辺のカフカ』『風の歌を聴け』『1973年のピンボール』『羊をめぐる冒険』『ノルウェイの森』『ダンス・ダンス・ダンス』『アンダーグラウンド』『回転木馬のデッド・ヒート』『国境の南、太陽の西』『スプートニクの恋人』『世界の終りとハードボイルドワンダーランド』『ねじまき鳥クロニクル』『神の子どもたちはみな踊る』『約束された場所で』『パン屋再襲撃』などがある。

❖出典解説

この作品は『はじめての文学　村上春樹』（二〇〇六年・文藝春秋）に収められており、本文は同書による。

❖語句・表現の解説

四二九ページ

まぶしいものでも見るように　後の「何かぎらっとした光を放つ生々しいものがあった」と呼応する。大沢さんは、「僕」の何気ない質問によって過去の記憶を指摘された思いがしている。

不穏　よくないことが起こりそうで、おだやかでないこと。類険悪。［用例］今日の会議には不穏な空気が漂っている。

いつもの和やかな顔つき　大沢さんの日ごろの表情については「顔立ちだって、いかにも温厚で、のんびりとしていて」（四三〇・上16）とある。

四三〇ページ

眉を吊《つ》り上げる　怒りの心情をあらわにする動作。

温厚　おだやかでやさしく、情にあついこと。

空はどんよりと重く曇っていた　「僕」の何気ない質問によって、大沢さんの語る物語が重いものであることを暗示している。

ごったがえす　大勢の人であふれかえる。大混雑をしている。

「基本的には一度もありません。」　「基本的に」とは、例外として、誰かを殴ったという事実があったことをほのめかしている。

出しぬけ　突然に物事を行うようす。［類］不意。

ボクシングを始めてから人を殴ったことはありません　大沢さんが青木を殴ったのは、ジムには通い始めてはいたものの、まだ本格的にボクシングの練習を始める以前であった。

それはボクシングを始めるときに　「それ」は「ボクシングをやっている人間は絶対にグラブをつけずにリングの外で他人を殴っちゃいけない」ことをさす。

打ちどころ　物にぶつかったり、ぶつけたりした体の箇所。

四三一ページ

凶器　犯罪に使用する道具。

メニュー　物事の予定されている内容や項目。

輩出　有能な人材が次々と世に出ること。

四三二ページ

寡黙　口数が少ないこと。

理屈抜きでわくわくさせた　感覚的にボクシングが大沢さんの性質に合っていた。

没頭　一つのことに集中すること。［類］専心。専念。［用例］父は新しい仕事に寝食を忘れて没頭している。

そこに深みがある　「深み」があるかどうかは、この物語全体の一つのテーマでもある。後に大沢さんが青木を激しく嫌悪することになる理由は、青木に人間としての「深み」を見出せないことが大きな理由であることが明らかにされ、この意味でも物語におけるボクシングの役割が読み取れる。

孤独です。　孤独もまた、この物語のテーマである。

四三三ページ

どうしてそんなに嫌いなのか、自分でもよく理解できなかった　後に「本能的に我慢できませんでした」（四三三・下15）とされている。

相手の方もおなじような感情をこちらに対して持っている　実際に、青木は大沢さんが英語のテストで一番をとった時、激しい憎悪の念を持って大沢さんを攻撃してきたことから証明される。

一目置く　囲碁で、弱い方が先に石を一つ置いて始めることから、すぐれた者に敬意を払うこと。

それがわかったんだ　「それ」は、「僕」（ここでは大沢）は青木が嫌いだという感情。

計算高い　損得に敏感なようす。打算的であること。

自意識　自分自身を対象とした意識。他人からどう見られているかを気にする意識。

四三四ページ

多くの級友は　大沢の怒りの主体は「多くの級友」、つまり迎合的で自省心のない級友にある。

ある意味では早熟な人間でもありました　他の級友に比べると、精神的な「深み」を持ち、他者に追随せず自分で考え、判断する能力を持っていると自己分析している。

風采があがらない　容姿・服装・態度など、外見上すぐれない。

教師はよく僕の名前を忘れました　地味な存在で目立たないから。

相手が何を求めているのか　青木は、自分の考えではなく、相手の考えを読み取って、それに合わせるような、追従型の人物。

浅薄　考えや知識が浅くて行き届いていないこと。あさはか。

剃刀《かみそり》みたいにすぱすぱと切れる　判断や行動はすばやくて、的確。

四三五ページ

不気味　はっきりと説明はできないが、どことなく不安で恐ろしい感じがするようす。気味が悪い。

鼻にかける　自慢する。得意がる。

四三六ページ

とやかく言われるような筋合い　あれこれと批判を受けなければならない道理。

本当がどういうことだかは誰にだってわかってるんだよ　暗に「僕」がカンニングをしたことをほのめかしている。

拍子　何かが行われた、ちょうどその時。その瞬間。

何が起こったのかよく理解できなかった　体格のよい自分（青木）が、おとなしくて目立たず、背も高くない大沢に殴られるとは、思ってもいないことであった。

四三七ページ

露ほども思いませんでした　まったく悪いことをしたという気持ちがなかった。

精を出す　物事に集中して働く。

真剣　本気で物事に取り組むこと。

四三八ページ

でも話はそんなに簡単じゃありません　殴られるという被害を受けた青木にとって、その恨みは容易に忘れることができないものであった。加害者の大沢さんは、それを軽視していた。

往々にして　物事がしばしばあるさま。

侮辱　相手を軽んじてはずかしめる。

足を引っ張る　人の成功や前進をじゃまする。妨害する。

僕はすごくいやな気がしました　青木との間で、再び深刻なトラブルが発生することを予感している。

ある種の人間というのは成長も後退もしないんです　青木のように、自分の実を持たず、他人の意向を計ることばかりにうつつをぬかす性格はこれまでも、これからも変わることがない。

人望　その人に寄せられる信頼や尊敬。

四三九ページ

どうころんでも　たとえどんな機会や偶然があったとしても。

相容《い》れない　思想・意見・利害などがともに成り立たない。たがいに認めようとしない。

目の色を変える　物事に集中・熱中する。

一喜一憂　状況の変化に応じて喜んだり悲しんだりすること。

用例　選挙の開票速報に一喜一憂する。

僕のクラスの連中とはまったく違った種類の人たち　大学受験などとは無縁の世界の人たち。また集団でしか行動できないクラスの連中とは違って、「個人」で行動ができる人たち。

四四〇ページ

精進　一つのことに精神を集中して励むこと。

月並み　新鮮さがなく、ありふれていて平凡なこと。

四四一ページ

よそよそしい　親しみのない態度だ。他人行儀だ。

とってつけたような　態度やことばなどがわざとらしくて不自然なようす。

それはボクシングを始める前のことか、あとのことか　もしボクシングを始めたあとであれば、ボクシングの技術を暴力の目的で使ったことになる。

でもその時は僕はまだ何も教わってはいませんでした　実際にボクシングの技術そのものは教えられていなかった。

四四二ページ

教師はそんなことには耳も貸しませんでした　教師にとっては、ボクシングを習っているというだけで「僕」と松本の自殺との関連性を想定するのに十分である。

それで君は松本を殴ったことはあるか　教師は、学校で松本が誰かに殴られていたことと、数年前からボクシングを習っている「僕」とを短絡的に結びつけている。どんな弁解にも教師は聞く耳を持たない状態になっている。

この学校で、　暗にそれが「僕」であることをほのめかしている。

思いあまる　さんざん思い悩んでも考えがまとまらない。

よほどひどく殴られたんだよ　「僕」がボクシングの技術を持っていることが示唆される。

思い当たる節　自分に心当たりのあることがら。

穏やかに話をつける　警察に通報するなどしない。

四四三ページ

尾鰭《おひれ》をつける　実際にないことを付け加えて、話を大げさにする。

微妙な色づけをする　事実に少しずつ自分の都合の良い見方をつけ加えていく。

クロだとにらむ　松本を殴って小遣い銭を巻き上げていたのは「僕」であると確信する。「クロ」は、犯罪などの容疑が濃厚であること、またその人物。

険悪　表情や性質などが厳しく、とげとげしいようす。また、状態などが厳しく、油断できないようす。ここでは後者の意味。

用例両国間の関係は険悪な状況にある。

いわば決定的なことでした　それまでの単なる噂が、真実であるかのような印象をクラスのみんなに与えてしまったということ。

クラスの誰も僕とは口をきいてくれないようになりました　ここから「沈黙」というタイトルの意味を想定することができる。

申し合わせる　あらかじめ話を合わせておく。

四四四ページ

孤立　他から離れて一人でいること。

僕は黙って学校に行き、黙って授業を受け、そのまま家に帰ってきました　この部分からは、タイトルの「沈黙」は大沢さんの沈黙とも読むことができる。

身をけずる　大変な苦労をしたり、ひどく心を痛めたりすること。

四四五ページ

やりきれない　がまんできない。耐えられない。青木をどんなに殴っても、現状が解決できるどころか、ますます悪化することが想像され、解決方法は見出されない。

想像しているうちに実際に気分が悪くなって吐いたこともありました　「僕」は、この時点では、ボクシングの技術をすっかり身につけている。その技術をボクシング以外に使い、タブーを犯して青木を殴るという、悪に対して悪をもって仕返しをすることは、想像するだけでも「僕」の気分を悪くする。

弁明　物事の道理を述べて明らかにすること。また、言い訳をすること。**類**弁解。釈明。

うのみにする　物事を何の批判もなく取り入れること。

同じ土俵に上がる　対等の立場で物事を争う。

手の打ちようがない　ある物事や予想される事態に対して、適切な対策を立てることができない。

僕は今にも押しつぶされてしまいそうでした　「僕」が自殺を考えたということ。

四四六ページ

冷笑　相手をさげすみ、ひやかすように笑うこと。**類**嘲笑。

全部青木が仕組んだことであることを知っていました　直後の「青木も僕がそれを知っていることを知っていました」と合わせて、単に「僕」の推測にすぎず、確実な根拠はない。

この程度のこと　青木が「僕」に仕返しをするために、松本の自殺にかこつけて、「僕」を生徒や教師が無視するように仕組んだこと。

平板　平凡でおもしろみのないようす。

四四七ページ

もう青木のことを殴りたいとは思いませんでした　青木が深みをもたず、また深みが存在することも知らないような人間だと思いあたった今となっては、青木はわざわざ殴るだけの価値もないと思うようになった。

最後には青木の目は震えていました　自分のしたことに対する反省や後悔の念を表すのか、大沢に対する怒りなのか、睨み合う恐怖なのかは不明。「足が動かなくなってしまったボクサーの目」と感じるのは、大沢の主観とも言える。

足が動かなくなってしまったボクサーの目　ボクサーはフットワークが大切で、足が動かなくなることは戦闘能力が喪失したことを意味する。

それを境に僕は立ち直りました　青木の目が震えていることを認めた「僕」は、青木に屈することはできないと思い直し、ようやく少しずつ自分を取り戻し始めた。

軽蔑　かろんじてさげすむこと。対尊敬。

自分はまちがっていないんだ　自分は松本の自殺に関連していないということ。

四四八ページ

否応なく　いやだという返事も、よろしいという返事も待つことがなく、こちらの意思を相手に押しつける（または押しつけられる）。類むりやりに。強引に。

苦境　追いつめられた苦しい立場。

しのぐ　苦しさに耐えて切りぬける。

特質　そのものだけが持っている性質。特性。用例日本語の特質は主に主語の省略と敬語の使用にある。

根こそぎ　すっかり。完全に。何もかも。

そういうものを根こそぎひっくりかえしてしまったら　妻や子などの家族と築いた平和な家庭や信頼関係を完全にくつがえされてしまうとすれば。

四四九ページ

機会がくるまでじっと身を伏せている能力　青木が中学二年のとき「僕」に殴られたことに対して深い恨みを持ちながら、具体的な仕返し行為をせずに機会を待ち続けていた能力。

機会を確実に捉える能力　松本の自殺事件を、自分の仕返しに巧みに利用することを思いつき、実行に移す能力。

人の心を実に巧みにつかんで思うように動かす能力　自分が成績もよく、人望もあることを利用して、同級生や教師を巻き添えにして「僕」に対する仕返しに加担させる能力。

その手のもの　青木が持っている三つの能力。

口当たりがよい　とっときやすい。接しやすい。

誰かを無意味に　誰かに対して、利益を得ることや明確な目的を何一つ持たないままに。

四五〇ページ

夢の中には沈黙しかありません　クラスの連中は、「僕」を無視して口をきかなかった存在としての記憶しか残されていない。

夢の中に出てくる人々は顔というものを持たない　クラスの全員が同じ態度をとっていたので、「僕」の記憶にはひとりひとりの個性が残されていない。また、顔を持たない。自分の考えを持たない者たちこそ、良かれ悪しかれ社会を動かすことになる。

❖発問の解説

1（四二九ページ）

「話題を変えた」のはなぜか。

解答例　「僕」の何気ない好奇心から発した「これまでに喧《けん》嘩《か》をして誰かを殴ったことはありますか」という質問に対して、大沢さんは「ぎらっとした光を放つ」というやや過剰とも思える反応を見せたため、「僕」はその質問が何かしら大沢さんにとって不都合なものだったかも知れないと感じたから。

2「そんな質問をした」のはなぜか。

解答例　大沢さんの日ごろの温厚でのんびりしていて、攻撃的とはおよそ程遠い人物像と、ボクシングというスポーツとが「僕」の中では容易に結びつかなかったから。

3（四三三ページ）

「そういうこと」とはどのようなことか。

解答例　理由がはっきりしないまま、誰かのことをいやでいやでたまらなくなるようなこと。

4（四三五ページ）

「そのような僕の気持ち」とはどのような気持ちか。

解答例　青木に対して、浅薄で実のない人間であることを見抜き、そんな青木を嫌悪し、軽蔑するような気持ち。

5（四三七ページ）

「いやな気持ち」とはどのような気持ちか。

解答例　つまらない相手であっても、殴るべきではなかったのに、つい青木を殴ってしまったという嫌悪の気持ち。

6（四三九ページ）

「そういうところ」とはどのようなところか。

解答例　大学受験のために、教師も生徒も緊張し、すべてが入試一辺倒になるところ。

7（四四一ページ）

「奇妙な空気」とはどのような空気か。

解答例　「僕」がまわりの誰かに話しかけても、とってつけたようなそっけない返事しか返してこないように、クラスのみんなの「僕」に対するひどくよそよそしい空気。

8（四四二ページ）

「一と一を足」すとはどのようなことか。

解答例　「僕」がボクシングを習っているという事実と、かつて「僕」が青木を殴ったという事実を、適当な尾《お》鰭《ひれ》をつけて誰かに話すこと。話す側としては、単に二つの事実をそのまま告げるだけだが、聞く側はその二つを勝手に関連づけ、それでは自殺した松本を殴っていたのも「僕」に違いないと思うこと。

9（四四五ページ）

「こういう風に罰する」とは、具体的にどうすることか。

解答例　クラス全員で「僕」を無視すること。

10（四四六ページ）

「不思議な気持ち」とはどのような気持ちか。

解答例　憎んでいるはずの青木に対して、悲しみや憐《あわ》れみに近い感情を覚えるという、自分でも理解できないような気持ち。

（四四九ページ）

11「それ」とは何をさすか。

解答例　青木のように、深みを持たず、深みがあるということも知らずに生きているような人間との接触を避けること。

❖構成・主題

〈構成〉

本文は内容によって前置き・本題の二つに分けることができる。

・（初め～四三三・上3）前置き…大沢さんの体験を引き出す「僕」

○場所　空港の待合室…「僕」と大沢さんは、一緒に新潟に行くために、飛行機の搭乗を待っている。

○登場人物　「大沢さん」…三十一歳。妻と子どもがいる。
　中学時代から二十年近く、叔父が経営するボクシングジムに通っている。
「僕」…大沢さんと仕事を通じての知人。年齢不明。

・（四三三・上4～終わり）本題…大沢さんと青木との関わり

1　大沢さんは、中学時代からボクシングジムで練習を始め、現在も続けている。中学二年の、ボクシングを習い始めた頃、同じクラスに青木がいた。青木は、頭もよく人気者だった。しかし大沢さんは、青木が嫌いだった。計算高い青木が生理的に我慢できなかったのだ。あるとき、英語のテストで大沢さんが一番になったが、カンニングだという噂が流れた。それは常に自分が一番だった青木が妬んで仕組んだものと思った大沢さんは、青木を殴る。

2　高校三年の夏休みに、同級生の松本が自殺するが、それは大沢さんに殴られて金を巻き上げられていたことが原因だという噂がながれ、警察で取り調べられる。大沢さんはクラス全員や教師から無視されるようになる。大沢さんは、またもやその噂の元は青木だと考える。

3　ある朝、大沢さんは青木と同じ電車に乗り合わせ、互いに睨み合うが、最後に青木は震えはじめる。クラス内での無視は続くが大沢さんは気にしない決意をして、以来誰ともひとことも話さないまま高校を卒業し、九州の大学に進学する。

4　最も許せないのは口当たりの良い人間の言葉を無批判に受け入れ、他人を傷つけていることも想像せずに生きている連中であると思う。

〈主題〉

現在も大きな社会問題の一つになっているいじめ。とくに特定の人物を無視するといういじめを扱い、いじめられる側の苦しみを中心に描き、いじめる側の無批判で自己を失った態度に対して痛烈な非難も込められる。

❖理解・表現の解説

〈理解〉

(1)「自分でも意外なくらい興味を引かれるようになった」(四三一・下15)とあるが、その理由を説明しなさい。

解答例　一つはボクシングは基本的に寡黙で、個人的なスポーツであることがわかったからである。ボクシングのトレーニングは、きわめて個人的で、寡黙に没頭するものである。もう一つは、ボクシングには深みがあるから。ボクシングは孤独なスポーツで、勝つこともあれば負けることもあるが、いずれにしても努力すればそれだけのものがきちんと返ってくる。そうした深みに捉えられたのである。

(2)「それでもやはりどうしても嫌悪感を抱いてしまう相手っているんです」(四三三・上15)とあるが、青木のどのようなところに嫌悪感を抱いたのか説明しなさい。

解答例　一つは、青木の体から発散する過剰な自意識に対して、理屈ではなく、生理的に我慢できないところ。青木は勉強やスポーツが得意で、クラスでは人気者で教師にも目をかけられていたが、大沢さんは、青木は要領が良くて計算高い人間だと感じていた。もう一つは、青木には「自分」、つまり実がなく、他人に認められればそれだけで満足するという浅薄な人間であり、ボクシングに感じたような深みがないところ。

(3)「僕の神経はそれくらいぎりぎりのところまで追いこまれていたんです」(四四六・上1)とあるが、それはどのような状態か説明しなさい。

解答例　「今にも押しつぶされてしまいそう」な状態、つまり自殺を考えるほどの状態。それは、その時点では、ボクシングを始めて四年ほどが経過して、かなり技術も向上している。したがって、青木を殴ることはできない。またみんなの前で自分はやましいことはないと弁明しても、青木の言うことをそのまま受け入れるような連中は自分の言うことを聞き入れるはずもなく、またそうすれば自分が参っていることを青木に教えることになる。つまりどのようにも手の打ちようがなく、ただじっと黙って耐えることしかできないが、それもあと六か月ももつ自信がないという状況にあったからである。

(4)「それを境に僕は立ち直りました。」(四四七・下6)とあるが、その理由を説明しなさい。

解答例　電車内で偶然青木に出会い、じっと睨み合った体験から、このような理不尽ないじめに負けるわけにはいかないと思い始めたから。それは、青木に対する感情よりも、自分を軽蔑し価値をみとめないつまらないものに簡単に押しつぶされるわけにはいかない、それでは人生そのものに負けたことになってしまうという、より広い視野を持てるようになったから。

(5)「そういう強烈な経験をすると人間は否応なく変わってしまいます。」(四四八・上6)とあるが、大沢さんにとってこの経験はどのようなものであったか、説明しなさい。

解答例　プラスの面では、我慢強い人間になったこと。無視といういじめの苦しさや辛さに比べれば、たいていの苦しさはしのぐことができるようになった。さらに、周囲の人々の苦痛にも人並み以上に敏感になり、真の友人を持つことができた。マイナスの面では、人間を完全に信用できなくなったこと。また人間が作り出し、そこに人間自身が存在するこの世界では、たとえ今は幸福であっても、いつどうなるかわからないという不安を抱き続けることになった。そして、夜中に良くないことが起きる夢を見て飛び起き、妻にしがみついて泣くことがしょっちゅう繰り返されている。

〈表現〉

(1)　題名である「沈黙」の意味について話し合ってみよう。

解答例　Aさん…他者の意見や言葉を無批判に受け入れるだけで、それを自らのものとして、忠実に実行し、かつ持続することに何の疑いももたない「みんな」という存在の危険性を痛烈にアピールしている。現代日本人の多数が、「みんな」の一人であることに安住しつつ、知らないうちに誰かを傷つけたり、意図的に操るものに何らかの利得を与えたりしていることに気がつかず、攻撃されない多数派という居心地のよさだけを求めて暮らしているのかもしれない。

Bさん…青木以外の生徒たちは、まったく無批判に申し合わせて大沢さんと口を利かなくなったとすれば、それを半年も続けること自体、かなりのエネルギーを要するはずだ。その間、誰も無視を続けることに疑問も感じず、異議も唱えなかったとすれば、それは「沈黙」の極地とも言える。

Cさん…この物語の聞き手である「僕」も、大沢さんの長い話に対して、ほとんど感想を語らず「沈黙」をしている。

Dさん…大沢さんの側の「沈黙」であることも指摘できる。大沢さんは理不尽な力が彼に向かってきたとき、「どうしてこんなことになるんだ」などと言わず、心の中でも、外の世界に向かっても、叫びたい気持ちを胸の奥深くにとどめ、「沈黙」することを選んでいる。それは苦しく、悲しい、声にならない声である。その声にならない声もまた「沈黙」だと思う。

第8章　未来を問う　随想・評論（四）

寛容は自らを守るために不寛容に対して不寛容になるべきか

渡《わた》辺《なべ》一《かず》夫《お》

❖学習の視点

1　全体の文章構造を見きわめる。最初の段落に結論（タイトルの問いかけに対する答え）が示されている。

2　寛容であり続けねばならないと筆者が考える理由、またその場合の課題点などを読み取る。

3　本文が書かれた時代やその当時の状況とともに、本文の現代的意義を考えてみよう。

❖筆者解説

渡辺一夫（わたなべ・かずお）　一九〇一（明治三四）年―七五（昭和五〇）年、東京都生まれ。フランス文学者、評論家。フランスルネサンス期の思想・文学、とくにラブレーの研究・翻訳に業績を残した。著書に『ラブレー覚書』（一九四三年・白水社）、『ルネサンスの人々』（一九四九年・鎌倉文庫）、『フランスルネサンス断章』（一九五〇年・岩波書店）、『フランス・ユマニスムの成立』（一九五八年・岩波書店）、『白日夢』（一九七三年・毎日新聞社）など。

❖出典解説

この文章は一九五一年に発表されたもので、「渡辺一夫著作集」第一一巻（一九七一年・筑摩書房）に収められており、本文は同書によった。

❖語句・表現の解説

四五二ページ

寛容　心がひろくて、他人の言動をよく受け入れること。人のあやまちをとがめだてせず、許すこと。

寛容は、自らを守るために不寛容に対して不寛容になってよいと

いうはずはない　タイトルの「寛容は自らを守るために不寛容に対して不寛容になるべきか」という問いかけに対する答えになり、本文全体の結論でもある。四五四ページ1行目でも同様の内容が繰り返される。

割り切れない　ある物事の原因、過程、結果などに対して理不尽だという思いが強く、納得できず心にわだかまりが残る。用例 彼の説明は、どうにも割り切れないものがある。

切羽つまった　追い詰められてどうしようもなくなった。用例 切羽つまった場面で、奇跡の逆点をした。

是認　それでよいと認めること。対 否認。

肯定　そのとおりだと認めること。対 否定。

逆上　かっとすること。

怨恨《えんこん》　うらむこと。うらみ。

猜疑《さいぎ》　人の性質や行いをすなおに受け取らず、ねたんだり疑ったりすること。

四五三ページ

増加せしめねばならぬ　増加させなければならない。

人間は進歩するものかどうかは、むつかしい問題　時代が進むにつれて、知識は蓄積されてきたが、知恵（精神）の進化には疑問があるということ。

人々が様々な掟《おきて》や契約を作り出し　本文が発表された一九五一年には日本と四八か国との間にサンフランシスコ平和条約が調印されるなど、国際平和の基礎が作り出されつつあった。またこうした当時の現実的出来事のほかに、一般的な社会のルールや人としての道義心なども意識する。

恣意《しい》　思いついたまま。気まま。

悶着《もんちゃく》　もめごと。いさかい。用例 あの二人が出会うとかならずひと悶着起きる。

当該　それに当てはまる。その。今ここで話題としている。

係争者　争いに関わっている人。

弱肉強食　強い者が弱い者の犠牲の上に立って栄えること。

悲惨　悲しく心が痛むこと。みじめで哀れなこと。用例 悲惨な光景に目をおおう。

逆上　激しい怒りや悲しみのために冷静さを失って取り乱すこと。

当然の事実として認める　嘘をつくことや殺人をやむをえないこととして容認する。

四五四ページ

新しい契約　「嘘をついたり、殺人をしたりしてはいけないという契約」に続く契約。

横行する　（よくないことが）盛んに行われる。はびこる。

日陰者　公然と世間に出られない者。「現在においては、日陰者になっている」は、かつて、個人間のトラブルを公的な場における決闘で解決するなど、殺人が認められていたのに対して、今は、殺人を犯した人は社会的に認められない情況をさす。

制裁　法律や道徳、習慣や仲間の取り決めなどに背いた者をこらしめること。

あくまでも人間的でなければならぬ　法など、決められた秩序にのっとったものでなければならない。
既成秩序の維持に当たる人々　以下、権力の側にある人々をさす。
安寧　世の中が穏やかで平和なこと。類 安泰。
福祉　幸福な生活環境。
永劫　非常に長い年月。類 永久。永遠。用例 未来永劫。
動脈硬化に陥る　動脈（血液を心臓から身体の各部へ送る血管）が硬直化するように、物事が固定化して、本来の正常な働きをしなくなること。
人一倍　ふつうの人以上であるようす。用例 彼は人一倍根気強い性格だ。

四五五ページ

弁《わきま》える　物事の道理や善悪を判断して、心得る。用例 礼儀を弁えている人物。
進展　物事が進歩発展し、新しい状態を迎えること。
自己修正を伴う他者への制裁　自己の秩序を維持するためのルールの強制。この場合の「自己」とは個人ではなく、広い範囲の集団・社会全体が意識されている。
円滑　物事がとどこおりなくすすむようす。用例 会議が円滑に進む。
暴力らしい面が仮にあるとしても　権力側からの強引な押しつけの感がするとしても。
遵守　規則や命令などに背かず、それを忠実に守ること。「順守」と表記しても同じ意味。
有用なるべき契約　法律を楯にとって弱い者をいじめることがあっても、十字路で人民をどなりつけることがあっても、その行為はともかく、法律や信号そのものは有用である。
日常茶飯　毎日のありふれた事柄。「日常茶飯事」も同意。用例 今では、救急車のサイレンを聞くことは日常茶飯となった。
対峙《たいじ》　対立する者どうしが、にらみ合ったままじっと動かずにいること。
最低の暴力　前述の法律や規則などの遵守を押しつけること。

四五六ページ

若干の光明もある　多少の見込みもある。
人間の歴史は、一見不寛容によって推進されている　歴史の多くは戦いの歴史であり、それらによって歴史は転換することが多いことも事実である。
厳然として存在する　まぎれもない事実として存在する。

四五七ページ

歴史の与える教訓　第二次世界大戦における日本の開戦と敗戦などを示唆する。
我々人間が常に危険な獣である　人間は常に争いを起こす可能性を宿命的・本能的にもっている。
奴隷　あることに心を奪われ、そのためだけに行動する人間。
機械　人間的な判断を失って、臨機応変な融通がなく、ひたすら法律などの遵守だけを求める人、またはその行動を比喩的に述べたもの。前述の十字路で民衆をどなりつける警官などがこれに該当する。

僕は何も言いたくない　寛容を説く意味はこれ以上ない。

愚劣　ばからしくて何の価値もない。

❖発問の解説

（四五三ページ）

1　「こうした事実」とはどのような事実か。

解答例　有限な人間として、切羽つまったとき、いかなる寛容人でも不寛容に対して不寛容になるという、悲しく呪わしい人間的事実。

（四五四ページ）

2　「右のような契約」とはどのような契約か。

解答例　嘘をついたり、殺人をしたりしてはいけないという契約。

3　「動脈硬化に陥る」とはどのようなことか。

解答例　ある秩序が、その秩序の欠陥のために犠牲になっている人を省みず、改善や進展を志すこともないままに、長期間にわたって固定化すること。

（四五七ページ）

4　何に「用心」するのか。

解答例　人間自身の作った制度や決まりごとの奴隷となって、権力の側がそれに盲従することをすべての人々に強制し、従わない人を抑圧すること。

❖構成・要旨

〈構成〉

(1)（初め〜四五四・8）**「寛容は、自らを守るために不寛容になってはならない」として全体の結論を示す**

寛容が不寛容に対して不寛容になった事例は、過去にもあり、今後もあるだろうが、それは悲しく呪わしい人間的事実であり、その発生阻止に全力を尽くすべきである。これまで、人間はさまざまな掟や契約を作りだして進歩してきた。殺人をしてはいけないという契約もその一つである。同様に、寛容が不寛容に対して不寛容になってはならないという原則も、新しい契約として獲得されるべきである。

(2)（四五四・9〜四五五・14）**秩序を守るということ**

秩序は常に改善と進展を志さなければならない。既成秩序から恩恵を受ける人は、逆にその秩序の犠牲になって苦しむ人の存在をわきまえる義務をもつ。このような条件内において、寛容は最低限の暴力らしいものを用いる。

(3)（四五五・15〜終わり）**我々は寛容でなければならない**

寛容の武器は説得と自己反省しかない。しかし、この武器で、厳然として存在する不寛容が激化しないように努めなければならない。人間は常に自らが危険な存在であることを自覚し、自らの作ったものの奴隷や機械になってはならない。歴史は繰り返すと称して、何度も犠牲を出すことは避けなければならない。

〈要旨〉

寛容は自らを守るために不寛容に対して不寛容であった例はある。だが現在においても寛容は不寛容に対して不寛容になってはならない。係争解決のために公式に暴力が認められた時代もあったが、法整備などの契約によって、現代では暴力行為は表向きでは認められていない。しかし、権力は、秩序の遵守を人々に暴力的に要求して法の奴隷になってはならない。歴史の推進力とし寛容は影が薄いが、厳然として存在し続けてきたものである。

❖理解・表現の解説

〈理解〉

(1) 「悲しく呪わしい人間的事実」(四五三・3)とはどのようなことか、説明しなさい。

解答例 寛容が自らを守るために不寛容に対して不寛容になる事実。

(2) 「その力は著しく衰えるだろう」(四五四・7)とあるが、筆者がそのように考える理由を説明しなさい。

解答例 法の名のもとに、嘘や殺人はしてはならないという契約がしだいに人々の間に浸透し、定着しているので、同様に不寛容も、しだいに少数の認めがたいものになっていくと考えるから。

(3) 「暴力らしいもの」(四五五・3)とあるが、具体的にはどのようなものか。また筆者はなぜこのように表現したのか、説明しなさい。

解答例 「自己修正を伴う他者への制裁」のことであり、一般の暴力とは区別して、考え方によっては一種の暴力ととらえることもできるようなものという、含みをもたせようとしているから。

(4) 「我々人間が常に危険な獣であるが故に、それを反省し、我々の作ったものの奴隷や機械にならぬように務める」(四五七・3)とはどのようなことか、説明しなさい。

解答例 法や秩序の欠陥について考え、その欠陥によって苦しみ、またそれを守れない人々に対して、人間は暴力的になる危険な存在だということを自覚し、そうならないように務めるということ。

(5) 「歴史は繰り返すと称して、聖バルトロメオの犠牲を何度も出すべきだと言う人」(四五七・6)とはどのような人のことか、説明しなさい。

解答例 不寛容であることは人間の宿命であり、それはこれまでの歴史が証明していることだとする論理のもとに、不寛容を推し進めようとする人。

〈表現〉

(1) 村上春樹「沈黙」(四二九ページ)を読み、「寛容」であることの意義について話し合ってみよう。

解説　「沈黙」の中に出てくる「暴力」に注目して考えてもいいだろう。この作品には次のような暴力が出てくる。大沢さんが青木を殴った暴力、青木が大沢さんに直接発した言葉の暴力と、青木が嘘の噂を流して大沢さんを孤立させた暴力、教員が十分に調べることもなしに大沢さんを追いつめた暴力、警察が配慮なく大沢さんを呼び出した暴力、そして無批判に噂をうのみにして大沢さんを無視する行動に出た同級生の暴力だ。最後の暴力については、作中、大沢さんは「僕が本当に怖いと思うのは、青木のような人間の言いぶんを無批判に受け入れて、うのみにする連中です。……僕が本当におそれるのはそういう連中です。」（四四九・下７）と言う。「沈黙」には「寛容」ということがほとんど出て来ないが、「不寛容」の事例は沢山出てくる。このことから考えてみよう。

チャンピオンの定義

大《おお》江《え》健《けん》三《ざぶ》郎《ろう》

❖学習の視点

1 身近な二人の死者をめぐる随筆を読み、内容を読み取る。

2 二人に関して思い出されることばについての、筆者の感慨を読み取る。

❖筆者解説

大江健三郎（おおえ・けんざぶろう）　小説家・評論家。一九三五（昭和一〇）年、愛《え》媛《ひめ》県の生まれ。東京大学仏文科卒業。東大在学中から小説を書き始め、一九五八年、『飼育』で芥川《あくたがわ》賞受賞。新世代の旗手として多くの話題作を発表してきた。特に平和憲法・民主主義の下に育った戦後世代のイメージを一貫して示し続けた。一九九四（平成六）年、ノーベル文学賞を受賞。小説に『個人的な体験』『万延元年のフットボール』『同時代ゲーム』など、評論に『ヒロシマ・ノート』などがある。二〇〇四年、加藤周一らとともに「九条の会」の呼びかけ人になり、憲法改悪反対の立場を鮮明にして活動を続けている。

❖出典解説

この文章は『新年の挨拶』（一九九三年・岩波書店）に収められており、本文はその文庫版によっている。

❖語句・表現の解説

四五九ページ

チャンピオン　①選手権保持者。優勝者。**用例**世界フライ級チャンピオン。②ある方面の第一人者。代表者。本文ではこれらの定義とはややずれた意味で使われており、そのことがこの文章の主題と関わってくる。

定義《ていぎ》　ある事物や用語の意味・内容を、こういうものであると、はっきり説明すること。**用例**定義を下す。

その種の……　「確かに……ことではない」をさす。相手に伝えたいことはあるのだが、ポカリと開いた時間でもなければわざわざ電話はしないという、いわば「不急の用」といった感じ。

年頭　年の初め。**類**新年。**用例**年頭所感。

非日常的　ふだん生活しているのとは異なった世界の。
EC大使館の主《あるじ》　日本から派遣されたEC大使のこと。
要職《ようしょく》　重要な職務。[用例]要職に就く。
敬愛《けいあい》　尊敬し、かつ親しみの情をもって接すること。
公邸《こうてい》　特定の高級公務員の住居として、在任中提供される住宅。
楡《にれ》の木　北半球の温帯に生える。高く、太くなる。
すべての枝がしだれにしだれている　全部の枝が下に垂れ下がっている。
アルジェリア　アフリカ北部、地中海南岸に臨む民主人民共和国。一八三〇年以降、フランスの植民地だったが、一九六二年独立。

四六〇ページ

休憩　休むこと。
魅惑《みわく》　魅力で心をひきつけられること。[類]魅了《みりょう》。[用例]月光に魅惑される。
構想《こうそう》　物事の全体の構成や実行の手順などについての考え。
暴動《ぼうどう》　多数の者が共通の要求のもとに集まって騒ぎを起こすこと。アルジェリアは、独立後も政治的対立を原因とする内乱の状態がしばしば起こった。
在留邦人　その土地に居住する日本人。
たまさかの　めったにない。まれな。[用例]たまさかの来客。
閑暇《かんか》　ひま。
必要からでない手紙　必要に迫られてでなく、相手に何か言いたいことがあって書く手紙。
不要不急　さしあたって必要でもなく、急ぐことでもないようす。
僕にとりついて離れなくなった　「僕」にイメージが心にとりついて離れなくなった。つまり楡の木を見たい思いに強くとらわれるようになった。
友人のカン　「僕」の気持ちを察した友人の直感。
orme-pleureur《オルムプリユルール》　［フランス語］ormeは楡。pleureurは①枝の垂れた、しだれている、②泣く人、涙を流す人、の意。

四六一ページ

あらわすとしても……　「しだれている」楡の木と、後で知る友人の死を結びつけて、pleureurの「泣く人」という言葉の原義が身にしみたのである。
端正《たんせい》　顔かたちがきれいで整っている様子。[類]端整。
翳《かげ》った水のようなまなざしを宙《ちゅう》にとどめて　澄んだ水のような目つきがちょっと影を帯びて、視線を宙に浮いたようにして。何か憂いを持った表情をしている。
激務《げきむ》　激しい忙しさに追われる務め。
しかし異変《いへん》は　前の行にあるように、「僕」は友人の心のなかで何かが起こっているのではないかと不安をいだいたが、異変は肉体のうちに起こっていた、ということ。「異変」は変わった出来事。ここでは、友人が病気にかかっていたこと。
強健《きょうけん》　体の丈夫なこと。[類]健康。[対]病弱。

四六二ページ

心底《しんそこ》驚いているというのではなかった　「翳った水のようなまな

ざしを宙にとどめていた」記憶が、「僕」に何か異変が起こりそうな予感を感じさせていたので、急死の知らせにただ驚いたという感じではなかったのである。

周到《しゅうとう》 準備が行き届いて手落ちがないようす。用例用意周到。

コダマ 普通、山や谷で、声や音が反響して返ってくることを言うが、ここでは「余韻」「余波」というような意味。

松山《まつやま》**のアクセント** 筆者は愛媛県の生まれなので「故郷」のアクセントだったのである。同郷の人だとわかったのである。

壮年《そうねん》 三十代から四十代ぐらいの年齢。対青年。老年。

かねてから 以前から。用例かねてからの夢がかなった。

本題 中心となる題目。類主題。

反射的《はんしゃてき》 刺激に応じてすぐに何かをするようす。

口ごもる 言いしぶって途中でつかえるようす。

次の切り出し方 次に何と言おうかという、言い出し方。

四六三ページ

放心《ほうしん》 ①（突然の出来事などのために）心を奪われてぼんやりすること。②心配することをやめること。ここでは①。

それ自体の懐かしさに放心してしまう 過去の出来事を思い出し、それがあまりに懐かしい回想だったので、現在を忘れて放心してしまう感じだった、ということ。

古書店《こしょてん》 古本を売る店。

洋書 外国の書籍。

外観《がいかん》 外から見た印象。類外見。

形跡《けいせき》 何かが行われた（あった）跡。

それを手渡されての興奮 「僕」にとって初めての洋書で、しかも使ってない、中身は新しい感じの英英辞典を渡されての喜びで興奮したのである。

鮮明《せんめい》 あざやか。用例態度を鮮明にする。

上座《かみざ》 「じょうざ」とも。上位の人が座る席。対下座《しもざ》。

卓袱台《ちゃぶだい》 一九五〇年代ぐらいまで、家庭で使われていた。

執《と》**り成**《な》**す** 対立する双方の間に立って、その場の気まずい空気をうまくまとめる。ここでは、食事を始めたい弟や妹と、なかなか食卓につこうとしない「僕」との間に立って兄が気をつかったのである。

いうのやなしに いうのではなくて。愛媛県の方言。

上気《じょうき》**した** のぼせた。「僕」は、興奮がさめない状態なのである。

四六四ページ

語義《ごぎ》 言葉の意味。

あなたらは、小さい人らに示しがつきますまいが！ あなたたちは（そんなことをしていては）小さい人たち（弟妹たち）にいい手本にならないでしょうが。兄と「僕」を母親がしかった言葉。「示し」は行動の規準。「示しがつかない」は、教えるべきいい例にならない、の意。

むつみ合い 仲よくしているようす。用例お互いがむつみ合い、尊重し合う生活。

第六版 現在「僕」が持っている、同じ辞典の第六番目の版。

復元《ふくげん》　もとの状態に返すこと。

主義主張　堅く守る考え方やその意見。

しっくりする　不調和や違和感を感じない。ぴったりする。「チャンピオン」の定義が、今まで考えていたのと違うけれど、この定義の方が「僕」にはぴったりくる、というのである。そして、おそらく兄もそれに同感し、その意味で電話の主に対しても使ったのであろう。

柿若葉《かきわかば》　柿のみずみずしい若葉。俳句では夏の季語。

四六五ページ

裏座敷《うらざしき》　家族が集まって食事をする所は裏側の座敷だったのであろう。「表座敷」は普通、客間とする。

来世《らいせ》　（仏教で）死んだのち、また生まれ変わるという世界。後世《ごせ》。［対］前世《ぜんせ》。

魂《たましい》の救《すく》い　死後、魂が救われること。主に宗教関係に使う。

私のチャンピオン　兄の言葉であるが、この場合の「チャンピオン」の意味は、かつて兄に翻訳して聞かせた「ある人のために代わって戦ったり、ある主義主張のために代わって議論する人」（三六〇・16）をさしている。

そうしたこと　電話の主が言う「来世のこと、魂の救いのこと」。

話の接《つ》ぎ穂《ほ》にとまどう　（いったん切れた）話をどうつなぐか、まごつく。「接ぎ穂」は、①接《つ》ぎ木をする時、台木に接ぐ木。②いったん切れた話を続ける機会。ここでは②。

四六六ページ

急を要する　急ぐ必要がある。［用例］急を要する連絡が入る。

そうしたこと　死に直面している人に、来世と魂の救いについて質問するような行為。

理不尽《りふじん》　道理に合わないこと。［用例］理不尽な要求。

自閉《じへい》的な悲しみのまざりあっているそれ　憤りを相手にまっすぐにぶつけるのでなく、自分の殻に悲しみを閉じこめ、その悲しみとまざりあっている、いわばくすぶった感じの憤り。

応対《おうたい》　相手の話をよく聞き、その内容に応じた返事をすること。

委託《いたく》　特定の仕事を、部外の人（機関）にすっかり任せて頼むこと。［用例］委託販売。

あの方に委託されたようで、お尋ねするわけなんですが……　「あの方」が「僕」に任せたようなので、直接お尋ねするわけなんですが……。電話の主は「僕」に、来世のこと、魂の救いのことを聞きたい、ということ。

あたうかぎり　できるだけ。

この根本的な質問によく答えられるはずはなく　「この根本的な質問」は、来世のこと、魂の救いのことで、これはいずれも人生、人間の生き方の根本にかかわる問題で、簡単に電話で答えられるようなものではない。

さしせまった気分　「さしせまった」は、時間や問題がまぢかに迫ること。ここでは、いらいらした気分か。

頭をたれる　深い考えに沈む動作。

構造材《こうぞうざい》 作るための材料。

四六七ページ

上体《じょうたい》 体の腰から上の部分。［類］上半身。

衰弱《すいじゃく》 衰え弱ること。［用例］神経衰弱。

あらわ むきだしに現れているようす。

無難《ぶなん》に ①欠点がないこと。とりたてて悪くもよくもないこと。［用例］無難な演技。②無事に。ここでは②。

切りぬけよう （苦境を）のがれよう。

おののく 普通、恐ろしさや寒さなどで体がふるえること。ここでは、ウツラウツラしている状態に刺激を与えられたから。

もつれる声音《こわね》をほぐす 正常に声が出ない状態をもとにもどす。

脈絡《みゃくらく》はあきらかな発言 きちんとしたつながりのある話し方。「脈絡」は、①血液の流れる管、②物事の必然的なつながり。ここでは②。［用例］脈絡のない文章。

耳なれない あまり聞いたことのない、耳にしたことがないもの。［用例］耳なれない外国語がラジオから流れてきた。

先行の歌人の用例はあっても耳なれない 先に出た歌人が使っている例があるとしても耳になじまない。

声に出して読みあげ 読みあげたのは「僕」である。

僕の感じ方よりいくらか後まで 「僕」は生まれてすぐの赤ん坊と思っていたので、それを反省し、訂正したのである。

四六八ページ

あらためて 次の行の「認めていた」に係る。病床の兄に会う前に『折々のうた』での大岡信さんの紹介を読んだ時点で、認めていた、というのである。

語感《ごかん》 語の意味のほか、その言葉から受ける感じ、ひびきなども含めた語に対する感覚。

「手の届く……」の歌 障子のそばまで這《は》っていった（あるいは歩いていった）幼児が、手に届く範囲の障子を全部破ってしまい、破れた障子から新年の風がさわやかに吹きこんでくる。その風に顔をさらしている幼児のあどけなさを歌って、ほほえましく、快い詠みぶりである。

治癒《ちゆ》 病気が治ること。

治癒のあとは新しく 治ったあとが、まだ生々しく。比較的最近に事故にあったことがわかる。

今度は僕がビクリとおののいた 中指の欠けた兄の足を見て、「僕」は痛々しさに体がふるえたのである。

床《とこ》につく 寝る。病気などでずっと横になって療養する。［用例］熱を出して三日間床につく。

もの悲しい憤激 にぶい悲しみの中にわき起こる激しい怒り。

頭をたれていたのだ 「頭をたれるようであった。」（四六六・16）を繰り返している。なぜ「頭をたれて」いたのか、その心情を兄を見舞った記憶の再現によって説明しているのである。死を前にした兄に、来世と救いというような問題を質問した「見知らぬ男」の行為を心ないものだと痛感している。それが「あらためて」もの悲しい憤激を「僕」の心にひき起こしたのだ。

自分に返ってくる深い気がかり　兄と自分のことを考えていて、あらためて自分自身について、あることが深く気にかかってきた、というのである。

自分は森のなかの谷間に残り　「森のなかの谷間」は、兄と「僕」の生まれ故郷、愛媛県の谷間の村をさす。兄は生まれてから死ぬまで故郷を出ることはなかった。

代わりに東京に送り出してくれた　おそらく向学心の強かったであろう兄は、自分の代わりに弟である「僕」に期待して東京の大学へ送り出してくれたのであろう。

本当に兄がチャンピオンとみなしていたのだとしたら……　この場合の「チャンピオン」は、昔、兄に翻訳して聞かせた英英辞典の解釈「ある人のために代わって戦ったり、ある主義主張のために代わって議論する人」（四六四・8）をさす。その意味で兄が「僕」を自分の代わりに何かをする「チャンピオン」と思っていたのだとしたら。

反駁《はんばく》　他から受けた反対や非難に対して、逆に論じ返すこと。

類 反論。

四六九ページ

それについてしっかりした考え方を達成していてくれる　「それ」は、来世のこと、魂の救いのこと。来世のこと、魂の救いについてしっかりした考え方を追求し、それをやりとげてくれる、の意。兄は「僕」にそれを期待しているのではないか、と「僕」が思っている。

きみの心のなかに……読みあげてくれ　昔、「チャンピオン」の定義を辞書から翻訳して読みあげたように、きみが達成したところを教えてくれ、の意。

架空《かくう》の問いかけ　前の三行（四六九・2〜4）をさす。実際にあったものでなく、「僕」が兄の心になりかわって自分に問いかけているもの、と考えている。

反芻《はんすう》　①牛などが一度飲みこんだ食物をまた口の中へもどしてかむこと。②くり返して考え、味わうこと。ここでは②。

定《さだ》かな　はっきりとした。

思念《しねん》　心に思うこと。考えること。類 存念《ぞんねん》。

言葉をつむぎだし　繭《まゆ》から糸を引き出すように言葉を生み出し。

小説家としての習慣《ハビット》をなすやり方　小説家が常に行う習慣のやり方。

不思議な懐かしさのある新年の挨拶をよこしてくれたひとり　冒頭の一行に照応している。前段で述べた死んだ友人の話も、新年の挨拶から始まっている。この友人との結びつきとは違うが、思いがけなく兄を通じて自分の心の中の深い所につながったという結果から「不思議な懐かしさ」が生じてきたというのである。

❖発問の解説

1（四六一ページ）「あらわすとしても……」には、どのような気持ちが込められているか。

解説　「語句・表現の解説」参照。

2　「チャンピオンという言葉の使い方」とは具体的にどのようなことか。

（四六二ページ）

解答例　ある人のために代わって戦ったり、ある主義主張のために代わって議論する人。

3　「自閉的な悲しみ」とは、どのようなことか。

（四六六ページ）

解説　「語句・表現の解説」参照。

4　「兄の架空の問いかけ」とはどのような内容か。

（四六九ページ）

解説　「語句・表現の解説」参照。

❖構成・要旨

〈構成〉

(1)　（初め〜四六二・5）　ある年のはじめ、ベルギーのブリュッセルの外交官の友人から電話を受けた。公邸の中庭のしだれた楡の木を見に来ないか、という。「僕」は友人を訪れ、友人の態度に何かしらの予兆を感じたが、友人の急死の知らせを受け、楡の話はそれとない別れの挨拶だったのだ、と気づく。

(2)　（四六二・6〜四六六・16）　昨年の元日、見知らぬ人から電話がかかった。新聞で「僕」の実兄の歌を読み、兄を見舞ったその人が兄に問いかけた質問の答えを「僕」に求めた。その人の伝えた兄の「チャンピオン」という言葉から、「僕」は高校時代の兄との交流の場面をよみがえらせ、見知らぬ人の行為に憤りを覚えた。

(3)　（四六六・17〜終わり）　死の直前に病院に見舞った際の兄を思い出し、来世や魂の救いについて問いかけた見知らぬ人に憤激した「僕」は、兄にとって自分がチャンピオンだったとすれば、という兄の架空の問いかけに答える言葉を模索し、そのうちに、見知らぬ電話の主にも、不思議な懐かしさを感じはじめる。

〈要旨〉

新年の挨拶をめぐって語られる二つの話。一つは任地で急死した外交官で、「涙を流す人」の名を持つ楡の木から故人の別れの挨拶を思い出す。一つは、見知らぬ人の電話から、死んだ兄を追想し、「チャンピオン」という言葉をめぐって、今は亡き兄の架空の問いかけにどう答えるかを課題として生きる自覚から、見知らぬ人にも不思議な懐かしさを覚えている。身近な二人の死をどう受けとめたか、が深い悲しみとともに自己の生き方への感慨となっている。

❖理解・表現の解説

〈理解〉

(1)　「必要からでない手紙を書く相手のひとりが僕だったのだろ

う」（四六〇・8）とあるが、「友人」にとって筆者はどのような存在か、説明しなさい。

解答例　仕事などの付き合いではなく、心の余裕がある時に連絡をとってみたくなるような友人。

(2)　**「弟が私のチャンピオンですから、といわれてね」（四六三・2）と聞いたときの筆者の心情はどのようなものか、説明しなさい。**

解答例　自分が高校に入った頃の昔を思い出し、そこで兄に読んで聞かせたチャンピオンについての語義を、兄はずっと覚えていたことを知った。

(3)　**「じっと頭をたれる」（四六六・16）とあるが、この時の筆者の心情はどのようなものか、説明しなさい。**

解説　「語句・表現の解説」参照。

(4)　**「ほかならぬ自分に返ってくる深い気がかり」（四六八・13）とはどのようなものか、説明しなさい。**

解答例　自分は故郷に残り、「僕」を東京に送り出した兄は、「僕」をチャンピオン、つまり自分のために代わってやってくれる人間のように考えていたのかもしれないという懸念。また、来世のことや魂の救いのことを、自分に代わってしっかりした考えを達成していてくれるものと兄が「僕」に期待していたかもしれないという思い。

(5)　**「むしろ不思議な懐かしさのある新年の挨拶をよこしてくれたひとりのように感じはじめているのである」（四六九・9）とあるが、それはなぜか、説明しなさい。**

解答例　見知らぬ電話の主が伝えた兄の言葉によって、「チャンピオン」の意味をとらえ直し、そこに兄の自分への架空の問いかけを読み取ったことが、自分のそれからの生き方に結びついた、ということで、電話のかかってきたいきさつとは別に、大事なことだったと思われてきたから。

〈表現〉

(1)　**「チャンピオンの定義」という題名はどのようなことを意味しているか、話し合ってみよう。**

解説　高校生のころに知った言葉の意味が、死の直前の兄の状況の中で、筆者に新しい問いかけをもたらした。それが、この言葉の「自分にとっての」重みを改めて実感させたのである。同じように、前半の友人の死をめぐる「涙を流す人」の意味も、筆者に特別な重みをもって受け取られていることにも注意して話し合おう。小説家である筆者と言葉のかかわり方をも考えてみたい。

〈付録〉同訓異字・難読語

●同訓異字

あける
席を□ける　空
夜が□ける　明
店を□ける　開

あらい
目が□い布　粗
波が□い　荒

あらわす
ことばで□す　表
書物を□す　著
姿を□す　現

あわせる
色を□わせる　合
複数の案を□せて考える　併

いたむ
リンゴが□む　傷
腰が□む　痛
故人を□む　悼

うける
相談を□ける　受
仕事を□け負う　請

うつす
写真を□す　写
鏡に□す　映

おかす
過ちを□す　犯
危険を□す　冒
領土を□す　侵

おこす
事件を□こす　起
産業を□す　興

おさえる
要点を□さえる　押
出費を□える　抑

おさめる
勝利を□める　収
国を□める　治
税金を□める　納
学問を□める　修

おす
ボタンを□す　押
委員に□す　推

おどる
バレエを□る　踊
心が□る　躍

かえりみる
自らを□みる　省
過去を□みる　顧

かげ
□も形もない　影
木の□で涼む　陰

きく
薬が□く　効
音楽を□く　聴
電車の音を□く　聞
鼻が□く　利

こたえる
問題に□える　答
期待に□える　応

さく
布を□く　裂
時間を□く　割

さわる
手で□る　触
気に□る　障

しずめる
気分を□める　静
舟を□める　沈
頭痛を□める　鎮

しぼる
乳を□る　搾
雑巾を□る　絞

しめる
ドアを□める　閉
首を□める　絞
ネジを□める　締

すすめる
転地を□める　勧
彼を□める　薦
時計を□める　進

そう
川□いの道　沿
人に付き□う　添

そなえる
水害に□える　備
仏壇に□える　供

たえる
任に□える　堪

血統が□える　絶
風雪に□える　耐

たずねる
道を□ねる　尋
友人の家を□ねる　訪

たつ
生地を□つ　裁
消息を□つ　絶
退路を□つ　断
家が□つ　建
見通しが□つ　立

つかう
道具を□う　使
気を□う　遣

つく
職に□く　就
席に□く　着
味方に□く　付

つぐ
木を□ぐ　接
相□ぐ　次
跡を□ぐ　継

つつしむ
ことばを□む　慎
□んで聞く　謹

つとめる
議長を□める　務
会社に□める　勤
解決に□める　努

ととのえる
調子を□える　整
味を□える　調

とる
決を□る　採
事務を□る　執
資格を□る　取
写真を□る　撮
ねずみを□る　捕

のる
馬に□る　乗
新聞に□る　載

はかる
合理化を□る　図
審議会に□る　諮
悪事を□る　謀

はやい
□い時間　早
□い車　速

ふえる
財産が□える　殖
人数が□える　増

ふるう
勇気を□う　奮
声を□わせる　震
事業が□るわない　振

まわり
身の□り　回
□りの人　周

やぶれる
紙が□れる　破
勝負に□れる　敗

やわらかい
□らかい布　柔
□らかい土　軟

よむ
本を□む　読
俳句を□む　詠

わかれる
道が二つに□かれる　分
友人と駅で□れた　別

わざ
至難の□　業
□を磨く　技

●難読語
□生憎　あいにく
□行脚　あんぎゃ
□安穏　あんのん
□塩梅　あんばい
□回向　えこう
□会得　えとく
□往生　おうじょう
□悪寒　おかん
□喝破　かっぱ
□帰依　きえ
□形相　ぎょうそう
□言質　げんち
□更迭　こうてつ
□恣意　しい
□辟易　へきえき
□遊山　ゆさん